THE GLORY

以色列的诞生

荣耀. 1

［美］赫尔曼·沃克（Herman Wouk）◎著　辛涛◎译

湖南文艺出版社
HUNAN LITERATURE AND ART PUBLISHING HOUSE

博集天卷
CS-BOOKY

图书在版编目（CIP）数据

以色列的诞生：荣耀.1 /（美）沃克（Wouk，H.）著；辛涛译.
—长沙：湖南文艺出版社，2016.2
书名原文：The Glory
ISBN 978-7-5404-7357-0

Ⅰ. ①以… Ⅱ. ①沃… ②辛… Ⅲ. ①长篇小说-美国-现代
Ⅳ. ①I712.45

中国版本图书馆CIP数据核字（2015）第240500号

著作权合同登记号：图字18-2014-196

上架建议：文学·经典

以色列的诞生：荣耀.1

作　　者：〔美〕赫尔曼·沃克
译　　者：辛　涛
出 版 人：刘清华
责任编辑：薛　健　刘诗哲
监　　制：毛闽峰　李　娜
策划编辑：李　娜
文案编辑：吕　晴
版权支持：辛　艳
封面设计：仙　境
出版发行：湖南文艺出版社
　　　　　（长沙市雨花区东二环一段508号　邮编：410014）
网　　址：www.hnwy.net
印　　刷：三河市鑫金马印装有限公司
经　　销：新华书店
开　　本：700mm×1000mm　1/16
字　　数：355千字
印　　张：24
版　　次：2016年2月第1版
印　　次：2016年2月第1次印刷
书　　号：ISBN 978-7-5404-7357-0
定　　价：39.80元

质量监督电话：010-59096394
团购电话：010-59320018

目录

新版序言 |

事实上，《以色列的诞生：荣耀》是我最先打算写的历史小说，以在圣地重生的犹太国初始阶段为内容。如果把以色列的生存奋争当作一场戏剧，那么我认为，一九七三年的赎罪日战争可以算是这场戏剧的浓缩版：在最神圣的日子里两条战线上遭受突袭，超级大国苏联对阿拉伯国家的进攻给予了令人生畏的支持，以色列在兵力和武器均与对方悬殊的情况下进行了艰苦卓绝的战斗，到最后取得了令人瞠目结舌的胜利，突破了阿拉伯国家的包围圈，由此走向与埃及签署和平协议的道路。

战场上的殊死搏斗，外交上的重大事件，这就是我的规划和设计。我把这些告诉了我的一位以色列老朋友，他是一位已退役的少将，战场经验丰富，与华盛顿方面的关系也非常好。他听我讲完后，沉闷地善意劝解："别想着用一次战争就讲清楚这件事，这是一个百年故事。"

他的话在一定程度上说得对。我不得不再写一部与这本小说同等篇幅的小说，来为赎罪日这场"戏剧"布置舞台，这就是之前写过的《以色列的诞生：希望》。

现在已不存在的苏联对犹太国是很敌视的，尤其是一九六七年"六日战争"之后，如果不去考量这个因素，是很难理解以色列的成长史的，甚至对现在，二〇〇二年三月我描述的暴力活动，也很难理解。如果不是苏联在联合国里不依不饶、吵闹着要废除甚至扭转那次震惊世界的胜利结局，中东的历史可能就是另外一个局面，这个地区也许早就和平了。

《以色列的诞生：荣耀》的前一百页详细阐述了当时所发生的事。费尽九牛二虎之力，联合国拟定了一份决议，呼吁各方"从战争期间占领的领土上撤军"。美国和以色列表示同意。柯西金却非要塞进去两个他认为是无所谓的字："所有"，即"从战争期间所有占领的领土上撤军"。林登·约翰逊和阿列克谢·柯西金在这"两个无所谓的字"上的死不相让体现出当时的问题所在。那"两个无所谓的字"在当年的报纸杂志上可是很流行的话题，也是这本书前一百页的高潮所在。在苏联不遗余力的支持下，阿拉伯国家壮起了胆子，要继续打下去，仍想着要消灭以色列。结束战争的停火协议还在签订期间，"埃拉特"号驱逐舰就被击沉了，这是《以色列的诞生：荣耀》开篇讲的一场战斗。从这场战斗中就可以看出他们想要消灭以色列的决心。

赎罪日战争的吸引人之处，我承认，首先是战场上的激烈战斗和各方权力中心如莫斯科、开罗、耶路撒冷和华盛顿之间的激烈角逐。其次，我得说，要算埃及领导人——安瓦尔·萨达特（Anwar Sadat）了。他有可能算是这个时代中最伟大的阿拉伯人了，先是精明机智地策划并指挥这次战争，然后又出行耶路撒冷，同以色列讲和。果尔达·梅厄在被问及关于这位战争英雄的印象时，她很热切地说："萨达特！竟有这个勇气。"埃及方面至今还在庆祝萨达特发动战争的那一天，把一些大桥、大街和纪念碑命名为"十月六日"。

这部作品大部分的调查研究工作都是在以色列完成的，在那些年月里，我被问过无数次："你打算怎么来结束这个故事？"在我于二十世纪八十年代开始这部作品时看不到结局，二〇〇二年的今天也不会看到多少。虚幻的"奥斯陆和平进程"落空了。"九·一一"恐怖事件之后，国际事务风云变幻，以色列仍要苦于应付不断发生的恐怖袭击，防御警戒远方来的导弹威胁。不过，全世界人民对于以色列长期抗争的认知在不断改变。在这种改变中，我看到了双方皆存的希望；至于荣耀，以色列的历史已经证明，用战场荣耀来换取真正的和平，以色列是何等愿意，一如它和安瓦尔·萨达特所做过的那样。

《以色列的诞生：希望》和《以色列的诞生：荣耀》两书中所涉及的军事与外交争斗都是按照真实史实来写的，是以进行了多年艰巨调查而得来的史料为基础的。小说中也有虚构的人物参与到实际的历史事件中，但在每本书后面的"历史注解"中都清楚地指出哪些是真实的，哪些是虚构的。一位在调查史料方面帮过我很大忙的以色列老人看了小说前面几章后大嚷："你没打算把它写成一部军队故事，是不是？写了太多其他的东西，而不是军队！"的确是这样。但是，在那段日子里，以色列的生与死可不仅仅取决于军队，外交也起了巨大的作用。读者们要记住一个简单的原则：书中除了四个虚构的主角外，那些以色列的政治人物、外交人员、中校及中校军衔以上的军人，都是那个年代真实存在过的人。

赫尔曼·沃克
二〇〇二年三月

前 言

世界震惊了。人类历史进程中犹太人一直都是以受害者的形象出现，而从这一代开始，他们从纳粹大屠杀的灰烬中站起来了，在一九六七年六月短促的六天里，赢得了一场自"二战"以来最为辉煌的军事胜利。

在西方，媒体结结巴巴地表达他们惊讶的钦佩与赞叹。在信奉共产主义的国家和阿拉伯国家中，他们对占领了土地的以色列大为震怒，并向全世界宣称，美国航空母舰上的飞机也参与了空袭。在联合国，苏联领头激烈吵闹，要从政治上逆转这次胜利，同时迫使以色列军队退回到旧的一九四九年停火线后面。但是，经苏联人和美国人制订出来的各种撤退方案都被那些阿拉伯政府一个个拒绝了，他们在苏丹的首都聚会，发表了《喀土穆宣言》，声言三个坚定的"不"——不与以色列谈判、不承认以色列、不与以色列和解。

而在以色列、在世界各地的犹太人中间，则到处是一片光明、欢乐、喜悦、荣耀和极度的兴奋……

第一部
做梦人

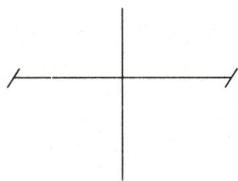

当耶和华将那些被掳的带回锡安的时候，我们好像作梦的人。我们满口喜爱、满舌欢呼……

——《圣经·诗篇》126：1-2

第一章　伯科威茨表弟

偶遇与麻烦

诺亚·巴拉克：以色列驻华盛顿武官兹夫·巴拉克的儿子，"埃拉特"号驱逐舰副舰长。

约翰·巴寇：房地产律师，诺亚·巴拉克的远房表弟。以色列名为"雅科夫"。

一九六七年十月，清晨，大风劲吹，"埃拉特"号驱逐舰在西奈沿海巡逻完毕，向海法港驶去。为了节省燃油，它以十节的速度慢悠悠地行进。在摇摇晃晃的海图室里，诺亚正在核对一沓给海军船坞的申请单。他已经是一名二十三岁的海军上尉，看上去一副工作过度、形容憔悴的样子，这与他副舰长的身份十分相符。申请单的内容包括修理船体、保养发动机、安装雷达和信号设备及反导设备，最后一项用醒目的红墨水标出"万分紧迫"的字样。

舱面值日军官的声音从话筒中传来："长官，出现碰撞航向。"

"马上到。"

外面天空晴朗，刮着寒凉的北风。海面平缓，滚滚的蓝色浪涌闪闪发光，卷起细碎的浪花。太阳高悬在卡梅尔山（Mount Carmel）山顶，正前方是海法港长长的石头防波堤。离船舰左舷大约两英里远的洋面上，一艘锈迹斑斑的巨大白色船只也在朝航道入口行进。诺亚用望远镜观察着那艘船，问道："它保持这个航向多久了？"

"从七点钟起就是这样，长官，没改变过。"

随后，诺亚向舰长报告："长官，请求允许航速提高到二十节。"

"怎么回事？"舰长问道。

诺亚跟他说明了事情的原委。舰长打了个呵欠，说："嗯，那又怎么样？你就说我们进港的顺序优先于它，它必须让道。"

"长官，这是一艘意大利汽车渡轮。"

"哦，L'Azazel（天啊）。那些家伙从来都不懂交通规则。我们离岸还有多远？"

"距一号浮标四英里，长官。"

"很好，加速到二十节，诺亚，进港。"

"埃拉特"号几乎是飞跃着朝前开进，在浪涌中冲撞穿行。那艘汽车渡轮逐渐落后到左舷，再落到正后方。"埃拉特"号进入海港向海军基地靠近，刮过脸、穿一身整洁军装的舰长走上舰桥，指挥着舰船与它的姊妹舰——"雅法"号靠在一起停泊。这两艘老旧笨拙的英国舰船原本是封存物资，以色列把它们买来进行了翻新，现在算是犹太人海军的主力战舰。跟它们一比，那一大堆灰色的巡逻艇和鱼雷艇就是侏儒。在这支小小的海军中，大部分舰船都是那类小船。

"雅法"号上的副舰长朝诺亚挥手。诺亚朝他大喊："施洛摩，反导设备有什么消息吗？"

"消息就是我们不得不在没有它们的情况下继续出航。"施洛摩喊道。他们这两艘驱逐舰替换着巡逻西奈海域。

诺亚用脏话骂了一声，喊道："我今早就到军需处去，一把火烧了那个破地方。"

"好啊，我提供煤油和喷灯。"施洛摩喊。

此时，那艘汽车渡轮也开进了防波堤，从泡沫飞溅的滚滚海浪进入平静而海水浑浊的港内后，它减慢了速度。一个年轻人倚立在船艏栏杆前，岁数和诺亚·巴拉克上尉差不多，穿一件棕黄色的运动衫，灰色宽松裤子，头上戴着一顶红色的赛车手帽子。这个人和"埃拉特"号驱逐舰的副舰长诺亚长得有些相似，这并不是巧合，因为他们是从未见过面的远房表兄弟。和诺亚·巴拉克一样，这小伙子也是宽肩膀、方脸膛，但个子没有诺亚高。他的头发也像诺亚一样，是浓密蓬乱的直发，只不过不是黑色的，而是浅棕色的。他嘴里喃喃自语着："我来了，我来了。人人都说我疯了，但我清醒得很，我高兴得都快晕了。"

刚才一艘驱逐舰飞驰在渡轮前面，那是一艘真正的战舰，上面飘着蓝白色大卫星旗。那个景象已经让他激动不已了，而现在向海法港靠近的过程更让他震颤，这是他第一次近距离地观赏上帝给犹太人的"应许之地"：明媚的阳光下，碧绿的卡梅尔山坡上镶嵌着白色的建筑，海滨挤满了来自世界各地的带着五颜六色烟囱的进港船只，海军基地周边则布满了军舰，再往北的平地上，是雄伟壮观的化工厂和炼油厂。整个场景就像军乐队的音乐一般令他浑身血液沸腾。

一声低沉的希伯来语在他身后响起："很美的风景，是吧？"

说话的人身材高大结实，穿着一件旧皮夹克、一条脏兮兮的牛仔裤；粗糙不平的脸上长着一个宽厚的下巴，上面长满了黑硬的胡茬；杂乱的灰白头发随风上下飘飞。从意大利出发来这里的三天旅程中，诺亚的远房表弟看见过这个人，他有几分不合群，总是独自坐在餐厅里或是简陋的迪斯科舞会上抽一支大雪茄。

"Ken，yofeh m'od（是，非常美）。"

"哦，你是美国人喽。"那人转用听起来有很多喉音的英语说。

小伙子笑了笑，问："就说了一句希伯来语，你就能辨别出来？"

"你肯定是开那辆崭新的蓝色保时捷的。"

"那是我的车。"

"来旅游？"

"不是，移居以色列。"

那人厚实的脸上显出被逗乐了的讶然表情，他问年轻人："你来以色列定居？永久性的？从美国来的？"

"有什么不行吗？在当下，对一个犹太人来说，这里是核心所在，不是吗？"

"嗯，当然了，Kol ha'kavod（致敬）！不过，带着那辆保时捷，在Mekhess你可能会有麻烦的。知道这个词什么意思吗，Mekhess？"

"当然知道，'以色列海关'。我带了可以作为证明的已完税文件、银行支票，还有其他所需文件——在纽约领事馆办理的。"

"真的？挺聪明的。你在这儿有家人吗？"

"有一些。听说过兹夫·巴拉克将军吗？"

"我们的驻华盛顿武官。谁没听说过他啊？！"

"我们是亲戚。"

"真想不到。"那个以色列人指着海军基地说，"刚才进来的那艘驱逐舰是'埃拉特'号。他儿子就是那上面的副舰长。"

"那就是'埃拉特'号啊？哎呀，诺亚·巴拉克是我的表哥。我马上就要去拜会他。你是以色列人吧？我猜。"

"还能是哪国人？"

"那场战争你参加了吗？"

"那还用说。我还不到五十岁呢，在北部的高射炮部队。自从第一天我们的空军把所有阿拉伯空军扫荡干净后，就没多少事儿干啦。"

"是啊，那不是一个奇迹吗？上帝啊，好一场胜仗，六天！作为一名犹太人，我真感到自豪。"见那名以色列人好奇地打量了他一下，年轻人又说，

"如果不是那样的话，我无论如何也不会自豪。"

"就是这个原因鼓舞你移居以色列的？"以色列人的声调很温和，几乎就像父亲那般，"六日战争？"

"主要就是因为它。"

柴油机隆隆作响，甲板震颤，渡轮翻腾起的波浪涌向码头。

"那么你也姓巴拉克了？"

"不，我姓巴寇。"他咧嘴一笑，"这两个姓都是从伯科威茨改过来的。"他从钱包中拿出一张名片递上去，名片上写着：约翰·A.巴寇，房地产律师，地址在长岛大颈。

"房地产，我自己在房地产方面也有点儿投资。"

"我只是刚刚开始。"

"约翰·巴寇，这听起来都不像个犹太人的名字。"

"我知道，我的希伯来语名字叫'雅科夫'。我在这里就用这个名字。"

"这个以色列名字好听。"

渡轮靠到一处宽阔的木制停泊处，大声吹响几声汽笛。那名以色列人用手捂住耳朵，喊道："到了。开你的车，准备上岸吧。"他递给巴寇一张名片，"开着那辆保时捷，享受在以色列的快乐时光吧，雅科夫。"

"谢谢。后会有期。"巴寇扫了一眼那张名片，随手放进了衣服口袋里。

下船的汽车首尾相连，一辆接一辆，大部分都是破旧的欧式小型车，在一个面目严峻的男子的指挥下，开进一处巨大的车棚里。在那里，停好车的司机们沿着远处的一堵墙壁，在一个装了格栅的窗户前排队等候。窗户上面用希伯来语写着大标语：

热烈欢迎您

这行字的上面，是明显小了很多的两个字：

海关

保时捷摇摇晃晃地往里开，一路上吸引了众多目光。当巴寇停好车出来时，一名戴着大盖帽的瘦高男子走上来说："B'dikah（检查）。"接着，又有好几个人走过来，围住保时捷，开始检查车里面，还用手触摸蓝色皮质内饰。巴寇没见他们对其他车也实行这一"礼遇"，便用自己有限的几个希伯来语单词向那名戴帽子的海关关员提出看法。

"Ani mitzta'er（对不起）。"那名关员说。这个人很明显地眯起眼睛看，一副表示怀疑的神色，抑或是他本身就有眼疾，美国人巴寇不知道他是属于哪一种。另一名关员拿一把大号手电筒，在汽车底部慢慢爬动着检查；第三名关员则手拿一根木头棒子，在保险杠和挡泥板上这儿敲敲、那儿碰碰；还有另外两个人把巴寇的三只漂亮皮包拉出来，开始彻底搜查。

"这是怎么回事？你们把我看成一个——"他不知道"走私犯"用希伯来语怎么说，便把手背放到鼻子前，响亮地吸了一声，用夸张的手势做了一个吸食可卡因的动作。

眯眼关员耸耸肩，开始对巴寇从头到尾地搜身，他在一只口袋处停住，命令巴寇："请出示里面的东西。"

巴寇把钱包递给他。关员打量着里面的信用卡、驾照、一沓美元以及小夹层中的以色列货币。"旅游？"他问。

"定居。"这名美国人回答。

原来，眯眼并非因为有眼疾，在他惊愕的眼神中，那种眯眼不见了，但随后又回到比之前更加明显的眯眼和怀疑状态。那人揭起保时捷的引擎盖，向下眯视，又借车底下那人的手电筒，蹲伏下来仔细地眯视发动机，同时在一个小笔记本上记了一些什么东西。最后他说："证件。"

"那不是要交给Mekhess的吗？"

"我就是Mekhess。"

一辆锃亮的白色奔驰在附近停下，刚才船上那名穿皮夹克的以色列人跳了出来，看起来很匆忙的样子，挥动着两只大长胳膊，一路小跑向窗口奔去。巴

　　　　第一章　伯科威茨表弟

寇出示了一份橡皮筋捆着的信封，那名关员拿出里面的证件，眯起眼睛优哉游哉地好一顿看。与此同时，两名关员把地上的席子拉起来，另一个拿手电筒朝油箱里照啊照的，还有一个用脚踢着轮胎。各个窗口前都排着长长的队伍，或懒洋洋或焦躁不安，但巴寇看到，那个高壮的以色列人已大踏步回到他的奔驰车内，然后开出大门，汇入滨海的车流当中了，显然，他根本就没有排队。而此时那位关员还没看完证件。

"新车？"关员最后问。

"基本上是新的。我在欧洲那边提车时开了一小会儿。"

"'那边'是哪里？"

"米兰，保时捷经销处。"

"啊，好了，那没问题了。"眯眼关员吧嗒一声把橡皮筋束到信封上，还给巴寇，"你可以订一张明天这条船的回程票。"

"Slikha（对不起）？"

"你必须得把这辆保时捷开回米兰去。"

"我听不懂你什么意思。"

那名关员对他哇啦哇啦地说了一连串希伯来语。

"请慢一点儿说。"巴寇说。

关员用蹩脚至极的英语说："你的保时捷的型号在以色列没有。以色列没有的型号，不允许进入。"

"你真的是在说英语吗？很好。纽约领事馆没有提到任何有关型号的规定啊。"

"Ani mitzta'er（对不起），新规定。"

"这是我的错吗？哎，我要说清楚。如果有必要的话，我要一直争到美国大使馆去，但我不会把车开回意大利。那是很愚蠢的。"

那名关员眯起眼睛看了看一处堆满汽车的围栏区，耸耸肩说："扣留汽车停到那边。存车费每天二十美元。"

远方亲戚的求助

当诺亚·巴拉克从军需处回到舰上的军官餐厅时，四名正在吃午餐的军官突然一起唱起一首很流行的战争歌曲来：

啊，沙姆沙伊赫，

我们再一次回来，

我们永远都爱你，

永远都渴盼……

诺亚从餐具柜上的一只开水壶里倒了杯咖啡。"哎，这玩笑有点儿过时了吧？"

"什么玩笑？什么过时？"舰长说。舰长矮矮胖胖的，佩戴着一枚陆军中校军衔徽章（以色列海军军衔使用的是陆军军衔），他一边说一边指着用胶带粘在舱壁上的一张报纸。报纸上有一张放大的相片，相片上的人是诺亚，只穿着一条短裤，戴着一顶军帽，正往一座石头碉堡顶的旗杆上钉大卫星旗。"海军中还有谁单枪匹马就攻占了一个敌军基地的？"

这确实是一个玩笑，而且也真的是陈词滥调了。那次临时任务中，在红海上指挥一艘巡逻艇的诺亚·巴拉克带领一支登陆部队登上了沙姆沙伊赫，不料那个基地竟是空的，埃军在乱糟糟的撤退中已经遗弃了这里。于是，在几乎没有任何风险的情况下，诺亚"攻占"了那座弃置基地。一个军队摄影师拍下了这个镜头，并刊载到了第二天的《国土报》头版上。军舰上的玩笑话往往持续很长时间，在沙姆沙伊赫这件事上，诺亚已经断断续续被人们吹了好几个月。

诺亚懊恼地摇摇头，端着咖啡到了他自己的舱室，看到小桌子上躺着一份电报单，上面写着：

　　达佛娜·卢里亚呼，请在今晚六点给她往拉马特·戴维打电话。

　　迷人美丽的达佛娜，他见到她的机会并不多，就好像他被捆在了船上，而她也被捆在空军基地的岗位上一样，就靠这些干巴巴的字来慰藉了。还有一封是别人转来的信件，用达恩酒店的信纸写的，写信人的签名是约翰·巴寇。他用英语写道，他们是表兄弟，他来以色列定居，已经到了以色列，现在从海关提车遇到了点儿麻烦，问诺亚是否能介绍个海法的人帮助他一下。

　　诺亚很惊讶。他知道他们家族有一个分支在纽约长岛，也知道他们把伯科威茨的姓改为了巴寇，但还是第一次听说有这么一个表弟。而且一个美国人在现在这种时候移居以色列，委实是件稀罕事。报纸上连篇累牍地抨击，说如今"六日战争"已经把"应许之地"永久性地变为"犹太人国家"了，那些美国犹太人却没有整体移民到以色列，那几百万美国犹太人是怎么了？这就是他们和他们的祖辈们一日三次、一个世纪又一个世纪不停祈祷的时刻啊，这就是回归锡安山的辉煌时刻啊！美国犹太人倒真的是驾着车来以色列了，观光游览那些一直以来都对他们禁止开放的风景名胜——哭墙、杰里科、希伯伦、西奈等等，视他们的旅行计划而定，停留个三五日或十日八日的。旅游，没问题；定居，不可能。来了又走了，就跟吃快餐一样！诺亚决定为这个长岛表弟加油打气，海关那件事上他值得被帮助。

　　当诺亚脱光衣服淋浴时，舰长倚在门口，问道："那，诺亚，军需处的事怎么样了？"

　　"老样子，没有反导设备。"

　　"这次拖延又是什么理由？"

　　"Balagan（一团糟），让人难以置信的混乱，这就是理由。舰长，我递交的申请单静躺在某个人的收文篮中长达两个星期。我亲自追查了一遍行踪，直到星期二它们才发出去。我对军需处处长费舍尔上校说我很气愤，你知道他说什么？他说：'上尉，冷静。你真的以为埃及人能把导弹对准目标并发射吗？再说了，不管他们得到的是什么导弹，那都是苏联人的，所以它们一定会出现故障的。十一月份之前，军需处会给你反导设备的，还有三个星期呢，有什么大不了的？！'"

"他又不需要去塞得港外海巡逻。"舰长忧心忡忡地说。据可靠情报，塞得港里的埃及海军有苏联造的"奥萨"级和"蚊子"级导弹艇。但因为那些导弹艇没有在战争中出战，所以，以色列海军高层不像这两位驱逐舰舰长这么忧虑，他们并没有对其加以重视。

在淋浴室热气腾腾的蒸汽中，诺亚不知道自己怎样才能帮助那位美国表弟。海法海关的人跟其他地方的海关也没什么不同，只不过这帮人比其他地方的更无耻罢了。他无法离开军舰，但他想也许达佛娜可以帮帮那位表弟，她经常在星期五休息，巴寇也许只是语言沟通上有点儿麻烦。

与海关交涉

达佛娜·卢里亚：诺亚·巴拉克的女友，本尼·卢里亚的女儿、耶尔的侄女，任职于某空军基地。

约翰·巴寇在酒店房间内点了一份早餐，然后坐到窗户前，海法港雄伟壮观的景色令他逐渐高兴起来。在振奋的心境下，他想，这儿就像旧金山一样，但是显得更加精致。在海关发生的意外并没有让他感到担心。他的家人和朋友曾劝他不要来这里定居，他们唠叨过声名狼藉的以色列官僚机构。好啦，他已经来了，他会对付海关并取出他的保时捷的。这恰是一个让他早早适应新生活的好方式。

门开了，一张带小轮的客房服务餐桌推了进来，后面的服务生满脸微笑，嘴里唱着整个以色列流行的胜利歌曲：

金色的耶路撒冷，

青铜之城，光芒之城……

"Adoni（阁下），今天去哪儿？"又矮又黑、留着小胡子、穿一身白上衣的服务生问，"拿撒勒？戈兰高地？加利利海？迈蒙尼德墓？那就在提比利亚附近。我一拜祭完，我老婆就怀上了双胞胎。"

"我还没结婚。"

"去拜祭过迈蒙尼德墓后，你就会结婚的，会娶到一位漂亮的以色列姑娘。"

当巴寇快要吃完早餐时，电话铃响了。"是巴寇先生吗？你在海关遇到麻烦了？"

"你是谁？"

"我是沙买兄弟公司的阿维·沙买，我们是解决海关问题的。我们的专业领域是汽车。"

"那快点儿上来吧。"

阿维·沙买是个高大肥胖的金发男子，穿一件条纹短袖衬衫，一条棕色裤子，光脚趿拉着一双拖鞋。"没问题的，我们一直都与这种事情打交道。"他说。

"你们能怎么帮我？"

阿维·沙买的英语很流利，但吐字很不清晰。他的建议是先把那辆保时捷的所有人身份临时过渡给沙买兄弟公司，再由沙买兄弟公司带到塞浦路斯，把里程表调整成更多的英里数，再进行其他一些改变，然后以二手车的名义运进来。大致就是这样。巴寇发现自己很难听懂，不过，听完这番生涩的讲话后，有三点逐渐明朗：第一，这不成问题；第二，费用为五千美元；第三，自己现在需要先付两千五百美元，余额等沙买兄弟公司交车时付清。

"什么时候交车？"

"一个月内，保证。"

"你的电话号码是多少？"

"巴寇先生，沙买兄弟公司的业务非常多。我已经带来了所有必要的文件——"

"你的号码，请。"巴寇从兜里掏出渡轮上那名以色列人给他的名片，"就写在这上面。"

沙买拿过名片看了一眼，脸上显出又惊又惧、很奇怪的表情，他问："你认识古林考夫？"

"谁？"

沙买把那张名片伸过来。名片上除了艾弗拉姆·古林考夫这个名字以外，全是希伯来文。"你是从哪儿得到这张名片的？"

巴寇想不关这个人的事吧，就说："哦，我父亲的朋友，怎么了？"

阿维·沙买把名片扔到餐桌上，拔腿就往外跑，拖鞋响亮地踢踏踢踏。这怪诞的一幕让巴寇一下子蒙了，不明白发生了什么事。这时，电话铃又响了。又是一家要帮忙的中介？他的麻烦成了海法公众谈论的话题了？

"是约翰·巴寇吗？"一个女孩的声音，活泼又甜美。

"我是约翰·巴寇。你是哪位？"

"我叫达佛娜·卢里亚，是诺亚·巴拉克的朋友，我现在在酒店大堂。你是在海关遇到麻烦了吗？"

"我马上下去，我穿着一件棕黄色夹克。"

"我会看到你的，约翰。"

听这个女孩子叫他名字的时候，他很有几分兴奋的感觉。

电梯门开了，扑面而来一片嘈杂声。旅客们从呼哧呼哧地冒着黑烟的大巴车上下来，拥进了酒店，与此同时，更多的旅客拥出去登上其他大巴车。大堂里装点着一道道横幅，写着"大卫王旅行社""圣地旅行社""沙因鲍姆旅行社""天国旅行社"等等名字，下面则是一堆堆的行李。巴寇挤在吵嚷喧天的大堂里，寻找那个可能是达佛娜的人。他听到七嘴八舌的说话声里，大多都是英语。这时，他肩膀上有人拍了拍。

"我在这儿，约翰。"这姑娘个子娇小，穿一身米黄色毛呢军服，浓密的金发上戴一顶黑色的小帽子。她的乳房很明显，身材苗条，眼睛里洋溢着青春的活力和开心，一看就绝对是个美女。"我们说希伯来语还是说英语？"她问。

"N'nasseh Ivrit（我们试试希伯来语吧）。"巴寇说。

"啊，太好了，诺亚也这么想，"他们边说边朝大堂门口挤去，"也许我能帮到你。他要到明天才能下船，而那个时候海关就闭关了。"她性感地瞥了他一眼，"安息日。知道吧？"

"非常清楚。"

"好极了。"

很快，他们就登上了一节小小的类似于地铁一样的车厢，沿着一条陡峭的斜坡下行到地道里。"这就是卡美利地铁。既然住在达恩酒店，就不要浪费钱打车。我们可以从地道里走到海关去。"达佛娜说。

他们去了后，发现巨大的车棚里空空荡荡、静悄悄的，没有车，也没有关员，除了一个窗口以外其他都紧闭。

"那是我的车。"他说。

"哪个？"

"蓝色的那辆。"

保时捷在那些破旧的、被扣留的车里闪着灼灼的光华，就像一颗蓝宝石掉到一堆泥土中似的。达佛娜睁大眼睛惊奇地看着他，蓝眸子比那辆保时捷还要蓝。"那是你的车，约翰？你是干什么的，百万富翁的公子？"

他笑笑，说："我没钱。说来话就长了。"

在那个开着的窗口前，巴寇把他的证件递给格栅后一个男人。那人头已秃顶，戴着特大号的黄色假牙，说："啊，那辆保时捷啊，挺吸引人的，不过去意大利的船已经开走了。"他的英文说得还可以，假牙咔嗒咔嗒地响。

达佛娜操着巴寇完全听不懂的叽里咕噜的话与那人争辩起来，格栅后面的假牙也像响板一样噼里啪啦。最后她对巴寇说："唉，你真的有麻烦了。我们去找主管吧。这个人还不算坏，他对你感到很抱歉。"

"不用客气，Ani mitzta'er（对不起）嘛。"

她敏锐的蓝眼睛里闪过一丝幽默。"没错。Ani mitzta'er。在以色列你还会听到很多新规定的。"

主管挺着大肚子，宽大的脸盘儿上满是苦大仇深的表情，坐在一间小办公室内，桌子上肮脏的文件夹堆得高高的。他听着这名漂亮女兵滔滔不绝地讲话，不住地点头，用既宽厚又悲悯的眼神饶有兴致地打量着她。

"你懂希伯来语吗？"他用粗哑低沉的声音问巴寇。

"她现在说的这种听不懂。"

主管浅浅地笑了一下，然后慢慢地说："先生，要严格保密，你的车到一月份时绝对可以被批准进口。要知道，一位前财务部高官准备进口这个型号。"

"一月份？我每天要交二十美元的存车费呢。这期间我不能交一笔保证金，把车先开出来吗？"

"不行，不行。没有这样的前例。我承认，二十美元一天是个问题。下一班去意大利的船在星期一开。"主管看着这个美国人的脸耷耷肩，又说，"Ani mitzta'er。"

他们离开车棚时，达佛娜说："我对你一点儿用处都没有。"

"不，恰恰相反。非常感谢，我现在知道自己的处境了。我要去特拉维夫，闯进美国大使馆里的每一道门去。"

"祝你好运。"达佛娜甜甜一笑，和他握手，"我相信你能在这里坚持下去，约翰。"她大步走向一座公交站。从后面看着她，他想他很少能看到比这更迷人的摇摆步姿。诺亚表哥可真是幸运！一定还有其他像达佛娜·卢里亚这样的以色列姑娘，如此说来，也许他不管怎样都得去趟迈蒙尼德墓了。

回到酒店房间，餐桌还没有撤，上面躺着艾弗拉姆·古林考夫的名片。巴寇想，他是不是错过了什么？于是，他请酒店接线员帮他接通那个电话。

"古林考夫，哪位？"粗哑的嗓门很生硬。

"古林考夫先生，我是约翰·巴寇。"

"什么？谁？"

"就是渡轮上那个美国人。"

对方的声音听起来很古怪，半是轻笑半是低吼地说："噢，对对，雅科夫，你好。有什么事吗，雅科夫？"

一日游

几天后，在拉马特·戴维空军基地，达佛娜穿着泥泞的作战训练服，戴一顶更泥泞的软帽，手和脸上都涂抹了一道道黑，急匆匆往大门口走去。先前有一张字条递给她，上面写着：卢里亚中士，一未经授权之百姓在门口请求见你。未放行。外面的岗亭那里，一群卫兵和一些不当班的士兵几乎把那辆蓝色的保时捷完全围了起来。她惊得目瞪口呆，挤进人群问："约翰！天哪，你怎么把它弄出来的？"

他站在车旁，手轻触了一下红色的赛车帽檐，说："你好，达佛娜，想兜风吗？"

"你个傻瓜，我不能离开基地。"

"只是开个玩笑。我正要去戈兰高地。我想我应该让你知道我已经取到车了，再一个，还要谢谢你在海关的帮助。"

"我？我什么忙也没帮上。谁放行的，美国大使馆？"

"连边儿都没碰到。"

那些围着他们的士兵全都咧嘴在笑。她知道，这次见面将会成为基地的一大谈资。在拉马特·戴维，她算是一个知名姑娘，那是因为她父亲。她父亲本尼·卢里亚上校在对埃及的空袭中，率领一个中队的"幻影"战机在最初的七分钟就奠定了"六日战争"的胜利，最起码在空军中是这么认为的。"好了，很高兴见到你，不过我不能待着了，我正当班呢。"

"好。"他跳进保时捷，发动着汽车，一阵深沉的咕噜咕噜声响了起来。

"上帝啊，我好希望开这样的车啊。"她情不自禁地说道。

"随时都可以，达佛娜。"他轻触了下帽子，幽默地敬了个礼，呼啸而去。

次日夜晚，巴寇浸泡在温热的浴缸中，身体僵硬而疼痛。他驱车绕内盖夫地区行驶了整整十个小时，还在比尔谢巴外面一个贝都因人的市场里搞到一匹骆驼骑了一通，骨头都快颠断了。"丁零……"浴缸旁边的电话铃响了。"是约翰吗？我是达佛娜。我在基地给你打电话呢。"

"达佛娜，你好。什么事？"

"你去过杰里科或希伯伦吗？"

"没有。我开车到处转悠了一下，但没去那些占领区。我对这儿还很不熟悉。"

"挺明智的。哎，听着。我在星期五有空，结果破诺亚不能和我见面了。他的军舰不得不提前一天去替换'雅法'号，'雅法'号的发动机出了毛病，我们两个都很生气。我问他星期五我是否能带你去西岸周边转转，他说当然可以。"

"太棒了。会出什么事吗，达佛娜？有什么危险吗？"

"什么也不会有的。阿拉伯人现在真的表现得非常好，放心吧。他们现在还惊魂未定呢。我们绝对不会有麻烦的。七点钟你就来这里吧，那样我们可以精彩地玩一整天。"

"一言为定。"

那天早晨天气阴沉沉的，刮着冷风，暗红色的太阳低悬在天空。达佛娜从大门里出来向他招手，这次约翰看见的不是那个穿着作训服、浑身凌乱不洁的人，而是又回到达恩酒店大堂初见时那个动人的姑娘了，而且还有一点儿不同，此次除了肩膀上像上次那样挎着她那个蓝色的皮包外，还多了一把冲锋枪。

"你好，约翰。我们说希伯来语吧，好吗？对你来说也是很好的锻炼。"他跳出车外，跑到另一边替她打开车门。"哇，真是个绅士啊。不错。"大门口的岗哨们瞪大眼睛看着他们和这辆保时捷，她指着岗哨对约翰说："那些粗人猜不透你在干什么，也不知道为什么要这样干。也许他们以前从没见过这样的事。"

"达佛娜，干吗还要带把乌兹冲锋枪？"他边说边坐到驾驶座上发动着汽车。

"上帝啊，约翰，发动机发出来的是什么声音啊！就像一头醒来的老虎一样。枪出库是登记过的，所以我最好不要把它弄丢，也可以说它就是我的命。我们这就出发吧。"

"行。去哪儿？"

"简单点儿。阿富拉、杰宁、纳布卢斯，然后到杰里科。直接去。"

"行。你给我指路。"

"快走吧。"他们起步后，她问，"你究竟是怎么从海关的魔爪下把车取出来的？"

"唉，说来话长。"他跟她叙说了他在渡轮上和古林考夫的相识，还有那个叫阿维·沙买的来帮忙时，见了古林考夫名片的那种怪异反应，她听得咯咯直笑。"达佛娜，你和我碰壁之后，我只好给这个人打电话，瞎碰呗。他人可真不错，这个古林考夫，他说他正要飞往瑞士，但很快就会回来，那时会来了解一下这个事。他没食言。"

"哇，一个手眼通天的人啊。古林考夫，你是说这是他的名字？诺亚肯定认识他。绝对的大亨。你真幸运。"

"幸运极了！他两天后给我打电话说：'去取你的车吧，雅科夫。'就是这样。"

"雅科夫？怎么叫雅科夫？你这名字在哪儿取的？"

约翰解释给她听，她微笑着说："不要匆匆忙忙更改你的名字。约翰就挺好。这样啊！然后海关就简简单单地让你把车开走了？"

"对啊。四天存车费，再加二十新谢克尔（以色列的官方货币）违反规定的罚金。当时我想沙买兄弟公司跟我要的——"

"那对你是有好处的，约翰。大部分美国人都会同意沙买兄弟公司的建议的。"

他们进入了阿富拉，一个很安静的乡野小城。他们的保时捷驶过时，街上的孩子们都张大嘴巴看着。城中心的红绿灯转绿时，他们转向右边汇入车流。路上行驶的主要都是些运送箱装蔬菜和水果的卡车，也有军车，满载着百无聊赖或昏昏欲睡的士兵。出了阿富拉，走上一条双车道柏油路，两边都是绿、棕两色的田野，车流开始越来越稀。他一边开车一边谈起他的奶奶莉迪亚，他说，他奶奶做了一辈子的"哈达莎"①女会员，当得知他要移居以色列时是那么狂喜，说他想要什么样的车就给他买辆什么样的。

"L'Azazel（天啊），我希望我也有一位这样的奶奶。这车能跑多快，约翰？"

"在意大利的高速公路上我曾经跑过每小时一百英里。但在这里——"

"哇，那就是一百六十千米啊！Shiga'on（太棒了，不可思议）！"

"达佛娜，我在这儿开得很稳当。这儿限速九十，所以我就在九十的速度上慢慢爬。"

"哦，提到一百一十，约翰。没关系。"

汽车飞速向前射出去，她向后靠在椅背上，抱起胳膊，心满意足地舒了一口气。"啊哈哈！我的奶奶和外祖母都是住在莫夏夫的，拿哈拉，其实就是摩西·达扬的那个莫夏夫。她们从来都没离开过那里。我的父母亲也都是在那里

---

① 一个拥护犹太复国主义的美国妇女组织。——编者注

第一章 伯科威茨表弟

出生、长大，然后结婚。莫夏夫的村民是没有能力买保时捷的。对了，我们刚刚跨过了绿线。"

"是吗？"他茫然地四处看看，"就是这里？你是说我们进入了西岸地区？看上去也没什么不同啊。"

达佛娜哈哈大笑起来，银铃一般，露出整齐洁白的牙齿。"天哪，跟你兜风可算是一段阅历。当然没什么不同了，你以为是怎样的？会是一段不一样的颜色，跟地图上一样？真实的巴勒斯坦就是这样的。"

"但是没有栅栏，没有标志，什么也没有？"

"干吗要有？绿线并不是实际中的东西，什么也没有，只是地图上的一个标志。'六日战争'中约旦进攻我们的时候，噗，绿线就结束了，没有了。"她一只手搭在他的手臂上，"哎，我什么时候能开呀？你可是答应过的。"

"不行。我看过法规了。如果你开的时候被逮到，他们会没收我的车的。"

"重新回去读读法律吧。如果你跟我都在车上，那就没问题。"

"你确定？哎，这儿越来越赏心悦目了，不是吗？"他边说边扫了一眼舒适地坐落在石头坡地上的阿拉伯小村庄，"真正的《圣经》里的风景。"

"嗯，西岸是很漂亮的。我们称它为犹大和撒玛利亚，《圣经》上的名字。喂，约翰，我们到达的第一大城市是纳布卢斯。从那里开始就让我开车去杰里科吧，怎么样？"

"再说吧。"

纳布卢斯是一个山地城市，建筑风格完全阿拉伯化，居民也全是阿拉伯人。嘈杂的中心广场上，四周围满了各种小吃摊和小商店，六辆空大巴车在这里排成一列，成群结队的游客在导游的带领下到处游逛。一些阿拉伯儿童默默地看着他们这辆保时捷，但那些男人和年龄稍大点儿的孩子则完全无视它，像他们无视大群的游客一样，这些男人都穿着白袍，戴着阿拉伯头巾，孩子们步行或是坐在咴儿咴儿叫的小毛驴上。

"锁上车，一定要。"他把车停在广场里，下车时她对约翰说。约翰可以听得出来，那些以色列导游大多时候都在讲英语，零星夹杂一些叽里咕噜的法语或德语。

"喂，枪，达佛娜。"

"嗯，枪怎么了？"

"不会有个阿拉伯人抢走它然后闹事吧？"

"你这样认为吗？那试试，来，从我这儿夺走它，约翰。"他笑笑，显示出怀疑的神色。"来呀，我说真的，试试。"

他突然迅疾地扑向她，而她则更快地从肩头甩下冲锋枪，并将枪口对准他的肚子。"看见了吗？别担心，我们可是训练过的。再说了，看那边。"那边，一辆巡逻吉普的旁边，有五名戴黑色贝雷帽、黑色墨镜的士兵，站在原地警戒现场，手里的枪随时准备开火。"阿拉伯人已经有过教训了，真的，永远都知道教训了。那些游客在这里的安全程度和他们在伦敦一样。我们到处转转吧，然后继续前行，杰里科更美。"

他深吸一口气："令人兴奋的气味！奇怪的香味，奇怪的食品，还有——"

"还有驴粪，没那么奇怪。"

他大笑道："很受欢迎的旅游胜地，确实。"

"嗯，纳布卢斯其实就是'示剑'古城，知道吧？在《圣经》历史中非常重要。那里，"她指着隐约呈现在城镇那边的一座大山，"就是基利心山（Har Gerizim），撒玛利亚人一直在那里做礼拜。"

他们顺着一条主干大街往下走，一个高高的穿着衬衣和宽松便裤的阿拉伯男孩，头上顶着一只宽阔的盘子，里面盛着刚做出来的香气扑鼻的大饼，与他们擦肩而过，跑进了阴暗巷子里一栋破败不堪的石屋内。"天哪，这味道简直不可思议。我饿死了。我要去买一个。你呢，也要一个？"约翰说。

"不要，谢谢。但是，哎，约翰——"

还没等她说完，他已经追着那男孩进了巷子，巷子里满是阿拉伯男人和男孩，闲散地坐在石头台阶上。他听到后面传来大喊声，回过头看，只见一名瘦瘦的背枪士兵正奔向达佛娜，用语速极快的希伯来语厉声喝问她，她也愤怒地回喊着什么。"约翰，从那儿出来。"她朝他喊了一声，然后继续和那名士兵争辩。他慌忙从巷子里退出来，那名士兵才咕哝抱怨着走开了。

达佛娜解释道："那地方禁止游人入内。并不是会有什么事发生，但还是——哦，算了吧，我们还是开车去杰里科吧。有的是好地方让你吃的。求求你了，让我开吧。看，我把我的驾照都带来了，看见了吗？"

达佛娜大眼睛里的恳求之意让人无法拒绝，约翰抗拒不了。"好吧，行。"

她坐到保时捷的驾驶座上，脸上兴奋得像个孩子一般。当他讲解各种操作要领时，她不住地说："嗯，嗯，我知道，我明白，我明白。没问题，没问题。我准备走了，我们动了啊。"

"交给你了。向杰里科出发。"他说。

她平稳地起步，出发。当车经过方才那名对他们大惊小怪的士兵时，那名士兵对他们戳戳手指以示责怪。"这条路从这里起更好走，风景也绝对漂亮。"她说。她小心地穿过市镇，驶上一条柏油公路，然后以每小时一百二十千米的速度飞速向前，叹道："我的天，好棒的感觉啊。哪天你必须让诺亚也开开这车。"

"没问题。你和他结婚了吗？"

"天哪，早着呢。我还有一年的兵役要服，再说，天知道我是不是想要嫁给一个海军军官。我是感受过军队的，都想吐了。"她一只手掌放到自己的喉咙处，然后一仰头哈哈大笑，"我只是喜欢他。"路上的车并不多，但也有卡车和马拉四轮车在跑，达佛娜要集中精力开车，做那个动作时显得手忙脚乱的。她紧身军裙下两条大腿匀称修长，在刹车和加油门时不住地动弹，约翰的目光被牢牢地吸引在那里。

"我期待着见诺亚。"

"嗯，你会见到的。"她快速瞥了他一眼，"你们两个长得很像，你知道吗？一样的方脸，一样的发际线和浓密的头发，还有黑眼睛。伯科威茨家族的脸形吧，我猜。巴拉克将军也是这样的脸形。尽管他的头发开始花白了，但我还是认为，他是我见过的最帅的男人。”

“也希望能见他。”他含糊地咕哝了一句，声音有点儿沙哑，两眼只顾盯着达佛娜这样那样伸展和转动的腿。对这种热辣辣的盯视，达佛娜并没有察觉到，或者说好像是没察觉到，他就这样一路享受着这种令他沮丧的愉悦，到了杰里科。

杰里科跟纳布卢斯不一样，在纳布卢斯他总有种说不清的不自在，而这里让他很着迷。当保时捷沿着盘山公路朝棕榈树点缀的小城开下去时，他感受到了一点点敬畏。杰里科……示剑……希伯伦……约旦……死海……尽管约翰一点儿也不信教，但他早已随着美国的空气吸入了对这些圣地景象的崇敬。大巴车排成长龙，处处都是在导游带领下的游客，但这些并没有让他感到烦扰。杰里科的阿拉伯人似乎也较友善一些，至少不像纳布卢斯那边那样阴沉和沉默。事实上，这里市场上的那些摊贩和挂着相机的美国人讨价还价时，都是满脸微笑、很和善的样子。

达佛娜说：“我的建议是，我们先去把你喂饱了，然后四处转转。你喜欢胡姆斯①和特海纳②吗？”

“非常喜欢。”

“那你就准备好热爱‘阿卜杜勒’吧，那是杰里科最棒的餐馆。”

她熟练地转弯，穿行在各条小街上，街道非常狭窄，即使是这辆小巧的保时捷，也几乎是擦着墙壁通过。“到了。”行驶到一处覆满苔藓的石头屋子旁，她把车停到一小块草地上，然后肩背冲锋枪和皮包，领着他走进这家昏暗的小餐馆。“吃早饭太迟了，吃午饭又太早了。”她说，“挺好的，没其他顾客。我来帮你叫餐吧。”

“你不吃吗？”

---

① 胡姆斯（humus），鹰嘴豆泥。——译者注
② 特海纳（tehina），芝麻酱。——译者注

"我不。早饭吃得饱饱的。"她叽里咕噜地对柜台后面一位围着围裙的胖男人点了餐，然后，几乎就在同时，那人就微笑着奉上胡姆斯，配了一小筐子的皮塔饼，还有一碗橄榄。她说："好好吃，我去把油加满，去希伯伦的路很长。"

"我必须得跟你一同在车上吧，不用了吗？"

"哼！我们又不是在大马路上。这些窄巷里没警察。"达佛娜耸耸肩，离去了。他把全部的胡姆斯和特海纳舀进皮塔饼里，就着啤酒大快朵颐。正当他感觉惬意舒适得不行时，达佛娜走进来了，后面还跟着个穿蓝制服的警察。

"Adoni（阁下），这位小姐开的车是你本人的吗？"警察问他。

"是的，有什么问题吗？"约翰尽量平静地说话。

"这辆车将被依法扣押。请跟我来。"那名警察说完后出示了一本手册，走了出去。

约翰和达佛娜面面相觑了好一会儿后，达佛娜轻声说："对不起，约翰，对不起，对不起，对不起。"

他突然苦笑一下，说："你的意思是'Ani mitzta'er'。"

她的脸上先是茫然，继而亮起来，然后也懊悔地笑了。"对。不过是阴性的'Ani mitzta'eret（对不起）'。我和海关，嗯？诺亚会为这事儿杀了我的。"

"没事儿。我们就期盼古林考夫没在瑞士吧。"他说。

—— 第二章　电话 —

遇袭

"绿色火箭，目标右舷。""埃拉特"号舰桥上的观察哨喊道。

夕照中一片灰白、离地面大约十三英里远的塞得港的上空，的确有火箭弧形射入。舰长正在驾驶室的椅子上打盹，诺亚在为军舰领航，检查方位角，以便能准确安全地待在公海上。驱逐舰此时正在缓慢地以"Z"形前行，从船上能看见西奈高高的沙丘，它已经和"雅法"号这样轮流着巡逻数月了。今天是安息日，按照惯例，不值日的官兵们睡觉的睡觉，看书的看书，洗澡的洗澡。

诺亚的眼睛盯在照准仪上，可心思却飞到达佛娜·卢里亚身上去了，自从他们在港口分别后，他就是这个状态。他们取消了星期五的约会，好讨厌的变动！在一次长途通话中，她扭扭捏捏地跟他说，她在阿富拉的一位女友要去澳大利亚滑雪，已经把公寓的钥匙交给了她，还说那间公寓里有非常好听的摇滚乐唱片。就说了这些，但她热辣发哑的嗓音，以及诺亚自己对剩余部分的想象，早已让他好几天都处于极度兴奋的状态中了。时间一点儿一点儿地熬到了最后，却由于该死的"雅法"号的一只发动机失去了动力……

"什么？火箭，目标右舷？"舰长迅速从椅子里站起来，跑到外面的侧楼上，把望远镜对准空中一团高高喷燃的黄光。停顿了半晌后，他说："诺亚，你怎么看？"

诺亚不敢相信自己的眼睛，但那玩意儿的确是在那儿，像一颗照明弹一样，只是正在变得越来越大。"天哪，他们可能真的发射了一颗，舰长。"

"有可能。进入战斗岗位，诺亚。"

诺亚冲进驾驶室，一把抓起麦克风，拉响了警报："Emdot krav，Emdot krav（战斗岗位，战斗岗位）。"水兵们从舱门和通道中蜂拥而出，登上梯子，有的半裸，有的甚至只穿个裤头，边跑边往身上穿救生衣。"Azakah，Azakah（警报，警报）。"这种紧急命令的意思就是可以随意开火。高射机枪朝那团越来越大的火光打去，砰砰声震耳欲聋，红色曳光弹射出一道道轨迹。

"左满舵，全速前进。"舰长用尖锐刺耳的声音高喊。他从诺亚手中一把夺过麦克风，喊道："现在全体人员注意，我是舰长。Teel（导弹）。我再说一遍，Teel，Teel，Teel，目标右舷。"

透过双筒望远镜，诺亚看到那个拖着黄光的小小黑影已经变得可以辨识出来了。那个傻瓜费舍尔上校这回犯下大罪了，埃及人是有能力发射导弹的，这一点是毫无疑问了。看看吧，就因为它是苏联制造的就必定会出现故障吗？情报说这种苏联武器的别名为"冥河"，具有亚音速的速度，而且是雷达制导的，也只知道这些了。在以色列，没有人见过"冥河"导弹发射，事实上整个西方也没有人见过。这还是第一次，是历史性的时刻。

"看，诺亚，它是不是在改变航向？"

"我确信是，长官。"

夕阳照耀下，船身重度倾斜，在暗红色的海面上画出一道白色的弧形印迹，然而，那团黄光显然也跟着船转变了方向，这说明是制导雷达在调整。现在一切在望远镜里看得很清晰，一根带三角翼的铁筒子，尾部射出红黄色的火焰，并拖曳出黑烟。军舰上的所有枪炮轰隆轰隆一齐开火，密密麻麻的暗红色曳光弹向那枚导弹席卷而去，但都无济于事，它依然飞了过来。诺亚意识到，这种闪躲是毫无意义的，只不过是把摆动的舷侧变为一个更大的目标罢了。当导弹开始俯冲时，他迅速抓过自己的救生衣，还没来得及全穿上，就听到一声骇人的巨响！他被弹得横飞过驾驶室甲板，头部撞到一个突出物上，只觉得两眼冒出一片金星，随后一切就彻底变黑了……

"上尉，你还好吧？"舵手扶着他站起来。诺亚一只手捂住头部，感觉有黏稠温热的血流出来，头部一阵阵剧烈地抽痛。模模糊糊中，他环视已倾斜得很厉害的驾驶室，各种设备倾翻在地，玻璃粉碎，册子和海图摊在地上，一片狼藉。舵轮在随意转动，没有人掌管。

"见鬼！回去掌舵去，波尔斯基。"

"长官，没用了，轰炸过后舵就已经没有反应了，还有——"

"火箭，目标左舷。"一声充满惊恐的叫喊传来。

喊叫声此起彼伏，诺亚跟跟跄跄地走到外面的侧楼上，看到舰船上到处都是浓烟和火焰，渐次黑下来的天空中又有一团新的火光，众多枪炮都对准了它。这是第二枚导弹，平静的海面上，诡异地反射出它越来越大的黄眼，直朝"埃拉特"号的左舷袭来。舰长站在那儿瞪视着它。

"舰长，我们是不能机动应对了吗？我们的船身又倾斜了——"

"呀，好，你站起来了，哎呀，你成了个血葫芦！机动应对？怎么应对？舵失灵了，诺亚，发动机只剩下一台还起作用，我也没法下去看它们。天知道伤亡了多少人。你确定没事？你好长一会儿都没动弹——"

"我没事。真的，长官，那东西准备俯冲了。"

"我看见了。趴到甲板上，"舰长大喊，"现在只能这样了。"

第二枚导弹喷出强烈的光芒，它穿过稀疏的炮火直砸下来。诺亚感到自己所趴的地方是一块冰冷的金属，紧接着一声爆炸，把船震得像一面被猛击的巨锣，他感觉自己的胸膛和手臂好像也遭到了这猛力的一击。跌跌撞撞地爬起来后，他看见船中央有一道新的红色火光夹杂着烟柱升起。水兵们有的嘶喊吼叫着跑来跑去，有的在抢救伤员。代表舰船生命动力的嗡嗡声戛然而止，"埃拉特"号驱逐舰彻底成为一艘倾斜着漂浮在海上的废船，不能动弹了。

舰长从甲板上爬起来，在水兵们的吵嚷声中对诺亚说："我们不得不弃船了。"声音透出一种怪异的冷静。

"为什么？我们可以呼救的，舰长。直升机十五分钟内就可以赶来——"

舰长摇摇头，说道："你不知道我们的无线电设备坏了吗？戈德斯坦修过，我们也一遍遍试过，但是连西奈的驻军都联系不到，更不用说联系海法司令部了。水流正把我们朝塞得港方向推去，诺亚。我已经抛过锚了，但它们抓不牢——"

"就算这样，这一段水路我们也能漂浮好几个小时，长官，把全体官兵集合起来直到——"

"直到什么？弹药随时会告罄，我还有大量无助的伤员要考虑。看看那火势——"

"长官，我想我跟戈德斯坦能临时装配一台无线电设备。"在军官电子课程培训课上，就有这种临时装配紧急设备的作业，而且诺亚还非常擅长这类作业。

"你们能？"舰长咬住嘴唇，问道，"你们得花多长时间？"

"如果我们找得到元件的话，也许二三十分钟就行。长官，这是我们最好的机会了，否则海军几个小时甚至整个晚上都不知道我们的事——"

"试试吧，不过要快。"

借着手电筒的照明，在毁坏的无线电室里，他和那位精通无线电的小个子技师戈德斯坦一起，用管件、电线、电池等迅速组装成了一台混乱纠缠的玩意儿，然后开始搜寻信号。明亮的月光照耀在燃烧的船上，船艉严重下沉，整个舰倾斜得越来越厉害，诺亚呼叫道："我是'埃拉特'号，呼救，呼救，我们正在下沉，请求立即支援。"

听筒中除了轻微的噼啪声外再无其他。那位无线电技师对准西奈的方向，不停地把简易天线从北边扫到南边，再从南边扫到北边，同时，诺亚疲倦地一遍遍喊："所有西奈驻军。我是'埃拉特'号。呼救，呼救。有人能听到吗？"

舰艏起锚机的位置现在是"埃拉特"号最高的地方，他和戈德斯坦蹲在那儿发信号。船上虽然已没有大火，但到处都是摇曳的小火焰和随之冒出的浓烟。全体官兵都集中在陡斜的前甲板上，伤员也成排地躺在那里呻吟。所有能漂浮起来的东西，不仅仅是筏子，还包括备用救生衣、木头橱柜、空油桶等，全都乱七八糟地堆在救生索边，因为船上大部分的小船都已经破掉了。现在除了弃船以外，若说尚存一点儿希望的话，也就全在这台临时凑成的无线电设备上了。二十分钟过去了，一直都是微弱的静电声，没有人声。

在坐立不安的等待中，诺亚有很多时间思考。这景象实在太惨了，船正在下沉，轮机舱内有那么多牺牲的士兵，前甲板上还有一排骇人的伤兵在呻吟哭喊。由于头上的伤口一直在流血，他自己也处在半清醒状态，意识在想着达佛娜的梦魇中游离进出……

"我是'埃拉特'号。呼救，呼救。我们正在下沉——"

无线电中传出一声狗吠般的笑声。诺亚的心猛跳起来，神志随即清醒。接着传出一声混乱刺耳的阿拉伯语，随后又陷入沉默中，只余下轻微的噼啪声。

"这他妈怎么回事？"舰长问。

"'去死吧，犹太人，沉到地狱里。'"诺亚翻译道。

舰长咒骂了一声。

诺亚说："长官，长官，现在我们至少知道信号能发出去。这是个转机——"

舰长的眼睛浮肿得只能睁开一半，他环望一眼拥堵的前甲板，然后手指指向船艉，那里黑色的海浪正在冲拍着已然斜起的鸭尾艄。他声音粗哑地大声说："诺亚，我必须得运送伤兵们离开了，如果我们不——"

这时，一个声音从无线电中传来，是清晰的希伯来语，低沉、冷静、关

第二章　电话

切："我是驻守西奈的AD三分队。我们已收到你们的信息。请回话。"

"呀，天哪！舰长，听到了吗？"诺亚惊叫道。在他的生命里，还从没听到过比这句希伯来语更悦耳亲切的声音。

"我听见了，听见了，跟他保持联系——"

"西奈，西奈，能清楚地听到我说话吗？"

"Hiuvi，Hiuvi（确定，确定），'埃拉特'号，请回话。"

"西奈，我们在塞得港东北方向，十三点五英里远，月光下清晰可见。我们遭到两枚导弹袭击，现已起火并下沉。有很多人受伤和牺牲。已抛两只锚，船朝埃及方向漂去。有被俘的危险。准备弃船。"

"Ruth（已收到），'埃拉特'号。我们马上通知所有部门。救援直升机立刻就到。保持联系。"

舰长用扩音器向全体官兵大声喊出这条消息时，前甲板上顿时响起一片欢呼声。

要转移伤员了，残忍的选择压到了军医、诺亚和舰长头上。谁应该上余下的小船，谁上筏子，谁穿救生衣，他们必须快速无情地判断士兵们受伤的严重程度，也决断了他们的生还机会。"弃船"命令下达后，最严重的伤员坐小船，首先被放下。随后，官兵们把所有能漂浮起来的物件统统扔到海上，开始滑下绳索或直接跳入海中。军官们最后撤离。

诺亚赤裸着双腿刚跳入冰冷的海水中，就听见四下的黑暗里爆起惊叫声："Teel，Teel。"只见陡峭漆黑的船头上空，又出现了一团喷射的黄光。这次他没忘记背对着它。爆炸把月光下泛着白泡沫的海水掀起来，变成了一股黑色水柱。"轰隆！"自始至终诺亚都感到好像有一辆高速行驶的车在猛撞他的脊背。再后来，他觉得自己肯定是神志不清了，因为他好像听到了歌声。趴在漂浮的油桶上，他忍着浑身的灼痛立起身来，看到一个筏子上聚满了黑影，那是水兵们，他们声音纷乱、满含蔑视地高唱：

金色的耶路撒冷，

青铜之城，光芒之城……

周旋失败

兹夫·巴拉克：生于奥地利维也纳，这是他的希伯来文名字，原名沃尔夫冈·伯科威茨。陆军军官，与美国联系的军事特使，后为驻华盛顿武官。

亨利·皮尔森：美国国防部助理部长。

布拉德福·哈利迪：空军上校，艾米莉·坎宁安的丈夫。

向西方七个时区远的地方，兹夫·巴拉克将军正在评审海军递来的反导设备需求文书，这份文书在这天早晨通过外交邮袋送达以色列驻华盛顿大使馆。才四十岁出头，巴拉克的头发就早早灰白了，长相和诺亚基本一样，只是更老、更胖、皮肤更白，眉毛也更粗重一些。诺亚一直在通过电话请求父亲帮忙。现在，文件在手，兹夫·巴拉克觉得他是能够帮上点儿忙的。像这类机密的电子设备，即使往最乐观的方面想，拿到它也是很困难的，但他觉得他可以争辩一番，这种反导设备属于纯粹的防御性物件，不应该作为武器被禁运。五角大楼对主要补给执拗得近乎出奇，已经拖了很长时间没有兑现了，说不定他们愿意丢给以色列这根骨头呢。

他从抽屉中取出一沓绿色信纸，用希伯来语飞快地书写备忘录。和这个岗位上众多无聊透顶的文书工作不一样，他做的起码是一份爱的劳作，是对他暴露在最前线的儿子有用的一份工作。在武官这个岗位上，巴拉克并不快乐，从来都没有快乐过。辉煌的胜利过后，他回到耶路撒冷待了一小段时间，当时国防部部长曾对他说："你在华盛顿所做的能顶得上战场上的两个旅。"这话从摩西·达扬嘴里说出来是有些分量的，但话是很容易得到的东西。那些跟巴拉克同龄的打过这场仗的人，纷纷跃升到了军职前列，职务都在朝着总参谋部、军区司令的岗位奔进，下一步就是参谋长、总司令这样的"大奖"等着他们了。达扬说那话什么都改变不了。巴拉克早期出使华盛顿的那些任务，现在证明就是个陷阱，正因为那些任务才让他有了非常善于对付美国人的名声。

正在他全神贯注地写备忘录时，内部通话系统嗡嗡嗡响起来。"将军，您和助理部长的午餐在十二点半开始。"

"L'Azazel（天啊），谢谢，埃丝特。"看来，不得不以后再写这份草稿了。他匆匆穿上军大衣，驱车前往五角大楼。一路上沿着波托马克河走，树上的叶子全部换成了美丽迷人的秋天的色彩。

亨利·皮尔森是美国国防部的一名助理部长，身材瘦削，由于抽烟而常年咳嗽，他很迷恋军事历史，喜欢和巴拉克聊修昔底德（Thucydides）、拿破仑以及加里波第（Garibaldi）等人，但今天他显然不是找巴拉克聊这些的。让人特别意外的是，空军上校布拉德福·哈利迪竟然也在办公室内。他站起来和巴拉克握了握手。

"我想你们两位认识吧。"皮尔森说。

"我们是老熟人了。"哈利迪说，语气冷冰冰的，脸上没有笑意。

"很高兴再见到你。"巴拉克说。在他们上一次尴尬的遭遇中，哈利迪是穿着平民服装的。而这次，他穿着蓝色军装，佩戴着战斗勋章，看上去比上次更高，更瘦，也更难于对付。这两个男人爱上了同一个女人，只在她的房间内偶然撞到过一次，还让三方大为尴尬，但亨利·皮尔森的观察力再敏锐，也不会看出这些来。

午饭是咖喱虾，皮尔森并不认为可以看到河流风景的办公室就是好办公室，所以他们办公室窗外正对着的是汽车停车场。这顿午饭的话题是四十八架"天鹰"轻型攻击轰炸机，这批飞机以色列前段时间就订了，但一直没交付。皮尔森长长地咳嗽一通后解释道，由于美国禁止所有武器运往中东地区，并且督促苏联也这样做，因此，在现阶段"天鹰"的交付不可行。巴拉克大声争辩道，这样做是非常不妥当的，因为苏联人正在重整埃及和叙利亚的军备，而且速度快得令人害怕。巴拉克很快就看出来了，这次哈利迪来就是帮助脾气随和的皮尔森搪塞的，他表现出一种公事公办的专家面孔。

他说："将军，以色列已经消灭了你们地区内所有敌对的空军力量。你们的空中优势是显而易见的，你不能否认这一点。因此，现时我没有觉察到我们有交付'天鹰'的紧迫性。"

"紧迫性？上校，正如我刚才跟助理部长指出的，紧迫性就是苏联人在供武器给我们的敌人。毫无疑问，那只能逼迫我们开始补给我们自己。空中优势并不是静态不变的。当阿拉伯人的飞机数量以三比一或四比一的比例优于我们时，我们的处境就会变得很危险了。我们预计，按照现在的速度发展下去，从现在起十八个月内就会达到那样的比例，对了，他们装备的还是更新型的'米格'战机。"

哈利迪叉起咖喱菜肴边吃边说："飞机自己是不会飞的。你们的空战胜利已经大大削弱了他们的飞行员资源，要恢复过来的话，是需要很长一段时间的。"

"借用苏联的教官呢？呃？"巴拉克不喜欢虾，因此拿起面包和黄油，"与我们相比，阿拉伯的人力是无穷无尽的。训练一个合格的飞行员，一年时间就可以。"

"兹夫，苏联教官不会灌输你们飞行员所具有的那种动力的。"皮尔森插进来说。

"这话对，因为我们是为了国家存亡而战斗，阿拉伯人不是。可这是扣留我们战斗机的必要资金的理由吗？"

皮尔森剧烈地咳嗽起来，扫了一眼旁边毫无表情的空军上校哈利迪。"兹夫是个很棒的辩论家，是吧？"

哈利迪只是点了点头。他刚才已经发表过自己的意见，明确地道出了一个令人不快的、现在还没有公开的事实，约翰逊总统和国务院正在重修与阿拉伯人的友好关系，还有那位皮尔森先生，尽管他很友好，但也是无能为力的。巴拉克没有在"天鹰"战机上多浪费口舌，他们最后争辩起了弹药补给和"巴顿"坦克部件问题，这期间哈利迪没说话，皮尔森的态度模棱两可。

后来巴拉克和哈利迪是一起离开办公室的。在走廊里，巴拉克刚准备简略随便地跟他道个别来着，但哈利迪着实使他意外了一下。"将军，你的车在哪儿？"

"在E区。"

"我的也在那儿。我们说说话？"

"当然可以。"

沿着五角大楼弯曲的走廊和楼梯往下走，哈利迪跟他说，他的一位空军老同事，现在是美国空军学院院长，特别希望能邀请到以色列的飞行中队长来就那次巨大的空战胜利做个报告。"他考虑到了本尼·卢里亚上校。你一定认识他吧？"

"熟识得很。"

"你找他商量一下好吗？院长希望他在十一月份来几天。"

"如果本尼能来的话，我确信他会感到荣幸的。当然，我必须通过空军的渠道才行。不行的话还有个叫阿维胡·本·努（Avihu Bin Nun）的，也是一位杰出的中队长，还有罗恩·派克——"

"听说卢里亚演讲很不错。"

"那倒是。我随后就联系这个事。"

"太感谢了。"

他们走到外面湿冷的雾气中，哈利迪又让他意外了一下，他说："你收到艾米莉的信了吧？"

巴拉克强作镇定地回答："自从她离开新德里后就没再收到过。"

事实上，艾米莉在她这次环球旅行中只给他写过一次信，信中说到，自从巴德·哈利迪从越南调到五角大楼后，他们之间的通信就变得越来越热烈、越来越密集了。不管这是要激起他嫉妒的痛悔也好，还是仅仅是艾米莉大嘴无遮无拦地说说也好，反正听着很伤人的。

"她写那些让人发笑的信时，是用很认真的态度写的。当然，你也知道这个。"哈利迪说。

"对，我们断断续续通信很多年了。艾米莉是很古怪。她的行程是按照计划在进行吗？"

"好像是吧。她预计两星期后会从巴黎返回。"哈利迪伸手和巴拉克握手，"听我说，将军，关于那批'天鹰'战机，完全是我们私底下说啊，"哈利迪顿了一下，他的脸色比刚才在皮尔森办公室里时稍稍柔和了些，"扣留它们是外交上的暂时延搁。不向你们交付它们是完全不守信用的，不会发生那样的事。我们不是法国人，总统也不是戴高乐。以色列会接到那批飞机的。这期间，你们政府发牢骚也无济于事，还是把精力节省下来，用到其他事情上去吧，随着你们的胜利，你们已经获得很多的政治资本了。"

巴拉克不失时机地向哈利迪询问了一下诺亚他们的反导设备的问题。哈利迪皱起眉头听完后，说："嗯，你们可以从公开市场上买到所谓的金属箔片。我们把这种东西称作'反雷达金属干扰带'。金属箔片发射器的海上运输是个麻烦事，这个我不懂。至于电子设备嘛，这基本上在我的活动范围内，在空军内部，这属于高度机密。"他耸耸肩，摇一摇头，"至于海军内部，我不知道。你给我写一封私人信件，不要通过官方渠道，我会把它推给海军内部一位合适的熟人。"

"那可帮大忙了。"

坏消息与新转机

萨姆·帕斯特纳克：生于捷克斯洛伐克。以色列基布兹居民，前线指挥官，后负责军用物资采购，并进入"摩萨德"①。

---

① 以色列情报机构，全称为"以色列情报和特殊使命局"。——译者注

娜哈玛：巴拉克的妻子。

葛利亚、鲁蒂：巴拉克的女儿。

巴拉克驱车返回大使馆，途中，冰冷的蒙蒙细雨不仅模糊了他的风挡玻璃，似乎也一直下到了他的内心深处。"天鹰"项目遭到拒绝，尽管他早有预料，但仍然感觉很沮丧，而且很饿。一整天，除了五角大楼那块海绵般的面包，他还没吃过什么东西。哈利迪那寥寥几句关于艾米莉的话，又揭开了自己本已愈合的伤疤，让他大为懊丧地想到了那个古怪的中央情报局官员，想到了他同样古怪但又极其动人的女儿，那个主动与他断绝关系的女人；继而想到她苗条柔软的身体，戴着眼镜、闪烁着聪慧的大眼睛，凌乱无序的一头黑发，话里和信里那种傻里傻气的风趣，以及当她还是十二岁小姑娘时所体现出来的魅惑仪态。如今她不仅是一所女子学校的校长，还将要有更新的生活方式，这是他唯一赞成的，但同时他也发现，爱上两个女人（他还一如既往地爱着自己的妻子），当失去其中一个时，痛苦是整个的，而不是一半。

他首次看到艾米莉·坎宁安时，她是一个女顽童，手拿网球拍，蹦蹦跳跳地跑到她父亲的露台上，然后坐在她母亲的空位子上，庄重地招待客人吃晚餐，再然后是在她家那可以俯瞰到波托马克河的草坪上给他看萤火虫，东拉西扯地说一些显得她早熟的浪漫而又无聊的话题。很久以后，她已经在索邦大学念书了，他们在巴黎和耶路撒冷难得地邂逅了两次，那时她清楚地表明了她对他执着的爱恋。很长一段时间以来，他都想对此一笑了之，但她常年给他寄送诱人且逗人发笑的"笔友"信件，让他一成不变的军旅生涯和以色列乏味的生活变得多彩起来。之后他就来华盛顿任职，风花雪月也就开始了。是武官这个不幸的职位导致他和她越陷越深，也许还因为这个缘故而错过了那场战争呢，谁又能说清楚呢？

算啦，算啦，远离了危险的地方……

在大使馆苦役一般的工作中，他基本上也可以忘掉那个萦绕于心的女人，忘掉跟她的分手。在馆内，由胜利带来的乐观和混乱仍在发酵、冒泡。有什么不行的呢？各个犹太复国主义组织都在哗哗增长，无论从人数上还是从资金上，他们吵闹着要达扬和拉宾这样的战争英雄来演讲；然而，邀请他们前来可不是轻易就能办到的，因此，武官和大使们便成天在全国各地飞来飞去，作为还算过得去的替代者来演讲。今晚，巴拉克就要飞到芝加哥去，准备第二天在一场犹太复国主义午宴上致辞，他一边开车，一边止住自己怀念艾米莉·坎宁安的念头，还是努力想想这次演讲该用些什么新观点吧。

到了芝加哥他该说些什么，才算是真正的新观点呢？到如今，他已经有了一套很熟稔的演讲程序。快速对胜利回顾一番，得到的是微笑和鼓掌；然后是警告性的话语，关于敌人违反停火协议，关于坚守在苏伊士运河前线牺牲的官兵们，以及恐怖分子们从约旦渗透进来，在基布兹农田里埋设地雷和饵雷，等等——美国犹太人想听的不是这些，因此这一部分要长话短说；再然后就是高潮的结尾，描绘自摩西·达扬开放边界后耶路撒冷和西岸地区的情景，比如，阿拉伯人平静地涌入锡安广场，惊讶地注视着商店橱窗，以色列人挤在熙熙攘攘的旧城集市中讨价还价，购买便宜的商品和味道奇异的食品，或是成群结队地开车去杰里科和希伯伦，嘴里还唱着《金色的耶路撒冷》；所有这些都是为了渐渐引到他个人的一件趣事上去，一名灰白胡子的犹太人，戴着毛皮帽子，留着耳边鬓发，与他同行在旧城去往哭墙的以色列人群中，兴奋地高喊："Moshiakh's Tzeiten（弥赛亚时代）！"他无疑将再次用这个一定会成功的结尾来结束演讲，不过同时，他却很难相信这个结尾，弥赛亚时代真的会来吗？

自己的办公桌上躺着一份意思混乱不清的电话留言，是一个叫利昂的人打来的，大意是说他的一个儿子在以色列，车被人给没收了。巴拉克想了好一会儿，才想起那家住在长岛的伯科威茨家族的亲戚，这几年来他都没有见过他们，也没有和他们说过话。又是一个给武官的"重要任务"！不过家人总归是家人，虽然他们现在改名叫巴寇了，但还是伯科威茨家族的啊。他正要回电话，这时内部电话打来，让他过去见大使。

　　　　　　　第二章　电话

亚伯拉罕·哈曼挺着大肚子坐在那里，脸色苍白得像死人一般，他似乎永远都是这副无精打采的样子，但他这种昏昏欲睡的表象下是剃刀一般的敏锐，美以关系的任何细微变化都瞒不过他。他哼哼了两声说："总是有事。我妻子因为肠胃感冒病倒了，她应该去'五月花'举行的一场WIZO（国际犹太复国主义妇女组织）茶话会致辞的。她给我打电话说娜哈玛应该可以去的——"

"娜哈玛？亚伯拉罕，娜哈玛在这边从来都没有做过演说，她的英文没那么好。再说，她也不是一个能演讲的人，不可能！"

"兹夫，我已经和娜哈玛谈过了，她迫不及待就接受了。对不起，离开始只剩三个小时了，我没有多少选择范围。"哈曼狐狸般狡猾地瞥了他一眼，又说，"就算她演讲不成功，这个世界就会完蛋吗？你五角大楼的事办得怎么样了？"

"一句话，bopkess（精神支持）。"

哈曼重重地点了点头，说："早有预料。不过你还是要针对不履行合同提出我们的抗议。美国人信仰合同，他们是契约社会，他们会有压力的。那你今晚就去芝加哥了？我现在在索尔海姆酒店可有个大麻烦事，要对上千名保守的拉比们讲话。你确定你不介意娜哈玛的事？"

"当然不介意。我只是很惊讶她竟然答应了。"

"兹夫，'就在你认为你已经弄明白他们的时候，他们却欺骗了你'。"

"《所罗门智慧书》，大使。"巴拉克说。他回到他自己的办公室，开始给哈利迪上校写关于反导设备的信，还没写多少，编码员的电话就打了进来。"长官，帕斯特纳克将军来电，密线电话。"萨姆·帕斯特纳克现在是摩萨德的高官，也许是这个组织的秘密头脑也说不定。自从战争结束后，他还没用保密电话打来过。巴拉克匆匆走到译电室的隔音房内，关紧门，帕斯特纳克的声音清晰地传过来。

"兹夫？我们这边有一起严重的新事态。"帕斯特纳克的声音低沉严肃，不是他平时那种嘲讽的声调，"给你透露这个消息我感到很难过，埃及人用导弹击沉了'埃拉特'号。"巴拉克一下子屏住了呼吸，帕斯特纳克急促地说，"别太担心。此刻直升机正前往那里营救生还者，许多人都没事。巡逻艇也紧急赶往出事地点。你儿子没事的概率还是挺大的。"

"这事是什么时间、在哪里发生的，萨姆？"

"塞得港外，大约黄昏时分。确定导弹是从海港内的舰艇上发射出来的。必须马上把这件事告知亚伯拉罕·哈曼和吉迪昂·拉斐尔。"拉斐尔是以色列常驻联合国代表，"整个形势都已经改变了，兹夫。军力平衡已经逆转。新的状况，新的时期。"

《约伯记》里的一句话迸现在巴拉克的脑海中："我所恐惧的临到我身。"他存档的情报显示，塞得港内驻有导弹艇，而且军用海图也显示以色列国的驱逐舰正在埃及和西奈沿海巡逻。在他看来，那样做风险很大，是一种带有挑衅性的炫耀行为，诺亚在那个地点一直都令他很担心，但是海军战略他是插不上话的。

"你们一直在监视埃及方面吗？"

"对。他们收到了遇难信号和求救信号，而且要求联合国安理会明早开会，他们要申诉那条军舰在他们的海域内，但事实上不在。他们这会儿高兴死了。"

"高兴不了多久的。"巴拉克说。

"嗯。现在我们如何应对是个大问题。总理这会儿正和达扬以及外交部长埃班开会商讨。"帕斯特纳克干巴巴的、快速的语调慢了下来，变得柔和了些，"我会保持密切联系的，兹夫。我会跟踪生还者名单，告诉你诺亚的最新情况，每一分钟我都在听着。"

"谢谢，萨姆。"

帕斯特纳克就是这个样子。他们的友谊可以上溯到一起在准军事青年团里服役的年代。萨姆出生在捷克，属于粗野人中最粗野的那种人，然而他又以自己的方式在做一个犹太好孩子，对自己的母亲和姐姐尊奉有加，要是没有一个感情不和睦的妻子就更完美了。他们曾一起在军队中服役了很长一段时间，后来萨姆才转入了摩萨德。

听到巴拉克汇报这个消息后，哈曼大使带着厚厚眼袋的眼睛开始慢慢发红，本来就苍白的脸色显得更加苍白。他沉重地叹息一声，说："这么说，他们还是没有接受教训？好，他们会接受的，相信我。我希望你儿子平安无事。唉，多难过的一件事。"他指着他桌子上一沓打字稿，"我的演讲稿不再有意义了。我的主题是'即将到来的和平'。我太认真了。"大使眯起眼睛，似乎自言自语地慢慢说："我可能马上就会接到美国国务院的电话，还有参议员、犹太领袖们的。也许我应该亲自给迪安·腊斯克打电话。我要好好想想。兹夫，给我一份简单的军事分析报告，写明面临的新困难、报复行动的方法等，还有我可能需要的一些备用的材料——"

"马上，大使。"

巴拉克先给纽约的吉迪昂·拉斐尔打了一个电话，这名驻联合国代表平静地听完电话，询问了一些关于袭击的实际性问题，然后说他晚上会整理材料来计划联合国安理会上的应对策略。巴拉克给哈利迪的信才刚刚开了个头，现在还躺在桌子上，太迟了，太迟了！他有一种想要撕掉这封信的冲动。这时娜哈玛走进来，她穿着一身深灰色的西服，浓密光滑的黑头发上戴了一顶别了羽毛的红帽子。"喜欢我的帽子吗？泽娜·哈曼说那种场合的女人们都戴帽子。我刚在'加芬克'百货买的，这帽子正在搞促销。不是太难看吧？是不是太红了？这根羽毛显得很傻吗？"

应该告诉她军舰沉没的事吗？她打扮成一个参加某类聚会的样子，眼睛兴奋得发亮。她想到她要代替才华横溢的泽娜·哈曼演讲，因此正显得劲头十足。"帽子很好看。你打算讲些什么？"

"关于诺亚。要知道，作为一名为以色列而战斗的士兵的母亲是什么样的感受？当他第一次穿上军装时我们是怎样地感动，战争期间我们是何等担心，而结束后我们又是那般高兴。为了博得一笑，还要讲讲他占领一座空无一人的基地那件事。听起来怎么样？太私人了吗？"

在回答她之前，巴拉克飞快地估算了一下：这个茶话会应该会在五点之前结束，然后那些戴帽子的女士会回家吃晚饭。即使埃及方面在一两个小时后就提出他们击沉舰艇的事，也不会马上就散播开来。"很好，问题是，你紧张吗？"

娜哈玛头一仰，哈哈大笑起来，帽子掉到地上。"L'Azazel（天啊），我好讨厌帽子啊！"她边说边捡起帽子，"紧张？为什么要紧张？会很有意思的。我又能失去什么呢？别担心，我不会给你丢脸的。镜子在哪儿？"她吧嗒一下把帽子扣在头上，把一边斜起来，看起来显得很时髦，"怎么样？"

一阵爱意冲动的驱使下，他上前吻了自己的妻子一下，算作回答。为什么要让她恐慌呢？诺亚说不定现在正好好地坐在一架直升飞机上呢，虽然浑身湿透，但安然无恙。她比艾米莉·坎宁安漂亮自不必说，但像此刻这么兴致勃勃的状态却很少见。二十三年前，就是她现在这种温柔又略带点儿顽皮的容光焕发让他着了魔，从而不顾父母亲强烈的反对，毅然在认识这个摩洛哥女招待仅一个星期后就娶了她。"很好，听起来跟一流的演讲一样。祝你好运了。"

"谢谢。可怜的兹夫，今晚就要去芝加哥了，是吗？你有时间先回家吃顿饭吗？葛利亚和鲁蒂她们自己提出来要做晚饭。"

"这种新鲜事我可不想错过。"

她离开时差几分钟就三点了。他赶紧打开桌子上的收音机，全身紧绷地听着新闻简报。没说一句关于中东地区的话。很好。那封关于反导设备的信还躺在他面前，他意识到，把它撕碎是很愚蠢的行为。"雅法"号不是还在航行嘛，而且导弹同样能够轰击鱼雷艇和巡逻艇呀。

巴拉克意识到，现在不仅仅是和阿拉伯人的战争进入到一个新时期，海战也同样进入了新时期。迄今为止，还没有舰船导弹击沉舰艇的先例，西方也没有哪一个国家曾试验过这一类型的武器。苏联这个阿拉伯人的兵工厂，突然间就跳到水上导弹战斗的世界前列去了。对诺亚他们的海军来说，苦日子有的过了，对全球来说也是一个不小的震动。美国空军和海军的优势可以抵消苏联陆军的大量优势，但是"冥河"导弹的突然出现，显然对美国海军第六舰队构成了威胁，就此而言，也威胁到北约所有的水面舰船。

这期间就等待消息吧。兹夫在英军当兵时，隆美尔正在北非作战，经常很久都没有音信，他父亲不止一次和儿子说过他的头发因此愁白了。那时的兹夫是个英勇的年轻人，正值青春年少，对老头子的这些忧虑笑一笑、耸耸肩就过去了；而现在他也成为一个忧虑自己儿子的老头子了。这一切发生得也有点儿太突然了。谁又能料到诺亚会在海上遭到袭击呢，而且还是"六日战争"后阿拉伯人的第一击？现在有一点很清楚，军装是没有人能马上脱掉了。

那么，明天在芝加哥讲些什么呢？到那时埃及这一大胜利肯定会出现在新闻报道中，他那套标准演讲程序需要大改了，"弥赛亚时代"的话是绝对不能讲了。不过，他突然想到，时局这一改变，那四十八架"天鹰"也许大有希望了。

他开始在绿色信纸上飞快地书写清爽的希伯来文。

"埃拉特"号的沉没——启示与选择方案

埃及在军事上是衰弱的。如果要为这次袭击"埃拉特"号实行报复行动，我们的空军可以炸沉埃及每一艘漂浮在海上的军舰，能夷平埃及境内任何目标，从军事基地到整座城市都没问题。我们的装甲部队也能一路畅通地开到开罗。既然这样，纳赛尔上校怎么还敢挑起这样明显的战争行为，违反停火协议呢？这是自杀的愚蠢行为吗？一点儿都不是。首先，击沉战舰，这表明阿拉伯人虽然战败了，但他们仍然要反抗，尽管这个信号现在还很微弱。这一事件清楚地表明：《喀土穆宣言》中的那三个"不"并不只是阿拉伯人的虚夸言辞，而是他们实实在在的政策。战后我们的乐观派说，侯赛因国王或纳赛尔上校会给摩西·达扬打电话的，还给他们失去的土地，和平就会到来。好了，现在这个"电话"打来了，但是是以击沉我儿子所在的驱逐舰为形式。军事上的损失虽然严重，但尚可忍受，以色列在政治上刚刚达到世界级高度，对这方面的损害就是另一码事了。我们的报复行动必须要明确、迅速、严厉并够有力度，以阻止以后再出现这类明目张胆地违反停火协议的行为。至于埃及方面的伤亡，肯定会有，但无论多重，都要由纳赛尔上校来承担全部责任，如同他为"埃拉特"号上面所有亡魂所承担的责任一样。关于报复行动的方式，空袭会在联合国引起吵闹，也会招来苏联的威胁，这个威胁还有可能是变本加厉的。埃及人的背后总是站着苏联人。这就是纳赛尔冒险进行这次袭击的原因。装甲部队跨河突袭似乎更现实。我们缺乏架桥设备，不过埃军士气低落，利用浮桥跨河也许也是可行的，在苏联人介入之前就要夷平军事基地、工厂，也许还要包括塞得港的海港设施。但是即便是这样的一次行动，也需要后勤准备，以及大量的计划和演练。这绝对需要一位既可靠又勇敢的指挥官——

巴拉克停下笔，盯着对面的墙壁，那上面是一幅国防部部长的相片，当今的世界英雄摩西·达扬，也在用一只独眼回瞪着他。他自己就是一名装甲兵，巴拉克想，如果分派给他这样的任务，他要怎样去实施一场跨运河的进攻。这是一个大挑战，也是一个大机会；然而一旦运作失误，而且如果埃军真的发起任何抵抗，那就会面临军事惨败和政治灾难的双重巨大风险。击沉"埃拉特"号的行动表明，他们的战斗意志还远远没有被打垮。

他的目光落到了桌子上摊开的周末版Ma'ariv（晚报）上，首页上有一张图片，也许这个人是能成功完成这项任务的人。堂吉诃德！这则新闻说的是由于约西·尼灿中校率领装甲部队突进艾尔阿里什，作为此次西奈地面战争的先锋部队，虽伤亡惨重但勇敢大胆，特授予其英勇勋章，二等功。堂吉诃德现在是北部军区作战军官，在军阶上向前跨了一大步，只是离西奈很远。南部军区也有有能力的野战指挥官，但还没人比得上堂吉诃德。

他给萨姆·帕斯特纳克去了电话，萨姆熟识约西·尼灿，也对其大加赞赏，萨姆的意见摩西·达扬是会重视的。

— 第三章　报复 ——

调令

约西·尼灿：前线指挥官，出生于波兰，原名约瑟夫·布卢门撒尔。绰号"堂吉诃德"。

大致在"埃拉特"号沉没的那个时间段，约西·尼灿中校正在开车，横穿戈兰高地。低垂的乌云下，他周围的坦克和装甲运兵车轰鸣着排出团团尾气，朝它们的夜间哨位隆隆地驶去。实弹演习之后的训话中，他面无笑容、毫不留情地对犯了几个马虎粗心的小失误的士兵进行了严厉呵斥，把之前对他们优秀表现的几句简单表扬训得荡然无存。他丝毫没有用幽默的语气来缓和一下他的训诫：明天当着达扬的面，操练中的隐患要彻底去除，要不出差错地成功完成。在军队同僚和一些女人看来，约西·尼灿可能算是个很活泼的、爱开玩笑的"堂吉诃德"，这是他还是个天不怕地不怕的青少年新兵时得到的一个绰号；但是在战场上，除了极少数需要蛮勇的战斗场合外，他一直都是个头脑清醒的指挥官。

回到指挥部的帐篷内，他开始部署明天清晨的操练，那将是为这次演习进行的最后一次操练了。这时，达扬的电话打来了。"约西，达多呢？"

"在甘利得基布兹，部长。"

"去那儿干什么？"

"他觉得他应该跟他们谈谈。一伙人偷偷潜进来埋设了地雷，把一名拖拉机司机给炸死了。"

"我知道那件事。你告诉他明天的计划有变，演习取消。我想跟你们两位商量一下，埃及人用导弹炸沉了'埃拉特'号，我的直升机在凌晨时就出发。"

军事上的震撼事件对堂吉诃德这种人来说没什么新鲜的。他问："伤亡重吗，长官？"

"我们还在打捞他们。情况很糟。"

堂吉诃德驾驶吉普车飞速赶到基布兹，看到北部军区司令员达多正站在食堂大厅里演讲，语气慷慨激昂，听众是一群长年经受日晒雨淋的老头儿和他们的老伴。令他惊奇的是，成排的椅子中有一半是空的。很显然，那些整天忙着清除地雷、在田里辛苦劳作的年轻基布兹居民宁愿睡觉，也不愿到这儿来听达多讲这些鼓励的话，尽管他是一位戈兰高地上的胜利英雄。一名穿着油脂麻花的外套的矮胖老妪举起手，站起来，打断了达多的讲话。

"对不起，讲得都很好，达多，但是到底什么时候才是个头？这一切最终会怎么样？这才是我们想知道的。赢了一场战争有什么用呢？每天晚上我的三个外孙女仍然得睡在掩体里。我女儿说，照这样下去她没法养育孩子，她跟她丈夫商量着要搬到内坦亚去，他的家人在那儿。她丈夫是个机修工，能赚到很多钱。我要怎么跟他们说？"

老人听众中响起一片赞同的嗡嗡声。

达多·埃拉扎尔将军看着她，没有说话，她缩了缩身体坐下去。即使不说话，达多的形象也是相当威严的：宽阔的肩膀、粗犷的脸庞、蓬乱的黑发、粗

第三章　报复

黑的眉毛，还有一张能突然展现凶猛怒容的宽阔嘴巴。他用跟市民们说话时的温和语气回答道："确实，埃丝特，我理解你，真的。但是，如果像你们家这样的犹太人，也因为感觉无法忍受在这儿生活而要离去的话，那我们的军队可能也要解散，别再想有一个国家了。因为把我们从这片土地上赶走，恰恰就是敌人战争的目的之一，这你不明白吗？他们是战败了，但他们这个目标没有改变一点点。我们是把他们打垮了吧？六天过后，埃及人和叙利亚人惨兮兮地向苏联人和联合国哭着要帮忙。我本来能够在四十八小时后就攻下大马士革的。约旦甚至更早，在战争的第三天就溃散了，真受够了，他们又派渗透者——"

那位矮胖老妪坐在座位上，强自鼓起勇气，打断他说："所有这些我们都知道，比你还清楚。但那又怎样呢？"

达多的声音变严厉了："上次那班渗透者就付出了代价，你也知道吧，埃丝特。我们炸了他们的基地，干掉了他们一半的人。这一帮人我们也会干掉的。我们要让所有袭击你们的人无法生活。你说这一切最终会怎样？会和平。"他的一只拳头重重砸在另一只手的手掌中，"在你们这个时代，或许在你女儿的时代，也或许在你外孙女的时代，但总会和平的！因为对我们而言，生活会一天天变得可以忍受，而且还要比可以忍受更好，变得舒适。至于阿拉伯人，到最后我们会让那些仇恨无法生存。我发誓会。军队会确保做到这一点。生活在边境是很艰难，但这个基布兹是属于以色列的。军队的存在就是为了你们，我也是。"

部分老基布兹居民的眼里亮晶晶的，从他们的样子中，堂吉诃德意识到，他们想听的就是这样的话。暴露在边境地区的农田里，丝毫没有城市中那种由胜利带来的兴奋，但至少他们还没有被忽略。还有一些老人纷纷向将军提出问题，诸如更多的军队保护、更良好的警报体系、政府承诺的补贴没有兑现等等。他快速地答复完这些问题后，朝堂吉诃德招了招手，会议算是结束了。他们和那些基布兹居民一起吃完蛋糕、喝完饮料后，很快就散开了。

两人走向吉普车。上车后，堂吉诃德告诉了将军关于"埃拉特"号的事，并说达扬已经改变了计划。后座上的达多身体靠在座椅上，闭起眼睛一言不发地听着。吉普车驶上大道后朝北部迅速开去，轮胎在粗粝的柏油路面发出咝咝的响声。过了好一会儿达多才开口："导弹。严重的升级。新玩法。"

"达多，你方才跟那些基布兹居民说的都是认真的吗？"

"字字认真。"

"你要怎么让阿拉伯人的仇恨无法生存？"

"杀光他们派来的恐怖分子，"达多在后面恶狠狠地说，"不停地杀。每次他们想打仗的时候都要彻底打垮他们的军队。战争是疯狂的，很恐怖、很让人厌恶，但我们为了生存不得不打仗。他们不必这样的。他们根本就不明白我们可以肩并肩地和平相处。总有一天他们会明白的，当他们变得善良并厌倦了给苏联人做炮灰时。"

"他们不认为他们现在的做法是给苏联人做炮灰。"

"他们现在是不这么认为，对他们来说这要花时间理解。也许一代人，也许要两代。但和平会来的。"

车灯照耀下，远处路边站着一名女兵，做出搭便车的手势。"搭上她。"达多说。那女兵有一张胖乎乎的娃娃脸，穿一身宽大的作战训练服，手里颠耍着步枪，爬上副驾驶的座位，也没朝后座上看一眼。

"你疯了吗？违反规定，半夜三更独自一人来这儿。"达多在后座上问她。

她圆胖的指头指着一座小山上闪烁着灯火的地方，说："我男朋友住在那个莫夏夫①里。"

"那你怎么不留下过夜？"

"我们吵架了。我讨厌他。"

"你要是被告到达多那里，他会把你从军队开除的。"堂吉诃德说。

"达多？"她响亮地打了个呵欠，"哈！那就正好让他跟我睡一觉。"

---

① 以色列小块土地所有者合作居民点。——编者注

　　　　　　　　　　　　　　第三章　报复

达多在后座上狠狠地戳了一下约西。约西又说："也许你该考虑一下达扬将军。"

那姑娘说："啊，高官们都一个鸟样，都是性欲狂，越高的越厉害。你们要去多远？"

"北部军区司令部。"约西说，"你不知道恐怖分子晚上就在这周边游逛吗？"

"那又怎么样？那我就不应该继续生活了？"

"这么说，生活对你来说是可以忍受的了。"达多问。

"自从我们赢了战争后，生活就非常美好。打赢了会把他们压住一段时期的。每隔几年他们就需要重重地头破血流一次。天哪，我困死了。你们到了阿富拉叫醒我啊。"她舒舒服服地躺下去，步枪夹在两膝中间。

"乐意效劳。"达多说。过了一会儿，那姑娘沉睡后，他说："'每隔几年'，这些孩子明白，不是吗？"

"这就意味着他们的命。"堂吉诃德说，"也许'埃拉特'号事件会震醒那些还不明白的人。"

作战规划

重重雨幕中，直升机猛烈地吹打着地面，螺旋桨叶上甩出一连串水珠。堂吉诃德接到达扬，把他带到北部军区司令员的办公室里，墙壁四周贴满了地图，达多一个人等在那里。"'埃拉特'号上死亡加失踪人数为四十七人，"达扬那只好眼盯着他们，劈头盖脸地说，"一百多人受伤。问题是我们如何回击？美国国务院要求我们'表示出克制'。"他露出一丝不自然的微笑，"有人投票赞成克制吗？"

达多说："我一直都在仔细考虑如何炸沉那些导弹艇，每一艘都炸沉，以牙还牙，加倍再加倍地报复。他们的位置知道了吗？"

"塞得港内已经从空中精确拍摄过。空军愿意去执行，但是海港内有苏联舰船，包括一艘巡洋舰和几艘驱逐舰。纳赛尔就是在这样的盾牌庇护下发射导弹的。不过，埃及无线电正在向他们的人发出可能遭到报复的警示。纳赛尔知道我们必定会行动。"

堂吉诃德问："部长，既然莫迪·胡德可以夷平开罗，纳赛尔怎么还敢？"

"别天真了，约西。"达扬不耐烦地摇摇头，"夷平开罗纯粹是胡说八道，纳赛尔也知道。政治上，埃及拿着所有的王牌——"

达多·埃拉扎尔反驳道："所有的王牌？为什么？怎么会？我们打垮了他们，我们的防线固若金汤——"

达扬打断他说："我说的是政治，达多。对阿拉伯人来说，超级大国方面的政治胜败比例是三比一——苏联百分之百支持他们；美国，不偏不倚，五十对五十。明白了吗？还有毫无悬念的法国、英国，整个欧洲的各个国家，再加上第三世界国家，不管数量有多少，都统统支持阿拉伯人。这就是我们在联合国里忙得不可开交的原因，全是为了避开一个'让我们尽数后撤'的决议，避开一个跟我们打赢苏伊士战争后一样的决议。"

达多·埃拉扎尔将军和堂吉诃德郁闷地互相看了看。达扬站起身，走到墙上的西奈地图和埃及地图前，堂吉诃德再次注意到，达扬穿着部长们应穿的黑西服，扎着领带，显得肚子非常大，一副非军人形象。

"到现在为止，有一个方案获得了内阁支持，我提出来的。"达扬手指着地图继续说，"坦克大规模跨过运河进行侦察搜索，同时捣毁陆军基地、炮台、高射炮组。坦克进出都要有空中掩护，只针对军事目标进攻，持续半天时间。南部军区正在执行这个计划。我想听听你的意见，达多。"他转向堂吉诃德，"还有你的。这方案要采取猛打猛冲的方式，就像你朝艾尔阿里什猛冲那样。"

达多·埃拉扎尔说："这同样需要时间，部长，需要认真深入的计划和演练。水障碍常常会导致一些严重问题。另外——"

达扬突然转过头问堂吉诃德："怎么样，约西？如果派给你这个任务，你会组织执行吗？"

"我有另外一套想法，长官。"

"讲。"

"现在还行不通。"

"那为什么还要提出来？"

"因为你要我想。"

达扬评论道："如果是堂吉诃德的想法，那可会有点儿疯狂。"

"不疯狂，只是需要大量时间。用苏联坦克。"达多和达扬的眼睛都亮了一下，互相看了看。堂吉诃德解释道，"我们俘获了好几百辆。在那些坦克身上刷上埃军标志，一旦我们跨过运河，我们就能一直开到亚历山大。绝对震惊，敌人绝对混乱。即使只用一天火力侦察，我们也可以以很小的伤亡造成巨大的破坏。"

"那为什么不能在下个星期就这么干？调'百夫长'坦克的操作人员过去，日夜训练，组装浮桥，不行吗？"达扬问。

"部长，你最近进过苏联坦克里面吗？"

"进去过一次。我差点儿都没能挤进去。我变胖了。"

"不是你胖的缘故，长官。他们为了低矮外形牺牲了一切。订单发出'低外形'，从而成就了低外形，真的是这样！那些坦克必须由苏联小个子们来操作。他们可以从两亿人中选拔小个子，而纳赛尔也有五千万人可供挑选，我们就有问题了，但也不是不能做，而且还可以做到让人瞠目结舌。"

"务必，堂吉诃德，务必尽快给我一份这一行动的研究报告。达多，这期间我们要干什么？"达扬说。

"部长，尽管有空军出动，我们也必须要达到一个要求：快速反应。缓慢的报复行动传递起信息来往往是犹豫不决、混乱不清的。"达多说。

"炮兵部队怎么样了，长官？"堂吉诃德问，"提醒一下他们，我们不再是在一百英里之外的内盖夫地区了，而是正好就在埃及的边境上。"

达多点点头。达扬那只好眼睛光芒闪动，说："我们也一直想这个事，堂吉诃德。"

孰对孰错

"这样做是不对的。"阿莫斯·帕斯特纳克说。

他和父亲站在一个掩蔽的观察哨里，从那里可以俯瞰深蓝色的苏伊士湾，对岸的炼油设备熊熊燃烧并且不断爆炸。沙漠上烈日当空，眯起眼睛望去，那边达扬正在接受记者采访，摄影师在给他照相，背景就是埃及上空翻腾着的浓烟和火焰。双方大炮仍旧在互相轰击：远处是闪光和断断续续的砰砰声，附近则是震耳欲聋的轰隆声、翻滚的浓烟和苍白的火焰。

"哟，你从美国回来几个小时，就在评定国家战略了。"萨姆·帕斯特纳克声音刺耳，但并没有发脾气。尽管儿子身穿从旧金山买的高档粗花呢夹克和法兰绒宽松长裤，但他依然是一个以色列人的相貌：肤色黝黑，体形粗壮，像他父亲一样，厚重的椭圆形脸几乎还是少年般坦率开朗，重垂的眼皮下，黑色瞳仁射出精光，机警锐利。在"埃拉特"号新闻刚一出来时，他就打电话给父亲，说："爸爸，看起来好像又要开战了。我不想错过，我要马上回国。"

"傻子，不会打仗，埃及人还是无能为力的。"

"是吗？那为什么'埃拉特'号沉了？难道是某些水兵无意间按下了发射按钮？"

"你要是还对你的军职生涯有兴趣，就待在斯坦福。"

"我的职业会很好的。"再后来他就到了这儿。

附近一阵炮火齐射，震得人耳朵发麻。父亲问儿子："好吧，军事天才，怎么就不对了？"

　　　　　　　　第三章　报复

阿莫斯指着那些记者说："像这样一起公共事件，在美国的电视上，看起来会怎么样？绝对是最差形象。他们不会播放'埃拉特'号沉没，而恰恰会播放犹太人在轰炸和平的工业企业。那边是有图才有真相。图！"

"哦，那么在'埃拉特'号上面没有电视工作人员实在是太糟糕了。美国是知道我们的船沉没的，还有很多死伤。"

"他们早就忘掉了。还有，这算哪门子突袭？大炮射程以内大部分都是炼油设施，市民已经都撤离了吧？零震撼，什么也没有。唯有震撼才能一直让阿拉伯人失去平衡！爸爸，如果纳赛尔在击沉'埃拉特'号之前估算过我们的报复目标，那么他首先想到的肯定是这里。"

一辆车身两边都刷着蓝色"UN"字样的白色指挥车从运河那边顺土路开来，卷起一条长长的灰尘带。萨姆·帕斯特纳克说："好了，好了，'裁判员'们来制止这场闹剧了，要定责任给开始的一方了。嘿！在海上'埃拉特'沉没那会儿，'裁判员'就没有了。"他看了一眼手表，朝附近坐在吉普车里的自己的司机招招手。"我们回雷菲迪姆吧。直升飞机十二点整要去接我，我必须向总理汇报。"

"挺好。我特别想给我女朋友一个惊喜。"

"德沃拉？她还在给耶尔·尼灿做模特儿吗？"

"我猜是吧。我没收到她的信。临行之前我们吵了几句。"

"为什么？"

"她想跟我去斯坦福。"

他父亲咕哝了几句什么后就不再作声。汽车沿着小路尘土翻飞地走了几分钟后，萨姆·帕斯特纳克说："阿莫斯，基于三点原因，这次炮击并不是错误。第一，埃军袭击了我们，我们没料到他们竟然胆敢做出如此升级的行为。从政治上来说，必须快速做些事情灭灭阿拉伯人的威风。不是针对埃及，埃及静悄悄的，反而是其他那些阿拉伯国家在叫嚣'埃拉特'号沉没是'以色列的珍珠港'。第二，我们的新闻媒体和人民呼吁要采取行动。第三，我们的情报显示，纳赛尔预估报复行动会在北部的塞得港方向，因此，这实际上是一次很讲策略的突袭。"

阿莫斯说："也许，也许吧。你知道吗？加利福尼亚就是伊甸园，而西奈的尘土闻起来有股地狱的味道，但我还是很高兴自己回来了。"

迷茫

特拉维夫。一家商店上面印着光秃秃的白底金字：耶尔·卢里亚。在生意场上，堂吉诃德的这位妻子用的是她娘家人的姓。橱窗里摆着两个穿着相当时髦的人体模型，都很瘦，没有面容，一个穿着蓝色皮革外套，另一个穿着一身绿色迷你裙套装。店里面有一大群吵吵闹闹的美国顾客，她们的衣服上都别着一个"哈达莎"木制圆形小徽章，形状类似于"律法牌"那样，上面写着名字：玛里琳、康妮、伊莎贝尔等。

"呀，"耶尔看见了阿莫斯，就从顾客中走了出来，"你！你去了斯坦福了，我听说。"

阿莫斯好长一段时间没见过尼灿中校的妻子了。她看起来跟她的那些美国顾客一样，苗条，梳着漂亮的发型，穿着米色皮装。阿莫斯并不确切地知道耶尔和他父亲多年前有过些什么。家庭内部是不谈论这些事的，他只是听过些闲言碎语，但不管它们是真是假，他都能理解。"嗯，我回来了。德沃拉在吗？"

"德沃拉？在，她正和几个有钱的英国女士在雅间内——"耶尔压低声音，表情看上去有点儿古怪，很不自然，"做模特儿展示内衣呢。你在我的办公室等一等，可以吗？"

"当然可以。祝贺堂吉诃德获得英勇勋章。他还好吧？"

"刚刚才见了他，挺好。他现在在北部，是达多的作战部部长。"她领着阿莫斯进入一间小房间内，里面贴满了法国时装海报，一个瘦小的卷头发小男孩儿正趴在桌子上临摹字帖。"这是我儿子。阿里耶，这是帕斯特纳克少校，是一位英勇的战士。我等会儿告诉德沃拉你来了。"

小男孩盯着阿莫斯坦克部队的徽章看了看，又看看他塞在肩头的贝雷帽，问："你要是在坦克部队的话，怎么会有红色贝雷帽？"

这小孩子这么精明！

"坦克兵和伞兵的资格我都取得了。"

"但你是哪种兵？"

"嗯，这说来话长。"

"跟我说一下吧。"

阿莫斯在一把柳条椅上坐下来。"你在写什么呢？"

"英语家庭作业。我爸爸是坦克部队里的。"

"我知道。尼灿中校是著名的坦克指挥官。"

阿里耶的脸一下子兴奋起来。他有着和耶尔一样的灰蓝色眼睛和短而翘的鼻子，再加上一头浓密卷曲的金发，就像个女孩子一样漂亮。他用磕磕巴巴的英语在摊开的书上念：

明天，明天，再明天

一天天碎步潜行

直到时间记载的最后一个音节……

"Zeh nifla，lo（很美，不是吗）？"

"你这么认为？你品位真高。你在军队里到底是干什么的？"

"特别任务。"

"那是什么任务？"

"必须是很聪明又很强壮的人才能干得了的任务。也许有一天你会干的，阿里耶。你知道'精英'是什么意思吗？"

"当然知道。就是精选出来的，是最棒的。我以后就会是那样的人。"

"那就接着写你的家庭作业。精英的首条规则就是：无论你做什么，都要用尽你一切力量去完成。"小男孩敬了个礼，弯下腰趴到临摹本上，继续专心写他的作业。

阿莫斯坐在那里，用指头敲打着椅背。三个月没有女朋友的日子可谓很长，在斯坦福他也没有找下一个。他和德沃拉是在她在装甲部队即将服完兵役的那段时间认识的。随后的一年内，一到周末，他们便在拉马特甘的一套公寓里疾风暴雨般地做爱。对于这种不时有的事，她一直颇有怨言，长期不情愿，不过阿莫斯也不理会。虽然他们现在都没有约束，但她更多的是想要些忠诚和正派的东西。阿莫斯没想过这些。这女孩是很漂亮，也很温柔，但是她没接受过教育，智力也一般，到斯坦福大学做他一学年的同伴完全是行不通的。因此他下定决心，对她的劝诱、眼泪、威胁一概不理，并且毫不妥协。现在他不得不对她有所补偿。正当他想着等会儿怎么表达深情时，她披着件大红浴袍进来了，脸上由于做模特儿而整个都化着妆，棕色的长螺旋形发卷向下垂着，整理得很雅致漂亮。"你回来了。"

"德沃拉！"

他张开双臂跳起来。她迅速看了眼那小男孩，然后示意阿莫斯跟她出去。他跟着她走进一间装有多面镜子的小试衣间，她关上门后，背靠门站定，问他："你收到我的信了吗？"

"什么信？我从没收到过你的信。"

"我给你写了一封非常长的信，阿莫斯，在九月份。"

"在我离开时没到。"

"你回来干什么？"

"'埃拉特'号。我以最快的速度回来的。"

"我理解。斯坦福怎么样？"

"信里边写了些什么东西？motek（宝贝）？"德沃拉表现得很怪，阿莫斯想也许是有点儿受惊吧，"哦，我猜还是你那些怨言吧。"

阿莫斯决定停止这无聊的废话，打算把她揽到怀里来，但她的一只手从后面快速抽出来，握紧拳头抵到他的鼻子下面。"说的就是这，实际上，如果你想知道的话。"

"天啊！"手上的那枚显眼的金戒指以明白无误的事实说明了那封非常长的信里写了什么。"你没有真的嫁给本杰明吧？"

"我说过我会的。我发过誓我会。你知道的。"她的声音开始颤抖，眼里噙满了泪水，"我也爱本杰明，我现在比我曾经设想过的还要幸福，我已经有两个月的身孕了。怎么样？我很快就不得不辞掉这份工作，但我一点儿都不担心。靠本杰明的汽车加油站，我们可以维持很好的生活。那么，我能帮你什么忙吗，阿莫斯·帕斯特纳克先生？"

他好长一会儿才恢复了说话的能力。"幸福就好，德沃拉，没别的了。祝愿你的生活永远幸福，有个美满的家庭。恭喜，也代我向本杰明恭喜，他真幸运。"

她在哽咽中吐出一个字："Hazzer（猪，下流坯）。"随后砰的一声关门走了，留下阿莫斯看着镜子里自己不知所措的影像，他沮丧地想，还真是报复啊！他挤过那群"哈达莎"会员女士，走到店外，看见一辆崭新的蓝色保时捷停在马路边，从里面跳出来的是他爱情路上的另一位打击者，达佛娜·卢里亚。

"阿莫斯·帕斯特纳克！你怎么不在加利福尼亚了？"达佛娜的语调生机勃勃，脸上带着调情的微笑。

这就是以色列的一个问题。他已经将近一年没和达佛娜·卢里亚说过话了，而且他们两人都在各自不同的圈子里活动，但是这里每个人都知道其他人的每件事。"车挺漂亮的。"做司机的年轻小伙子走出来时，阿莫斯对他说。这是个美国人，通过他的服装、发型、尚显稚嫩的相貌可以看出来，更不消说他那辆外国车了。

"这位是诺亚的表弟，从纽约来的，约翰·巴寇。他已经移居以色列了。"达佛娜介绍道。

"是吗？Kol ha'kavod（致敬）。"阿莫斯说。他觉察到两人是很像，但同时也想，这小伙子和诺亚不是一回事，也许不会在此长留。

两个小伙子握手时，达佛娜对约翰说："其实阿莫斯可能是一个能跟你谈得来的人。"

"谈什么？"阿莫斯问。

约翰笨拙地用变调的纽约腔希伯来语说："我服兵役的事。我正在考虑也许我现在就应该当兵，三年完成。可以说，这是成为一名以色列人的速成班。"

"确实是应该严肃思考的问题。"阿莫斯耸耸肩，"不过不要草率。一旦你参了军，就不能离开了。达佛娜，诺亚怎么样？"

"他会好起来的，只是还很疼。我们正打算去看他，不过我要先换件衣服。我姑姑给了我很多特价商品。"

那位美国小伙子说："'埃拉特'号的沉没真是一件很不幸的事。不过我敢打赌，埃及人一定会吃大苦头的。"达佛娜朝阿莫斯挥挥手说再见，进了商店，那个小伙子也跟在后面走进去。

阿莫斯站在原地看着两个人的背影想，自己和达佛娜为什么丝毫就没有那种一见钟情的感觉呢？这女孩跟德沃拉不一样，人特别聪明，又极度好学、自信，很明白自己是卢里亚家族的一分子，是一名飞行中队长的女儿，又漂亮，虽然比不上德沃拉；她同样喜欢说那些左派的反战顺口溜，对此她认为是种时髦，而他却觉得既不严肃又很讨厌。反正不管什么原因，他们两人仅有的几次约会都很失败。诺亚·巴拉克在她面前就可以很随便，因为她很迷恋他。那是一个真正优秀的小伙子。诺亚的运气太糟糕了，不过好歹算是生还了，而且还在康复。阿莫斯计划不久以后去看看他。

那么，现在干什么去呢？他决定给休·温伯格打电话，一个住在可法史玛亚胡（Kfar shmayahu）的离婚女人，她肯定会温情脉脉又兴奋地欢迎他的，会有一顿美味的大餐，还有熟悉的卧室。那女人有三个孩子了，和她是没有结果的，但不知怎么回事，他和这些上岁数的女人反而相处得很融洽。没结婚的姑娘们却总是给他制造麻烦。

亲爱的爸爸：

在你的几封来信中都问到达佛娜·卢里亚。实际上她已经来过好几次了。她体贴得不能再体贴了，对于达佛娜我很想认真对待，但我不确定她是否也有同样的想法。不管怎么说反正现在没有。她来这儿，通常都是我们的那个蠢亲戚约翰·巴寇带她来的，还开着他那辆该死的保时捷。她说他只是个很讨人喜欢的小孩子，但很明显，她非常喜欢那辆保时捷。他还让她开过那辆车，后来被海关给扣了，但他动用关系又取了出来。那是你找的关系吗？至于身体治疗，终于开始起作用了。我的背基本不疼了，除非我做一些迅猛的动作。医生跟我说，我会在一个星期内出院。但是然后呢？

爸爸，卧病在床期间，我花了很多时间思考我的将来。如果我真的还要继续我的军职生涯，那么我不确定我是否还会在海军里。我已经不抱幻想了，也很厌烦了。昨天，我们"埃拉特"号的幸存者们在医院的食堂里聚会了一次，那些没受伤的战友也赶来参加了。很奇怪，聚会很吵闹，每个人都开玩笑，互相对骂甚至打闹。这是劫后余生又重新聚首的那种十足的高兴，我们每个人都能感受得到。对所有死去战友的悲悼我们都深深地埋在了心底。不管怎么说，这次聚会意义非凡。舰长没在，他出院了，但精神状态极差。我也一样，爸爸。

我们还需要海军吗？海军顶多就是一支次要部队，不是吗？它并不像坦克部队和空军那样对以色列的生存至关重要，这种作为次要部队的意识充斥在整个军队中。马虎，马虎，马虎！就是马虎随便导致了我们的船被炸沉。我们在航行的那个地方遭到进攻并不意外，我们早应该安装反导设备的。但最差劲的还不是这个。我们最先是被送到比尔谢巴医院，在那儿的病房里，南部军区司令加维什（Gavish）将军来问舰长，说南部军区其实已有可靠的情报显示埃军准备发射导弹了，为什么他还要航行到导弹射程之内？

舰长当时变得非常激动，他们不得不把他带到一间私室里去。爸爸，原来那份情报根本就没有人给"埃拉特"号传达过！老天，如果我们得到警告，我们可以在三十英里之外巡逻，远在导弹射程之外，那么到我们现在还在执行任务呢。我们的巡逻水域那么靠近敌人，对于这一点，舰长一直都是非常忧虑的。但给我们的命令就是如此。在另一天为几个军官举行的晋升酒会上，舰长多喝了几杯酒，开始大骂那些高官，骂他们是蠢蛋和凶手。他被强制送回了家。我一点儿都不怪他。每当我想到这一切，我气得肺都要炸了。司令部里无论哪个笨蛋接收了那份情报，都有可能会把它扔到他的日常事务发文篮中的。导弹，导弹！官方调查还在进行，但他们肯定不会把那个该绞死的家伙逮捕的。在海军中不会出现这种情况。

以色列海军究竟起什么作用呢，爸爸？我们打了很多场近距离登陆战，但事实上我们需要做的是海岸防卫，抓捕走私者并击沉恐怖分子的船只。这支破海军在导弹战中永远都比不过苏联，而且无论阿拉伯人发不发射苏联导弹，苏联都是我们的海上仇敌。我准备去坦克部队、伞兵部队，甚至要是我的背能直起来的话干特务也行。阿莫斯·帕斯特纳克今天来过，我跟他就这个话题谈了很多。阿莫斯说坦克部队是以色列的中坚力量，你又管理他们，我反正对海军也没了兴趣，这是一条死胡同。也许是看烦了这套白色制服了吧。也许你就不应该给我起名叫诺亚！不过，对于干什么，到哪里干，我欢迎你提建议。我身处路的尽头，很消沉。你可能也猜到了。

献上对你所有的爱　诺亚

迈蒙尼德医院

海法

1967年11月10日

在美国相见

本尼·卢里亚：以色列本地人，出生于摩西·达扬生活过的莫夏夫。空军指挥官。

丹尼·卢里亚：本尼的小儿子。

一阵摇滚乐打断了兹夫·巴拉克专心回信时的思绪。娜哈玛允许两个女儿边做功课边"低声"放录音带。巴拉克想，这个"低声"的意思很模糊。敌对双方的解释大相径庭，非常像联合国新和平决议里的那些字。"埃拉特"号事件发生以后，以色列进行了猛烈的炮火报复，随后双方就一直在激烈而艰难地争论。

……诺亚，关于情报问题不要再争论了。这事在陆军中也有，天晓得。你通过一种悲惨的方式懂得：海战已演变为一种新的方式来进行。对以色列来说，不会再有大型目标被消灭了，比如驱逐舰、护卫舰等。那些"冥河"导弹是从海港内发射出来的，很稳定的平台，但是毕竟是从舰船上发射的，如果从外面颠簸的海面发射出来会怎么样，谁能知道呢？所以我们仍然必须要往最坏处想。埃及海军的苏造舰船也许有一部分就由苏联技术人员在操作，我们要么让他们来控制我们的海岸，要么坚决地发展一支能击败他们的海军……

巴拉克写到这里时停下笔，从扶手椅边的一只碗里取了几颗开心果吃。他现在这种论调对吗？之前他开了两次头，都扔进废纸篓了，都是以父辈的身份对儿子进行安慰，使其消除恐惧的调子。可他儿子这回流血并不是因为从自行车上摔下来，而是在战斗中打仗导致的啊。他继续写下去，就像对任意一个日后很有前途的初级军官提出建议一样：

……并且要记住，我们最长的边境线不是与约旦和埃及的边界，而是我们的海岸线。敌人海军的封阻必定是封锁海运。空军有它自己的任务：清理以色列的天空。它不能从那个任务上转向。即便我们的海军并不是关键性兵种，海军也不应该松散和马虎。诚然，海军现在是处于一个低点上，但不能凭借一时失利就推断我们永远都打不过苏联导弹艇。犹太人的脑子在工作上是很厉害的，包括你的迈克尔叔叔。还要我再说吗？我强烈建议你坚持下去。当然，坦克部队是关键性力量，但是你已经在海军中建功立业了，如果现在离开，对本就受伤的海军来说又是一个损失……

巴拉克停下笔，想着这样提及自己的弟弟是否算是违反安全措施。导弹项目属于高度机密，迈克尔·伯科威茨作为以色列理工大学的物理学专家做了大量工作。但这只是给一位年轻的海军军官的一封信而已，而且这名军官又很稳健，因此他也不在意了。

"他们来了。"娜哈玛把头探进这间由闺房改装成的小窝。一个极瘦的、长着一头火红头发的少年走了进来，后面跟着穿着蓝制服的本尼·卢里亚上校。应哈利迪的请求，巴拉克安排本尼到美国空军学院做演讲，也许美国会在以后某个时刻有所回报吧。

巴拉克把信纸推到一边，站起来，说："天哪，这是丹尼？本尼，他绝对长高了有一英尺。"

男孩微微笑了下。卢里亚过来和巴拉克拥抱，说："我没法不带他来，来看看美国空军学院对他来说很重要。他将成为基地里最被羡慕的孩子。多夫要不是因为参加飞行员课程没时间，我会把他也带来的。"

"那么，丹尼，你想成为一名战斗机飞行员吗，像你爸爸和多夫那样？"巴拉克问。

"我想。"丹尼用稚嫩低沉的声音回答道。

巴拉克的两个女儿大声喊着"丹尼，丹尼"，雀跃着跑进来，男孩也一扫严肃的样子，笑起来，和她们亲吻、拥抱。葛利亚今年十二岁了，尽管她和丹尼在童年打闹追逐时期个头儿一直一般高，但现在她刚刚到他的肩头。她也有些变化，乳房稍稍长出来一点儿。在开始的欢欣过后，她撇下鲁蒂，一个人绕着丹尼欢蹦乱跳。

"他以后保证比你高，本尼，他长得太快了。怎么会这样？艾莉特不高，多夫也不高。"娜哈玛笑眯眯地站在门口说。

两个女孩儿把丹尼拉到她们自己的房间里去了，体格粗壮的本尼说："基因，娜哈玛，基因。艾莉特的父亲有六英尺高，红头发。丹尼现在看我的时候眼睛是齐平的，他以后会有麻烦的，要蜷起来进飞机座舱啦。"

"但愿那是你最大的烦恼。"娜哈玛抓起一把开心果放到桌子上，"半小时后开饭。"

"兹夫，美国这边真实的进展情况是怎样的？"本尼·卢里亚坐到两用沙发上，"自从我们炮轰了炼油机后，骚动非常大吧，没有吗？"

"岂止是骚动。超级大国们现在正在积极促成一项协议，本尼。苏联人不想让阿拉伯人再遭受一次溃败，而美国人又忙于应付越南的事，他们不希望中东地区再生出新的麻烦。因此，他们双方正在匆忙协商一个综合性的解决方案出来，在幕后动作，我们不知道他们究竟会炮制个什么出来。吉迪昂·拉斐尔很担心。"

"他是应该担心。"

"嗯，同时，好的一方面是，美国正在放行那四十八架'天鹰'，不过——"

"太好了。"卢里亚坐起来，"他们在放行？可以装备两个多中队呢！"

"不过，嘿，也同时承诺给五个阿拉伯国家提供战机。"

"哈。公平无私啊。"

"一点儿没错。不是给纳赛尔或叙利亚的，因为苏联人早已在大批供应他们，是给其他国家的。"

"很遗憾，苏联人不会同样公平无私，我倒挺想试飞一下他们的新式'米格'。"卢里亚从巴拉克给他递过来的碗里抓了一把开心果，"你知道吗，我女儿达佛娜一直去探望诺亚。"

巴拉克指了指桌上那封给诺亚的信，说："他给我的信里提到了达佛娜。他喜欢她。"

"你知道她给一个美国人开保时捷的事吗，是你的某个亲戚？"

"对。约翰·巴寇。他长什么样？你见过他了？"

"见过了。一个年轻小伙子，大概二十二三岁的样子，长得像诺亚，很聪明，但也幼稚得可怕。比如说，他正在移居以色列，还想改名叫雅科夫，像个真正的以色列人那样。"

电话铃在门厅里响起。娜哈玛喊道："是吉迪昂·拉斐尔，兹夫。"

这位联合国代表的声音听起来沙哑而疲惫："兹夫，事情很坏。跟你们有交往的那个中央情报局的熟人怎么样了，就是你和萨姆·帕斯特纳克交往的那位？你们跟他还有联系吗？"巴拉克没有向他说过克里斯汀·坎宁安的名字，拉斐尔也没问过。

"战争结束后就没有联系过。怎么了？"

"我们危机在即，的的确确，明天就到了关键时刻。你们看能不能帮上忙……"

"吉迪昂，明天本尼·卢里亚要到空军学院演讲，我要跟他同机飞到那里。"

顿了一下，巴拉克听见那边的声音离开话筒，拉斐尔用语速飞快的希伯来语说着什么，然后又转回来说："那好吧。一名信使会乘坐下一班短程飞机到华盛顿，带给你们文件。同时，请务必跟那位中央情报局的人谈一谈。"

"关于什么内容的，吉迪昂？"

"为了快点儿展开行动，我和你就公开通话吧。兹夫，现阶段纽约这里只要草草写几个字，就会把我们的胜仗抵消得一干二净。"拉斐尔声音颤抖着说，"明白了吗？苏联人所坚持的字句对我们是要命的，他们比阿拉伯人还要强硬，美国人摇摆不定。你看完文件后给我打电话。"

第四章　无所谓的字

与艾米莉通话

巴拉克觉得有点儿尴尬，他必须给坎宁安打电话了。他先试着给这名情报局官员的办公室拨了一下电话，没人接，然后才往坎宁安在麦克莱恩的家里拨去。

"喂？"是她的声音，快而冷淡。

"艾米莉，我是兹夫。你父亲在吗？"

"兹夫！啊，兹夫，是你！"她热烈而欢欣地笑起来，"天哪，他不在，不过晚饭时他会在。上帝啊，你怎么样？你在哪儿？还在华盛顿吗？"

"还在这儿，我很好。等你爸爸回来后，请让他往我家里回个电话，好吗？"

"没问题。哎，知道吗？巴德和我明天要飞到科罗拉多泉市去听你们那位卢里亚上校的演讲了。他们说学校里将会人满为患。我们是校长请去的嘉宾。"

"卢里亚现在在我家。我会跟他一起去。"

"真的？那到时候我们就能见面了，对吧？早该见了！巴德跟我说你们在五角大楼碰见过。上帝啊，能跟你说话好惬意。"

"惬意"这个词巴拉克一般不用，但先不管它是什么意思，听艾米莉这快得上气不接下气的声音就绝对是一种"惬意"。早在他还是小男孩，在犹太神学院念书时，他就和其他人开玩笑般说过某句犹太教律警戒格言："女人的声音就是赤裸裸的性。"绝对正确，至少当这个女人是艾米莉·坎宁安时，对他来说就是这样。艾米莉声音稍微严肃了一点儿，又说："兹夫，你跟我说过你儿子是一名驱逐舰军官。被炸沉的不是他那艘吧？"

"是他那艘，不过他没事。现在在医院里，很快就出院了。他很幸运。"

"谢天谢地。我有十几次都把手放到电话上了，想给你打电话，但最终都没打。"她又顿了一下，说，"好的，我会跟爸爸说，让他给你打电话的。"

"艾米莉，也许我们到了那边会有点儿时间好好说说话。"

"对呀，我们会有时间的。不只是一点儿时间。我有大堆大堆的话要对你说，'老闪电狼'。"这是"兹夫·巴拉克"的英文意思，是她叫他的绰号，"再见，亲爱的。"

两个女儿一边摆餐具，一边还在和丹尼喋喋不休地说话。娜哈玛端出来一盆汤，说："晚饭好了，去叫本尼吧。跟吉迪昂有什么严肃的事吗？"

"稍后才能知道。"

她脸上显出古怪的表情，转身回了厨房，他觉得娜哈玛肯定知道他是在和艾米莉·坎宁安通电话，她对他打电话的音调变化是有辨识力的。但她什么也没问，他也没说。

晚餐时，葛利亚和鲁蒂两人不停地问卢里亚上校关于空战胜利的问题，他也详细生动地描述了那场战事，他的儿子则安静地坐在旁边。兹夫想，本尼是在拿她们练他的演讲呢。战斗事件总是特别令人兴奋，因此，他会在科罗拉多大获成功的，只是他要把他那种勇士的骄傲收敛一点儿，现在可不是荷马时代。

曲线求助

"是兹夫吗？我是克里斯汀·坎宁安。你给我打电话了？"

巴拉克正在仔细地看吉迪昂·拉斐尔的信使给他递来的文件。"对，我是。克里斯汀，我能去你那儿和你谈一谈吗？"

"有什么不能的？我正在看电影《霍帕朗·卡西迪》，我想我这是第七次看了。来吧。艾米莉也在。"

"马上去。"

巴拉克沿着波托马克河驱车前行，秋天的落叶在路灯下闪出红黄色的微光，寒意渗入身体。永远都要这样循环往复吗？就像西西弗斯的任务那样，把一块巨石推到了山顶，却是为了让它再滚回坡下？军事胜利就是为了超级大国们政治下的外交惨败？吉迪昂·拉斐尔说得一点儿没错，文件显示出危机即将发生。自从战争结束后，联合国关于和平决议里的字词的争斗就一直在拖拖拉拉地进行，但现在，鉴于美国人急于要达成一项协议，而苏联人又毫不松口的情况，这个步调已经转向躁动。对以色列来说，现在是艰难时期。

另外，突然要再次见到艾米莉也令巴拉克很不安。他既期盼见到她，又害怕见到她，同时电话里那短短几句话也让他困惑。她响亮的声音和从前一样充满深情，就好像他们从不曾分过手似的。可是，她又说"巴德和我明天要飞到科罗拉多泉……"这么说来，他们的关系就算没定下来，也走得相当近了。怎么回事呢？

他按了门铃后，是她开的门。一件布外套搭在她的胳膊上。"你好，克里斯汀和'霍帕朗·卡西迪'正在书房呢。"依然是直率的声音，依然是手指握住他的手指，依然是把他的手按在她柔软的身体侧面，近视的大眼睛里依然深情款款，还有，黑头发依然是草草的一堆。一件紫色的针织长袖衫贴身地穿在她苗条的身体上，显示出她在环球旅行中没有增一丝体重。"让我看看你，老狼。哇！上帝给予女人的礼物，还是那么赏心悦目。真的，你怎么样，亲爱的？娜哈玛和孩子们呢？"

"都很好。你要出去？"

"必须去，真该死。"他帮她穿上那件外套。"谢谢，宝贝。二十多份法语试卷堆在'牢骚室'里，要批改完，在九点钟的课上发下去。"

"'牢骚室'。"他的口气中有种悲叹的意思。福克斯达学校的那间门房，她住的地方，他们两人曾在那里争分夺秒地做爱，狂野却又没有未来。

"啊，对，'牢骚室'。"然后她又转为法语说，"'去年的雪今何在'①，嗯，老狼？时光荏苒，人世沧桑。巴德不喜欢'牢骚室'。马里琳去世之前，他们在蓝岭住了很多年，有一处像那儿的地方，所以那地方会勾起他悲伤的回忆。"她扣好外套扣子，"好啦，那我们明天科罗拉多泉市再见了！你们的空军英雄准备好他的演讲了吧？他们会非常欣赏的，我肯定。现在，在我们的军队中，大家都认为以色列空军是最棒的。事实上，以色列本身就是。"

"本尼通常都做得很好。"

突然，她把脸颊贴到他的脸上，说："啊，闪电狼，看见你就是最美好的事情，这一点没有改变。再见。"

巴拉克走进书房后，克里斯汀·坎宁安的手里正端着酒杯，他把电视机关掉，说："哈，电影结尾的战斗精彩极了。来杯波本威士忌？"

"当然，克里斯汀，谢谢。"巴拉克一般是不喝酒的，但当饮宴作乐可能会对事情有帮助时，喝酒就有必要了，"艾米莉看上去好极了。"

"有一点点傻，艾米莉跟大多数女人一样，不过心肠很好。"他向酒柜弯下腰去，枯瘦的身子上松松垮垮地披着一件栗色羊毛便袍，"掺点儿水喝，你行吧？我猜在联合国他们让你们不好受了吧？干杯。"

---

① 15世纪法国诗人弗朗索瓦·维庸的名句，意思是哀叹时光之飞逝。——译者注

"干杯。我来就是跟你谈这个的，克里斯汀。"

"洗耳恭听。"他们坐到一张棕色长沙发上。坎宁安周边起皱的睿智眼睛深深地嵌在骷髅一般的眼洞里，透过带有角质框的眼镜一眼不眨地盯着巴拉克的脸，听他讲述吉迪昂·拉斐尔那份备忘录。

最后坎宁安说："你们的拉斐尔先生有点儿慌乱。所有这些都与我们所知道的一致。阿拉伯人现在进展顺利，马上就要得到一份美苏联合决议了，要求你们撤退到以前的防线之后。"

"用什么来换取？"

"一些普通的话语，诸如，各方要致力于地区内和平，将来某一天——"

"对，这是戈德堡①和葛罗米柯②的折中方案，可阿拉伯人早在七月份时就拒绝了呀。"巴拉克打断他说。

"嗯，现在是十一月份了。阿拉伯人已经好好考虑过这个方案了，现在他们会接受的。"坎宁安说。

"以色列无法赞同，克里斯汀。"

"无法？如果美国作为这项方案的联合发起人，你们有什么选择吗？"

"绝对不能让美国做这项方案的联合发起人。你也许能帮上忙——"

"打住！"克里斯汀·坎宁安举起双手，手掌在空中朝巴拉克做制止状，"兹夫，外交语义可不是我的活动范围。"

"你的活动范围是情报。中央情报局对我们总理的人格剖析是怎么说的？"

"艾希科尔？"坎宁安一口喝干酒，脚步有点儿踉跄地走到酒柜前又倒上一杯，"相对于本-古里安来说，爱空想、软弱。"

"完全错误，跟中央情报局对其他一些人的判断一样错误。他是一个温和的、善于让步的人，但是当以色列的生存受到任何威胁时，他会比本-古里安更加强硬，一直以来都是。克里斯汀，这件事上他会公开反对林登·约翰逊的。"

---

① 戈德堡（Goldberg），时任美国驻联合国代表。——译者注
② 葛罗米柯（Gromyko），时任苏联外交部部长。——译者注

　　　　第四章　无所谓的字

你们的总统想要国会带来这种类型的麻烦吗？或者由美国的犹太人带来？"

坎宁安给巴拉克的杯子续上酒后递给他，坐下问道："那文件袋里装的是什么，兹夫？"

"吉迪昂·拉斐尔给我递来的文件。阿巴·埃班的手稿讲得很清楚，以色列为什么不得不说不。"

"兹夫，通篇所说的重点是什么？你们政府在哪块儿不能做？"

"你会发笑的。就两个无所谓的字。"

"我不笑。说吧。"

"戈德堡与葛罗米柯制订的和解方案要求：各方从所有占有的领土上撤军。因为阿拉伯人没有占有过领土，他们只是四散奔逃，因此，这意味着只有以色列撤军。"

"是的，正确。"

"好。我们早在六月份时就提出，撤军要与和平条约联系起来。苏联人和阿拉伯人抓住'撤军'不放，却不理会和平条约。这是他们一贯的伎俩。但是，'撤军与和平条约联系起来'，以色列划定的最后界限恰恰就是这个原则。"

坎宁安的眼睛眯得只剩下一条缝，懒懒地陷在沙发里，喝了一口酒，说："还有所争执的那两个无所谓的字？"

"'所有'，如果我们在没有条约的情况下完完全全地从那些领土上撤出来，那我们在谈真正的和平时究竟还有什么余地？"

"'所有'。"坎宁安慢慢点点头，声音洪亮地念出这两个字，"一点儿不错。如果加进去这样的措辞，那你们这场战争就输了。"

"你理解得对。"巴拉克说。

"无赖。"坎宁安无可奈何地耸了耸瘦削的肩膀，"由以色列所带来的阻碍会直接上报到约翰逊总统那里。他很明白苏联在中东地区的威胁，也可能把以色列当作一处很有价值的资源。但是，他正忙着处理越南战事，还有大学生骚乱，选举年也马上要到了，巴比·肯尼迪在后面紧紧咬着他。所以，反对他的话，他也无所谓，再说反正你们也只是个附庸国。"

"不管怎么说，你就不能修正一下对列维·艾希科尔的人格判断吗？这种误导很危险。"

坎宁安再次平摊手掌往外推："没人要求我这样做。对不起。"

"好吧，谢谢你的威士忌。"巴拉克站起来，掩饰住自己的失望之情，尽量显得不是很意外，"也谢谢你听我把话讲完。"

"不客气。对了，你随身带的那些文件能留下吗？至少把那份有埃班详尽评述的文件留下。"

巴拉克立即就把文件递给了他，说："全拿去吧。"

"哎呀，谢谢你啊。我只是好奇。你知道，我是个中东历史迷。明天我就还你。"

"明天我在科罗拉多泉市。"

"对了，要去听那位空军上校的演讲。好吧，那你什么时候回来了再给你吧。"坎宁安挥挥文件袋，"《霍帕朗·卡西迪》看完了，下一件最享受的事情，就是'今日中东'。"

成功的演讲

校长瘦高个儿，一头金发有些许灰白，军服上佩戴着一大片战斗勋表，当他走进礼堂时，座椅一齐响起响亮的哗啦声，所有身穿蓝色空军军服的学员站起来立正。哈利迪、艾米莉·坎宁安、兹夫·巴拉克，还有丹尼几个人跟在他后面。本尼·卢里亚已经一人坐在主席台上了。在这位校长的住处吃饭时，他和他的老战友哈利迪打趣笑闹，显得很活泼，他们互相称对方为"巴德"和"斯帕基"，但现在他不苟言笑，一副凛然不可侵犯的样子。他把宾客们护送到预留座席上，便登上旁边挂着一幅大白银幕的讲台。

　　　　第四章　无所谓的字

"请坐，同学们。"学员们轰隆一声坐下，腰杆挺直，眼睛平视。巴拉克左右看看这几百名剃着平头、神情专注的年轻人，心想，就算把整个以色列的飞行员包括学员算上，也只能坐满他面前的三排座位。坐在艾米莉身边，闻着她喜欢的野花香味的香水，他的注意力被彻底搅乱了。在娜哈玛和女儿们还没来华盛顿之前，他们也是这样坐在肯尼迪中心一直听完了马勒的全套作品，还有许多戏剧和歌剧。而现在，艾米莉的另一边坐了另一个男人——哈利迪。

"我们把政治关在学院的大门外，同学们，"校长开始讲话，"在不久前，学院作为东道主邀请了沙特阿拉伯的空军司令。而今天，我们也欢迎来自以色列的本尼·卢里亚上校，他是以色列空军战斗轰炸机第十二中队的中队长。在我们这个时代，空战是处于先锋地位的战斗，而学员们之间则有点儿像是世界兄弟会的关系。以色列前段时间的空战胜利是值得我们所有现代国家认真、专业地学习的。我们并不认为卢里亚上校是在泄露军事机密，或者是来为他们国家的事业辩解的。在这里，他跟你们一样，是一名军人，一名中队长，有着正直守信的人格，努力追求卓越的品行，这也是我们学院这些羽翼未丰之鹰愿意极力效仿的品格。"

校长转向卢里亚，严肃的神色换成了微笑。"好了，卢里亚上校，现在请给我们讲讲你们的人是如何做到的。"

学生们都站起来，彬彬有礼地鼓掌。校长也一起鼓掌。本尼走到讲台前，对着下面站在兹夫·巴拉克旁边的丹尼微微笑了一下。穿一身黑西服、扎着领带的丹尼看上去很成熟，他用力地鼓掌，还朝他父亲眨了眨眼，但巴拉克知道，这个小男孩其实非常紧张。刚才他们拉着手穿过礼堂时，巴拉克能感觉到这孩子的手心在大量出汗。

本尼谢过校长，全场的窸窣声归于宁静。

他开始讲话："六月五日，星期一，早上七点四十五分，我们空军同时进攻敌军的九个机场。我率领我的中队向英查斯空军基地俯冲时，要穿过密集的高射炮火。"他环视了一下一张张挤在大厅中的年轻、严肃的脸，"我告诉你们，那是非常令人恐惧的，但是，那种恐惧还没有我此时此刻所感到的恐惧这么厉害。"学生们顿时发出由衷的大笑，互相看着身边的同伴。巴拉克想，这个头儿开得不错。本尼好样的，跟以往一样。丹尼的两眼也在闪闪发亮。"不要笑，先生们，我说的句句是真。当我还是一个飞行学员的时候，我从来都没有梦想过，有朝一日我会在美国空军学院给学生们演讲。我那时的梦想和我们那时的空军一样，都是非常朴素的。当时的空军，先生们，总共有十四架飞机，能飞的，有十二架。"

他停了停，让人们充分理解他的话。

"很好，时代已经改变了。对我们最近胜利的解释，有很多很怪异的谣传——电子魔法，秘密武器，甚至终极秘密武器，还有什么美国飞行员等等。"（听众席上的人们互相瞥视，发出轻笑。）"成功战斗有三个必要的硬性条件，这三个条件对我们打赢战争是至关重要的，它们就是：计划，演练，情报。"

接下来的半个小时内，本尼·卢里亚不时放幻灯片，用教鞭指着银幕讲解，他平静坦率地说，作为一项先发制人的打击计划，"焦点行动"已经制订很多年了。这种说法和阿巴·埃班在联合国里讲述的进攻说法很大程度上不一样，不过巴拉克并不在意。这个地方是求真的地方，而联合国是个放烟幕的地方。他能感觉到周围及身后那些学生都在全神贯注地听。卢里亚讲的有些东西他也没有听说过，不是那些飞行员夜半醒来背诵起飞时间、目标距离、炸弹装载等他以前听说过的事，尽管那些很生动，而是本尼自己在第一天作战中一小时一小时，有时候是一分钟一分钟的真实经历。他那天飞了四架次，最后一次已近黄昏，是去攻击距离最远的一个埃及机场，到达那里之后，他们已经疲惫到了极点，他们的四架"幻影"战机遭到了已回过神来高度戒备的"米格"战机的攻击。他绘声绘色地描述空中缠斗，并没有一点儿荷马风格的吹嘘。现在他是卢里亚上校，一名为飞行学员讲课的教师，很快就不知不觉进入到不事张扬的专业化声调中。好样的！本尼，他知道在犹太联合募捐协会上该讲什么，在餐桌上对孩子们该讲什么，在美国空军学院里该讲什么。

　　　　　　　第四章　无所谓的字

本尼说道："那些'米格'战机的飞行员都是行家里手，任何贬低阿拉伯飞行员，或是完全贬低阿拉伯战士的人，都犯了一个错误。他们都是勇士，很勇敢，也很有能力。他们的政治领导是另外一回事，不在这个讨论范畴内。我们飞行员的优势在于我们的激励因素，以及由此而进行的训练，这是独一无二的，只有以色列空军才有。因此，也许我们确实有一样秘密武器，先生们，希伯来语里称作'En brera'，它的意思就是'别无选择'。"

银幕上打出一幅以色列地图，上面标着彩色的箭头和数字。本尼用教鞭这里那里地点击，说道："如各位所见，先生们，一架'米格'战机，大约在90秒内就可以从我们国家的西边横穿到东边。因此，以色列飞行员存在的唯一任务，就是清理以色列的天空。这就是他们飞翔和活着的理由。在战斗中，他们会去冒险，会扎入危险中，会突破飞机安全性能范围来操作，因为他们知道，以色列的生存，就担在他们的机翼上。

"是的，作为以色列之鹰，我们很骄傲，也许有一点儿太骄傲了。我可以肯定地告诉你们，我们都希望，有一天，我们的邻国能跟我们讲和，到那时，我们驾驶的这些精密机器会都堆在地面上，就像我们长大后不再喜欢的儿时玩具一样。空战是很浪费资源的，也是很危险的。我见过太多太多恐怖的坠毁画面，也失去过太多太多亲密的战友，以至于我都不相信还有其他的路可走。"

那一刻，本尼·卢里亚的嗓音一下子喑哑下去。他停止了演说，一段长时间压抑的沉默后才恢复过来。丹尼紧紧抓住巴拉克的手。当他父亲再次讲话时，声音已变得冷静、坚定。"同样，我要悄悄向你们承认，尽管如此，我还是爱过它，爱过我军职生涯的每一分钟。我的儿子就坐在第四排，他的时差还没有倒过来，但他像个超人一般，在这沉闷的演讲当中保持着清醒，我希望有朝一日他能成为一名飞行员，成为一名以色列空军的Tayass（飞行员），他的哥哥此刻也正在接受飞行员训练。另外，我还要以更低的声音悄悄向你们承认，我现在高兴极了，因为我们即将获得四十八架'天鹰'。"

学生们一跃而起，热烈鼓掌。此刻的掌声都是发自他们内心的。丹尼也在用力鼓掌，巴拉克把他搂入怀中。艾米莉的身子横过巴拉克，碰碰小丹尼的胳膊，说："你一定特别为你爸爸自豪。"

"我的英语现在还不算好，但我理解了大部分意思。"丹尼用尽力拼凑的英语说。

经久不息的掌声夹杂着人们的说话声，哈利迪问巴拉克："卢里亚的英语在哪儿学的？挺流利的。"

"在英国的军事学院。另外，我们这一代可是在英国托管期间长大的。"

"明白了。"哈利迪淡淡一笑，"而且，他还设法插了一点点政治话题。"

"临时目标。"巴拉克说。

"嗯，确实。"

夜会

"我打扰你了吗？太晚了，我知道。"又是艾米莉的声音，低而深情。巴拉克已经在基地宾馆的贵宾套房内睡下了，她从草坪另一头的豪华的校长住所内打来电话。

"没关系。我穿着睡衣在看书呢。其实就是看看《普鲁塔克文集》。"

"哦，一定要看。"他们在长期的通信中也断断续续地说过普鲁塔克。

"一辈子都要看。我在这个房间里找到的，美国现代图书公司出版的，有些破。"他的确是在一堆旧畅销书中找到了这么一本。

"我们去走一会儿吧。"

他看了一眼自己的旅行闹钟，问："在凌晨一点钟？"

"哦，狼，我原想在早餐时谈谈的，但我不确定那时能否离开'斯帕基'和他的妻子。再说我也睡不着。房间的壁炉上有一只大座钟，都要把我逼疯了，每隔十五分钟就当当当……"

"哈利迪怎么样?"

"巴德?他肯定都睡着几个小时了。他每天早上必须要跑他的五英里。"

"我们在哪儿见面?"

"在那个鹰形雕塑那儿吧。"

"行。十分钟后。"

明亮的月光下,她站在雕塑基座旁,缩成黑黑的一团。他快步朝她走去,坦克兵靴踩得深厚的积雪嘎吱作响。"你好,真是冷死了。你就穿这件毛衣?暖和吗?"她问。

"我们军队的毛衣质量非常好。"

"只要是你们军队的东西都非常好。"她从一只手上扯下手套,用力抓住他的手。冰凉的手指与他十指相扣,拉着他就走。

"我们去哪儿,艾米莉?"

"先去小教堂,巴德和我将在那里举行婚礼。"

"什么?!什么时候?"尽管这事也在巴拉克的预料之中,但此时听到还是实实在在地震惊了一下,只感到双臂和后背一阵颤抖。

"哦,很快了。当然,你会收到请柬的。我希望你们能准时到,你,还有娜哈玛。"

嘎吱,嘎吱,嘎吱,新雪在脚下响着,空中吹过寒凉的风,有片片冰冷的雪花飘扬。"艾米莉,这可是好消息,恭喜。"

她的手攥得紧了点儿。"在这里举行婚礼是巴德的主意。我也很高兴能避开在华盛顿举行婚礼而引起的闹腾。我的天哪,这所军校建在一个多么神奇的地方啊。看那些山,看见了吗?"在星光的映衬下,积雪皑皑的山脉高耸地隐现,呈现出凹凸不平的浅蓝色。"它们中有一座山峰是派克峰(Pike's peak),是吧?再看,那座小教堂的建筑风格不也很宏伟吗?"

那座建筑不同寻常地高高耸起,让人联想到机翼,在明亮的月光和黑色阴影的明暗对比下,显得美不胜收。巴拉克说:"我以前见过这座教堂的图片,但根本没什么感觉。现在看它真是美极了。"

"兹夫，你不认为它应该关门了吗？教堂总是为那些沉思者开放的，不是吗？"

"我们去推推门看吧。"

门开了，内部高大空阔，有一盏金色的灯照明，月光照在高处的花玻璃窗户上，闪现出微弱模糊的彩光。他们在后排的靠背长凳子上坐了下来。"哇，好一座大厦，"她说道，声音在空荡荡的教堂里回响，"我很怀疑我们结婚时能不能有五十个宾客，但是巴德想在这儿办。我把我们的事告诉他了，你知道吗，老狼？没有儿童不宜，你懂的，但是所有事都说了。我不得不告诉他。"

巴拉克有种冲动，想最后再拥抱她一下，但他强行把这个想法按捺住了。再一次和她这样在一起真是一种残酷的幸福。女王啊！这位常常异想天开、紧张激动、令人难以忘怀的女王啊，此刻就在他的身边，在还留有点点雪印的毛皮领子上面的就是她的脸，戴着眼镜，朦胧模糊而又漂亮迷人。他对这个古怪的外国女人陷得太深已是客观事实，只能接受。对他来说，她能结婚毫无疑问是一种宽慰。然而，既然这样，他为什么还要感到痛心呢？他清了清喉咙，问："他是什么反应？"

"像尊狮身人面像一样，坐在那里只是听，用冷漠的眼神盯着我臊红的脸。其实，我们当时是在'红狐狸'酒吧里。头一天他向我求婚，第二天他开车来学校，然后我们一起共进晚餐，再然后我就说出了这件事。他没有点一下头。不，点了两下。我想狮身人面像是不会点头的吧，那我们就说他像歌剧《唐·乔瓦尼》中那尊骑士长的石像吧。后来他谈起了一些其他的事情，好像我压根儿没有说过那件事似的。我猜他是很惊讶的。他肯定也没有期望过这个年龄的我还是一个处女吧，尽管我该死的基本上就是，你，你这个邪恶的采花大盗。也许他很欣慰我再没有说更多的男人吧。巴德是个城府很深的人。"

"很好，你恋爱了，而且一切都安排妥当了。这是最主要的，这真好。"

"你可以仍旧叫我'女王'，朋友。"

　　　　　　　　第四章　无所谓的字

"那称呼好像过时了。"

四年前，他第一次出使华盛顿，那时他住在一家廉价酒店里，酒店里的服务生为了显示自己交际广泛，把艾米莉当成了一个妓女，称之为"女王"。她觉得这个称呼非常搞笑，后来成了他们之间的一个玩笑，这个绰号就叫开了。

"没有，永远都不会过时，对我来说不会，对你来说会吗？"艾米莉问。在巨大、空旷、幽暗的教堂内，他久久的缄默实际上并不亚于一声高喊。"快点儿说，闪电狼。"她的嗓音颤抖着，眼睛在镜片后闪着亮光，"大声点儿说，否则就永远保持沉默吧。即使连一个吻都没有，不也一直叫了那么多年？只是在越洋书信上才叫？过去这样不是挺好的吗？"

"挺好，女王。"

"嗬！这还差不多。我对巴德表明了一点，那就是我们可能还要继续通信。说到这里时他点了一下头。"

"那另一次点头呢？"

"我说只要我这老朽的身子还能生孩子的话，我就要尽量生，那时他又点了下头，甚至还极其难得地微微咧嘴一笑，并——"

"喂！"声音在四壁和拱形屋顶之间隆隆回荡。本尼·卢里亚沿着中间的过道大踏步走来。"你好，艾米莉。"他打招呼道。本尼显得很自然，好像大半夜了学院小教堂内还有两人在一起这种现象很正常、再没有比这更正常了似的。以色列军人在男女配对上很少表现出惊讶，不管那种配对多么不合拍。"好一座神话般的教堂！无论那个建筑师是谁，他都是一个极富想象力的人。"

巴拉克问："你也睡不着？"

他坐到长凳子上，说："我可以放松几天了。我宁愿执行五次任务也不愿再面对一个听众。"

艾米莉说："一点儿都没有看出来。你的演讲真可谓一鸣惊人。我的未婚夫很想就此跟你谈谈。"

"十点钟我和全体教职员有个研讨会。在那之前或之后，我都很高兴见他。兹夫，这座教堂怎么样？所有这些宽阔低矮的普通建筑就跟战时的临时建筑一样，而在这些建筑的中心位置，却有这么一座漂亮到极致的教堂，让我想到很多东西。

"想到了什么？"

"嗯，两年前在泰勒诺夫基地的时候，我还发现那里有一处犹太会堂。在我母亲去世时，我去找那座会堂来哀悼念祈祷文，却发现它已经埋没在基地食堂后面的荒草中了。我们据说是属于《圣经》的人，不是吗？可这些美国人似乎更有《圣经》风格。"

艾米莉说："几千年后还能返回锡安山，我说这才最有《圣经》风格，然后还学习驾驶喷气式战斗轰炸机，因此你们能在那里留下来。"

卢里亚转过头看着她说："这话不错。我会记住的。"

"我们的机票订了。你下午两点飞往洛杉矶，我回哥伦比亚特区。"巴拉克说。

把卢里亚一个人留在小教堂里，他们出来了。外面的风变得猛烈起来，细碎的雪打在脸上感觉生疼。艾米莉说："唉，真没劲。听我的建议，我们顺道去你那儿吧。我要那本《普鲁塔克》，我比你更需要它。我要用一只枕头把那座钟盖起来，然后也许读着读着那本书，自己就睡着了。"

"当然可以。"巴拉克说，他的神经兴奋起来。接下来会有什么事呢？

他一关上套房的门，她马上就用胳膊搂住他的脖子，亲吻他，他能感觉到她温柔的爱意。"没有快乐的时间，老兄，就算你感觉奇怪。我真的就想说说话，然后拿着《普鲁塔克》离开。别对我轻举妄动，好孩子，只管乖乖地坐下。"

"唉，我从来就没有那样想过。"巴拉克说着在一把扶手椅上坐下来。

"嗬！"

"你只能'嗬'一声了，女王。时间已经过去一会儿了啊，抓紧时间。"

她瞪着眼看他，然后迅速解开外套坐到床上。"宝贝，要勒住某头老马，它就肯定不能再继续了，这你知道。你那两只眼睛里充满了渴望，并不是说你

　　　　第四章　无所谓的字

看起来不可爱——"

"好了好了。勒住。谈话吧。"

"很好。授予'大灰狼'品行优良奖章。现在听着啊,你刚才说到我和巴德恋爱了,不是那样的。他是个好人,我们以后在一起也会很好,但是恋爱对我来说只有一次,而且以后不会再有了。"他们互相看着对方,沉默了一会儿后,她的声音变粗哑了,"不,不会了,也没有未来。"

"艾米莉——'

"兹夫,过去我一直觉得我们是有未来的,但后来我意识到娜哈玛知道了,这事就变得无法容忍了。她越说她不介意,我就越无法容忍。"

他摇摇头,说:"你们两个摊牌时我不在场,但这事肯定不一般。"

"绝对不一般,她是'老侦察兵'了。她很聪明,也很得体,又非常机智。有致命性,可能得这么说。从某种程度上说,你这个老婆要远远胜过你。"

"早就是这样了。娜哈玛从没跟我提过这方面的事,一次也没有提过,看来我不得不相信你的话了。再说,你现在也订婚了,那一页就翻过去吧,剩下的就是写信了,好吗?只要我们都还活着,如果你愿意的话,可以的。"

"不要那么快翻过去。你要理解我,亲爱的。"她声音颤抖地说,"在环球旅行途中,我一直在与这件事斗争。到了半路,在新德里的时候,我彻底下定决心,做了最符合要求的事情。除了巴德以外没有其他解决办法。跳出火坑,却又进了冷冻舱。"

"噢,别胡说,女王——"

"这绝对是真理。就是在那个时候,我从新德里给你写信,也是在那个时候,我给巴德写信,说我们再次见面时,如果他真的想娶我,我就嫁给他。"

"然后他就答应了。"

"当然了。我也真正喜欢他。他是个绅士,跟以前一样耐心、欢快。另外,如果迷恋军人类型的话,那他就是个理想的婚配对象——不过眼前这个除外,我确信不行——同时,他也是一个有抱负、有理想的人,而且现在很成功。"

这话隐隐约约刺痛了巴拉克。女王现在在他的套间里，姿态撩人地坐在他的床上，让人烦扰，这样持续下去可不太好。他从一张靠墙的桌子上拿起一本书，说："喏，这就是那本《普鲁塔克》。"

"撵我走了，是不是？我并没有怪你啊。"她接过书，嘴角带着一抹讥笑，坐在那里没动。

"嘿，待到天亮，当然可以。"

"不要，谢谢，只是还有一件事情我必须要告诉你。"

"尽管说。"

"这听起来有点儿自夸，不过我敢保证，我已经变得很有魅力了，或者类似这样的吧。是发现了爱之真谛的原因吗？在我的旅途中，千真万确，我赶跑了一群群男人，轮船上、火车上、飞机上。怎么会这样呢？"

"这是个什么比赛，女王？"

她大声笑起来，站起身骂道："噢，去死吧。"

他搂过她，他们忘情地吻了很长时间。她喃喃地说："这件毛衣味道好熟悉。事实上是你闻起来好熟悉。"

"别说了，女王。"

"好的。只管抱紧我。"

这熟悉而纤弱的身躯之所以再次紧贴过来，无疑是因为以后再也没有这样的机会了。"品行优良奖章"掉下去了，顾不上了。

"够了，够了。太多了，太多太多了。"她喘息着挣扎开来，"我们不是在'牢骚室'，狼，一切都回不去了。"

"听我说，艾米莉，我们当时在——怎么了？一开始就对娜哈玛不公平。如果像你说的，你真的发现她不介意，那为什么——"

艾米莉温热的手指压在他唇上。"别急。我想你现在真的很愚蠢，不过还好。我就是一只偷骨头的母狗，叼着它跑了，侥幸成功了，还喜欢上了啃它的滋味。但是一旦她说她知道这一切还不介意，那我就成了一只在饭桌底下等着人家施舍骨头的母狗了。明白这两者之间的区别了吗？够清楚了吧？"艾米莉从床上拿起那本《普鲁塔克》，"再见了，因为我必须得离开你。我要读'马克·安东尼'那一章，我想痛痛快快地哭一场。当然，克娄巴特拉就是那只偷骨头的母狗的真实原型。"他们走到门边，"别再送了，狼。学校里是很安全的，不会有人从后面掐我脖子的。"她飘然而去。

巴拉克从那架老旧的畅销书书架中取了一本《阿罗史密斯》拿到床上看，这本书的封皮还是熟悉的橙蓝色，他在维也纳中学时就看过，不过前面几页似乎又不一样。把心思从艾米莉那儿转到这本小说上来，这是他唯一要求作家辛克莱·刘易斯帮他做到的。

丁零零！丁零零！"对不起打扰到您，先生。我是基地执勤官。总机有您一个电话，从纽约打来的，紧急公务，一位叫拉斐尔先生的——"

"接进来。"

电话里有些咔嗒声和嗡嗡声："兹夫？本尼的演讲怎么样？"

"本尼演讲得很好。你那边是凌晨三点钟了吧？什么事？"

"你和那位中央情报局的人联系过没有？"

"联系过了。他打来电话，说他完全赞同你备忘录中的意见。"

"他究竟说了些什么？"

"他说'所有领土'这样的字眼是灾难性的，会让我们的胜仗再输回去。"

"聪明人。"

"可是，吉迪昂，对此他什么忙也帮不上。"

"他至少能探寻出白宫现在所持的态度吧？我们是这样认为的，除非是总统干预，否则美国国务院今天就会在那两个字上卖掉我们。"

"我可以试着给他打个电话看看。"

"你要干的绝不仅仅是这样。我们了解到，柯西金给约翰逊发送了一份措辞非常强硬的信，约翰逊在今天早上也召开了一次紧急会议。你什么时候回华盛顿？"

“大概今晚六点。”

“那没什么用了。”

“本尼上午还有个研讨会，而且——”

“本尼能照顾好他自己。你最迟得在中午之前返回。搭乘一架军机到那儿去！”拉斐尔的情绪有些失控，显得有点儿慌乱或疲惫。

“为了什么目的？”

“就为了一旦需要你时你不是远在科罗拉多泉市。你知道吗？兹夫，今天你在一个小时内为以色列所做的，要超过这么多年你在战场上为以色列所做的一切，这是完全有可能的。”

“你太夸大其词了，纯粹胡说。不过我会来的。”

转机

弗吉尼亚州中央情报局大楼的一间屋子里人头涌动，四周围满了咔嗒作响的电传打字机，克里斯汀·坎宁安正在看一份长长的打印件。这时，一个年轻的黑人通信员走过来，递给他一份保密留言条。“对，我正等着巴拉克将军，把他带到我的办公室。”

兹夫·巴拉克穿着一身皱巴巴的便衣，一坐进扶手椅里就打起了瞌睡，手提箱放在脚边。他租了一辆车，穿过山区，以最近的路途经达拉斯从丹佛开到华盛顿。

“我想你可以喝点儿咖啡。”他听到了坎宁安的声音后睁开眼，这名情报官穿着衬衣和吊裤带，正在按桌子上的一个按钮。

“没错，谢谢。”巴拉克坐直身子，用手揉了揉眼睛。

“空军学院的学生们喜欢你们的上校吗？”

“非常成功。克里斯汀，安理会今天是什么情况，你知道吗？”

坎宁安干巴巴地咧嘴一笑，说："我知道你们正在打一场典型的防卫战，一定要战斗到最后一刻。同样，此时白宫也有些事情正在进行。"

"有些事情，好事还是坏事？"

"嗯，恐怕不好。但是在约翰逊最后讲出来之前，谁能知道他脑子里想什么呢？我正在等消息，我有个信任的内部人。"一名穿工作服的年轻女人端进来一壶咖啡，放到桌子上。坎宁安一边倒咖啡一边说："对了，艾米莉告诉你她马上要在那个学院的小教堂里举行婚礼的事了吧？"

"告诉了。"

"我猜我不得不拖着这把老骨头去那儿啦。空军里的人说巴德很有前途。"他把杯子和一只茶碟推过来，"在下一届选拔中，他可能会当上将军。"

"我很尊重他，尽管他对以色列不算友好。"

坎宁安噘起嘴喝了口咖啡，说："巴德只知道国家利益，还有他自己的职业，当然，对于中东地区，他还有很多要学的东西。"

"嗯，你就是那个教他的人。"

坎宁安迟疑了一下，避开他的眼睛，直通通地说："兹夫，我要这样讲，我很久以前就渴望有个外孙。艾米莉是个很怪的人，你我都知道。现在好景在望，我很高兴，也很欣慰。我也很高兴你当海军的儿子没事。以色列以后的路还长着呢，你们需要你们的儿子们。"

电话铃响了。坎宁安拿起话筒，说了一会儿后朝巴拉克用力点了点头。"好的，好的，行，继续……真的吗？太让人吃惊了，有多确定？……好，多谢……好的，我很感激。改天我再酬谢吧。"他挂上电话，定定地看着巴拉克，脸上的表情捉摸不定。

"有消息，克里斯汀？"

"我想是。给你们的拉斐尔先生打电话，告诉他，那两个字去掉了。"

巴拉克瞪大眼睛。"去掉了？那两个字？"

"去掉了。这次是苏联人。再来杯咖啡？"

"天哪！克里斯汀，怎么回事？"

"是这样，只是草草地说了一下，听起来也许是柯西金弄巧成拙。他给约翰逊写了一封信质问他的诚意。这些蠢笨的斯拉夫人！大意是：总统先生，如果你们真是致力于和平，就不会在'所有'这两个无所谓的字上找碴儿。此举激怒了约翰逊，他回了柯西金一封信，要柯西金参考他的《中东和平五项原则》的讲话，告诉苏联人要么同意那五项原则，要么滚蛋。我是在转述，不过我的消息很灵通，来源很可靠。"

巴拉克猛地伸手按在电话机上。"我能在这个电话上自由通话吗，克里斯汀？"

"有什么不可以的？这是一个自由的国家。"

拉斐尔听后大喜过望。他说："老天在上！兹夫，如果这样的话，我们就在我们一九五六年所错过的地方有了突破性进展，没有和平就没有撤军……"

"吉迪昂，这个消息是转了三四次手才到我这儿的，要记住。"

"我明白。不过，我还是要马上给阿巴打电话。"

坎宁安端着咖啡坐到一把皮革扶手椅上，问："你们的拉斐尔先生高兴吗？"

"天哪，高兴极了。"

"这一切纯粹就像'霍帕朗·卡西迪'，对吧？"坎宁安饮了一口咖啡，"假定这消息准确吧，兹夫，问题是约翰逊真的对柯西金的那些话勃然大怒吗？还是他已经估算到一九六八年的时候他需要犹太人的选票，从而借机大加斥责那封信来作为他的借口？"

"不管哪种情况吧，反正以色列是脱离困境了。"

"对，纳赛尔把自己搞到困境中去了。我的分析在这里是有案可查的，兹夫。我估计他是想用击沉'埃拉特'号的方式促使超级大国定出一个撤军的联合决议。他办到了，很好。"坎宁安凹陷的眼睛炯炯有神地盯着他，"但是他到最后却没有得到那两个字。

─ 第五章　果尔达 ───

噩耗传来

"萨姆，总理去世了。早晨八点十五分走了。"艾希科尔的主任秘书在电话中颤抖着泣声说道。

"不可能！"

"心脏病又发作了。他昨天还那么健康、那么忙的。他的家人要求见你，所以请来家里一趟吧。"

"我马上到。"帕斯特纳克刚刚到办公室，身上仍然穿着他那件旧军大衣，恶劣的天气从海上进入特拉维夫，又刮大风又下大雨。他看到台历上写着：

1969年2月26日
上午九点与耶尔在希尔顿喝咖啡。

他按铃叫来自己的勤务兵，跟他说："给尼灿夫人打电话，就说我不能跟她见面了。有紧急事件，我随后会给她打电话的。"

"是，将军。"

他粗略地看完了几份紧急公文便往外走，刚走到门口，内部电话响了。"将军，尼灿夫人的电话没人应答。我要打电话到希尔顿呼叫她吗，长官？"

"天啊，我开车到那儿吧，这样还简单些。"

希尔顿附近的交通在清晨时分最拥堵，帕斯特纳克的司机开着车艰难地穿行其中。他则坐在副驾驶座上，满脑子都在想艾希科尔去世所带来的问题。这一天对以色列来说是个无比漆黑的日子，又一个昔日的伟人陨落了。要知道，本-古里安都比他这位继任者活得长，现在退休了，正在写回忆录呢。不引人注目的列维·艾希科尔从来都不是一个公众人物，但却一直是帕斯特纳克心目中的英雄，他们在从事地下活动时就熟识了。在这个国家的基础设施建设和军队建设上，他比任何人都有耐心，却一直处在本-古里安的阴影下。现在他竟离去了！职位继任的争斗将会马上开始，这是很危险的，有可能会导致分裂。

耶尔这边也有费劲的事，看见帕斯特纳克时，她一边招手一边努力想要从大堂的沙发上站起来。现在起立对她来说很困难，她怀孕了，已经很长时间了，只是他并不知道。不过她穿的那件深灰色皮衣明显显示出，她即将要生了。他伸出手把她拉起来。

"谢谢，亲爱的，我现在很丑，我知道。你能来真是太好了。"

"耶尔，艾希科尔今早刚刚去世了。"

"哦，天哪！太可怕了。"

"所以我要赶快去耶路撒冷。"

"当然，当然，去吧。"

"葬礼结束后我再给你打电话。也许到明天晚些时候。"

"那时候我不在这儿了。我今晚就要飞往洛杉矶。"

"什么？就你这个样子？"他上下打量着她，"你太拼命了，一直都是。"

　　　　　　　　第五章　果尔达

"你太好了，还这么担心我。"她抚摸着他的脸颊，"只是个短途旅行，我回来后给你打电话。"

"去干什么，耶尔？"

"噢，舍瓦·李维斯的业务。"

她不能说太多。舍瓦·李维斯是一名来自伊拉克的以色列人，现在定居国外，主要经营东方进口商品，暗地里也做军火交易。他曾经把耶尔安排到比弗利山庄的一家店里，她在那里赚了不少钱，现在她在照看李维斯在以色列国内的生意。至于他们之间关系的密切程度，帕斯特纳克只能猜。

"对不起，宝贝，但我想你跟堂吉诃德在某种程度上是分开了。"他指着她隆起的腹部说。

"某种程度上，对。"她哂然一笑，轻拍了一下自己的肚子，"我们还住在一间卧室，所以……"她用一种半责备半开玩笑的语气说，"你和鲁思不也这样过吗？两次吧，你大约那样说过。"

他心里想，即使她的怀孕让他刺痛，而且她现在还变得这么丑，但是她知道，只要她愿意，她就能让他着迷。这从她的眼睛里就能看出来。他们这种关系从来没有结束过，只是藏在了深处而已。"好了，看在上帝的分儿上照顾好你自己吧。我的司机可以把你送到什么地方吗？"

"谢谢，我开自己的车。"

"你开自己的车？你停哪儿了？"

"停在我自己的嘴里，还能在哪儿？"

他勉强笑了笑。他们走出来，她亲了一下他留有雨珠的脸颊，说道："艾希科尔的事我真的很难过，萨姆。我知道，你们的关系很好。"

"是，关系很好。真的很难受，耶尔。一路平安。"

梅厄上台

总理还躺在他去世时的床上，头边和脚边都点燃了高高的蜡烛。心神错乱的总理妻子把帕斯特纳克带进来后就离开了，留下他独自面对这具尸身。房间里有一股药水的味道，还有一丝尸体腐烂的味道。楼下客厅传来人们低声争论的嗡嗡声。艾希科尔宽阔的脸仍然显得很有生气，仍然显得忧虑和疲惫，尽管他已经在这最后一睡中永远合上了眼。

"再见了，Layish（狮子）。"默默注视那具盖着床单的尸体良久后，帕斯特纳克轻轻喊出了这个艾希科尔在地下活动时用的代号。"你是个不张扬的人，是一名真正的战士，是你领导我们打赢了这场战争，但所有荣誉都落到了他人头上。现在你到了Olam Ha'emet（真实的世界），在那里，会有其他伟大的犹太战士欢迎你，有犹大，有约书亚，还有基甸。去往安静的地方吧。我爱过你。"

楼梯下，内阁阁员们、将军们、大拉比们、各机关的头头儿们、家人，以及亲朋好友都在忧闷地来回乱转。帕斯特纳克发现，人们在艾希科尔的葬礼安排上吵成一团，包括他葬到哪里等问题，但由谁来继任总理，反倒没有一个人说话，尽管这个问题绝对是压在每一个人心上。两个最主要的竞争对手现在都在这儿，摩西·达扬和伊加尔·阿隆都是由大将军转到政治上来的。阿隆现任副总理，但达扬作为国防部部长，掌握着这个国家最大的一份预算。帕斯特纳克知道，这两个人各自的集团实力大体相当。以色列难以捉摸的政治趋向现在开始打转了。阿隆一直都是个忠诚坚定的工党成员，而达扬曾经投靠到本-古里安组建的一个不成功的小派别——拉菲党。

工党前领导人果尔达·梅厄来了，刚进来时没人注意到她，但是当她拎着一个大提包缓慢沉重地走进屋里环视四周时，人们的脑袋和眼睛纷纷开始转过来，说话声平息下来。"有什么问题吗？"她问。

屋内短暂的寂静过后，几个人立刻开始说话。她举起手打断众人，问："谁主持葬礼？"

艾希科尔的妻子抹了抹发红的眼睛，说："果尔达，我请萨姆·帕斯特纳克主持。"

果尔达亲吻了下她，然后扫了一眼帕斯特纳克。帕斯特纳克简单解释了有关葬礼的争执。有的人说艾希科尔希望自己葬在经他资助而建立起来的达甘尼亚班特（Deganya Bet）基布兹，和他两个女儿的母亲，即他的前任妻子合葬在一起。但也有人说，他的休息地应该在耶路撒冷的赫茨尔山上，那里有为总理们预留的墓地。如果葬在上述那个地处约旦山谷的基布兹里，以后前往墓地哀悼的人可能就会有危险，因为那里是暴露在恐怖分子迫击炮和"喀秋莎"火箭炮的袭击之下的。

果尔达说："我了解了。好了，我们当然要把他葬在耶路撒冷。葬在那里是对的，我们肯定不想让哀悼者遭到任何袭击，以后还会有大量民众前往哀悼的。"她的语气冷静镇定，容不得半点儿辩驳。周围的人互相看看，都点点头。"不过首先，我必须得去向他致哀。他在哪儿，楼上？"

"在楼上，果尔达。"艾希科尔的妻子说，抹了把眼泪，"我带你上去吧。"

"请，萨姆，完了后我有话跟你说。"果尔达对帕斯特纳克说。

当她费力爬上楼后，下面房间里又吵起来，现在转为一些具体的细节问题——什么时候向外界告知、如何应对群众、邀请哪些领导等等。达扬和阿隆都参与了讨论，但两人谁都没表现出想要主宰的意思。

这里慢慢成为历史了，帕斯特纳克想。果尔达已经离开政府好几年了，她以前曾是工党里铁腕的政治领袖，现在可能只是个普通公民了。但她方才通过房间时的样子威严得像个女王一般，没有一个人敢对她的话表现出半点儿质疑。毫无疑问，在继任领袖的问题上不会有什么争斗了，下一任总理不会是军人英雄，而是一位七十岁高龄的祖母。

好消息

迈克尔·伯科威茨：巴拉克的弟弟，笃信宗教，科学家。

莉娜·伯科威茨：迈克尔的妻子，无宗教信仰。

"我犯了个错误，一个非常大的错误。"

兹夫·巴拉克大踏步地走在回自己办公室的五英里长的路上，像以往评价他自己的表现那样，回想着刚刚结束的五角大楼的会议场景。不管怎样，自省是他的习惯，也许同样是这个习惯阻碍了他实现自己的抱负。这些年来，他并不羡慕那些拥有强大自信、一路向前冲的竞争对手。一个人必须有自知之明。

现在已是三月了，吹面不寒杨柳风，波托马克河闪闪发亮，沿岸的水仙花开出一片片摇曳跳跃的金黄色花朵。走路这种运动可以让他的大脑和血液舒舒服服地透气，要是没有那个该死的错误，所有的一切近乎完美。新总统尼克松一点儿都不欠美国犹太人的情，新上任的国防部部长现在却召他前去，就这一点而言，这是个很好的信号。在这次选举中，美国犹太人全体一致地把票投给了他的对手休伯特·汉弗莱，由此，耶路撒冷有点儿害怕，认为以色列很可能会遭到华盛顿长期的冷遇。但是那位高大、秃顶的国防部部长梅尔文·莱尔德展现出很热诚的政治家风范，毫不犹豫地说，虽然他不可能代表总统讲话，但是他强烈感觉到，理查德·尼克松会履行约翰逊总统对以色列的承诺——卖给以色列F-4"鬼怪"战斗机。巴拉克还从部长嘴里套出了可能的交货日期，这是真正向前迈进了一大步，甚至那位从来不笑的拉宾将军（一年多前拉宾就已经代替亚伯拉罕·哈曼做了大使）知道了此事都有可能会高兴得笑出来。

让巴拉克兴奋的一席话过后，部长又说："嗯，将军，从我做了部长以来，从军事层面上说，我对梅厄夫人做总理这件事很感兴趣。有人跟我说你是一位非常机敏而又能坦诚交谈的军官。拉宾将军现在是一名外交官，他必须得管住自己的舌头。那么，你来跟我说说这个做你们国家总理的女人吧。她的上任是否意味着要由摩西·达扬来发号施令了？"

巴拉克尽可能坦率地向梅尔文·莱尔德描述了果尔达其人：一个很难对付的人物，既能施展柔弱女性的魅力，又能冷酷无情地决断；相比于艾希科尔，她的妥协会更少一些。由于她在部队和战略方面知之甚少，所以会倾向于听达扬和其他人的，但到最后，她不会允许任何人发号施令，只能是她果尔达·梅厄来掌控。梅尔文·莱尔德听着不断点头，似乎听到这样的描述还稍稍有些开心。

接下来，他向巴拉克提出一个很现实的问题——关于纳赛尔最近宣称的消耗战。巴拉克指出，这仅仅是纳赛尔再次向他的人民所做的姿态罢了。从一九四八年到现在，埃及人就一直没有停止过和以色列的战争；他们只有在战败时才会答应停火，随后又是不断地违反停火协议，直到严厉的报复把他们揍得消停一段时间为止。莱尔德不屑地摇摇手说："你在跟我谈法律观点，将军。现在出现的是一些新的东西。这个人的话很清楚也很严肃：'用武力夺去的必须要用武力夺回来。'我们驻开罗的大使说纳赛尔并不是随随便便说这句话的。他已经给了苏联人一个位于亚历山大港的海军基地。那是有相当大作用的，是我们第六舰队的一个大麻烦；作为回报，苏联人正在大力帮他发展壮大。你们怎么对抗这个？"

"用我们的陆军和空军，部长先生。上一次遇到挑战时，就是我们的陆军和空军击溃了所有的敌人。"

莱尔德又进一步询问，显示出他有准确的情报，知道以色列在苏伊士运河上的防御，知道以色列沿着整个运河东岸建起了一道巨大的沙质防御墙，也知道其上建有一系列据点。他评论说，尽管有那道所谓的"巴列夫防线"[①]，但埃及突击队员仍然可以越过运河对以色列部队实施偷袭。

---

① 在第三次中东战争以后，以色列为了长期占领西奈半岛而修筑的防线。——编者注

"那都是袭扰。他们大部分都被打死了，我们就把他们埋在西奈沙漠里。"

"倚仗那条防线，你们能坚守西奈多长时间呢，将军？"

"直到埃及人对他们那徒劳无益的政治开始厌烦，最后坐下来和我们议和。如果我们不得不坚守，那么我们要坚守一百年。"

听到这句话莱尔德扬起眉毛，然后客客气气地结束了会见。

巴拉克一想到最后那一刻就畏缩起来。一百年！一百年！简直是糊涂透顶！自吹自擂，一点儿都不专业，报纸杂志式的吹牛！为什么就不能说"不确定"之类的话呢？一直到那之前他本来表现得好好的，可是部长的眉毛扬起来了！因为他自己也对运河的防御工事是否保险心存怀疑，所以，在莱尔德的刺激下，一急就说出了那样的话。算了，话说了，渐渐会被忘掉的。毕竟主要的事情还是"鬼怪"战斗机。不管埃及如何重整苏联式装备，有几支"鬼怪"战斗机中队应该是能镇得住纳赛尔的，能镇一段时间也好。

路过肯尼迪中心时，巴拉克自然而然地想到了艾米莉·坎宁安，想到在歌剧中场休息时和她一起漫步于高悬在上的平台，于星空下喝着塑料杯里微温的香槟酒，一起谈论音乐或戏剧，欣赏倒映在黑色河面上的灿烂如花火的乔治城灯光。他明白，他是不会再听马勒的音乐了，除非是非常想念女王的时候。不过他们的关系现在也在渐渐凋零。尽管她为通信的事吵闹过一番，但时隔一年半了她只写过两次信，一次是蜜月期间从夏威夷寄来一张明信片，上面有几句玩笑话；另一次是在数月后，说她怀孕了，很幸福，正忙着安顿他们在弗吉尼亚州奥克顿市的新家。这一篇章算是翻过去了吧，也不用惋惜了，他在怅然若失的怀念中对自己说。

办公桌上堆着一堆政府公文，其中有一封他弟弟写来的信。他先拿起这封信读起来。

亲爱的兹夫：

……我得通过外交邮袋寄给你这封信，因为事关舰载"加百列"导弹，只能通过这样的渠道告诉你。"埃拉特"号驱逐舰沉没和"达喀尔"号潜艇失踪事件将海军置于一种极其恶劣的境地中，此后，他们在保密方面的观念便近乎偏执。不过，"加百列"项目这么多年来一直是不断推进的，尽管它遇到过很多阻碍。现在这个项目已经到了不成功则失败的关键点上，也许不久会有一项重任推给你。你知道，我一直深处于这个项目当中。

船舶技术、武器设计与高能物理学相差十万八千里，但是如果我不能上战场，我至少还能以这样的方式来服役吧……

看到这里巴拉克眨眨眼睛。迈克尔这个先天残疾者，几乎从来不提他的残疾，但巴拉克认为，正是残疾造成了他几乎所有现状：他不可思议的宗教虔诚和极度缺乏自信，还有他的婚姻问题，尤其是在他们夫妻所生的孩子也有了同样严重的肌肉缺陷之后，这个问题就更为严重了。

有的人根本不相信他们两个是兄弟，他们的差别实在太大了。他们的童年时期在维也纳度过，两人都接受过一点儿犹太神学院的教育。他们的父亲是不信教的社会主义者，但他们的爷爷奶奶都是正统派犹太教徒，送他俩去犹太神学院也算是父亲对爷爷奶奶的妥协。后来，希特勒进军维也纳前夕他们离开了那里，迁居到了巴勒斯坦。对兹夫来说，那里的一切就结束了。他们的父亲在工党内升为高层人物，兹夫也走上了犹太复国主义者精英子女通常走的路，到世俗学校念书，然后当兵。而迈克尔却走上了另外一条路，加入了在二战前东欧那种犹太村社的所谓正统派犹太教，同时也早早显露出他后来成为数学家和物理学家的卓越才华。兹夫虽然一直搞不懂他弟弟的思想，但还是很钦佩他的。信里继续写道：

……恰好，我收到加州理工学院大物理学家理查德·费曼的一封信，他和我谈了我在《自然》杂志（就是你说你看不懂的那份杂志）上发表的一篇文章。他的信里对那些方程式有大量的争论，但最后他说我的论文给了我一条登上诺贝尔奖领奖台的腿。很好，不过我想他说的这个奖我是无缘得到了，因为首先我是一名以色列人，再者，我已在愚蠢的武器设计研制上花费了太多时间和脑力。不过也没什么遗憾，以色列的生存是要放在首位的。

不管怎样，经过多年的发展，现在一种小艇可以快且强大到足以挑战并击沉苏联导弹艇，甚至是他们的主力舰了，只要它们威胁到我们的存在。在瑟堡，有十二艘这样的小艇，由法国为我们建造（当然是没有安装武器的）。这是一种德国设计的舰艇，而后，我们的人又对其进行改进，我们安装了从全欧洲各地找来的装备，并对某些部件加以升级。有七艘已经交货，现在正停在海法港安装武器系统。

然而，戴高乐最近对剩余的五艘悍然实施了禁运，尽管我们已经给他们付了款。如果"加百列"最终测试成功，那么，那五艘舰艇对以色列的未来来说就变得至关重要。也许美国的压力会促使戴高乐释放那些舰艇，这是很值得一试的，不过戴高乐先生对美国的不满似乎和他对以色列的不满基本相同。海军那边还有一些合法的方案来拿回那些舰艇，可能会直接带给你……

桌上的蜂鸣器响了。"将军，一位自称哈利迪夫人的女人打来电话，要接吗？"

女王？"好的，接进来。"

"老狼？希望我没有打扰你的工作。"艾米莉的声音听起来虚弱、沙哑，但也很兴奋，"猜猜怎么着？朋友，我生了一对双胞胎姐妹。大约三个小时前生的，漂亮得像水仙花一样。看上去只是通红一片。"

"哎呀，上帝啊，你真是了不起啊，艾米莉。你还好吧？"

"我想还行吧，只是轮椅上有点儿颠。你是第一个知道的人，因为巴德去日本出差了。如果是男孩儿的话，我应该先给爸爸打电话的，不过，巴德和我只能再来一次，看能否生男孩了。你怎么样，亲爱的？最近看《普鲁塔克》了吗？"

"女王，恭喜啊！上帝啊，我太为你高兴了，也为哈利迪将军，还有你父亲高兴。他会万分欣喜的，我确信。"

"嗯，我猜他只要看见这两个宝贝就不会太介意了。她们是那么漂亮！我等会儿就给他打电话，"艾米莉的声音弱下去，"在下一针麻药之前。你和孩子们，还有娜哈玛都好吧？"

"好，很好。"

"再见了，兹夫，你个无赖，某种程度上这是你所需要的，你知道的。别跟娜哈玛说，会按正常程序通知她的。"

"上帝保佑你，女王。"

"哦，他已经保佑了，已经保佑了，亲爱的。"

这通电话让他的心情好一阵翻腾，费了好大劲儿才定下神来继续看迈克尔的信。迈克尔用相当大的篇幅叙述了那五艘舰艇，最后他简短地说了下个人情况。

顺便提一句，谢谢你帮忙解决我的前任助理丢失护照的事情。夏娜是一位优秀的数学家，在以色列理工大学我的系里有个职位，等着她回来后上任。自从多年前，你们那个叫堂吉诃德的、来历不明的小子抛弃她以后，她就一直都郁寡欢的（我那时认为这对她来说其实是幸运的）。一个纠缠在苦恼中的女士，帮她回家是一大善举。

莉娜和我一直都有问题，像我说的那样，不过现在还有希望。具体的我另外写信告诉你。

敬礼

迈克尔

最后几句话还是令人振奋的。迈克尔和一位基布兹无神论者结了婚，那女人性子太犟，而且一点儿也谈不上可爱，再考虑到迈克尔是残疾，巴拉克一直觉得他们的婚姻成功的希望好像极小。他们两人采用了很古怪的折中方法，比如各自分开做饭，两套碗碟和餐具，一套符合犹太教规定，一套不符合犹太教规定，迈克尔要在安息日点蜡烛，等等；这种解决办法再好也不是长久办法，但有那么几年，他们似乎还很恩爱，很幸福。然而到后来，迈克尔给他写的信里就谈到了分居。兹夫想，如果他们最终能在一起，那是最好不过了。无论莉娜有什么缺点，迈克尔都要跟她过下去。毕竟，一个离了婚又有残疾的教徒，哪怕在他的专业领域内再卓越，也没有多少好姑娘愿意嫁给他的。

机场相遇

肯尼迪机场里，当以色列航空公司大门口进来一位三十岁左右面容清秀的黑发女子时，耶尔·尼灿就像挨了一针肾上腺素注射液似的，一种热辣辣的感觉涌过她全身的神经。确实是夏娜无疑，她就是从这个女人那里偷走了堂吉诃德！耶尔和舍瓦·李维斯坐在那儿正等着飞回特拉维夫，登机时间只剩下五分钟了，偏偏来了夏娜·马特斯道夫。

当年，耶尔的介入导致了他们分手，其后很多年，这位笃信宗教又与疯狂的约西极不般配（最起码耶尔是这么认为的）的大学教师一直伤感地独身着；后来，"六日战争"结束不久，她到了多伦多，嫁给了一个信奉正统犹太教的地产开发商，以求能让她那颗破碎的心逐渐得以康复。这是耶尔最后一次听到她的消息。如果眼前这个女人是夏娜，那么她看起来显得老了些，穿戴也不像个有钱人的太太的模样，脸色看上去苍白而忧愁。

干吗不上去跟她打个招呼，然后打听一下她的近况呢？她们只是敷衍面子的关系，因为耶尔在加利福尼亚的那几年，堂吉诃德时不时会把阿里耶委托给夏娜照料，阿里耶也非常喜欢这位"夏娜阿姨"。丈夫和儿子，无论从哪方面讲，耶尔都有点儿嫉妒她。不过现在这个女人脸色苍白、了无生气地坐在几排远的地方，她自己的肚子里又有约西的第二个孩子在乱蹬乱踢，因此，耶尔对她已没有多少担忧了，但耶尔一直都把夏娜视为一个长期的威胁，哪怕这威胁只是微弱的一点点。耶尔和堂吉诃德都在凑和着过一天算一天，像极了鲁思和

　　　　第五章　果尔达

萨姆的情形，只要没有急迫的理由分开，那就继续维持一个好的状态吧。接下来的问题是：夏娜结婚了没？如果结了，那她为什么要一个人到以色列？如果没结，那为什么没结？

"你没事吧？你看起来就像看见了鬼一样。"舍瓦·李维斯说，眼睛盯着她。他刚刚在专心看一份《华尔街日报》。

她拍了拍自己的肚子，说："这个小无赖让我不舒服。"

李维斯飞快地扫了一眼其他乘客，目光在夏娜身上停住了，随后对耶尔古怪地微微一笑，两片薄嘴唇向上滑动成U形，表示嘲讽而非高兴。绝没有任何东西能逃得过这个小个子男人的法眼。看他衣着干净整齐，一头灰白头发剪得很短，和普通人并无二致，不过如果有人能辨认出来的话，会发现他身上穿的是在萨维尔街定做的西服。

当喇叭里呼叫该次航班时，耶尔在乘客排成的长队里走向那女人。她看见夏娜持着登机牌的左手手指上并没有戴戒指："你好，夏娜。"

夏娜瞪圆明亮而忧郁的黑眼睛，惊讶地看着她："咦？是耶尔吗？"

"一年半的时间，我就变化那么大吗？"

夏娜·马特斯道夫摇摇头，好像要甩掉头脑中的迷雾似的："当然是你。对不起，只是……"

"哦，喂，我变得这么臃肿，照镜子时我自己都把自己吓一跳。回去探亲吗？"

"嗯，不完全是探亲，不是。阿里耶怎么样？我特别想见他。"

"有什么不可以的？随时去看都行。"

耶尔先舍瓦·李维斯一步走进几乎空无一人的头等舱。当他们坐进宽敞舒适的座椅中时，李维斯问："你看上去真的慌里慌张的。"

"我很好，谢谢你。"

"你确定你没看见一只鬼？"

"舍瓦，让我一个人静会儿，我很累了。"

他脸上滑过一抹微笑，从空中小姐手里接过一份Ma'ariv（晚报），把《华尔街日报》放到一边。

在经济舱里，夏娜被"嵌进"了一个靠窗的狭窄座位上，她旁边是一个罩着头巾的犹太教哈希德派的肥胖妇女，膝上一个小婴孩不住地号啕大哭，她长着红胡子的丈夫坐在她的另一边。飞机起飞时，夏娜强迫自己：就忍受一个难熬的长夜吧。耶尔·卢里亚的出现，又让夏娜回忆起那些已经被埋葬的、几乎忘光了的痛苦往事。正在她乱七八糟地想事情时，那位妇女从膝上抱起小孩，大大咧咧地用意第绪语跟夏娜说她要去卫生间，请夏娜帮忙照看一下，夏娜也很高兴，这样能把自己的注意力从痛苦的往事上分散开来。那女人的丈夫在埋头看一本宗教书，女人用手肘顶开他腾出走道。小宝贝在夏娜怀里立马就不哭了，大红脸上一双眼角微蹙的小眼睛注视着她。这小孩远谈不上可爱，不过夏娜并不介意，她非常喜欢小孩子。鉴于耶尔在夏娜难以忘却的不幸中担当的角色，耶尔挺着大肚子出现，这样的场景似乎是某种必然。

也许，他们的开始完全就是她自己的错误。一个小小的决定，不管是对还是错，都能够决定一个人一生的道路。那个小小的决定，在她这里，就是拒绝跟堂吉诃德去巴黎，那时她都十九岁了，即将完成大学学业，而且他们马上就要订婚了。远在那之前，耶路撒冷城被围的时候，她就认识了他，那时她还是个小姑娘，而他则是一个来自塞浦路斯的新到难民，一个豆芽菜般的士兵，疯狂又充满孩子气，再然后她就把他忘了个一干二净。但几年之后他们再次相遇时，一种原本不大可能的激情却在两人之间熊熊燃烧起来。

夏娜在耶路撒冷和希伯来大学的朋友圈绝对都是像她一样的正统犹太教教徒，他们全都不同意她和那位叫"堂吉诃德"的男朋友交往，不认同这位名声不好的老伞兵，就连她的父母也对他表示过怀疑。但她对这一切都置之不理，继续和他谈下去，直到"巴黎事件"把一切都搅了个颠倒。约西那位富有的哥哥是和百万富翁舍瓦·李维斯合伙干的，他从巴黎来以色列谈生意，送给约西一份生日礼物——带女朋友一起去巴黎旅行。这样一份邀请，一个以色列姑娘通常是会欣然接受的，很难想象她会对此犹豫。但夏娜的那些朋友就犹豫了，他们对这样的邀请表示震惊，她父母也不允许她去，她面临着要么违背他们所有人，要么让堂吉诃德不高兴，两者只能选其一的抉择。

实在是两难的选择，甚至她事后想起来，好像仍然难以选择！道德上的顾忌先放一边，就说其他方面，似乎也不允许她去：那个时候她还从来没有到过以色列之外的地方，她没有适合到巴黎去穿的衣服，长那么大也从没吃过不符合犹太教规定的食物。整件事情好像是往不知深浅的地方纵身一跳似的，让人感觉很恐怖，因此她退缩了、放弃了。如果没有耶尔，这件事作为恋人间的一个小争吵可能也就过去了，但是耶尔却自愿代替她，和堂吉诃德走；怀着对夏娜的恼火，他就带耶尔走了。几个月后他坦白，在巴黎他把耶尔肚子搞大了，并且因此他不得不娶耶尔，这一棒子彻底把夏娜打蒙了，使她几近崩溃。

那之后，长长的十年过去了，"六日战争"期间，夏娜经受了第二次致命打击。那个时候，耶尔在洛杉矶安身立业，和舍瓦·李维斯合作，大把大把地赚钱。打起仗来后，堂吉诃德把阿里耶交给夏娜照料，最后在那个收复了圣殿山的特别日子里，他一身是伤地回到她在耶路撒冷的寓所。那一天他向她表白，他对她的爱从未改变过；在那彩虹般的一两个小时内，夏娜还以为幸福可能就要降临到她的生命中呢。谁料想耶尔因为战争回了国，犹如一道晴天霹雳般到来，魅力迷人，如电影明星般昂然走进夏娜的寓所，然后带着冷漠的不容抗拒的自信，当场重新收回了她的儿子和丈夫。无望了，那道彩虹，无望了，夏娜·马特斯道夫的欢欣梦想，本来也许会实现，到头来却如昙花一现般短暂。

现在耶尔又出现在这里，在上面的头等舱里，还怀上了堂吉诃德的第二个孩子……

"谢谢你了，他还乖吧？"那名妇女一边问，一边挤过她丈夫，坐回自己的座位上，然后抱回孩子。她摸了摸孩子屁股下面，说："嗯，很好，干的。"

"他很可爱，我好羡慕你啊。"

那名妇女说："我们在帕塞伊克还有五个孩子呢。这个太小了，不能留在那里。平时最大的女儿照料其他孩子，她七岁了。"

"你也可以把他留在家，马尔卡比你照料得好。"她丈夫说，头依旧埋在书里。

"也许吧，但是她喂不了奶。"

"等她能喂的时候，她会一加仑一加仑地喂。"她丈夫边翻书边说。

"马尔卡是他最喜欢的孩子，她能背下《诗篇》来。"妇女亲切地对夏娜说。

"我也能背下来。"夏娜说。

妇女的丈夫斜过眼睛看她，问："你能背下来? 背一下《诗篇》第九十四章。"

夏娜径直背了出来。

"你不是美国人啊。"

"我说过我是吗？"

背诵《诗篇》有助于她睡着吧。"不从恶人的计谋，不站罪人的道路，不坐亵慢人的座位……这人便为有福。"她开始背诵，嘴唇几乎不动，默默地背完一篇又一篇。她很少有背了好久才睡着的，哪怕是失眠的时候，但这架飞机太颠簸了，那个婴孩又在不停地哭喊，她就一路背到了《诗篇》第一百五十章的最后一句"凡有气息的，都要赞美耶和华，你们要赞美耶和华"，可大脑依旧非常清醒，背《诗篇》几乎没起到任何催眠作用。她暗自想，自己在经济舱里什么事情都不如意，而耶尔·卢里亚却在头等舱里生活，而且一辈子都是这样。《约伯记》就说明了一切，在上帝的世界里没有公平可言，没有人类心里所理解的那种公平。恶人得势就像青翠的月桂树那般繁茂。"不从恶人的计谋，不站罪人的道路，不坐亵慢人的座位……这人便为有福。"……嘻!

无尽绝望中，夏娜终于打起了瞌睡。

在厚玻璃屏障隔出来的行李领取处后面，堂吉诃德站在一众招手叫喊的人中等他的妻子。她坐的肯定是头等舱，可怎么没有走在旅客人流的前面？这个蠢女人，已经怀着八个月的身孕了，还要为那些愚蠢的电影业务飞到国外去，而且她还想把他也拉进这种业务中……

"爸爸，夏娜阿姨！看，是她！"阿里耶一只手紧紧抓住他爸爸的军服，另一只手指着说，"妈妈也来了，旁边有个小个子、灰白头发的男人。"的确，耶尔和舍瓦·李维斯来了。这一刻，所有在吕大机场的人都是平等的，所以这位大富豪也推着一辆行李车。耶尔就像一只鹅一样挪着步，而不是在走路，不过其他方面看上去都还挺好。真的是夏娜！她一个人来以色列做什么？他这位老情人看上去神思恍惚又筋疲力尽，然而没问题，就是她。在舍瓦和耶尔还在寻找他们的行李时，夏娜已经取回手提箱，开始往外走了。

"来，阿里耶，我们去跟夏娜阿姨打个招呼。"这个十二岁的小男孩很老成，已经不再蹦蹦跳跳了，但此刻他却急切地拉起父亲，往航站大楼出口跑去。到了外面，他们看见夏娜钻进一辆灰尘满身的蓝色保时捷车里。车迅速开走，阿里耶不满地嘟哝了一声。

"Haval（真可惜），行了，我保证在她还没走时让你见到她。"堂吉诃德说。

李维斯和耶尔很快出来了，后面还跟着一位满载行李的搬运工。阿里耶跑到母亲身旁抱住她。堂吉诃德慢悠悠地走上前，吻了耶尔一下。耶尔说："哇，这小子这个星期又长了。"

"你也一样。还好吧？"

"很好，谢谢。"

李维斯四处瞅瞅，说："格林格拉斯先生应该会派车和司机来接我们的。"

约西对耶尔说："格林格拉斯昨天晚上给我打电话了，所以我知道你们今天乘的哪趟航班。"

"他是要你做什么吗？"李维斯问。

"是这样，果尔达当上了总理，对你们那部电影的所有赞助好像已经暂时搁置了。他想确定一下我的坦克部队是不是还可以用。"

约西的哥哥李·布鲁姆劝说李维斯投资拍摄一部有关"六日战争"的电影，如果这个计划成功的话，约西将在一场坦克战中协助参演。

"他们可以吗？"李维斯问。

"这要看情况。我本人可能马上要被调离。"

"我希望这件事情不要泡汤。"耶尔对李维斯说。

"哦？不会我的第一笔业务就这样吧？"

一辆黑色的奔驰车停到路边。"是李维斯先生吗？尼灿夫人？格林格拉斯先生让我跟你们说抱歉，并给你们这封信。"奔驰车里的司机递给李维斯一个信封，李维斯粗略看了一遍，耸了耸肩。

"又怎么了？"耶尔问。

"他正在见你的朋友帕斯特纳克，所以不能来接我们。这辆车供我们使用。"

堂吉诃德干巴巴地对李维斯说："嗯，如果有谁有可能帮你们得到政府参与的话，那这个人就是萨姆·帕斯特纳克。"

"我带阿里耶回家吧。"耶尔说着抓起小孩的手。

堂吉诃德说："我必须得回北边。"

"那再见了。来，阿里耶。"

小男孩边跟着耶尔上车边说："记住啊，爸爸，你答应过要带我去见夏娜阿姨的。"

司机关门的那一瞬，夫妻俩意味深长地对视了一眼。

唯一的政策

总理居所的客厅里乱七八糟地堆着打开的包装盒子。无处不在的香烟味表明了新主人是谁，哪里的烟雾最浓烈，萨姆·帕斯特纳克就在哪里，现在他又跟着果尔达走进厨房。果尔达在开襟羊毛衫和裙子外面系了一条粉红色围裙，然后把大块的肉和切好的蔬菜一齐倒进一口黑铁锅里，灰白头发的居所厨师和那名也门籍用人在一旁看着。

"我马上就好，萨姆。今天有八个人来吃饭，全是家人，这是第一次。他们很喜欢我做的汤，这汤会让他们稍微多些家的感觉。"她在一堆调味品中指手画脚，对心有不满却又低眉顺眼的厨师吩咐一番，然后解下了围裙。"从国防预算里那些荒唐的海军项目中，你有什么发现没有？我们去办公室吧。"

屋子里面四周都是书，一面墙上挂着一幅巨大的本地区地图，两边分别是赫茨尔和本-古里安的半身照片，果尔达坐到一张光秃秃的特大号桌子旁边，指着四周说："够豪华的吧，嗯？我还不得不再挂上一张破艾希科尔的像。说吧，萨姆。"

萨姆回答说，绝密的导弹计划迫使海军多年来一直用模糊的冗词赘句来掩盖其成本，各级预算主管也对这项费解的预算装作不知情，不过摩西·达扬没有。在他当上国防部部长的时候就调查并指出，军队总参谋长对这项海军导弹项目没有信心。下个月要对该项武器进行一次测试，该测试可能会决定这个项目是继续发展还是彻底下马。

听到这儿，果尔达皱了皱她的大鼻子，说："我要派你参加这次测试。如果测试失败，那么在报告中就得没完没了地道歉，我说都说不完。你要告诉我两句话：第一，成功了；第二，失败了。明白了没有？如果失败，这项计划就结束了。已经够了，我们的国防资金已经低得让我很震惊了，对我们来说，海军属于低优先级。"

"请允许我说不同意，总理。"

她用冷冷的眼神盯住他："说下去。"

"假如导弹测试成功，那些舰艇将改变整个地中海的平衡态势。"

他描述了舰艇设计，详述了它们的威力和速度。她显示出一点儿兴趣："萨姆，我们在这儿谈的是什么呢，一种小型战舰之类的东西吗？德国人在上一次战争中就有这种舰船了，小型战舰，我们怎么支付得起它们呢？还有，如何操作它们呢？"

帕斯特纳克没有因她这种彻头彻尾的无知（也许是真的，也许是假装的，果尔达有时会故意问一些极端愚蠢的问题）而灰心丧气，他解释道，这只是加强到极致的巡逻艇。"鉴于那些苏联海军当下还驻扎在亚历山大港，总理，有一支由这样的'海上蝎子'组成的舰队存在，影响会非常大的，我可以肯定地向您说。"

"我明白了。你刚才说那叫什么，一支舰队？"

"十二艘已经建造好了。不过，有个问题。"他说了那五艘艇被扣押在瑟堡的事。

"我们的好朋友戴高乐又一次这样，"她说，摇摇头续上一支香烟，"扣住我们已经付款的'幻影'还不够吗？"

"嗯，他目前不再受欢迎了，在即将到来的选举中他有可能会落选。如果他没有落选，"帕斯特纳克顿了一下，眼睑下垂，眼睛只留下一条缝，耸耸肩说，"也许那几艘艇会发生些什么事情。"

"萨姆！"她警告性地抬起手指着他，语含讥讽，"别再让我们和法国陷入更大的困境啊。"

"但愿不会，总理。"

果尔达意味深长地看了他一眼，手指在桌子上的一沓材料上弹了弹，说："这是我当上总理后第一次议会的演讲稿。纳赛尔先生的消耗战我留意还是不留意？运河上怎么样？有什么新情况吗？"

"实际上没有。这几天他们加强了对巴列夫防线的炮击，但那自从停战后就一直是做个样子而已。他们会零零星星地违反停火协议，直到我们和他们对着干，以更猛烈的打击来让他们住手。暂时就是这样。"

"我估计也是这样。"果尔达点点头，"我不会再理会他的宣告了，只是政治吵闹。现在，我应该去视察那道巴列夫防线吗？那道防线是什么样子，有

　　　　　　　　第五章　果尔达

点儿像'犹太马奇诺防线'吗？我们都知道马奇诺防线发生了什么事。"

这次果尔达假装得更无知了，他想。"不是特别像马奇诺防线。如果您到了那儿，您会看见有很高的沙墙沿着运河两岸延伸，因为他们为了与我们抗衡，也增高了防御墙，爬进一个据点里也看不出什么来。每座加强型碉堡里大约有十五个小伙子。这条防线本质上是不同的，有预警系统，还有有效的巡逻和电子连接线，所以……"

"什么不同？小伙子们正在那里被打死，我必须要向议会承认这一事实的存在。"她拍拍演讲稿，"既然这样，为什么还没有阻止住埃及人？"

"已经阻止住了，总理。"帕斯特纳克换成一种显得极其机密的口吻，"我们很容易得到他们的战争计划和训导。'挑衅期、积极防御期、消耗期、突袭期'等等这些计划，全是苏式军事规划，很专业的。他们很想把巴列夫防线当成一种具有威慑力的障碍，真的，也把它作为仗打起来后一个主要的障碍。不过他们并没有制订战争计划。现在没有，也不会马上有。他们知道自己还达不到要求。"

"嗯，那不错。"果尔达走到地图前，僵硬的手指顺着新边界画了一道，把整个西奈半岛包括了进去，"达扬很欣赏这些防线，我也很欣赏。埃及是在242号决议上签了字的，既然他们不遵守这份决议，那我们也就待在西奈。就让他们不断地违反停火协议吧，让超级大国们不断讨论这强加于人的解决方案吧，也让阿丹将军继续修建我们在西奈的基础设施吧，公路、坦克兵站、地下指挥所、沼泽地和泄湖上的桥梁。"她突然显得一点儿也不无知了，而且自信坚决了许多，"无论何时，只要他们进攻我们，我们就回击他们，而且要更狠地回击。这不是个解决办法，但要一直持续到他们准备好议和为止，这是一项政策。"她圆胖的手指在地图上的西奈区域画了个圈，"这期间，我们可能已经拥有一个相当于整个以色列面积两倍的缓冲地带了吧？"

"这是唯一的政策，总理。"

—— 第六章　测试 —

升职

　　几天后，一场紧急会议在李维斯的顶层套间里召开。窗户外面，大海的浪涌上泛起万点白沫。沿着特拉维夫海滨，高耸的酒店鳞次栉比。传闻这家酒店是李维斯所有的，尽管他很少来以色列。电影制片人杰夫·格林格拉斯年纪轻轻却超级胖，穿着一件宽大的黑西服，坐在一把扶手椅里，那把椅子看上去容纳不下他，肥肉还在往外溢。他喘着气说："这对这个项目来说可是致命的一击呀，尼灿上校。不过当然，恭喜你高升了。"

　　"就这样了吗？你没机会干这个事了吗？"舍瓦·李维斯问堂吉诃德。堂吉诃德的军服肩膀上佩戴着新的军衔——三片金色叶子。

　　"就这样了，不好意思。"他好多年没见过李维斯了。这个人好像基本没变，也许稍稍憔悴了点儿；安静，文弱，警惕的眼睛半睁半闭，每次微笑都一模一样，很怪。

　　耶尔坐在她丈夫旁边的一张鼓鼓的宽阔沙发上，大肚子外面穿了件长及膝盖的绿色羊毛裙。她说："我之前就跟他们说过，就是这样了。我说过，你要是一名议员的话可能还有时间，但当你指挥前线一个旅的时候，就没有时间。"

"那么，我们还得从头再跟军队提交一次申请，真遗憾。"大胸脯、红头发的舒拉米特说。她是格林格拉斯在以色列的代理律师。

"我可以介绍其他军官来。这项工作还可以完成。"堂吉诃德说。

"哦，这儿有个更大的问题，舍瓦，是否要全部进行重申？"格林格拉斯说。

舒拉米特操着带有浓重地方腔的英语反对说："那是个问题吗？为什么？我这儿有政府的一份份批文，国防部的、财政部的、耶路撒冷自治市的、阿拉伯事务委员会的，每个人都满腔热情，格林格拉斯先生，还有——"

"按帕斯特纳克将军的说法就不行。他说现在所有的赞助支持都要重审。"

"哦，好啦。果尔达刚刚当上总理，人们当然要变得小心谨慎一点儿。放松限制可能要花一点儿时间，但是——"

耶尔说："舒拉米特，时间会拖垮这部电影的。我在好莱坞的时候就见识过很多这样的事例。"

格林格拉斯发出一声郁闷的喘息，说："非常正确，耶尔。但这不是我们的责任。"

"解释一下。"李维斯说。

这位制片人呼吸急促、语速飞快地说："舍瓦，这部电影本来一年半前就应该公开发行的。我们有剧本，有演员。以色列那个时候备受关注，连连交好运，赢得了整个世界的钦佩和赞赏。这样的好时机让这里的拖延给浪费掉了。现在以色列的主题是停火协议的违反、恐怖分子袭击、联合国争论。悲观消沉，无聊乏味……"

"是这样吗，杰夫？耶路撒冷市市长读了剧本后说那是一堆臭狗屎。不好意思，各位女士。"李维斯说，态度很是温和。

"对，是的，但不管怎么说，我们获得了这位市长的批准呀。一位副市长落实的，他是我的法律同伴。"舒拉米特插进来说。

堂吉诃德想找个机会走掉。从担任那个愚蠢的角色开始，这件事整个就缠住了他；作为帮忙，他才答应了他哥哥，而且仅仅是匆匆浏览了一下剧本，看了看坦克那一段。在他看来，市长对剧本给出那样的评论已经够委婉、够给面子了。

"舍瓦，这等于说，我仍可以拍这部电影，而拍摄前的费用已经达到了三十万美元……"

"不应该有这么多。"耶尔打断他说。

"是不应该，但是拖延毁了这部电影。现在开拍，成本将达到两百万。我们的毛收入必须要达到四百五十万才能实现收支平衡。这就是我们的处境。"

李维斯对堂吉诃德淡淡一笑，说："上校，你打算怎么建议你哥哥？是往前还是放弃？这项业务他和我一起合作的，你也知道。"

"问约西干什么？他对电影一无所知，他不管什么事，任何时候做的都是往前冲。"耶尔在旁边说。

约西说："在我的一生中，我也撤退过，把死伤的弟兄带出去。"沉默片刻后，他又继续说，"一开始我曾劝过他，不要进入电影行业，同时，我也劝过他不要进入加利福尼亚地产行业，但他后来成了大富翁。"

"要感谢舍瓦。"耶尔说。

李维斯摇摇头说："李·布鲁姆很精明，也很能干，他是靠自己成功的。"

约西说："再往前讲，战争期间我还劝过他不要离开军队，其实就是不要彻底离开以色列。我哥和我想得不一样，所以不要问我怎么建议我哥。"

又是一阵沉默，气氛有一些尴尬。一九四八年，两兄弟从塞浦路斯难民营来到以色列参军；随后仅六个星期，李·布鲁姆，那时候还叫利奥波德·布卢门撒尔，就想办法上了一架开往美国的飞机，去了美国。这是比较敏感的近似于逃兵一类的事情，后来一些麻烦事经由萨姆·帕斯特纳克摆平，富有的李·布鲁姆才能够自由进出以色列，尽管他很少回来。

第六章　测试

耶尔焦虑地大声说道："唉，中止吧，舍瓦。就是这个样子了，杰夫没法决定。那是你的三十万美元，你和李·布鲁姆的。"

格林格拉斯说："税百分之百地勾销，舍瓦。"

"好吧，中止。"李维斯说。

"哎，不要！"舒拉米特的胸脯一起一伏，好像要哭似的，"你正在犯大错误！不管怎样，再好好想想——"

"别管它了，舒拉米特。你已经做得很好了，但这事过去了。"格林格拉斯说。

"对，就这样吧。这事过去了。"李维斯说。

舒拉米特重重地长叹一声。

"不过我跟你说，舍瓦，"格林格拉斯喘着气说，"我已经迷上了这块混乱的地方，包括质量极差的政府。这里有某种故事，某种非常精彩的故事。你必须得找到这类故事，完全不是那种犹太男孩邂逅阿拉伯女孩，或者是阿拉伯女孩邂逅犹太男孩的故事，那都是狗屁。不是罗密欧与朱丽叶那样，而是体现血腥和财富的以色列电影。只是你必须找到这类故事。"

李维斯说："找到这类故事，我就找到了钱，我并没有泄气。"

舒拉米特说："我可以给你介绍几位很有才华的以色列作家，像我的侄子柴姆就是。"

"改天吧。我今晚要飞回国。"格林格拉斯说。

堂吉诃德和耶尔一起挤在满满的电梯里下楼，到了大堂时他问她："怎样，医生说什么？"

她轻轻拍一下自己的肚子，说："我健壮得像匹马一样。我随时都可以在野外生下他，并把他舔干净，不过最佳推算是在两个多星期之后。"

"挺好。跟我一起吃饭吗？"

"谢了，我必须得和舍瓦核查一遍账目，几个小时后他就要去新加坡了。我跟你喝杯咖啡吧。"在茶吧区，她点了两杯咖啡，又配了一份糕点。她一边拍打肚子，一边笑着说："我并不需要这样，但这个坏家伙需要。"

他们谈起这次电影的失败，耶尔说她一直是反对这个计划的，但李·布鲁姆不同意她的看法。

"阿里耶还好吧？"堂吉诃德问。

"噢，他好极了。"她摸了摸堂吉诃德肩头的军衔，"我告诉他你获得第三片叶子的时候，他都要蹦到屋顶上去了。这看起来实在太帅了，亲爱的。你马上就要到西奈去吗？"

"还不会。去北部待三天，交接我的岗位，然后到雷蒙凹地（Maktesh Rimon）待几天，攀岩，之后才去南部军区报到。"

"雷蒙凹地？堂吉诃德，那是年轻人爬山的地方，非常强壮的年轻人。明智点儿吧。"

他像往常一样粗俗地咧嘴一笑，说："你在告诉我要明智点儿？"

"听着，当我在医院里生孩子的时候，我可不希望他的父亲从雷蒙凹地的一座悬崖上摔下来。"

他又一本正经地说："也许我应该待在你身边，直到你生完孩子，这是可以安排的。"

"信口胡说，为什么？你可是需要消遣的啊，约西，只管从悬崖上往下掉吧。"

"我猜我可以到瑞士去滑雪的。"

"那要好得多。"

"哎，夏娜·马特斯道夫在这儿，还——"

耶尔皱起眉打断他："我知道，我们乘同一班飞机来的。她怎么样？"

"我正在想，你在医院里的时候，她可以在公寓里带阿里耶。"

"为什么？他是大孩子了。"

"你介意？"

"你是不是都跟她谈过了？"

"我不知道她现在在哪里。我得先征求你的意见。"

"想得倒挺周到。呃，你想怎么做就怎么做吧。我没有异议。"她从椅子里挣扎着坐起来，"谢谢你的咖啡。那个多嘴多舌的老女人做了我们的总理，这会使纳赛尔很想制造麻烦的，你不这样认为吗？告诉我。"

"我不担忧。本-古里安有一次曾说果尔达是他内阁中唯一的男士。"

"哈哈！但愿他说得对。"

"他的确说得对。你会看到的。"

重见夏娜

利昂·巴寇：约翰·巴寇的父亲
贝茜·巴寇：约翰·巴寇的母亲
鲁文：迈克尔与莉娜的儿子

夏娜住在卡梅尔山山顶一处陈设华丽的别墅内，这栋别墅是古林考夫的产业，伯科威茨教授通过他那富有的美国亲戚巴寇夫妇，把夏娜安置在了这里。巴寇夫妇已经勉勉强强地在海法生活了一段时间了，因为他们的儿子约翰·巴寇的三年兵役已经开始了。

"虽然他脑子有毛病，但他还是我们的儿子啊。他在适应军队生活的时候，不能让他孤零零一个人呀，现在他需要支持。我们什么也别说了，去。"利昂·巴寇用这样的话语力劝他任性固执的妻子贝茜。

约翰请古林考夫为他父母提供一个好点儿的住处，然后古林考夫就租出了自己的房子，租金是非常高的。利昂·巴寇个子矮小，秃顶，人很和善，他发现自己和古林考夫这个房东志趣相投，两人很谈得来。他们一起品尝某类在以色列买不到的哈瓦那雪茄（古林考夫能搞到，经常给他抽），甚至还谈到一起投资房地产的事。利昂·巴寇曾经是专职离婚律师，后来转做美国长岛的地产，获利颇丰。他认为海法现在遍地是黄金，对这一看法，古林考夫也极力支持。

贝茜·巴寇烦躁地说："对我来说，她还不如讲中文。对不起，但是我发誓我无法忍受希伯来语的声音。"

一台黑白电视机里，果尔达·梅厄正向议会发表演讲，看电视的这群人可谓三教九流，就这样古怪地碰在了一起：穿着旧皮夹克、胡子拉碴的古林考夫；头戴无檐便帽、虔诚信教的伯科威茨教授，而他的妻子莉娜却穿着毛衣和牛仔裤；夏娜在家居服外面围了一条旧围裙，巴寇夫妇却保持着他们在长岛的穿衣风格：约翰的父亲打着领带，穿着运动夹克，他较丰满的母亲穿一套黑色长裤套装。

"没关系，她说的也不多。"伯科威茨教授说。

"她说的很多，是个英明的人。这女人会拯救以色列的。闭嘴。"莉娜以她动不动就发怒的基布兹居民风格恼火地说。

伯科威茨夫妇现在正在准备离婚，利昂·巴寇和海法的一位律师一起协助夫妇二人办理离婚手续。效率低下的以色列法规要这两人继续维持一段时间的婚姻关系，而巴寇又很擅长调解工作，因此现在他在忙着调解。但莉娜好像铁了心了，一定要嫁给一个澳大利亚籍的不信教的犹太人。那个人是做出口袋鼠皮业务的，他们两人在伦敦认识，那时莉娜去参加一个姐姐的葬礼，而他则去兜售他的商品，火花迸发出来，随后，那个人就从墨尔本不断写信过来，倾诉衷肠。

为缓和气氛，约翰的父亲利昂·巴寇对他妻子说："你知道吗，贝茜？果尔达看起来有点儿像林登·约翰逊，一样的大鼻子、小眼睛，斗牛犬一般的两颊，倔强的下巴，不是吗？"

"我真希望林登·约翰逊还是总统，而不是那个尼克松。尼克松总统！我到现在都无法相信这个事实，彻底崩溃了。"巴寇夫人说，好像她对全世界都厌烦似的。

"她现在正在说尼克松。"莉娜说。

"她在说什么？有什么让人兴奋的吗？"老巴寇问。

夏娜给他翻译："这位美国总统是一位致力于和平的人……我欢迎他新的和平倡议。"

古林考夫说："噢，她当然欢迎了，她迎接它就像迎接痔疮发作一样。每句话都留有后路，非常灵活，这就是和平倡议的意义，总是……"

贝茜·巴寇突然站起来，跑到窗前，说："我想我听到了保时捷的声音。约翰来了。"

教授椅子旁边那张靠墙桌子上的电话响了。那是诺亚·巴拉克从海军船坞打来的，诺亚很隐晦地说，应帕斯特纳克将军的要求，将导弹测试提前了一个小时；还说自己的那艘舰艇也将参加测试，不过是在最后一刻才决定让他那艘舰艇代替另一艘的，那艘艇的艇长病了。"你能马上来这儿吗，迈克尔叔叔？另外我还给你安排了一辆海军的车。"

"我想办法吧。这么说测试工作准备就绪了？"

"对，我们只需要把东西发射出去，然后看结果就行了。"诺亚的笑声里透出一丝不自信。

约翰穿着一身油污的作战训练服，脸上、手上也是道道污痕，背着个装脏衣服的胀鼓鼓的袋子大步走进来。他的妈妈抱住他吻了一下，惊呼道："晒这么黑了，约翰！你们成天都在干什么呀？"

"达佛娜要用一下洗手间，行吗？"

"当然行啊。"

他快步走到窗前，朝外挥挥手，然后拎着旧衣服到后面去了。达佛娜快步穿过房间，对大家笑了笑，垂到肩部的金发显得有些凌乱。约翰的父母亲第一次见她的时候，她还在军队里，穿着军装，看上去是一名特别整洁利落的空军中士，但现在她已经退役了，穿着特拉维夫那个时期流行的非主流服装，一条粗糙的棕色裙子，彩色毛衣，还戴了许多珠串、镯子一类的玩意儿。很快她就从那头返回，边走边说："天哪，老果尔达！还在废话啊？跟约翰说我在车里面等他。"

"小姑娘，你说果尔达·梅厄的时候应该尊重些。"古林考夫说。

达佛娜站住了，轻蔑地盯住他："我应该？为什么？"

"因为有一天你也可能成为总理，那个时候你也需要年轻人的尊重。"

达佛娜鼻子很响地哼了一声，把头发往后猛地一甩，出去了。古林考夫咧嘴一笑，有点儿狰狞，他问巴寇："你儿子的女朋友？她看起心情很郁阿。"

教授说："是我的侄子诺亚·巴拉克的女朋友。约翰只是和她在一起。"

"他真的是太蠢太蠢了。"巴寇夫人说。

"不过也可以理解。"古林考夫说。

不一会儿，约翰出来了，身上差不多梳洗干净了，上身穿着短袖运动衫，下身是宽松长裤，脚上穿着凉鞋。"我必须开车送达佛娜到海军船坞那里。"

"现在？先吃点儿东西吧，你每次回来时都是饿着的。"他妈妈抱怨道。

"她着急要去。"他看着电视，"很了不起的总理！所有人都以为不是达扬就是阿隆。"

伯科威茨教授说："这就是她能当选的原因，因为那两个人互相抵消了。你能也带我去基地吗？"

"怎么不能？喂，夏娜，能跟你谈一下吗？"

夏娜跟着约翰到了过道里，问："谈什么？"

"是这样，你认识一个叫约西·尼灿的上校吗？别人都叫他'堂吉诃德'。"她惊愕地瞪大眼睛看着他，"他今天要来这儿。上个星期他看见我载过你，所以他问我在哪儿能找到你。"

"可你是什么时候、又是怎么跟约西·尼灿说上话的？"

"今天早上的交接仪式上，他来移交副旅长职务，然后他就把我叫出了队列。"约翰耸耸肩，咧嘴一笑，"开保时捷的士兵，他们都认识我。我跟他说你和我父母亲住在一起。"约翰看看手表，"他应该会在一个钟头左右之后过来。"

"简直要疯了！"夏娜惊惶地奔上楼，黑头发在空中飞舞，她一边跑一边迅速地脱掉了围裙。

堂吉诃德到来时，她正在客厅里，怀里抱着伯科威茨夫妇那瘸腿的两岁小孩鲁文，胖乎乎的小孩子笑着，刚刚从梦中醒来。莉娜和贝茜忙着往矮茶几上摆放蛋糕、汽水、水果、葡萄酒和各类坚果。尽管夏娜事先跟她们说过不要小题大做，只是个老朋友顺道来访，但她换了件多伦多红色丝绸服装，又匆匆忙忙地把头发盘起来，这已经用另一种方式向她们透露了一切。她们刚才就把男人们都打发出去了，约西来了后，莉娜抱过她的孩子，和贝茜溜了出去。她们走后，约西说："那么你没嫁人！"同时狠狠地抱了一下夏娜。

堂吉诃德有力的臂膀抱着她，胸肌也像一堵墙一样，让她感受到一种无法用言语形容的甜蜜。夏娜几乎都说不出话来了，她随口胡乱呢喃着："堂吉诃德，你怎么这么瘦？军队不给你吃饭吗？吃点儿蛋糕吧。"

"当然吃了，什么东西都有。哎，我已经升职了，是上校了，差不多是全军中最年轻的上校。"他指着肩头军衔上的第三片叶子说。

"恭喜，我们为你的升职喝一杯吧。"

"好啊，夏娜，我的新职位是驻运河地区的一个装甲旅的旅长。"

她停止倒酒："运河！那边一直都特别危险。"

"Motek（宝贝），这是个再好不过的职位了。我为你的回归干杯。太好了！喏，加拿大那边到底发生了什么事？"堂吉诃德灌了一大口葡萄酒，坐到沙发上她的旁边。

"我不想谈论这个事。"

"说吧！三言两语说一下，夏娜，为什么回来？"

"三言两语说一下？好，行，三言两语说就是：他母亲。"

"他母亲怎么了？"

"这可远远不是三言两语能说清楚的。"不过，当然，夏娜还是继续讲了下去，"原来保罗的家族在整个安大略省拥有很多栋写字楼和多家购物中心。他父亲只是个没什么能力的老好人，而母亲是个大老板。他哥哥是一名医生，他姐夫在麦吉尔大学教书，因此那些家业最终就留给他来接管了。也正因为如此，他没法来以色列定居。他只能在耶路撒冷买一套房子，然后在逾越节和赎罪日期间来住住。直到我们谈婚论嫁的时候，这些问题才显露出来，他不得不在我和不动产之间做选择。"

"嗯，你也不得不做选择啊。"

"我做了。其实他妈妈对我很好，给我买皮大衣和时装。她说：'你马上要成为鲁宾斯坦家族的一员了，要习惯于穿得像个典范。'你要知道，加拿大很漂亮，多伦多是个很大、很令人兴奋的城市，保罗也是个好小伙子，但是——"

"但是你爱以色列，还有我。"堂吉诃德说。

她在他胳膊上打了一拳："耶尔现在生了吗？"

"随时要生。"

"她都那种状况了，你怎么还允许她出去旅行？"

"我该说什么呢？"他从胸前口袋里掏出一把钥匙，"看，她去医院的时候，家里就阿里耶一个人。我跟他说你会来跟他住。这是家门钥匙。"

夏娜激动得有点儿说不出话来，她推开他的手，说："我那把钥匙还在，除非你换了门锁。"

"我没换。"

"约西，你脸皮也真够厚的，这样也太不把我当回事儿了。"

堂吉诃德看看四周："你不打算跟这些美国人住一起吧？"

"不，我已经在以色列理工大学附近租了间公寓，下个月开始，我回去工作。"

"夏娜，你当时为什么不马上就回国呢？你在那里待了将近两年。"

"我没有办法，困在那里了。一旦我和保罗分开后，我就不能再接受他家的钱了，哪怕是回以色列的机票也不行。我把皮大衣和那些衣服都还了回去，然后到一家希伯来文学校里教书。说句实话，我也一直在劝说保罗，也许他也一直在劝说他妈妈吧，我不知道。当他最后跟一个家里的地产甚至比他家还要多的女孩子订婚时，我就买机票回以色列了。”

约西说："我很喜欢鲁宾斯坦太太——这个加拿大人，但那个保罗，跟一盘面条似的。我一直都这么认为。我得走了。"他们两人站起来，"夏娜，我想耶尔会把这个孩子带到加利福尼亚去，而且永远不会再回来了。"

"她做什么与我有什么关系？"

"你太漂亮了，夏娜。回到国内一个星期你就变得有模有样了。在机场时你看起来很不好看。"

"你要是走的话，早就该走了。"

"阿里耶看见你时几乎都要手舞足蹈了，我也是。"

他抱住她想要吻她，但她挣脱了，说道："看在上帝的分儿上，到了运河那边不要做那种疯子般的豪壮行为。你是一名高级军官了，行为要负责任。"

"指挥部有电话，夏娜。有空的时候我会给你往家里打电话的。我爱你。"最后他终于如愿以偿地在她嘴上飞快地吻了一下，离开了。

爽约

因为预报说海上的天气会很冷，且会刮大风，所以诺亚·巴拉克在基地附近的公交车站等达佛娜·卢里亚时，穿上了厚毛衣，还戴着毛线帽。此时令他感到憎恶的是，他又看见那辆宝蓝色汽车了，它远远地沿着弯曲的海滨驶来。L'Azazel！他本来是计划晚上两人一起在特拉维夫的沙乌勒饭店吃饭，然后去观看乔佛瑞芭蕾舞团表演，最后再到老那克玛尼大街（Nakhmani Street）上那间两居室里睡一晚的，可现在他不得不把所有计划取消，实在是糟糕透了。那间公寓是达佛娜和另一个军人家庭出身的女孩合租的，和她一样，也是一个相当叛逆的女孩。达佛娜一有了属于自己的地方，就把她的一切全都给了诺亚。从那时起，两人便在她那张狭窄的小床上尽享狂野淋漓又奇妙非凡的性爱。然而这三个星期以来都没有，海军一直在演习，诺亚也一直憋着一股子邪火。等会儿她将和那个该死的约翰开着他那辆该死的保时捷离去，天知道他们干什么事去。

约翰先是学习以色列法律，然后又决定当兵，这期间，诺亚这边讨厌的演习一直拖啊拖的。有时候，当诺亚在海上或在基地里执勤的时候，达佛娜会和他这位蠢头蠢脑的美国表弟约会，她声称这没什么，说约翰只是很风趣而已，而且用他的车办事很方便。还有一件他不得不容忍的事，就是达佛娜现在还不考虑结婚的事，按她的说法："瞧，我才刚刚获得自由，就让我享受一下吧。"另外，他对约翰又能怎样呢？一个昏头昏脑的新兵，持有绿色护照，只要他想出去，随时都可以逃离以色列；一个会点儿小修小补的汽车修理工，要不然他的保时捷不可能一直在以色列国内开来开去；一个谨小慎微的Roshkatan（小兵），虽然按他的教育程度，他应该可以申请军官教程的，但他却仍然选择做士兵。对于这样一个人，他能显出自己的嫉妒吗？

达佛娜曾经给诺亚转述约翰的原话："我要当三年兵，然后退役，小兵就适合我。看看古林考夫！粗野又没文化素养，但却能成为大富豪。这块土地完全开放，等我赚了大钱后，我就立马进入政界。这个国家由那些只讲教条主义的笨蛋把持着，这种状况不能再继续下去了。"当时达佛娜一边转述这些话，一边咯咯笑着，但诺亚没有被逗笑。这和那种美国式的轻浮一样，以为他能比以色列人更好地管理以色列，甚至认为那些政治人物都是一帮没出息的家伙。

达佛娜下车后，诺亚告诉她约会取消。达佛娜失声大叫："不！我不信。"这时，诺亚看见了在保时捷后座上坐着的迈克尔叔叔，到了海上，他那点儿衣服实在太少了。怎么全都一团糟啊！她朝保时捷里叫道："约翰，现在不去了……怎么回事，诺亚？是你搞错了吗？你不是不当班吗？为什么你不给我打个电话？"

"Hamoodah（亲爱的），对不起，我不能说这件事，这是机密。"

"哦，你不能！那好，那今晚怎么办？"

"达佛娜，我现在也确定不了。"他把她拉到一边，"是这样，我在一个小时前突然接到命令，最高机密。我今晚可能回来，也可能不回来，这是没法预知的事情。我知道这样很不好，但这件事也许是非常重要的。原谅我吧。"

"唉，见鬼，我知道肯定很重要。这个国家能把你逼疯了。"她柔柔地吻着他的唇，"原谅你了。"

"你等会儿去哪儿，达佛娜？你今晚在哪儿，万一我真的回来呢？"

"别管我了，宝贝，我没事。"达佛娜高兴起来的速度也有点儿太快了，以至于诺亚都有些不适应，"你什么时候回来，我们就电话联系吧，给我往公寓里打，如果我不在，唐娜会在。留个口信就成。"唐娜就是她那位室友，一般都会在家，坚持不懈地写电影剧本，但从来没有一本被相中过。保时捷轻快地滑跑过去，要把教授放到基地门口，留下诺亚一人咬着牙在后面一路小跑地跟着。到了基地门口后，他帮助他瘸腿的科学家叔叔下了车，和他一起慢慢地走进大门，进了海军船坞。

"死诺亚！"他们上路后，达佛娜向后躺倒在蓝色的真皮座椅上，"我们还准备在特拉维夫好好玩一场呢。那儿有我特别想看的芭蕾舞表演，我票都买好了！而且一切都……"

"是吗？我带你去那儿吧。没问题。"

"你不是开玩笑吧，约翰？你跟我说你打算睡上二十四小时的。"

"待在家里还能干什么？我去快速冲个澡，加件衣服，然后咱们就去看芭蕾舞表演。"

"约翰，你开车会睡着的，咱们俩都会被撞死的。"

"那就你来开，我睡觉，只是不要开得太快。若是海关再把这辆车扣了，那就只能拜拜啦。"

"我不会睡着的，但是你确定看芭蕾舞不会感觉烦吗，宝贝？"

测试成功

瑟堡来的舰艇停泊在码头边。码头上一间阴冷的波纹铁皮临时棚屋内，萨姆·帕斯特纳克穿着一件军绿色的防水大衣，一条宽松的裤子，正坐在那儿喝茶。海港吹来的寒风打在雾气朦胧的窗玻璃上，呜呜作响，一台电暖气在茶壶旁发出红光，此外再无其他。

"啊，你来了，教授。"诺亚和他叔叔进来后，帕斯特纳克说，"接下来我们就等财政部部长了。所有人都已经在艇上了。上尉，去给教授拿件暖和的衣服来，要不他到那里会被冻僵的。也给部长拿一件，他很矮很胖。教授，这该死的东西会成功吗？"

迈克尔·伯科威茨一瘸一拐地走到茶壶旁，看着帕斯特纳克给他倒茶，说道："说不准。我的职责一直都是检查核实计算结果。飞行器制造专家们在南边的吕大制造了它，我提过一两点意见。真弹头不归我管。"

"你看过初步测试吗？"

迈克尔摇摇头，说："只看过设计图。很有独创性，令人惊讶。海军的这些人很有才华，但也很冒失。这是个全新的概念……"

"我知道这个概念，一种类似于'大拇指汤姆'①般的战舰，吃水很浅，大约一百五十英尺长，在重型巡洋舰的轰击下……"

"对，就是这样，差不多。"

"迈克尔，作为一名武夫，我问你一个愚蠢的问题：你们是怎么从一艘蛋壳般的舰体上发射出那样的一个打击力量的？"

"嗯，当然要用没有后坐力的导弹了。至于甲板炮……"

---

① 英国童话中的侏儒。——译者注

茶壶旁的电话响了。迈克尔接起来："是，好的……部长的车到了，将军。"

"那我们走吧。"

在诺亚自己的"萨尔"（在希伯来语中意思是"暴风"）级导弹艇舷门旁，他帮助胖胖的小个子部长穿上对付恶劣天气的服装，那边帕斯特纳克也帮助迈克尔穿上。帕斯特纳克和部长是老朋友，他问部长："部长，你晕船吗？我晕。"

大风把这位政客的头发吹得乱飞，他紧张地拧扭着大肚子外面衣服上的拉链，说："只要不谈论这个事，也不去想它，几个小时很快就过去了。一九一〇年时，我从罗马尼亚坐船航行到这里，在船里就像在一只浴缸里似的。"

军队和政府的观察员们都挤在诺亚这艘艇的甲板和舰桥上，另一艘同样的艇系在这条艇的舷外，上面没有一个人，空荡荡的前甲板上有两个人们以前从没见过的灰色大外壳。"那就是'加百列'导弹。"帕斯特纳克对部长说。

"就那两只垃圾桶？好，最好给我测试成功，没别的。盗窃了那么多国防预算，摩西·达扬别再提这个事了。"财政部部长气呼呼地说。

阳光灿烂的下午，两艘艇开出了海港。防波堤外，在离岸风的吹动下，浪涌从西面平缓地移过来。诺亚的艇航行在平静的海面上，很稳当，但对于财政部部长来说，这就算颠簸得不得了了，才不过几分钟，他的脸看起来已经没有一点儿血色了。艇长把他带到了自己的舱室里，说："尽管躺下吧，部长，你会好一些的。等测试的时候我们叫你到甲板上去。"

躺在昏暗的铺位上，部长呻吟着说道："在罗马尼亚坐船时，我还是个小伙子呢。"

迈克尔·伯科威茨挤在舰长的折叠椅里，和这项导弹艇工程的创始人施洛摩·埃雷尔（Shlomo Erell）将军谈论数学和弹道学问题。将军精瘦结实，个子矮小，穿了一件厚毛衣，戴着一顶毛线帽。他现在已经退役了，由于"埃拉特"号的沉没和"达喀尔"号潜艇在处女航中即失踪的不光彩事件，这位将军过早地下了台，但什么也不能阻止他对"袖珍战舰"孜孜不倦的研究与追求，他足足进行了七年的探索，而今在这不成功即放弃的节点上，他反倒是这群人中最冷静的。

火炮控制系统中传出舰长的演习命令，诺亚开始执行。埃雷尔对迈克尔说："你侄子是一名很优秀的军人。以他在'埃拉特'事件中的表现，他应该被授予勋章的，他的前途可是不可限量啊。"

"我可以将你说的话告诉我哥哥兹夫吗？"

"为什么不可以？我就这么说了。"

"舰长，目标，船舶右舷一点钟方向，射程七英里。"诺亚对火炮控制系统高声喊。

小艇上的人们议论纷纷："什么？在哪儿呢？谁看见了？"

诺亚递给帕斯特纳克一架望远镜，说："将军，正前方，稍往右一点儿。"

"海平线上那个小点？那是'雅法'号吗？"

"那是它的桅杆。"

诺亚加快航速，舰艇跳跃着向前行进，"埃拉特"号的那艘姊妹舰在视野中渐渐清晰起来。诺亚内心惆怅地想，以往这艘舰来接替"埃拉特"号巡逻、渐渐进入视野出现在海平线上时，他是多么高兴啊。下面就是揭晓真相的时刻了。从今往后，以色列海军要么成为能在地中海和红海两线作战的海军，显示出令全世界震惊的力量，要么沦为不足挂齿的海岸警卫队，成败与否，在此一举。

帕斯特纳克顺着一架短梯下到下面，看见部长在渐次变暗的舱室中仰面躺在一个铺位上。"你还好吧，部长？"他问。

"只要我平躺下就没事。"他呻吟着说。然后他啪的一声打开了一盏床头小灯，翻了个身面向帕斯特纳克，声音空洞地说："再跟我说一遍，萨姆，我们为什么必须要击沉'雅法'号？"

"再没有其他能完成这次任务的舰艇了。它的寿命到了。我们以后不再需要这种三百英尺长、装载两百名水兵的战舰了。"

"他们可以用拖靶来测试导弹呀。"

"那已经测试过了。问题是导弹是否能在开阔的海面上用真弹头击沉一艘船。"

"如果击沉了，会怎么样？"

"会——这是果尔达说的——海军已经拿到了两千五百万美元，用于完成和装备那五艘仍然被扣在瑟堡的导弹艇；如果不成功，这笔钱就用来买一批坦克，你知道的。"

"萨姆，法国已经扣住那批艇了。我们没法运出来。"

诺亚的喊声从一只传声筒中传下来："准备发射了，将军。"

"部长，帮帮忙吧。这就是你来这里的理由。"

"我来，我来，萨姆。"

另一艘"萨尔"级导弹艇大约在半英里之外，现在它上面的一只灰色箱子已经大张其口，像鳄鱼的嘴一般。财政部部长低声对萨姆说："萨姆，我们买'雅法'号的时候不是你跟我一起去的伦敦吗？"

"是，你说得对。"

"那你知道当时为买下这艘驱逐舰，我们是当场付的现金吧。即付！一张驻特拉维夫的巴克莱银行的支票！现在，仅仅过了十年，我就不得不眼睁睁地看着我们击沉它。还有比这更荒唐的事吗？"

无线话筒中传出舰长刺耳的声音，对另一艘"萨尔"级导弹艇发出指令："'幼兽二号'命令'幼兽一号'，导弹准备发射。"

埃雷尔将军用麦克风在火炮控制系统里激动地喊："'雄狮'命令：ESH！"

长长的导弹漆成黑色，装有四片大尾翼，导弹"鼻子"显出异常愤怒的样子。在令人震颤的轰响声中，导弹从灰色箱子中鸣的一声射向空中，尾部拖出一道烈焰和浓烟，以长弧形高高地射入蓝天，随后翻了个身，直朝海面俯冲下去，贴近水面时，导弹平直身体，掠着海面朝"雅法"号飞去，这时整个舰上原先的抱怨声顿时转为一片欢呼声。从导弹升起后到贴近水面，迈克尔坐在椅子上，一直用望远镜跟着那道高高长长、不断胀大的浓烟轨迹追踪导弹。帕斯特纳克问他："究竟是怎么做到像这样正好贴在水面上的？真是神奇！"

"根据测深仪的原理，将军，由电路控制来改变。"迈克尔越讲越兴奋，"连续快速地测量到水面的距离来操纵飞行路线。很有创意的一个想法，但其数学运算相当复杂……"

"可是你看，它不是偏离航线了吗，教授？我敢说要偏离半英里。"

"等着瞧吧。"

稍过一会儿，导弹突然急剧改变方向，升到高空后，直直地朝驱逐舰俯冲下去。紧接着，浓烟、烈焰和白色的水柱从船体中央爆射而起，隆隆的爆炸声滚荡在海面上。水兵和观察员们一起高声喝彩鼓掌。当泼溅声平息下来，浓烟从"雅法"号上散开一点儿后，诺亚情不自禁对舰长喊："长官，绝对的，它已经倾侧了。"

"ESH！"

第二枚导弹快速掠过海面，又是远离目标，然而又一次折转朝向目标。迈克尔激动地对帕斯特纳克说："控制程序怎么样，将军？你看清楚'鼻子'上那物件了吗？特制雷达，犹太人自己造的小家伙。这东西买不到现成的，不管是在欧洲还是在美国。"

第二枚导弹彻底地"完成了任务"，轰雷般地在"雅法"号上又撕开一处宽大的黑口子，肉眼都能看得清清楚楚。第三艘"萨尔"级导弹艇一直远离测试海域顶风停泊，最后一次航行时"雅法"号上的船员基本都在这艘艇上面。三艘艇慢慢汇聚到倾侧的"雅法"驱逐舰旁，大家谁都没说话，悲哀笼罩在每一个人身上。缓慢地，缓慢地，"雅法"号侧翻了过来，在浪花的冲击下，颠簸了好长一段时间，最后，标有希伯来字母的船艏朝天翘起，整个船滑进海底，蓝色的水面只留下一团翻滚的泡沫和一圈打转的浮油。

"'雄狮'呼叫'幼兽'一号、二号、三号，最后敬礼。"埃雷尔喊。三艘巡逻艇排起队列，围成一个圆圈，绕着那团夹着泡沫的浮油一圈圈地旋转，同时汽笛不断哀鸣。随后，在落日的余晖下，队列掉头向海法港回航。

埃雷尔将军走到诺亚面前，递给他一本棕色封面的小书，说："少校，你什么时候有机会，就看看这本书吧。"

"长官，我的军衔是上尉。"

"马上就是少校了。"说完，这位退役的将军爬下梯子。书是贝德克尔版本的《旅行指南：瑟堡》。

第七章　震撼

女儿

"约西？我是夏娜。"

堂吉诃德立马睡意全无，猛地坐起来。他所住的滑雪小舍内寒气袭人，窗户正对着远处的阿尔卑斯山，耸立在曙光中的雪峰被渐次染红。"阿里耶还好吧？"他不假思索地问。

"阿里耶很好。恭喜了，耶尔刚打来电话，她在今天一大早生下了一个九磅重的女婴——"

"哇，九磅重！大，超大女婴啊！噢，我的上帝……"他连忙背诵古老的祈恩祷告。

"阿门。"夏娜说，"她告诉我母子平安，很好。喂，阿里耶想跟你说话。"

"爸爸！我有一个妹妹了！夏娜阿姨今天要带我去医院看她！"小男孩的声音由于兴奋而有些颤抖，"我刚和妈妈通过电话，她说没关系，我可以去。这不是棒极了吗？"

"棒极了，不过要在放学后去，宝贝。"

"B'seder（好的），爸爸。哇，我太高兴了！"

"我也很高兴。替我亲亲你的小妹妹和你妈妈。现在让我跟你夏娜阿姨说话……喂，夏娜，告诉耶尔，我今晚或明天回去，具体时间要看航班——"

"她坚持说不要你打断度假，没必要——"

"她不认为我很想见我的女儿吗？"

"我想她是很了解你的。"

稍含讥讽又深沉悲伤的语调刮擦着堂吉诃德的神经。他沉默下来。

"阿里耶表现得怎么样？"

"像他父亲的儿子。"

"那不好吗？"

"跑来跑去的，精力很充沛，就是这样。不管怎么说，他很可爱。在看完你女儿后，我会马上返回海法。但愿你能养育她到她学律法、结婚、做善事。"

"阿门，谢谢，夏娜。"

"干吗要谢？再见，堂吉诃德。"

他计划今早去滑一条为专业滑雪者设计的比赛滑雪道。教练跟他说，有勇气和有技能是两码事。他的能力还不足以滑那条滑雪道，他很有可能会摔断腿或脖子。他知道如果自己马上赶往当地那个小机场，还能在今天下午到达特拉维夫。他前后考虑了一番，最终还是穿上了滑雪衫。夏娜说得对，耶尔很了解他。

第二天，在闹哄哄的吕大机场航站楼，堂吉诃德的司机接上他，直接把他拉到特哈休莫（Tel Hashomer）的部队医院。他的腿和脖子完好无损。他成功地滑完了那条赛道，只是在一个大拐弯处摔进了一块松软的雪地里。记得到山脚下时，那位教练心有余悸地说，如果所有的以色列人都这么幸运的话，那他们打胜仗就一点儿都不稀奇了。耶尔穿着一件带褶边的粉色夹克式睡衣，正在给孩子喂奶，那小婴儿胡乱向上看着她父亲，两只天蓝色的眼睛一眼不眨。

"她是不是很可爱？"耶尔说。她本人看上去也相当可爱，脸化了妆，一头金发梳开垂到肩头，双眼闪闪发亮，绽出柔柔的骄傲。

"真不敢相信，你生了个漂亮如天仙般的宝贝，耶尔。"堂吉诃德说。夫妇俩互相看了一眼，都带着些友好的悔意，但这里并没有爱，只是表示又多了一条不可否认的纽带。

"也不是我一个人的功劳。看见了吗？"她抚摸着婴儿的头发，那头发黑得和约西的一样，"阿里耶看到她都高兴死了，但夏娜突然掉下眼泪，又让他不安。我们不得不解释说，这位女士有时候会高兴得哭起来。"

"有什么我可以帮你做的吗？"

"亲爱的，我已经安排好了一名保姆，星期五我就回家，下个星期我就回商店上班，我打赌那家店快不行了。"小婴孩吮奶吮得吱吱有声，"哎哟！你是不是个饿坏了的小家伙呀？约西，我想给她取名叫夏娃，我奶奶的名字就叫夏娃。"

"那就叫夏娃吧。她本身就是个夏娃，刚从伊甸园来。很好，耶尔。"

耶尔说："英文名字就叫伊娃。夏娃听起来有点儿非犹太化。但是给女孩命名的仪式又有什么呢，约西？没什么可做的，对吧？"耶尔做了个鬼脸，"没什么阻碍，你知道。"

"哈！没，没什么。我只是在宣读《托拉》的时候念一下这个名字。我做完这个事后再去西奈。"

"你要注意啊，照顾好自己。我哥哥本尼昨天来过了。他一直在运河上空拍摄，他说那个地方的情况恶劣透了。"

约西弯下腰亲亲女儿的前额。"再见，夏娃。上帝啊，这对眼睛。每次我注意到你的第一个地方，耶尔，不管你信不信，就是你的眼睛。"耶尔正把她丰满的粉红色乳房从吃饱了的婴儿的嘴边移开，约西继续说，"嗯，这是第二个地方。"

耶尔尖酸地一笑，说："别再说了，老生常谈。"

现状

堂吉诃德很快发现，本尼·卢里亚没有夸大其词，苏伊士运河一线的形势异常严峻，任何没有来过这个地方的以色列人都绝对想象不出来有多严峻。

在特拉维夫、海法和耶路撒冷，生气勃勃的胜利时代还在继续。笑逐颜开、满怀钦佩的游客们，如洪水般地涌入以色列的各个城市和观光景点。为了容纳他们，新的豪华饭店一座又一座地拔地而起。总体而言，以色列人中间，全都是欢欣的自信与不断增长的成功的幸福感。他们热爱果尔达，对摩西·达扬也有信心；对他们来说，纳赛尔单边的消耗战不过是其在远处发发牢骚、进行无意义的吵扰罢了。但是真到了前线却是截然不同的另外一种状况：的确如那位飞行员所说，对那些守在巴列夫防线支撑点上的不幸的预备役士兵来说，那里就是一个断断续续地演绎地狱景象的地方。

首先，这些支撑点相互之间隔开几英里远，沿着前线他所分管的战区望去，毫无防守的几英里沙地巨大、空旷，一直延伸到他看不见的地方。尽管之前他从地图上就了解到这个情况了，但是真的来现场一看，仍然让他有种信心尽失的震撼感。防线绵延上百英里，他和其他旅的坦克作战单位就在这巨大的空隙中巡逻；但是敌人，在重炮的弹幕射击过后，几乎就是随意派出袭击小队跨过运河来伏击巡逻队，并在通往以色列的军用公路上埋设地雷。的确，坦克兵们不断诱捕并打死他们，但他们还是不断地来。与以色列比起来，埃及的人力和武器是无穷无尽的。支撑点里的士兵们约十二人到十五人一个哨位。堂吉诃德注意到，当震耳欲聋的炮弹如雨点般袭来时，士兵们什么都干不了，只能蹲伏在他们的掩体内尽可能地忍耐下去，因为和炮兵相比，他们处于不对等的劣势地位。

以军的作战思想是"机动射击"，体现的是一种速战速决的理念，发动空中优势，然后用坦克迅猛、集中地突击，"苏伊士战争"和"六日战争"的胜利就是这样赢取的。因此，大炮在计划和采办中就沦落到第三位上。但是现在埃军在对扎哈尔（以色列国防军）大打堑壕战，大炮是主要的武器。对面岸上苏式加农炮的炮兵阵地一览无余，空中摄像更是显示出，从塞得港到苏伊士湾几百英里的防御工事上，密密麻麻的全是迫击炮和榴弹炮。面对如此可怕的火力阵列，以色列那点儿可怜巴巴的大炮无论如何也无法与之抗衡，而且要补足一种这么大缺口的主干武器，要花费数年时间和巨大的费用。绝密情报表明，敌我大炮数量的比例为十比一。

因此，以军开始执行一种新的临时制订的作战原则，叫作"飞行大炮"。"幻影"和"天鹰"已经轰炸过几次敌军的炮兵阵地，事实表明，这种战术使得敌军的进攻慢了下来。"鬼怪"战机预计九月份到位，空军主张，到时用这种战斗机来一次全面的战役，进行一次反击，以彻底打垮这种类型的"消耗战"。这是世界上最先进的一种战机，按照空军的主张，利用该机的长航程和重火力，以色列就能震慑住埃及，有必要的话也可以扼制它；"鬼怪"式战机飞到尼罗河上空，开罗响起超音速音爆，这将给那个独裁者上一堂令他无法忍受的课，也许还能促使其下台。但摩西·达扬很谨慎，对这种"飞行大炮"概念的限度犹豫不定。他担心，如果这种空袭过分推行的话，一方面会引起苏联介入，另一方面美国也会因此而推迟或取消"鬼怪"战机的交货。

然而，对于纳赛尔利用他的大炮优势单方面将联合国停火决议作废的行为，以色列还能忍受多久呢？联合国当然无所谓了，只要埃及方面表现得够好。巴列夫防线上的死伤人数在不断增加，以色列要么不得不撤离运河（这对果尔达·梅厄和她的那些崇拜者来说是不可想象的），要么被迫予以坚决反击，以恢复停火状态。就这样到了六月份，堂吉诃德已经在他的新岗位上度过两个月了，他收到一份国防部部长的简要秘密指示：

向我递交一份大规模突击埃及的计划，并做好准备，运用苏联坦克，按你在"埃拉特"号被击沉后，也就是1967年10月提交的那份建议来。

"雷维沃"行动

大约一个月后，达扬的直升机轰隆隆地降落到堂吉诃德的营地附近，心情急切的士兵们忙不迭地把直升机带过来的私人信件袋子抢走，堂吉诃德和达扬站在外面冰冷的暗夜中谈话。西边远处大炮轰鸣，闪光照亮了夜空，飘散的烟雾把沙漠上空的月亮和繁星遮掩得半明半暗。

"每天晚上都这样吗，约西？"

"袭击小队过来之前会更厉害一些。"

达扬朝月亮指指，说："你能相信此时此刻两个美国人正在月球上面逛游吗？哪怕是试着想想？当然，你知道他们登陆了吧？"

"知道，部长，我们一直在通过收音机收听最新情况。"

"嗯，我们一直在看电视上的画面。真是令人震惊！这是迄今为止历史上最伟大的事件，真想不到，美国的发现。"

"不算最伟大的，部长。"

达扬盯住他："那最伟大的是什么？"

"是犹太人回到了家园。"

达扬表情严峻地点点头，又把脸转向月亮。"你知道绿岛吧？"

"知道，长官。我们旅一直为他们提供部分后勤保障。我还在收集报告，不过我推断这是一场辉煌的胜利。"

"辉煌，对。胜利，也对。"国防部部长指着月亮，"不比那个壮举差，给了必要的资金后下命令，我们那些小伙子也可以飞到月球上面去。然而——"直升飞机闪烁的灯光中，达扬的一只手搭在堂吉诃德的肩头，目光定定地看住他，"以色列不是美国。我们到不了月球，也负担不起更多的绿岛事件。给我看看你的计划，约西。"

绿岛是埃军在海上的一处要塞，是在苏伊士湾上从水里构筑起来的一座人工岛，四周围以高耸的混凝土屏障。实际上，这是一处警戒雷达站，由埃军重兵守卫，据称是坚不可摧的。以色列蛙人在夜色掩护下游了数英里过去，而且大部分都是在水下，袭击了这座岛屿。参与这次行动的，还有特种部队的人，他们是划橡皮艇过去的。他们基本上全歼了守军，摧毁雷达，炸掉防御工事，然后撤了回来。虽然目标是那处雷达，但目的却是"震撼"：向埃军表明，如果他们一意孤行地违反停火协议，那么他们也会在严厉的袭击中遭到狠揍。而当特种部队士兵的伤亡情况曝光时，这次壮举的光彩顿时黯然失色。有批评人士指责，拥有优秀技能和勇敢精神的勇士们为一次政治噱头埋了单。在《塔木德经》的研讨中，"意见不统一的争论"用老希伯来语词汇叫Shanuy b'makhloket；很明显，虽然绿岛突击行动大胆且成功，但这次勇敢的军事壮举仍然是Shanuy b'makhloket，仍有争议。

约西把达扬领到他自己用来睡觉和工作的一辆拖车里，一面大挂图上涂满了各种颜色的军事行动的箭头和符号，显得花里胡哨的。"部长，这就是那个计划。"在灯泡刺眼的光线下，达扬眯起眼睛看地图，这当口，一位副官进来，在约西的宿营床上丢下两封信。约西用力斜过眼睛看，认出其中一封是夏娜常用的粉色信封，另一封上是阿里耶的笔迹。

达扬咬住嘴唇，摇摇头，指关节在地图上敲敲："又是一次绿岛行动，约西。"

"恕我直言，部长，不是那样的。这不是一次精英行动，而是一次各兵种联合行动。"

"是你独自制订的吗？"

"我一直向亚伯拉罕·阿丹少将请教，长官。"亚伯拉罕·阿丹是装甲部队的司令，为人严厉刻板，也很有能力；作为南部军区的指挥官，西奈的大量基础设施都是他主持建造的。

"那他认可了吗？他认为你能得到这样的空海军协助吗？"

"他认为可行。"

"我以为你会制订一个横跨运河的突击计划，或是跨过泄湖朝塞得港方向开进。"达扬的手又敲敲地图，"可怎么是跨过苏伊士湾进入非洲？在敌人海岸登陆一支装甲部队？万一事情出错，会被困在那里全军覆没吗？"

"部长，你看，"堂吉诃德指着地图旁一张打印出来的海图，"这个计划要求进行七个星期的训练和演习，包括几场和空海军联合进行的演习，还有——"

"理论上很好，但是非洲海滨一上岸的那块地方是坚硬的珊瑚礁。嗯？想过这个问题吗？没有可供船只登陆的开阔地带，而炸出开阔地带势必会惊动敌军，也就谈不上偷袭了。"

"长官，有一些小湾和河口，那里的淤泥已经侵蚀并掩盖了珊瑚礁。蛙人侦察巡逻队已经去过那里了。"看见达扬面露愠怒之色，堂吉诃德赶紧补上一句，"这是经过南部军区和阿丹少将批准的。"

"看这里，"达扬指着一处，"你在苏伊士市南边不到三十英里的地方登陆，高度戒备的大军会咆哮着冲下来包围你。这会是一场大屠杀。"

"我不这样认为，长官。这里有条路，我们从这里登陆，"堂吉诃德的手指沿着埃及海岸线滑动，"从陡峭的悬崖和这片水域之间的通道进去。这是一条非常非常窄的通道，只有几米宽，一边是很高的石山岭，另一边就是海。一旦我们上了岸，工兵会立即对山脊实施爆破，形成一道无法通行的石头屏障——"

"无法通行？你怎么能肯定？"堂吉诃德支支吾吾的，达扬提高音调，"怎么样？让你致命的未知数，就在那儿。"

"部长，我亲自跟着第二批巡逻队过去侦察了一次那片瓶颈地区，所以我知道——"

"你亲自去了非洲？"摩西·达扬打断他的话，恼怒地瞪着他，"你，一名旅长？阿丹不会批准这个吧。他应该不会。"

"长官，我只是去侦察了一下，所以我知道那条路是能封锁住的。"

托架上的电话铃响了，堂吉诃德接起来："是……L'Azazel！……稍等……部长，敌人突击队正在大举进攻马兹迈德（Matzmed）哨位，阿莫斯·帕斯特纳克的坦克巡逻队在反击。"

"去那儿。"达扬说。

直升机在飞旋的沙尘中起飞，贴着沙地径直低飞。前方远处的沙漠上空有闪光弹在飘浮，整个地平线上一片火光。直升机降落到一处铺整过的场地上，该处的碉堡是嵌在防御沙墙里的，和沙墙成为一体。一名士兵招手迎接他们。场地上散落着众多的武器，还有两套火焰喷射器，以及穿着埃及军服的横七竖八的尸体。场地入口处附近，一辆以色列坦克在燃烧，冒出火焰和黑烟。

"我们那辆坦克把他们全部干掉了，"那名士兵用手里的"乌兹"冲锋枪对那些埃军尸体指指，嗓音沙哑地说，他一点儿也没显出对这位大人物的尊重，"但随后它又开出去和另一伙袭击小队交火，遭到了手榴弹的炸击。"他随手指指一条用沙袋围成的门道，那条门道一直通往哨位，"坦克兵们都在里面，司机受伤很重，其他人还好。"

达扬和堂吉诃德走进碉堡里面。这些拱顶小屋由波纹铁皮搭建而成，昏暗、拥挤、低矮，混合着炒菜的油烟味、汗臭味和香烟味。角落里躺着那名不断呻吟的坦克司机，两名士兵正在给他输血。一位年轻的大胡子中尉负责这处据点，他嗓音颤抖地说，帕斯特纳克的巡逻队及时赶到，才赶跑了袭击的敌人。"九死一生啊，部长！他们拿着反坦克火箭筒和火焰喷射器，我们没能抵抗得了他们的装备。他们本来能打死我们的。"

达扬提出他要爬到沙墙上去看看运河的情况，那名中尉不同意，说："部长，埃军的狙击手夜间射击技能非常高。他们就在不到两百米远的地方，而且现在还有月亮。"

"我知道有月亮。"

中尉在前，达扬和堂吉诃德跟在后面。堂吉诃德想，这个果尔达身边的人如此暴露实在有些愚蠢，不过这位国防部部长一向如此。碉堡的屋顶与沙质防

135

第七章　震撼

御墙是平齐的，只露出一些孔眼。达扬挺着肚子一扭一扭地走到边缘，堂吉诃德站在他旁边。下面往北是一条长长的看不到尽头的沟渠，往南是月光照耀下的大苦湖，一直延伸到视野之外。

"现在很安静。"达扬说。

"他们任何时候都有可能开火，长官。"中尉的声音明显紧张。

"如果在这里被直接命中的话，你们能否活下来？"

"十天前我们就遭受过一次。一塌糊涂，连屋顶的钢轨都塌陷下来了。不过我们已经修好了损坏的部分。"为了加固哨所的屋顶，阿丹将军把从沿海铁路上拆卸下来的废旧钢轨架在了屋顶上。

"我知道了。还好。"

"部长，我们在这儿还有别的可做的吗？"

听到这尖酸的语气，达扬盯着这名中尉，拍了拍他的肩。沉默片刻后，他对约西说："算了，同样是屏障，但它并不是中国的长城。去看看阿莫斯吧。"

他们乘坐吉普车沿着沙墙后面的一条路朝北开。走了不远，就看见了坦克巡逻队，有三辆陷在污泥中，没陷进去的两辆用铁链串联起来，正往外拉陷进去的坦克，发出刺耳的嘎吱声和轰鸣声。在路面坚实的地方，几个士兵在擦洗一辆浑身泥垢的坦克。要不是阿莫斯报上自己的姓名，达扬和堂吉诃德都认不出他来。当他敬礼时，污泥还在顺着胳膊往下流。尽管如此窘态，阿莫斯的声音听起来还是很幽默："这是无上的荣耀，部长。很遗憾我不能让我的人列队接受检阅。"

"这儿怎么了？"

"长官，我们在追击袭击的敌人时，一辆半履带车碰到了地雷。没人牺牲，但是有三个伙计身体状况很糟，我们便驶离公路进行追击，于是我们的坦克就陷住了。这是沼泽地带。我跟没陷住的坦克追上袭击者后把他们全干掉了。至少我认为是全干掉了。现在面临的问题是要把我的这几辆坦克从泥坑中拉出来，这活儿——"

突然间，就像电闪雷鸣的风暴一般，黑夜爆炸开来：远方的大炮轰鸣，闪光弹飘浮而下，炮弹在他们四周此起彼伏地爆炸，脚下的地皮都在颤抖，震耳欲聋的炸响声中，一团团泥沙随着浓烟和火焰被抛向空中。阿莫斯双手叉腰站在原地，达扬则镇静地看着这又一场弹幕射击。约西·尼灿觉得达扬看上去好像还很愉快。阿莫斯继续往外拉他陷住的坦克，两辆坦克终于慢慢地把一辆浑身泥水横流的坦克拉到干地上。

达扬喊道："阿莫斯，上坦克，扣上舱盖，等到这场炮击结束后再拉。告诉你的士兵们照做。"

"这是命令吗，部长？"

"这是部长的建议，很好的建议。"

"最好还是继续干吧，长官。"阿莫斯喊道，他的眼睛被一颗炮弹爆炸的火焰映照得通红，"我们营有百分之三十的伤亡率，我们也早就过了换班时间。但是只要我们到了这儿，就要提高效率加紧干。"他朝正在拖拉的坦克高喊："好，干得好，挂上另一辆。"

在时断时续的猛烈炮火中，达扬和堂吉诃德驱车返回停直升机的地方，随后依然是掠着沙地飞回旅部。当直升机在一团翻滚的灰尘中落地后，达扬喊道："你的计划很好，约西。阿丹同意吗？"

"同意，长官。这基本上就是他的计划，你知道的。"

"由你来领导执行吗？"

"那要看阿丹了，还有南部军区的意见。"

"不，要看我的意见，就由你来领导吧。"达扬那只好眼凸出来，射出寒光，"可以，就这么定了。我们不能撤离运河，除非是果尔达陷入某种非常艰难的政治困境。在军事上，运河没有挡住埃及人。至于巴列夫防线，"他的声音中带有一丝嘲讽，巴列夫将军是果尔达的总参谋长人选，但并不是他的人选，"也并没有兑现当初的说法。在政治状况改变之前，解决的办法只有武力。"

堂吉诃德匆忙跑回那辆拖车里看他的信。阿里耶的信写得不再孩子气

137

了。他整洁的字迹清楚直白，说他们童子军去参观赫尔蒙山上一个被大雪围困的哨所。

……爸爸，他们让我们轮流看潜望镜。我们能看到叙利亚士兵在四处走动，还有叙利亚的坦克和吉普车。他们看上去和我们的士兵实在太像了，真是奇怪。那处哨所很令人难过，就十个人独立地在一个山洞里，除了观察还是观察。我们的领队问他们，如果叙利亚军队攻打这个哨所的话，他们会做什么？他们只是互相看看，一句话也没说出来。

夏娜的信是一张粉红色的信纸。她说期望他平安无事，但是关于西奈战斗的报道总是令人心烦。阿里耶的童子军已经来过海法，正去往戈兰高地，他和一些跟他要好的小朋友来看了她。信纸的另一面才是真正让堂吉诃德难受的事。伯科威茨教授已经向她提出求婚。教授的离婚手续即将完成，莉娜也已经去了澳大利亚，法院判决鲁文应该跟他父亲留在原处，在海法，在以色列儿童中长大。

随信附上一张夏娜的照片，照片上，夏娜和那位矮胖的教授在一处花团锦簇的公园里，她的臂弯里抱着那个瘸腿的小男孩儿。这幅照片向堂吉诃德表明，这一次如果她答应了，那么她将会一往无前、义无反顾。他有预感，这件事很可能马上就会发生，当他第一眼在巴寇一家所住的那栋别墅里看见她抱着那个孩子时，这种感觉就有了。但是再难受他也不得不默默忍受，En brera（别无选择）。

就这样到了一九六九年九月上旬，一支以色列装甲部队开着苏造坦克和装甲运兵车，车体上刷上了埃军标志，在空军的掩护下，于拂晓时分跨过苏伊士湾施行登陆。他们这次行动的代号为"雷维沃"，十个小时的突袭战斗，对敌人的海滨一线造成了极大破坏，摧毁了碉堡和雷达设施，以及部分军营，打死、打伤了数百名埃军。军队几乎是毫发无损地撤了回来。以色列这边唯一的损失是一名战斗轰炸机飞行员，在苏伊士湾上空时，他被迫从飞机中弹射出去后失踪了。

这次袭击在埃及方面引起了一场大震动。陆军和海军司令双双被免职，纳赛尔上校心脏病发作，消耗战渐渐停止。他们的陆军也明白了这个令他们震撼的事实：以色列的装甲部队是能够登陆到他们国家的，并且想打哪里就打哪里。但是几个月过后，这种震撼感就逐渐消失了，埃军加强了苏伊士湾海滨的防御，以防止另一场"雷维沃"行动的发生，消耗战又开始了。

第八章 诺亚启程

泰勒诺夫空军基地门前，一名哨兵伸出步枪，拦住约翰那辆沾满斑驳泥点的蓝色大"炮弹"。附近有一些闲逛的空军士兵，缩在风雪大衣里抵御十二月寒冷的冻雨，都惊奇地瞪大了眼睛看这辆保时捷。认出司机旁边坐着的是该基地司令员的女儿时，哨兵降下锁链，汽车继续前行，两旁的人全都扬起眉毛，挤眉弄眼地咧嘴笑。

"天哪，约翰，你开车时就像个野蛮的印第安人一样。我们来得太早了！这里转弯，那就是爸爸的营房。嗯！诺亚还没来，我没看见他的吉普。"

"诺亚？诺亚要来？你两个月前就跟我说他要去法国了啊。"

"嗯，那只是给他传达了命令。我当然要邀请他呀。你脑子进水了吗？我怎么会不请诺亚呢？不管怎样，你怎么就不能像他那样开车呢？哎，他才算个稳健的司机呢。"约翰没有理会达佛娜这一通忽左忽右的乱谈。每次他让她开车时，他都有度日如年的感觉，大部分以色列人开车都像她那个样子，甚至比她更差。诺亚·巴拉克开车是稳健，不过那也是可以理解的，他父亲就是个真诚老实的人，有其父必有其子嘛。"停在这儿。"她说，外面是一排已婚军官的营房，都是半独立式小型别墅。

"哦，这就是那个开保时捷的美国名人了。我们终于见到他了！他会说希伯来语吗？"达佛娜干瘦如皮革一般的母亲从厨房里往外瞅着说道。这位以前的莫夏夫农妇现在来空军基地里住了。

"妈妈，他在这儿都两年了。他在当兵。"

"真的？他可能做情报工作吧。"

"哦，他不是。约翰·巴寇，这是我母亲。"

"我会说希伯来语，阿姨，您邀请我来我很高兴。"约翰说。

"哎呀，他说得还非常好呢。"艾莉特对女儿说，也没提她并没有邀请他的事，事实上那全是达佛娜自己说的。

"嗯，既然是我的生日聚会，我想我应该穿件连衣裙。"达佛娜说，她穿着件脏兮兮的运动衫，下身的牛仔裤比运动衫还要脏。

"这是你哥哥多夫？"约翰凑近一个相框端详着说。相框里，一名飞行员站在一架飞机旁。

"是的。"

"他会在吗？"

"多夫这个星期要考飞'天鹰'的资格，所以他脱不开身。"达佛娜的母亲说，用一丝很冷淡的口气。

"太不巧了。唉，我特别想见一见他。我就想做一名战斗机飞行员，而不是世界上其他什么职业，达佛娜。"

"那你干吗还要做一个小兵？现在你本可以是一名军官的。"

约翰没回答，耸耸肩，问："你说我能在基地里四处转转吗，看看那些飞机？"

"谁会拦着你呀？你还穿着军服呢。只是要遵守那些标志规定，还有，要远离喷气式飞机的发动机，否则你会聋上一个星期的。"

达佛娜跑进自己原来的卧室，这间房间现在住着她的弟弟丹尼。衣柜里还有一半衣服是她的，因为她租住的那间小公寓里只有一个很小的硬纸板衣柜。她脱去运动衫和牛仔裤，只穿一套桃红色内衣站在大衣柜的穿衣镜前，凝视着自己的形象。不差，任何方面都不差。看看这对乳房！哎呀，她可以与那些美国黄色杂志上的Zonot（妓女）相媲美，飞行员们常传来传去看那类书。也许她应该试着去做模特儿吧。噢，可怜的约翰，他要付出些什么，还要承诺些什么，才能赐予他这一景象。他从来也没有逾越告别吻这样的尺度，也从来不会。诺亚是有很多缺点，军队中的保守派，固执僵化于他教条刻板的犹太复国主义，对常和她在一起的那群杰里科咖啡馆的左翼人士嗤之以鼻，但她就是控制不住自己和那些人聚会。他是一个完美的爱人，性方面也是那样，一如既往地让人如痴如醉，同时也能做到温柔体贴。也许迟早他们会结婚的，达佛娜想象不出她在别的男人的臂膀中是个什么镜头，而且这么多年来她已经挡开无数臂膀了。可是话又说回来，着什么急呢？

上一次生日时耶尔姑姑送她的那件白色毛料裙就很不错，诺亚很喜欢它紧贴她身体的那种样子。她知道诺亚和她妈妈在联系，她妈妈很明显想要趁着这次聚会宣布订婚事宜。但是达佛娜不打算被强推进任何事情中，正好诺亚也要离开去法国了。她在随风飘荡，可以说，她的心思还没有完全定下来。这次带没有受到邀请的约翰来泰勒诺夫，就是她的一个防范措施。诺亚看到那辆保时捷肯定会大为生气的，不过这很好，不错。她脱光衣服开始冲澡，快乐地哼着一支美国流行的摇滚歌曲。

这期间约翰在飞机不断起降隆隆作响的空军基地里闲逛。这还是他第一次从内部来看Heyl Ha'avir（空军）。军队与军队之间的反差好大啊，特别是与他所在的戈兰高地上的军械营相比：那里一排排打着补丁的帐篷了无生气，停在水坑里生锈的损毁坦克，履带脱落，炮塔移除，浑身泥泞的士兵们说着语速飞快、语音不清的带喉音的希伯来俚语，还夹杂着肮脏的阿拉伯下流话！当"六日战争"的消息响彻全世界时，他一时冲动，撇下在长岛刚刚开始的律师实习工作移民过来，那个时候他心中所想象的以色列就是这里这个样子，一切都井然有序，一切都干净整洁，一切都向外辐射出荣耀：盖满地面的机库里停着一架架纺锤形的"天鹰"和"幻影"战机，气势汹汹，就像是一只只巨型钢铁大黄蜂一般，技艺高超的机械师正在对它们进行检查或加油；还有老式的小飞机、直升机，以及巨大的运输机，全部都涂上伪装色，刷上犹太民族的星标，全部都是由和他一样年龄的犹太小伙子们来驾驶。这里才是以色列啊。

约翰这段时间在军中的日子比较难过。新兵们多数都是和善的，但同时也很粗鲁、很无知，他们好像都觉得他精神有问题。为什么他们的梦想都是去美国，而他却从美国来这里？如果他的理由是犹太复国主义，那么他就是疯了，而且疯得还不轻。犹太复国主义是政治人物口中的说辞，是那些已经进入掌权部门的大人物家的子女说的。起初他为大家所熟知是因为保时捷，最后他把那辆车藏到了海法的一家修车厂内，人们才不再关注他。渐渐地，对一些人来说他成了"约翰"，而对另外一些人来说他是"巴寇"。那些军士就像被激怒了的看门狗一样，总是叫他"巴寇"，也不理会他是美国人还是土生土长的以色列人，是富还是穷，精神是正常还是不正常了。他是被他们捏在掌心的。

本尼·卢里亚穿着飞行服走到家门口时，就听见那个过生日的姑娘在一边洗澡一边欢快地唱歌，进门后看见他妻子艾莉特在厨房里，丝毫不在组织聚会的状态中。她一边往一个白色蛋糕上用蓝色糖霜捏粗略的"20"字样，一边冲着他骂道："我们那个死闺女，把诺亚那个美国的傻亲戚带回来了，还有他那辆傻保时捷。"

"我注意到那辆车了。这套新衣服很不错，艾莉特。耶尔商店买的？"

"你觉得好看吗？是的，我去拿送给达佛娜的礼物，然后我那亲爱的小姑子就让我买下了这件衣服，价格很低，基本上就是白给的。对了，我看见那个刚生的小娃娃了，在她办公室的摇篮里。"

"他们最终给那娃娃取了个什么名字？"

"伊娃。"她没好气地说，同时尖刻地瞅了他一眼。

本尼没有说话。他那位情人伊娃·桑夏恩好像不跟他在一块儿了，或者至少他的妻子假装对这个女人一无所知，尽管这个女人曾经是以色列小姐第二名。但一旦逮住机会，他妻子还是免不了要揶揄他一番。过了一会儿后，她说："怎么？你打算就穿着这身飞行服参加聚会，是不是？"

"我今天下午还有任务。"

听到丈夫这样说，艾莉特带着怒容扔下了手里捏糖霜的铲子。

本尼又说："刚好又需要高空摄影，亲爱的。"

"本尼，这个基地应该休息一下了。"

经年累月的战斗行动，几百次的任务，好几次战争，艾莉特·卢里亚都忍耐下来了，到现在她仍然很坚强，这一点，她的丈夫本尼很清楚。一定有其他什么事让她心烦，应该不会是那个伊娃的事，那是老早之前的乱七八糟的事了。那次丹尼在教堂里举行成人仪式的时候，他就下定一半决心终结那种关系了。随着一个儿子获得飞"天鹰"的资格，另一个明摆着也要效仿他，本尼·卢里亚知道，为此他理所应当遵循道德规范，洁身自好，和犹太老上帝把关系搞得更融洽，不要让自己的报应落到儿子头上。但谈分手这种事需要时间。

"你怎么了？诺亚来了，是不是他？"

"肯定是他，不过全完了，全完了。我和他在电话上说过这次聚会，我还以为今天可以宣布订婚呢，现在不行了。达佛娜真是个十足的大傻瓜！她任何时候都比诺亚·巴拉克正确吗？她是打算嫁给那辆保时捷吗？"这话把本尼逗笑了，不过他的笑只会让她更加愤怒。

"艾莉特，她还是个小姑娘——"

"小姑娘？跟她一屋那个胖家伙，那个唐娜，两个人都在一起干些什么？也许跳芭蕾，也许画画，也许雕刻，也许……我也不知道还有什么！那一切她都是在哪儿学到的？对她，我们的失误是什么？这个可能就是诺亚。"外面的汽车发动机熄了火。艾莉特说："你去跟他说吧。"说完她大步离开，到卧室去了。

巴拉克少校穿着一件颜色鲜艳的运动衣和圆高领毛衣，还是像以往那么帅，但是样子显得沮丧，显然他看到了那辆保时捷。本尼高兴地和他打招呼：

"那么，下一步就要去法国了，能跟我说说吗？"

"嗯，先生，新巡逻艇在试运行期间必须进行测试和保养，就是这样。"

本尼·卢里亚哪怕稍微能读懂一点儿这位年轻军官的脸部表情和话语，他就知道不仅仅是这样。"我知道了。祝你好运吧。"

诺亚从一只水果碗里拿起一只橘子，利落地剥了皮，又指指放在桌子上的《国土报》，问："你看那篇社论了吗？"

"哪一篇？"

"就是关于'飞行大炮'政策的那一篇。"

"没有，是支持还是反对？"

"嗯，反对。你怎么看那个政策，先生？"

"怎么看？我现在正在执行它。"

"你执行的是命令。空军的任务是清理以色列的天空，对吧？"

"没错。"

"先生，那么这种双重任务算是好的军事指导思想吗？"

卢里亚没有直接回答。这个问题比较复杂，这种说法在空军司令部里也到处散播。"En brera（别无选择）。"他说。

"为什么？巴列夫防线真的起决定性作用吗？"诺亚反驳道，把橘子皮拉下来，"关闭那些破烂哨所，然后把我们的军队撤出大炮射程之外怎么样？"

"嗯，那样埃及人马上就会带着他们的大炮跨过运河，占领我们让出的土地，然后把战壕挖得离西奈通道更近，甚至也会挖得离去特拉维夫的路更近。那时怎么办？"

"只要他们一跨过运河，我们想在哪里消灭他们，就在哪里消灭他们，不行吗？"诺亚以那些军事记者的标准论据发问，"用我们的装甲部队反击并打垮他们，然后恢复停火——"

达佛娜穿着那件白裙子，脸上笑靥如花，摇摆着走进来。"你好，motek。"她柔声说道，和诺亚亲吻拥抱。

"生日快乐。"他说。她父亲起身离开了，以便让他们单独在一起，走时他注意到诺亚那阴郁的面容仍然没有缓和。

这次聚会很小。达佛娜的父母亲，她的弟弟丹尼（现在长得又瘦又高，红头发，穿一身网球服，刚刚举行过成人仪式），还有几个同属空军家庭的一起玩大的朋友，再就是满脸愠怒的诺亚和他那让人头疼的亲戚约翰了。他们围坐在一起，就着茶或汽水吃生日蛋糕和冰激凌。这位开保时捷的美国人成了大家关注的焦点，或者至少说是因为好奇心吧。本尼·卢里亚问他："约翰，既然你的家人都不信教，也不是犹太复国主义者，那是什么促使你来这里的？"

达佛娜咧着嘴笑道："嗯，问得好。你那个时候还不认识我呢，你不是跟我说是因为'六日战争'来的吗？"她对她这个美国奴隶没有多少好奇心，只有喜爱。这个世界就应该给她这么一个仆从，还有保时捷什么的，这是理所应当的。

"也不全是。我在念中学时结交过一些以色列朋友，就是你们联合国代表团的子女。"约翰转向诺亚，"他们知道我和你的父亲是亲戚后，都很欣赏、尊敬我，那让我感觉非常好。另外，诺亚，我之前没跟你说过，其实我来这里，你父亲占很大的原因。"

"我父亲？怎么会？在你来这里之前，他从来也没提起过你呀。"

"噢，他可能也忘了。我们犹太会堂的孩子有一次去华盛顿旅行，他那时在那儿处理一些事务，有两个孩子是我的朋友，他们的父亲跟你父亲认识，然后在大使馆里，我那两个朋友跟你父亲用希伯来语交谈。他有点儿让人怕怕的，你父亲，你知道吗？令人敬畏，差不多是。我当时感觉自己很渺小，又感觉很不自在。我没有告诉他我们是亲戚，我只是一直闭着嘴巴。从那以后我就开始学习希伯来语了。"

丹尼用手掌弹打着网球拍问他："约翰，你刚到这里时干吗不申请空军？空军是最好的兵种了。"

"视力问题。我视力还可以，但要当飞行员就不够了。"约翰说。

“哦，那你可以做领航员呀。”

“我不想做那个。我在大学期间游过泳，所以我最开始想参加海军突击队，非常想。后来我没通过突击队的游泳考试，我想算了吧，就这样吧，当个小兵吧，然后我就去了军械营。我喜欢机械。”

“为什么不做伞兵呢？”达佛娜问。

“那就是穿红靴子的步兵而已。”

诺亚瓮声瓮气地说：“不要这样说伞兵。”

“我不会了，不过没什么兵能像海军突击队那样。上校，绿岛事件你怎么看？”

“那是我们历史上最勇敢的壮举。”卢里亚说。

“我在霍隆（Holon）的表姐有个男朋友，就是在绿岛事件中阵亡的。”一个矮胖的女孩儿说，她的父亲是一位空军中队长。

死亡在泰勒诺夫基地并不稀奇，但是每次提起来，总是让人不好受。过了一会儿，约翰问：“是海军突击队，还是蛙人？”

“都不是。是特种部队的。”

“勇敢肯定是勇敢。但是它值得吗？”诺亚问卢里亚上校。

本尼一字一句地说：“绝对值得。埃及人被袭击时才弄清楚，原来他们被击败那么容易。敲掉那个雷达，就等于在他们的飞机预警系统上撕开一个相当大的口子——”

“生日快乐，达佛娜！我还赶得及吃蛋糕和冰激凌吗？”随着门砰的一声打开，相片里那位飞行员大踏步走进客厅，上身穿着风雪大衣，下身穿一条宽松长裤。

“多夫！多夫！你来了！”他母亲跳起来抱住他，接着是一连串的拥抱、亲吻和握手，吵吵嚷嚷，热闹非凡。

他父亲大声问：“多夫，这么说你已经通过飞‘天鹰’的考试了？”

“我昨天单独飞行的，爸爸。”

又是一阵更吵嚷的恭喜声。他弟弟两眼闪亮，热切地问："是怎样过的，多夫，怎样过的？"

"噢，我着陆的时候重重地弹了一下，那名中队长跟我说，带我的屁股回家休息一天，让它平静下来。"人们一阵大笑，"喂，有电影明星来访问基地吗？我看见外面停着辆保时捷。"

达佛娜说："这位是约翰·巴寇，多夫，那辆保时捷车是他的。"

"噢，你就是她的那个美国伙计啊。你好。"他冷冷地直视着约翰，伸出满是老茧的手。他光滑的脸很白，嘴部线条硬朗，微笑时显得孤高冷漠，长相上特别像他的父亲，但给约翰的感觉是他发育得很迟缓，而且很美国化。当多夫转向诺亚·巴拉克时，他的表情活泛起来，说："这是什么人啊，海军总司令？我听说你要离开以色列去泡所有的法国时尚姑娘了。这么好运啊。"

"L'Azazel，多夫。"诺亚说，他看了一眼手表，此时他一直紧绷的脸才松懈下来，友好地咧嘴笑着说，"我本来要十五分钟前就走了，不过幸好没有。不管怎样我见到你了，向你的独飞致敬。等我回来后，我们再见面好好聊吧。"

"一定。你来哈则瑞姆（Hatzerim）空军基地。我们会用最丰盛的空军午餐来招待你。"

诺亚笑笑，简单地和众人道了个别。达佛娜送他出来。一架"幻影"正从附近一条跑道上怒吼着起飞。"你真的要在这时候走吗？"她叫道。

当他们走过那辆保时捷时，他喊道："是的。你最终会甩掉我的吧，反过来也一样。"

"别傻了好吧！你知道我很讨厌这种想法。我会想你的，写信吧，你听见没有？给我写信！你要走多长时间？老实说。"一整个小队的"幻影"在一架接一架地起飞，呼啸声震耳欲聋。一名飞行员和一位女军士从他们身边漫步经过，从他们的嘴唇和胳膊不断动弹的样子来看，他们在埋头谈话。

诺亚把嘴凑在她耳边大喊："我爱你，可是又有什么用呢？我们两人没有任何前景。我去多久有什么关系呢？你随意，想怎么做就怎么做吧，结束了。"

"你怎么敢？"她用胳膊肘猛推着他转过身来，抓住他的肩膀用力摇晃，正对着他的脸大喊，"诺亚·巴拉克，你怎么敢这样说？我没有表示过我爱你吗？我还能怎么做？你还想怎么样？"

"你知道！我想要订婚。"

"我不想，现在不想。天知道你去法国是为了什么，还有你什么时候回来。你不会告诉我，我也不问。但是这并不意味着——"

诺亚大吼道："达佛娜，你说的话我一个字也没听见。他妈的，我们为什么就不能干脆彻底地订婚呢？我们现在就回去跟你父母说。"

"什么？"

"我们去跟你父母说。"诺亚在飞机的呼啸声中声嘶力竭地大喊。

"跟他们说什么？说我们的事？你神经不正常吗？我父亲会打死我的，还有你。"

"你父亲会打死你？我听说过你父亲的意见了，不过不用在意。听我说，我们订婚吧。我在海法买了这个。"他掏出一只紫色的小盒子，打开来，里面是一枚镶着小蓝宝石的戒指。

达佛娜本来就大的眼睛睁得更大了，她左右看看，然后动情地抱住他亲吻。"好啦，够了。这样也不行。先把这枚戒指留下吧。等你回来后我们再说，也许到那时——不过这期间，你要远离那些法国姑娘！那些来自'阿尔芒蒂耶尔的姑娘'①！你完全属于我，听见了没？"

达佛娜的吻把他的情欲煽动了起来，他一把把她拉近，说："你真是不可理喻。"他热烈地吻了她一通后跳上吉普车。"没问题，我会写信的。但是关于法国姑娘嘛——难！"说完这句话，在尖厉的换挡声中，他扬长而去。

---

① 《来自阿尔芒蒂耶尔的姑娘》是一战时期一首著名的爱情歌曲。——译者注

第九章　蛮荒西部秀

"诺亚方舟"出港

诺亚还真的找了一个法国妞，虽然并不是来自"阿尔芒蒂耶尔的姑娘"。

这位小姐叫朱莉娅·莱文森，她父亲叫塞缪尔·莱文森，是该地犹太社区的主席，也是瑟堡最大的鲜鱼批发商。朱莉娅绝对不是那种时尚前卫的姑娘，也不是达佛娜那种类型。她是事业型的，长得圆胖丰满，一头黑发。在诺亚第一次见她时，她正在她父亲的滨海鱼市场里工作，穿着一件厚厚的旧毛衣，脚上套一双长筒橡胶靴。不过那天晚上，当诺亚走进莱文森家那大得令人咂舌又雅致的别墅时，她特意为这位以色列军官打扮了自己一番，看上去苗条了些，也可人了些。

晚餐后他们出外散步。就算在黑夜里有些点到为止的男女过界行为，也根本不会由此引发出什么罗曼蒂克的事情来，因为他才刚来瑟堡几天，而且朱莉也是个很正派的姑娘。不过，由于达佛娜生日聚会上出现了那辆可恶的蓝色保时捷，还有达佛娜拒绝接受他戒指的事，大大伤了诺亚的心，致使这位多情的法国犹太姑娘大受欢迎，他也很快便赢取了她的芳心。八十名以色列人分成小组偷偷潜入瑟堡，上面命令他们不得随意露面，但诺亚在他可利用的短短一段时期内，经常想办法和朱莉娅在一起。

圣诞节前夕的那天早晨，他们一起沿着海风凛冽的码头散步，鸥鸟在空中掠来掠去，发出一声声嘶鸣。海港内漂浮着油膜的海水重重拍击着桩基。天气预报很让诺亚担忧，说天气很坏，而且会变得更坏，尤其是南下到比斯开湾内。"朱莉娅，我今天晚上不来吃晚饭了。对不起。"诺亚小学水平的法语应付朋友说话是足够了，而且这段时间还在不断提高。

她摇着他的手，说："嗯，诺亚，我再也见不到你了吧。这就结束了。我明白。"

"什么？为什么？"

"亲爱的，爸爸知道，这儿的百姓也知道。你们的军需官一直都在买下城镇里所有的食品，一点儿一点儿的。这三天里，有四十多个你们的人到达，都穿着平民服装，但当然，他们都是水兵。石油公司知道，确定无疑，从你们一直装载燃油的行为上就能看出来。唉，我敢打赌，港务局局长也知道。现在唯一的问题就是：什么时候走。"她眼泪汪汪地看着他，脸色凄楚，头发被大风吹得乱舞，"你帅得一塌糊涂，我会非常想念你的，但c'est la vie（法语，意思是：生活就是这样）。"诺亚没有说话，只是握紧了她的手。

确实，以色列人很大程度上在依赖瑟堡当地百姓的善意和决断。作为二战时盟军诺曼底登陆的中轴线，这个城镇有过一段短暂的荣耀，但那是尘封已久的历史了，后来它的经济由于远洋班轮不再在此停留而衰落下来。导弹艇建造计划开始后，这个死气沉沉的港口又重新焕发了生机，这个计划创造出几百个工作岗位，而且一直持续了好几年。不仅是小小的犹太人社区，就连城镇里的其他百姓，也对拖延了好长时间的舰艇禁运极其愤慨。他们认为，戴高乐辞职以后，蓬皮杜一直在懦弱地阿谀奉承阿拉伯人，把他们所维持的法国荣耀都给玷污了。确实如此，在瑟堡的政府机关里，上到市长、警察局局长，下到防波堤上的瞭望员，以色列只有朋友，没有其他。

由于是节假日，鱼市场里摩肩接踵，人声喧哗，朱莉娅的父亲穿着显示他业主身份的外套，翼领衬衫，打着领结，走出来和诺亚握手。他灰白的胡子由于激动而颤抖，说："哎，诺亚，既然我们认识了你，我们一定会去以色列的，总有一天，我的妻子和我还有朱莉娅都会去的，但是只是去短暂停留。我的儿子、我的生意都在这儿，我也太老了，学不动新的希伯来语了。我能读懂《圣经》，朱莉娅也能，但你们这些小伙子说的话我一个字也听不懂。上帝保佑你。祝你好运。"他深深地看了一眼这位海军军官的眼睛，然后低头走开，没再说话，其余的都不言而喻了。

诺亚说："好，就那样，你们马上来以色列吧。这听起来不错。"

朱莉娅耸耸肩，更多的是法国式，而不是犹太式，说："嘀，到那时你就娶了那个叫达佛娜的女孩了吧。"

当他回到他的那艘"萨尔"级导弹艇时，哈达·金哲（Hadar Kimche）正在军官餐厅里研究气象图。哈达·金哲又黑又瘦，人很严厉，曾是一名潜艇兵，瑟堡的业务由他来管理。几个月前他就组织过两艘"萨尔"级导弹艇出逃，因此和法国官方的关系很不好。"哦，你来了，巴拉克！参观证件的事情办得怎么样了？"他看到诺亚后问。

"长官，报关员会在两点上船，带文件过来。这只是法国必须履行的一个手续。"

金哲气恼地说："关键的一点是，就算天气不能阻止我们走，这份文件也有可能阻止。看这里，比斯开湾预计有九级大风！在这种天气下，美国航空母舰都不会出港的吧。"

凌晨两点半，在通亮的航行灯导航下，这五艘艇出港了。瑟堡善良的百姓们全都在过圣诞节，没有发现以色列人的船坞上叮当作响的最后行动，没有听到吭哧吭哧的柴油机发动声，也没有看到离港的他们。不管怎样，这是以后他们描述的事件了。为了防止受到盘问，他们准备了全套的法律文件，包括那份参观证件，即这五艘艇已由挪威的一家油井钻探公司买下，那家公司用这些艇来给近海的石油钻塔运送补给，按照这些法律文件说明，现在他们就要开往那家公司。文件里还显示，因为预付的钱已退回，所以以色列也已经放弃了这些艇的所有权。虽然整件事并不是真的，可所有文件全是真的。不过在漆黑一片的夜色里，这支小舰队并没有碰到法国船只出来盘问，至于防波堤上的那名瞭望员，也不知怎的竟没有看见他们走。他们之前曾送给那个人几瓶香槟，以示对他圣诞节还要一人值班的慰问。

舆论压力

就在同一天晚上，兹夫·巴拉克离开华盛顿去往法国。娜哈玛刚刚把晚饭端上桌子，帕斯特纳克的电话就打过来了。他暗示道，"挪威借口"可能已经罩不住了，让兹夫最好火速赶往巴黎。他可以帮助那边的大使馆来处理那些吵闹，同时还有更大的事情需要他去那里。

"那些艇没事吧？"巴拉克问帕斯特纳克。他的话招来了娜哈玛焦虑的瞪视，自从电话铃响后她就是这个眼神。她双手端着一个汤盆，僵直地站立在原地。

"虽然他们闯进了大风暴里，但现在还算好。眼下的问题是媒体。明天伦敦《电讯报》上会有一个巨大的标题——五艘以色列战舰消失，整个头版都是，现在已经分发到街头巷尾了。"

"啊，这可太糟糕了。"

"糟糕透顶了。我们的伦敦大使馆已经被记者和电视台的摄像师围了个水泄不通。现在那边是午夜，这边是凌晨两点。大使把我叫醒的。"

"这件事传到什么程度了？"

"天知道，不过《纽约时报》刚刚还打过来电话，果尔达的执勤官给拒绝了。"

"萨姆，我目前不知道详情。"

"到了巴黎，莫迪凯·利蒙会告诉你最新消息的。"海军上将利蒙是前海军总司令，已经到法国好几个月了，就是为了策划组织这次"偷盗"行动的。

"那我的任务究竟是什么？"

"第一，帮助利蒙把'挪威借口'继续维持下去，直到舰艇穿过直布罗陀海峡；第二，尽量压低媒体的热情度，不要让使馆人员白痴地助长这种热情；第三，你听说过布拉德福·哈利迪准将吧？"

"北约空军司令？"巴拉克稍微顿了一下，说，"当然，也凑合算是我的一个熟人吧。"

"对，对，我都忘了你认识他老婆了，克里斯汀·坎宁安那个女儿。"帕斯特纳克透出揶揄的弦外之音，"嗯，他正在比利时那边。"

"我知道他在比利时。他怎么了？"

"完了再跟你说吧。你在巴黎大使馆编码室会收到一份电报的。"

"舰艇什么时候穿过直布罗陀？"

"也许明天晚些时候。那是块高危海域。英国人能堵住他们，法国人也可以出来封锁他们。祝你一路顺风。"

一路并不顺风。飞机一头扎进一连串大规模的风暴当中，上下颠簸，猛烈摇晃，嘎吱作响。从瑟堡港逃出来的舰艇也同样在布列塔尼外海附近遭到了这场风暴的肆虐。当巴拉克到达大使馆时，他已被搞得视线模糊，头昏脑涨。不过在新闻发布室桌子上看到欧洲报纸头版头条后，他就像闻到了治疗昏厥的嗅盐一样，猛地清醒过来。

去了哪里？
蠢笨的火鸡，蓬皮杜是也
犹太人战胜了法国人

蓬皮杜吃了泻药

英国报纸是三重标题：

一群可耻的以色列人！
舰艇，舰艇，谁开走了那些舰艇？
以色列对法国，5比0
…………

大使和新闻秘书都在沮丧地看着那些报纸。在场的还有莫迪凯·利蒙，二战时期，这位高大、秃顶的将军曾在法国海军中服役，早些年的犹太海军就是由他统率，后来他在三十岁的时候退役。"对媒体我没法再敷衍下去了。"大使叹息着说。

利蒙说："我们不得不举行一场有效的招待会，压力实在是太大了。"

"莫迪凯，我不能面对他们。也许阿维可以处理。"

"我可以试试。但是我究竟要跟他们说些什么呢？"阿维说。阿维就是那个新闻秘书。

"你知道什么？"巴拉克问他。

"我什么也不知道，这儿没有一个人跟我说过任何事。"阿维委屈地说。

"那正好。你装傻装得怎么样？"巴拉克又问他。

"还凑合吧，如果要求这么做的话。"

"实际上阿维是很傻。"利蒙说，同时轻轻拍拍他的肩，"他是一名政务官。"

"我的确很傻，"阿维说，语气显得积极了些，"还有，我不懂巴黎人的法语。他们讲话太快。"

"你说法语吗？"

"结结巴巴能说。"

兹夫问利蒙："他们什么时候穿过直布罗陀海峡？"

"要看燃油耗费情况，今天下午四五点吧。"

"大使，我建议你在今晚七点召开这个会议。法国人都很注重晚餐，不大可能会大批到场。"巴拉克说。

"好主意。开始吧，阿维。"新闻秘书离去，大使又说，"果尔达凌晨一点召集了内阁开会，兹夫。这件事她是很勉强地批准的，现在她特别特别担心我们和法国还有挪威的关系。"

通过直布罗陀

在精神高度紧张，半数船员还晕船的情况下，金哲的五艘舰艇终于闯过了比斯开湾的狂风恶浪，然而，当他们这支舰队到达加油的会合海域时，一个更大的麻烦开始威胁他们。

导弹艇的航程是有限的，从瑟堡到海法，他们必须要航行三千多英里；如果开进外国港口加油，有被扣押的风险，因此计划在海上实施加油。在葡萄牙南部海岸一处偏僻的海港，一艘草草改装过的货轮作为油轮在那里等他们。三艘艇的艇员们到甲板上用力摆顺沉重的软管，随后货轮开始给它们泵柴油。这是个缓慢、冗长又极度冒险的事，因为这些艇还没有加装武器，就那么毫无防备地躺在水上，如果遇到侦察或被袭击，那就直接完蛋。

当后两艘舰艇还在加油时，一架直升机越过远处林木繁茂的小山，嗡嗡嗡地朝他们飞过来。金哲和诺亚不安地用望远镜跟踪着这架直升机。它在港湾里仅有一户人家的一个小渔村上空迅速下降，然后直奔他们而来，在货轮上空吵闹地盘旋，距离还不到二十英尺。直升机里穿军装的人清晰可见，做记录，用麦克风讲话，同时对他们照相。

"我们最好离开这里，诺亚。"金哲说。关于媒体披露的事，海法已经给他发过电码警告，但他一直对此不以为然，一门心思地想着如何躲过暴风雨然后会合。现在他只好接受警告了。"发出信号：中止加油。到了国际水域再连接确实很难，但我们必须开到那儿去。"

"上校，我们可以一边移动一边加油的。"

"你确定？扯断这些油管，我们可就完蛋了。"

"我们在阿什杜德沿海地区演练过一个星期。可以的。这样能节约几个小时。"

"那就这样干。"

货轮起锚，朝大海驶去，仍然架着油管的两艘导弹艇紧跟其后。那架直升机在后面跟了一会儿便飞走了。加油完毕，五艘艇开足马力向南行驶，缓慢的货轮很快就落在后面，淡出了视线。当特拉法尔加角在灰色的海平线上突起时，金哲命令各艘舰艇相互靠拢，和他保持信号联络，准备尽最大力量闪避，机动地通过直布罗陀海峡。

他在指挥线路上说："喂，Hevra（战友们），都听着，该海峡长四十英里。也许法国已经请英国人来阻止并抓捕我们了，甚至也许他们自己派出了战舰或战机来撵我们回去。到底会是什么样，接下来一个小时左右我们就知道了。我们将以三十节的速度通过。祝各位好运。"

海峡内猛烈的东风刮过，掀起灰白色的滚滚巨浪。刚才在加油期间恢复过来的水兵们又晕得七荤八素，爬到各自的铺位上叫唤。舰队没有悬挂旗子，以紧密队形行进，一列三艘，另一列两艘，超过一艘货轮，又超过一艘油轮。海峡的海岸呈漏斗状持续变窄，尽头是安静的直布罗陀。这里有一个建在一块大岩石上的信号站，它用国际莫尔斯码打出闪烁的灯光盘问：哪国船？

"不要回应。"金哲对诺亚说。

各艘舰艇继续破浪前进。

哪国船？哪国船？

　　　　　　　第九章　蛮荒西部秀

"喔，诺亚，这么一来'挪威借口'就被戳穿了，彻彻底底地被戳穿了，是吧？英国人能数得出来，不多不少的五艘。他们知道我们是什么人。"金哲的声音既紧张又有些许幽默。

哪国船？哪国船？哪国船？

乌云密布的天空逐渐暗淡，夜幕降临。众舰艇开入了夹在两块大陆之间的海峡，右舷对面是非洲，左舷对面是欧洲，距离两边的海岬都有四英里。直布罗陀信号站的灯光不再询问，他们鱼贯进入地中海。对面也有过来的船只缓慢穿越海峡，但没有看见法国军舰。

"到目前为止，一切顺利。"金哲说。就在此时，直布罗陀的灯光又开始对他们这支舰队闪烁，打出灯语。"现在说的是什么？还是问哪国船吗？"他问诺亚。

"不是了，长官。"诺亚读着对方在暗夜中闪烁的莫尔斯码，说道："他们在说：一路顺风，一路顺风，一路顺风。"

金哲哈哈笑起来。"给我翻译过去。"他转为诙谐的英国腔，"干得棒极了，小伙子们，去他妈的法国人。"

答记者问

大使馆里，兹夫·巴拉克正在保密线路上和帕斯特纳克对照笔录。阿拉伯政府和新闻媒体都在气势汹汹地质问法国和挪威。法国政府现在吵闹成一团，莫迪凯·利蒙在二战时期的几个老熟人现在也算法国政府里的高官，他们一直在给以色列这边通报最新进展情况，当然是非常小心谨慎地说。蓬皮杜总统正在享受圣诞假期，当他第一次听到舰艇已经开往挪威时，还说："如果文件都合乎规范的话，Tant mieux（那很好）！谢天谢地，总算走了！"但是随着媒体爆料增多，他开始不安起来。他的国防部部长知道此事后大动肝火，恨不得派出空军击沉那几艘艇；按说这位国防部部长的爷爷也是一位拉比，但他本人的信仰早已改变，此刻他迫不及待地表明了自己的立场。蓬皮杜总统没有仓促实施行动，但他要求以色列、挪威还有巴拿马三方各自"澄清"。因为挪威那边证实，购买方是一家巴拿马人开的公司，只不过使用的是挪威奥斯陆的邮政信箱，具体什么原因，他们也不知道。至于阿拉伯人，蓬皮杜确信他们没有机会参与这件事。

在记者招待会上，那些法国记者放弃了他们的晚餐，提出的问题有的是关于挪威否认的，有的是关于巴拿马新事态的，都很激烈、很尖锐。兹夫·巴拉克一边观察一边记录，他很满意阿维那智障一般的表现。这位新闻秘书说话稍显混乱，他向那些法国人指出，以色列的消息来源中从来没有提及挪威，那是瑟堡官方说的，而且瑟堡官方也给媒体出示过有关海关文件的内容。他的理解是，一名巴拿马购买商把那些舰艇派到挪威去改装，以便用于加拿大沿海的阿拉斯加油井钻塔。一连串问题都涌向他。

那么多地方为什么偏偏要到挪威？
这个问题要由巴拿马大使馆来回答。

这项业务中是哪家加拿大公司和哪家阿拉斯加公司？
关于这一点加拿大大使馆也许有帮助。

以色列放弃舰艇所有权并收到偿款了吗？
就不公平的武器禁运来说，以色列很伤心，但是具体的钱款问题现在还不清楚。以色列很希望和加拿大、挪威、巴拿马还有法国保持热情友好的关系，而且对阿拉斯加也非常钦佩。

那些舰艇现在在哪里？
很明显不在瑟堡港，那肯定就在海上某个地方喽。

就这样你问我答下去，到最后那些记者终于败下阵来，小声咕哝着离去了。巴拉克听到一个记者说："C'est tout une blague juive（这完全是犹太人的把戏）。"阿维展示出了大师级的"愚蠢"，巴拉克后来在给帕斯特纳克的报告中说，这小伙子某一天可能会在耶路撒冷做政府发言人的。

当英国广播公司宣布，一艘希腊货船看到有五艘不明身份的舰艇在北非沿海东向行驶时，大使馆内的紧张气氛才松懈下来。"好了，不管怎么说，他们是通过了。"大使疲惫地说。

"我也通过了。"巴拉克喃喃地说，他在大使的长沙发上蜷起来，很快就进入了梦乡。时间不长，他觉得有人在推他的肩膀，睁开眼一看，是大使。"兹夫，机要室有你一封绝密电报。"他踉踉跄跄地沿着走廊走到一处刷有红色安全警告标志的门前，敲门进去后，一位机要女参谋打着呵欠，把一支香烟捻入烟头林立的烟灰缸，随后递给他一份译好的电文。他在烟雾缭绕的灯光下看完字迹潦草的信息，把电报纸戳进焚烧袋里。

"你有北约现在的电话号码簿吗？"他问大使。大使只穿着衬衫，正对着三张巴黎晚报上的大标题摇晃脑袋。

舰艇已通过直布罗陀

蓬皮杜大为震怒

挪威一无所知

"在我桌子后面的架子上。"

巴拉克在一本薄薄的蓝本子里找到了哈利迪准将的电话号码，但转念一想，他又给比利时问讯处打了个电话，问出了一个叫作卡斯特乌（Casteau）的小镇上的固定电话。艾米莉一直从那里给他写信。

餐馆会面

　　大使馆一个姑娘信誓旦旦地跟他说，她知道那家餐馆的位置，不料第二天晚上，那个姑娘载着他在巴黎幽暗复杂的左岸地区一圈又一圈地乱转，转了一个小时才找到。他想，看来我们的笨蛋因子不分年龄，也不分性别，但愿帕斯特纳克也已明白，不是只有他一个人会在这类琐事上犯糊涂。巴拉克并不想见布拉德福·哈利迪这个人。他们只是偶然见过几次，中间还横亘着艾米莉的阴影。尽管哈利迪现在已是她的"老爷"和"主人"，也是那一对双胞胎的父亲了，但依然减轻不了多少尴尬。

　　幽暗的小餐馆里，那名美国准将身穿粗花呢夹克，系着蝴蝶结领结，坐在靠后的一张桌子旁。看见巴拉克后，他打手势做欢迎状，巴拉克在他对面的椅子上坐下，说："对不起，我来晚了。"

　　"你好，这是个适合一家人来的地方，我想你会喜欢这里的菜的。"他说。

　　"你来巴黎我太感激了，应该是我过去见你的。"

　　"这样挺好。"他瞥了一眼巴拉克，冷淡而公事公办的样子，"那些舰艇，好一场突发事件呀。"

　　"是的，很遗憾。"

　　"你能谈谈吗？"

　　按照帕斯特纳克的指示：尽可能和这个人开诚布公地谈，但要用脑子。"据报告，最后有一艘苏联间谍船一直在暗地里跟踪他们。"

　　"拖网渔船之类的？"

　　"是的。他们将在午夜时分改变加油会合地，同时改变航线，以尽量摆脱那艘船。"

　　一名穿一身黑衣服的矮壮妇女拿过来一本手写的菜单，对哈利迪一脸微笑地说："晚上好，将军。"

"我推荐这里的小牛肉。"哈利迪说。

"你看着点吧。不过我请客。"

"没关系，我是出差。"在简短地讨论过要吃的菜后，女老板拿过来一只暗色酒瓶，给他们倒上酒。"尝尝这个酒，"哈利迪边说边嗅了嗅酒液，把酒杯端到光亮处，"很特别。"

"嗯，挺好的。"其实以巴拉克的辨识能力，这种红酒和其他任何红酒没什么区别，"我们为你那一对小双胞胎的健康干杯。她们都好吧？"

"谢谢你。艾米莉也很好。"

巴拉克强装笑颜，说道："她写信说她们长得'奇丑无比'，我一点儿都不相信。"

哈利迪没有笑。"嗯，我知道你们在通信。嗐，艾米莉就是那样，辟邪，就像中国人那样。她们长得特别漂亮。将军，苏联人不会拦截你们的船，但是埃及人呢？"

"我们在海法港内本身就有几艘导弹艇，同时还有'鬼怪'式战机掩护。"

"那任务应该能完成。"哈利迪审慎地顿了一下，"一次真正巧妙精彩的行动。"

"公众的注意太难招架了。"

"嗯，新闻舆论是他妈非常讨厌的玩意儿。"

"没错。"巴拉克心想，有进展。他说了"他妈"，这是很有人情味的通俗话。

哈利迪沉默了很久没有说话，两位将军互相看着对方，显然哈利迪是在等巴拉克主动说出此行的目的。女老板端上温热的硬皮面包和一盆浓汤，两人开始吃。又过了一会儿，哈利迪说："顺便提一句，早在九月份，你们的装甲部队已经跨过苏伊士湾发动了一场袭击，尽管这件事没有引起舆论关注，但它是一次更加精妙绝伦的成功袭击。"

"碰巧，领导那次袭击的是卢里亚上校的妹夫，尼灿上校。"

"是吗？嗨，干得漂亮。我们的情报显示，那次行动不仅撸掉了纳赛尔的总参谋长和空军司令职位，还让他患上了严重的心脏病。"

这回轮到巴拉克只点头不说话了。当他们喝完汤后，他问："绿岛事件你也知道吗？"

"绿岛？"哈利迪皱起他宽阔的额头，"一下子说不上来。"

"我们有一次根本没有对外宣传过的突袭。"巴拉克很详细地为他描述了那次行动，最后说："我们牺牲了很多特种部队战士，但是那次行动迫使埃及一段时间内不再违反停火协议。"

"什么时候发生的？"

"七月份。"

"你们的特种部队是一流的。但是那个影响持续不下去，对吧？"

在这冷场的间隙，小牛肉端上来了，他们开始吃。"你推荐得很好，挺香的。"巴拉克说。

哈利迪放下刀叉，往后一靠，说："好了，巴拉克将军，我到这儿了，有什么事尽管吩咐吧。"

"好。"巴拉克朝餐馆内四处看了看，其他几张桌子旁坐了几对老年夫妇，且都在听力范围之外，但他还是压低了声音，说道，"是关于苏联P-12雷达的。"

"是吗？"哈利迪的声音含糊得就像一台计算机在响应。

"我知道你们搜索了大量关于这种雷达的情报。"哈利迪没说话，"可以肯定我们谈的是同一个东西——我说的是一种新型防低空车载系统，有效范围大约在两百英里以内，苏系中最尖端的。"

"很好。P-12雷达是你说的这样。"

"我们有一部。"

"你们有一部什么？"

"我们有一部P-12雷达。它在西奈一座空军基地里放着。我们政府指示我把这一消息告知你们，邀请你们进行秘密检查。只限美国，不是北约，也不能暴露给任何一个欧洲国家。"

哈利迪拿起酒瓶给自己倒了一杯，巴拉克的酒还一直没动。"让我捋一捋啊，巴拉克。你是在跟我说，你们的人从埃及人那边缴获了一部P-12雷达？"

"对，我们有一部，我刚说过。"

"我们刚刚谈了绿岛行动，对吧？那么这部雷达是行动中摧毁的那部雷达的残骸吗？"

"不是。绿岛上的雷达是一套很老旧的系统，而这部是P-12，是苏联最新、最好的雷达。它没有遭到损坏，很完整。当然，除掉底架。那只是增加重量而已，被拆卸掉了。"

"你们到底是怎么缴获一部P-12的？"

"这个严格保密。"

"就当我没问。"

"你们没必要知道。其实原计划是要摧毁这部雷达的。我们的空军在反击违反停火协议的行为时，这部雷达对我们产生了阻碍。像你所说的，绿岛行动的影响持续不了多久，同样，装甲部队袭击带来的震撼也持续不了多久，所以还需要空军。不过当时袭击部队的指挥官判定有机会缴获这部完整的设备，所以就拿回来了。"

"如果你可以说的话，我还是想知道你们是通过何种方式缴获的？"

"可以说。两架你们国家西科斯基飞机公司的CH-53D直升机共同吊运那部设备。将军，那可是七吨重的苏联高科技空防设备，只好分成两部分。或许，我应该说，勉强成功。行动很复杂，差点儿彻底失败，也伤亡了不少人，但我们拿到了东西。"

"真的，巴拉克将军，你们的人简直就是在那边演一场《蛮荒西部秀》①。"

---

① 美国19世纪反映西部牛仔的一个真人表演剧目。——译者注

"我们会说，En brera。意思就是'别无选择'。"

哈利迪点燃一支雪茄："以色列什么时候缴获的这部雷达？"

"前天。"

哈利迪的眉毛高高扬起。"我们没有吊运过最大容量，还没确定过CH-53D的最大提升力。"

"那现在你们知道了。一架飞机吊运了四吨，差点儿坠到海里去，所幸没有。"

哈利迪吸着雪茄，盯住他问道："你在巴黎待多长时间？"

"你们什么时候给我答复，我什么时候走。"

"会很快的。"女老板给他拿来账单，他一边挥手制止巴拉克，一边付了账，"艾米莉跟我说你的儿子是海军。他在那几艘艇上吗？"

"在。"

"但愿上帝保佑他安全上岸。"

"阿门。谢谢你。"

他们站起来。"要搭便车吗，巴拉克？我有车和司机。"

"我最好还是自己走。"

"也许最好还是自己走吧。那再见了。"两只冰冷的手掌不自然地握在了一起。

第十章　饭店特色菜

心有灵犀

导弹艇在新年的前一天抵达海法港，空中摄像不断重复播送，全世界都看到了这一场景，与此同时，巴黎的大使馆则陷入了异常繁忙的境地。哈利迪打电话约巴拉克晚上在斯克莱布酒店见面，此刻时间还早，为了消磨时间，巴拉克信步走到火树银花的香榭丽舍大街上，反正荒谬的"挪威借口"算是过去了。一阵冲动下，他拐了个弯，来到了乔治五世酒店。酒店大堂和所附酒吧里有很多美国人，早早地开始了他们"每逢佳节倍思亲"的除夕狂欢。巴拉克走进空无一人的底层楼厅，在一张扶手椅上坐下来。

如果年末忧郁这种情绪正常，那就让它痛快淋漓地发泄一番吧，该死的！好多年前，就是在这个地方，那个活蹦乱跳的艾米莉承认她很奇怪地迷恋上了他，那时候她才十九岁，还在巴黎索邦大学读书，穿着格子裙和起毛球的毛衣，头发梳得乱蓬蓬的；而现在，她已是三十五岁的人了，是布拉德福·哈利迪的太太，一对双胞胎的母亲！这里的枝形吊灯、壁纸、家具以及那些很特别的立式烟灰缸还同以往一样，而他，头发几乎全白了，身形更加肥胖，事业快到头了，却停滞不前。他已经在考虑到哪里去过平民生活了。

"你好。跟当年不同的就是没看见那个女人给她的狗喂长条酥卷。"

"天哪。"他跳起来环视四周，不假思索地脱口而出，"见鬼！你怎么能把那对双胞胎留下呢？她们还不到一岁啊。"

艾米莉站在那里，穿一件配灰色毛领子的红色棉外套，帽子很时尚地斜到一边，看见他惊讶的样子，她笑着说："好啦，好啦，或许你不懂吧，在这一点上要说说那些男性家长。我的比利时保姆对我丢下她们也颇有微词。只是一晚而已。"她走到他面前，手掌抚摩着他的脸，又在他嘴上轻轻一吻，"你还是这个性格，不是吗？一点儿浪漫细胞都没有。"

"艾米莉，你老公在哪儿呢？"

"当然是在斯克莱布酒店喽。"

他看了眼手表："我想，他七点才能到那儿。"

"日程安排突然改变了。我听到他给你们大使馆打电话了，肯定有口信。"

"我最好打个电话。"他大步走开，找到底层楼厅的一个电话间。口信是这样的："提早跟艾米莉到了这里。与我们在斯克莱布酒店吃晚饭如何？请在六点来谈我们的事情。"

巴拉克回来，艾米莉没脱外套，坐在沙发上。他说："完了，完了。你老公要邀请我跟你们一起吃晚饭。"

"怎么就完了？巴德可是位绅士。我们可以先在这儿喝一杯吗？那个酒吧就是个蛇窟，节日里蛇比平时还多，都像疯了般地扭动，也许有的还在交尾呢，只是没人会注意到那种事。"巴拉克打了下服务台上的铃铛。"巴德今晚必须飞到罗马，不知道具体是为什么。也许他会告诉你吧。我们都已经弄到《魔笛》的票了，真该死，他还得退掉。"

一个憔悴的浅色头发的侍者手里拿着一只托盘摇摇晃晃地走上来："你们好，先生？太太？"

第十章　饭店特色菜

"老狼，N年前在联合国附近的低级酒吧里，就是我被叫作'女王'的那家，那时我们喝的什么来着？"

"那谁还记得住啊……"

"算了，那就科涅克白兰地吧，要加热啊。噢，狼哪，帮帮忙，不要这样盯着我！我知道我很丑的。"

"你不是丑，你是不一般。不要拐弯抹角打探消息。"她大声笑起来，非常可爱的笑，"天哪，艾米莉，刚才你猛然在后面说话时，我的汗毛都竖起来了。"

"亲爱的，跟你一样，我也是来寻找鬼魂的。我们两个都来了，找到的却是坚实得不能再坚实的肉体。"

"你老公说那对双胞胎非常非常漂亮，说你只是在学中国的父母亲那样，贬低她们。"

"巴德很了解我。"她深情地看了他一眼，长叹一声，"你吃的开心果太多了，狼。"

"还有太多的生日蛋糕。"

"哦，上帝，对我来说你看起来反而更有魅力了。在这儿碰到你真好！不错，我的宝贝们很漂亮。"她用指关节在桌子上敲了敲，"大吉大利，但愿刚才说的话不会惹祸。我不丑陋吗，嗯？好好跟我说说。"

巴拉克又看了一眼表。艾米莉继续说："你要不说我就干掉你，狼。"

"好，好，说。"他久久地注视着她。艾米莉的发型是当下流行的式样，前额上精心地留着某种羽毛状的修饰。从前凸起的颧骨变得柔和了许多，现在是圆脸了。从前那双热力四射的大眼睛现在也显得平静、深邃、内敛。一句话，怪诞的艾米莉已经变身为一位母亲，一名华盛顿式的妻子了。然而，现在不是在给她写信，而是和她面对面坐着。这些话该怎么告诉她呢？

这时，侍者端上了酒。她举起杯子喝了一口："我的天哪，宝贝儿，别再看了，就直说吧。"

"嗯，你永远都特别瘦，艾米莉——"

"我现在就是一座房子。"她不高兴地说。

"别犯蠢。"

"我给你看。"她跳起来，"我就是，就是。"

"别脱衣服啊，我们必须离开这儿了。"

"要走你走，我不走。我有大把的时间，要是我能找到一家开着的店的话，我还要买长筒袜呢。我的那双袜子在火车上扯破了。瞧！"她扔下外套，身体转了一圈。穿着量身定制的黑色女式西服，她的乳房和臀部很自然地突显出来。"两吨重，畸形怪物女王秀。我怕什么？巴德一直说，他很喜欢这种可爱的胖乎乎的身材。自从那对双胞胎出生以来，我就是这副模样了。"

"好了，艾米莉。想要听我说吗？这样很漂亮。"

"满头白发了还撒谎。你说的'漂亮'是相较于娜哈玛的曲线部位吧。不过，还是谢谢你。她怎么样？"

"挺好的。哎，在见哈利迪之前，我必须先到大使馆查阅记录。我得走了，女王——"

"等等，等等，把你的酒喝了，要说的话还多着呢！整整一个夏天，你究竟为什么不写信了？你从来也没有解释过。整整三个月，没有一封信。在比利时的时候，我还带着那两个尖叫的宝贝，整个人都要疯了。"

"是这样，纳赛尔开始了消耗战。你听说过吧？"

"只是大致上听说了点儿。"

"再补给问题多得数都数不清，那是我在华盛顿的主要工作。还有，让'鬼怪'式战斗机放行也是相当困难的事情。时间呼的一下就过去了。"他喝了一大口白兰地，放下杯子，"喂，你生了孩子后，我也有好几个月没从你那儿收到信啊。我要走了。晚餐见啊，感觉好像怪怪的。"

"好吧，好吧，走吧。"她弯下腰吻他，两人的嘴唇短短地贴了一下。她声音发哑地说道："真是一团热情的火焰，这次邂逅真诡异。对巴德来说，什

169　　　　　　　　　　　　第十章　饭店特色菜

么也没发生过，你懂的。"

"艾米莉，你用你的超自然能力预料到这次偶遇了吗？"

她怅然一笑，说道："哈，我的超自然能力。你还记得啊！没有，它们很多次都不成功，我都放弃了。去大使馆吧，让我沉湎在记忆中享受一个孤独的除夕吧。不仅是因为你，你知道，我在巴黎度过了很多时光。"她按了下铃铛，"我得再来一杯科涅克白兰地。"

六点整，巴拉克到了斯克莱布酒店。哈利迪打开自己所住套房的门，这间套房的高高的天花板上布满了灰尘，窗户高大，墙纸剥落，家具也很老旧。角落里有一台黑白电视机在忽明忽暗地闪烁。

哈利迪穿着齐整的军装，还佩戴着一排五颜六色的军功勋章。"喂，你好。很对不起，改时间了。"他说。

"没关系，谢谢晚餐邀请，我很乐意接受。"

"好，好，艾米莉会很高兴的。上面命令我今晚晚些时候去罗马参加一个紧急会议。北约有点儿突发小事故，南部战区。"

"确定不是关于我们舰艇的事吧？"

"基本上不会是。你喝什么？我冰冻了一瓶桑塞尔。"

"听起来不错啊。"其实巴拉克并不知道桑塞尔是什么酒。哈利迪给他倒了这种白葡萄酒，他尝了尝，感觉就像是味道比较淡的止咳药。"你们舰艇的事是这样的。"哈利迪用拇指做着手势，"请坐，将军。它们受到了媒体的普遍关注和报道。北约有电台在西西里岛沿海捕捉到了它们的信号，从那以后就一直跟踪。我们没有向北约之外的国家通报过这个消息，不过法国当然要告诉了。"

"那很好。蓬皮杜今天对他的内阁阁员说：'由于我们自己官员的无能或者说纵容，我们的荒唐形象已是既成事实。我们发出的声音越少，对我们就越有利。'反正大意就是这样。"

"你是怎么知道的？"

巴拉克耸耸肩，哈利迪点了点头。两人对那些话过多的法国政府官员都很了解，没必要再多说什么。"这个破烂不堪的地方。"哈利迪指着条条悬吊下来的墙纸，"海明威要是活过来，看见这些会很悲伤的。不过这里的餐馆维持得很好。"

艾米莉提着大包小包忙乱地走进来。"嘿，兹夫，很高兴见到你！巴德，有的商店关门了，但是你会惊讶竟然还有这么多家商店开门营业。"

"关于法国人在金钱上的兴趣，我从来都没有惊讶过，亲爱的。巴拉克和我们一起吃晚餐。"

"太好了。"

"哎，现在七点差一刻，你赶得及吗？"

"我会准备好的。"她走进卧室，关上了门。

哈利迪点上一根雪茄，说："巴拉克，国防部部长感谢以色列政府告知P-12雷达的消息，也通知了国务院。我们政府很感兴趣，但是同时也有问题想问。"

"问吧。"巴拉克说。

"邀请的条件是什么？"

"据我所知，除了保密之外再没有其他条件，将军。"

"技术人员自由检查？"

"自由检查。"

"没有回报？"

"没有。友情关系。"

"我们的检查会透露给媒体吗？"

"我们国家没兴趣透露这个。这是显然的。"

"你们的联合政府里有好几个党派，泄密的话也不稀奇啊。"

"华盛顿这边也不稀奇啊。"

"也是。"

"以色列国防部会全程跟进这个事。我们那边是安全可靠的，华盛顿这边就是你们的事了。"

"你明白，国务院在防止激化阿拉伯人的情绪方面是很担忧的。特别是这次舰艇事件之后。"

"哈利迪将军，如果你们的国务院能够否决这项绝密的苏联防空技术检查，那也就无所谓担忧阿拉伯人的感受了，也就不必多说什么了。"

"哦，不要误会我的意思。你们的提议我们接受，而且很感激。"

"嗯，那就好。"

"像你说的，没有外交往来，没有正式手续，没有文件。要把这件事始终定性为军队事务，完全非正式的技术人员访问，就像我们经常对阿拉伯国家做的那样。"

"没有书面记录。"巴拉克用华盛顿方言说。

哈利迪迅速微笑了一下，像燧石上擦出火花一样："你无师自通地学会方言了啊。"

"我在华盛顿待了一段时间了。"

"到时我带队。空防电子学也算是我的专业领域——算是其中一个吧。"

"这也是上面指示我跟你联系的原因。"

"我们下个月去，至于具体日期，看你们什么时候适合吧。"电视里传出一阵大喊大叫，吸引了他们的注意力。哈利迪走到电视机前，说："舰艇到达了吗？"

"还没有。要在完全天黑之后才能进入，不能让法国人太难受。"

哈利迪斜眼看了他一眼，算是对这句嘲讽的回应。电视里，摩西·达扬正在耶路撒冷国防部的外面面对人群讲话。播音员说道："达扬部长说，法国和挪威都是以色列的好朋友。"

"Ooser（完全不可能）。"巴拉克说。

"Ooser？什么意思，巴拉克？"

"没法儿翻译这个意第绪语，将军。"

"大约等于'完全不可能'？"

"还挺准确的。"

"再来点儿桑塞尔？"

"有什么不行呢？"

"哎，"哈利迪一边倒酒一边说，"我估计你今晚的活动都安排满了吧？除夕嘛。"

"一点儿也没有。在以色列，我们称这一天为'西尔维斯特'，是一些基督教徒的日子。我们在这一天什么事也没有。"

"嗯，如果你是歌剧院常客的话，考虑一下陪艾米莉看《魔笛》吧，怎么样？我们已经订好票了，结果现在去不了，她非常失望。"

除夕之夜

斯克莱布酒店已经过气很多年了，现在默默无闻，餐厅里只有一半人在就餐。"看不出来这是除夕夜，"哈利迪说，"不过，不管怎样，我们得来瓶香槟。"

一位大腹便便的秃顶侍者，身穿一套从肘弯处开始变绿的黑西服，推着一个四层小车朝他们的桌子走来。车子里是餐前开胃食品，除了平常的精致美食外，还有一些巴拉克没见过的多足多毛、让人极其讨厌的东西，蘸在油或调味汁里。哈利迪点了一些菜，多是那些讨厌的东西，当侍者给他端到桌子上时，他说："这是我要吃的饭店特色菜。一架法国军机九点要起飞，我必须得快点儿吃完。"巴拉克和艾米莉则点了卢瓦尔河鲑鱼。哈利迪举起杯子说："为你儿子的舰艇干杯，巴拉克将军，为这个世界焦点。"

"谢谢你。都是因为禁运，要是法国把我们付了款的货物交给我们，也就

　　　第十章　饭店特色菜

没什么说的了。"

艾米莉说："为了登上月球干杯。刚刚过去的一年，我们都很辛苦，这也算是一种弥补吧。为了这件事，也为我的宝宝们，干杯！"

他们谈论月球漫步、美莱村屠杀①、查帕奎迪克丑闻②，当然还有瑟堡舰艇事件。"好了，嗒，"哈利迪吃得津津有味，他放下最后一只毛茸茸的东西，说，"巴拉克，我希望你喜欢《魔笛》。我妻子可是个莫扎特迷呢。"

"我也是。"

"那太好了。对我来说，莫扎特所有的曲子都差不多，不过是些叮叮当当、矫揉造作的无聊玩意儿。她说我的耳朵长歪了。我倒是特别喜欢瓦格纳。"

艾米莉说："那是当然。瓦格纳专为歪耳朵写曲子。你会从罗马给我打电话吗？"

"早晨第一件事就是给你打电话。"哈利迪说着站起来，弯下腰吻了吻她，"新年快乐，亲爱的。"巴拉克站起来和他握手，他说："也祝你新年快乐，巴拉克将军。"

巴拉克和艾米莉目送他离去，然后他们互相盯着对方，最后同时笑起来。"你说过我们在底层楼厅的见面没有发生过，女王。我不相信的是现在发生的事情。"

"可它就是发生了。'爱洛绮斯'和'阿贝拉'事实上开始见面了，而不是写啊写的。"

"艾米莉，这次看歌剧的计划都取消了，他干吗还带上你来巴黎？"

"干吗？你不知道巴德·哈利迪。他说：'没关系。不管怎样，你不想和你的朋友巴拉克享受晚餐吗？一起来吧。'"

---

① 在越南战争中，1968年，美军在当时的广义省美莱村制造了"美莱村大屠杀"，杀害了500多名手无寸铁的妇女和儿童。据统计，当时遇难人数在500以上。——译者注

② 1969年7月，肯尼迪参议员驾驶的一辆汽车从查帕奎迪克岛的一座桥上坠入海中。当时与他在一起的一位名叫玛丽·乔·科佩奇内的年轻女士溺水身亡。这位以玩女人和酗酒著称的参议员，对这一事件做了自相矛盾的解释，此后他的政治生涯就被罩上了阴影。——译者注

"我明白了，很好。"巴拉克说，尽管他没明白。

"好极了！狼，他给了我们一整晚在一起的时间，一整晚！巴德是个很好相处的人……狼，你的脸现在很可笑。"

"我？没有啊。"

"哦，你有。当我说'一整晚'的时候，你的嘴就开始抽啊抽的。"她模仿着他的样子说。

"我没有抽动那一块肌肉。"

"现在看啊，亲爱的兹夫。我已经是一个又老又胖的母亲了。那一切都发生在另一个国家里，此外，那个少女已经不在了。过去的事情是完全不可接受的。你明白了吗？"

"女王。"

"什么？"

"一直要等到别人求你。"

艾米莉头往后一仰，哈哈大笑："一针见血，真是一针见血！我怎么会忘掉那次我们在林肯纪念堂见面的晚上你告诉我的话呢？你是性无能，对吧？和'阿贝拉'一样？很好。"在那次幽会中，她一直纠缠着他，要和他发生关系，方式笨拙而缺乏经验，后来他就用那个蹩脚的理由把她打发了。"嘿，我们的鲑鱼来了。我都快饿死了。"她一口气喝干酒，开始大吃起来。

"艾米莉，歌剧什么时候开演？"

"我不知道，现在我不太在乎。歌剧的序曲我已经烂熟于心了。我可以用口哨吹出来。我可以吹吗？"

"再喝点儿香槟吧。"

"我正想要呢。你真的特别想听莫扎特？混账，兹夫·巴拉克，今晚你不要再看你的表，就算我们一直坐到天亮，你也不能再看表。"

"艾米莉，那些舰艇马上要进海法港了。我想先去看一眼电视，然后我们再去看歌剧。怎么样？"

"哦，当然可以了。"她碰碰他的手，"吃鲑鱼，狼，非常美味。"

套房里的电视机持续了半分钟的条纹和雪花点后，图像渐渐显现：十二艘"萨尔"级导弹艇全都停泊在泛光灯下，分成两排，每排六艘。接着场景转移到一间大礼堂里，在泛光灯的刺眼光线中，摩西·达扬身穿短上衣，扎着领带，站在麦克风前，身边还有几个胡子拉碴、穿着皱皱巴巴的工作服的人，对面是一大群记者。

"艾米莉，那些人是海军高级军官，就是他们把舰艇带进去的。看那儿，天哪，那是我的诺亚。"在那几位高级军官后面，还站着一群蓬头垢面的人，都面容疲倦地咧开嘴笑。巴拉克指着其中一个戴毛线帽的小小人影，说："那个就是诺亚。他看起来太累了！他们都是。"

艾米莉戴上眼镜，盯着诺亚看了一下，说："我肯定，他长得和你第一次来我家时一模一样。那时我才十二岁。"

"每个人都说他长得像娜哈玛。"

"胡说。像你。"

播音员在说法语，达扬在说希伯来语，那些记者则用几种不同的语言喊问题。巴拉克啪的一声关上电视。"行了，他们干成了，去看《魔笛》吧。"

"苍天在上，你一定特别自豪吧？知道吗，我父亲昨天给我打电话了，他说有关那些舰艇的报道整整一个星期都在《纽约时报》的头版上登着。他很是激动。"

巴拉克朝外面街上望了望，问："那些女的为什么在那里站成一列，艾米莉？发生什么事了？"

"你这个可怜的笨蛋，你不知道吗？那些人是Poule（妓女）。"

"什么？"

"就是妓女，亲爱的。这块地方是她们的街区。过去就是这个样子，又回到我在索邦大学时的日子。巴黎是个很守旧的地方。"

巴拉克呆呆地看了一会儿，摇摇头说："Vive la France（法兰西万岁）。"

她挽起他的手，说："对，'饭店特色菜'。我们赶紧离开这个破地方吧。"上出租车后她问巴拉克："兹夫，整个脱逃事件真的那么重要吗？那些船都是那么小。"

　　"是的，这次脱逃很重要。我们正在往那些艇上装备东西，它们会拥有很大的威力，每一艘我们都需要。假如现在我们同时受到来自两个方向的海上进攻，红海和地中海，我们一样可以应付得了。"

　　"你和巴德的这次业务明显很重要。"巴拉克只是点点头，"不管它是什么业务，都要为此感谢上帝。也为这个感谢上帝。"她说着把脸颊贴到他的脸上。

　　当他们步入歌剧院大厅时，听到序曲即将完结。他们快步跑上华美的楼梯，刚刚坐到自己在前排的座位上，幕布就升了起来。"大巨蛇。"艾米莉气喘吁吁地说。此时舞台上跑上一个男高音歌唱家，他一边声音嘹亮地唱着歌，一边躲闪一只蜿蜒游动的绿色大怪物，那只怪物扑闪着红色的眼睛，鼻孔里还有浓烟喷出来。然后三位小姐进了场，用魔法使得那只怪物退却并逃走。再然后那三位小姐唱起热烈而欢快的三重唱。艾米莉几乎是大喊着："这才是真正的生活，兹夫，就是这么疯狂。莫扎特懂得这种生活。"

　　邻座一位青灰色头发的枯瘦妇女狠狠地瞪了她一眼。巴拉克把手指放到唇上，艾米莉抓起他的手，指甲用力掐了他一下。再后来，当夜女王花腔女高音的炫示引得全场长时间热烈鼓掌时，她说："没有什么事情能比我们两个坐在这儿更疯狂了，你和我，无法用言语表达。我们走吧。"

　　他跟着她走出来。顺着空无一人的楼梯往下走时，他说："我猜莫扎特会理解的。"

　　"莫扎特？"艾米莉说，"莫扎特是坐在上帝左手边的①，笑着原谅的。你不用为莫扎特烦恼了，还是想想我们接下来去哪儿吧，要干什么。"

　　"这是你的城市，巴黎。"

---

① 基督教中，上帝右手代表公平和正直，左手代表迂回和狡黠。——译者注

"对，它就躺在我们面前，不是吗？及时去巴黎圣母院参加子夜弥撒吧，Mon vieux（老兄）？再说一次，这是非常传统的。"

"我不想参加弥撒。"

"好吧。你信教程度究竟怎样，狼？这个问题我们从来也没有谈论过，信上也没有说过。我见你吃过大多数东西，虽然不是巴德吃的那种爬行小昆虫。"她紧紧依偎在他的胳膊旁。

"沉重的话题。"他们沿着林荫大道闲逛，夜晚的空气是如此清新，灯光盖过了星光，但建筑物顶上苍白的半月却显得光秃秃、无遮无拦的，匆匆过往的行人都把自己厚厚地包裹起来。

"好吧，亲爱的，那不说它了。"

"不，我试着跟你说一下吧。有什么不能说的？我们犹太人在历史上是很独特的，这个毋庸多言。我们这个种族维系了三十多个世纪。如果我们不是上帝的子民，那怎么会做到呢？但如果我们是上帝的子民，又为什么要经历长达三十多个世纪的灾祸磨难呢？我们就真的一直那么罪孽深重吗？从一九四一年到一九四五年，在这期间，上帝不是特别漫不经心或者说是特别疏忽大意吗？这就是我陷入困顿的地方。"

"所以你不是一个宗教徒。"

"别着急，喏。我从没说过我不是宗教徒，我是说我陷入了困顿。我只是不能理解。同样，我也不理解莫扎特。一个凡夫俗子怎么能做出他那样的成就？不，我不理解上帝，此外，我也不理解生活中的很多事情。比如我不理解你老公为什么要把这个夜晚当礼物送给我。"

"这是送给我的一个礼物，你这个傻瓜。我知道我们下一步要干什么，招手叫出租车。"

他们躺到一艘挂着灯的"穆什游船"的后排长椅上，黑色的塞纳河上微风拂面，船悄无声息地滑出去。船里大约有一半人，一对对年轻情侣都在拥抱接吻。船头，有一个老人正在用六角形手风琴演奏诸如《秋叶》《玫瑰人生》一类的曲子。河水闻起来有股腥味，风很冷，黑色的河面上映出几点星光的倒影。艾米莉抓着他的手，轻松随意地闲扯，说她那两个双胞胎已经长得有多么多么不一样了，事实上只有她自己才能分得清什么的。他可以不用动脑子地随意听她讲，因为她好像只是用她一半的智商在说话，只不过是一个宠爱孩子的母亲。

巴拉克坐在那里，从这次意外相遇回溯到痛楚的起源，试图厘清情感最初的萌发。艾米莉有一搭没一搭地闲聊，似乎也在给他机会思考。当激情在他和娜哈玛之间燃起时，他俩都还算是孩子，那个时候他们的年龄比现在的诺亚还要小。后来他们结婚了，孩子也出生了，生活起起落落，日子还是很美好的。作为一个妻子，娜哈玛无可指责，她面面俱到，又很惹人爱。后来，艾米莉作为一种奇特的事物闯入了他的生活，兴致盎然的通信开始了。他一步步地、缓慢地燃烧起来。到现在，她已经成为他生活中的一部分了。他们之间这段浪漫的激情无法预知未来，但他很想维持下去，靠书信，或者靠像今天这样的偶然相遇，只要他还活着。

"你呆呆地想什么呢？"她突然问他。

他被吓了一跳，回答："只是想弄明白我为什么会如此爱你。"

"继续，继续说。"

"是真的，艾米莉。"

她盯着他，说："哦，上帝，哦，上帝，你是认真的了。"她的声音有些哽咽，"兹夫，你不应该那样说。"

"为什么不应该？你问我的嘛。"

"因为马上就不能爱了，这就是为什么。一点儿都不能了。我现在非常非常痛苦。船靠岸后我们就直接去宾馆。"这话让人听着既兴奋又恐慌到酥麻，他最不想做的，就是和布拉德福·哈利迪的太太做爱，可他能抵御得了这位女王的诱惑吗？她以平板且神经质的声调继续说道，"然后我收拾一下我买的东西，再然后你送我去巴黎北站。我要今晚回到我的宝宝们的身边，十二点二十二分有一趟早班火车。"

"有那样的事？"

"没错。在索邦大学读书时，我跟一个比利时人谈朋友，那时候火车的发车时刻是十二点二十九分。所有去布鲁塞尔的车都在十二点二十九分发车。如今则是十二点二十二分。"

"如果你想那样的话，也行。"

"我还能怎样？我受不了这种折磨，兹夫，我真的受不了。巴德是出于好意，或许他太过聪明，我理解不了。我一直都弄不明白他。我对你了解得比他深。不要了，狼，不要了，我亲爱的，不要了！绝对不要再爱了。"

他用胳膊搂住她。"这一次你就不要说了，艾米莉。"他们亲吻起来，就像在"牢骚室"里一直做的那样。

"嗯，他们也只能做到这个地步了。"她挣脱开来，指着那些情侣嘟哝说，"不过够了。借用巴德嘲讽时常用的口头禅，性是他妈非常讨厌的玩意儿。"

"'饭店特色菜'。"他说道。她悲哀地轻笑。

一切都按照她说的来。他们到达巴黎北站时，所有的钟表都显示即将12点了，她买好票后，喇叭、铃声就一起响起来。车站里随处可见醉醺醺的美国人声嘶力竭地大喊："友谊地久天长。"

"凌晨时分他会从罗马往饭店打电话的。"巴拉克提着行李，跟在她后面说。

"我留了言。没事，他会理解的。也许最好不过是这样。没关系。到现在为止我很清白，足可信赖。"到了火车门口，她放下包，问道，"告诉我，你当时会求我吗？"

"什么意思，女王？"

"你说我'一直要等到别人求你'。刚才你有机会，你知道的，老友。我们在卧室里，当我收拾东西的时候。只有我们两个人，一张床。让人联想到'牢骚室'！还有——没了。"

"答案不是明摆着吗？"

"哦，是吗？假如我停下来，在匆忙收拾中停下那么一小会儿，然后给你一个调情的表情呢？只是那样一下，会怎样呢？"

"真能瞎想。你不知道有多能瞎想。"

火车的铃声叮当作响，蒸汽发出嘶嘶声，都能闻到翻腾的水汽的味道。"女士们，先生们，请各自坐到自己的座位。"喇叭里列车员用法语喊道。

"哦，不知道？看着我。"她斜过眼，风骚撩人地看着他，眼睛差不多闭上，嘴巴淫荡地弯成弧形。

"好了好了，我以后陪你一起去布鲁塞尔。"

"我是多么希望如此啊！再见，我永远的爱人。"

"再见，女王。"

"你个浑蛋，常来信啊。"

他提着她的包上了火车。她那个隔间里没有别人。他们拥抱、接吻，直到铃声当当响起来。他感觉到她脸上有眼泪滑下，吻得更激烈了，想要擦掉它们。她喘息着说："宝贝，快走！走吧！今天的事不可思议，让人开心，我的爱人，一颗不做请求的银亮的星星。新年快乐，瑟堡舰艇万岁！"

　　　第十章　饭店特色菜

第十一章　缠斗

绝密信件

美国国防部部长在他的办公室收到一封信，上面盖着"绝密"的印记。这封信是哈利迪将军寄来的，打开后里面又是一个封口信封，再拆开，是厚厚的一叠油印文件，还有一份备忘录，有力的竖体字写在几张黄色长信纸上。在空军中，哈利迪被认为是很有才智的那一类人，是一位严谨认真的政治著作与军事著作读者。他以前在国防部计划司任职两年，在涉及即时危机的非正式分析时，国防部部长一般都会征求他的意见，甚至在给国会起草应时报告时也要问问他。

尊敬的部长先生：

按照以前的承诺，随信附上我关于以色列所缴获的苏联P–12雷达的前期正式报告。我们的空军专家团队对那台设备进行了彻底而全面的检查和分析，您将从87页的报告和4页附录中看到。

关于涉及我国国家利益的以色列战略态势，您要求我在首次为期五天的参观之后就秘密书写我个人对它的印象和观感，现在我把它也一起附上。我诚挚地请求您，这份内容看完一定要立刻烧掉。请允许我再次直言不讳地说，不要保存原件，也不要抽出来打印。

敬礼

巴德·哈利迪

1970年2月5日

备忘录

私人信件（绝密）

主题：以色列——"六日战争"后的战略态势

美国的中东政策明显是偏向于犹太人的，部长先生，一部分是由于他们在纳粹手下经历过的磨难，一部分是由于他们的国内政治影响。"六日战争"使以色列被外界看作一个超人的国度，这不过是媒体在胡吹。然而，就我参观来看，他们中相当多的人，包括高级军官们，都相信那种说法。很明显，这是非常危险的。他们利用相当专业、先发制人的进攻实现了奇袭，后面的战斗也打得很出色。尤其是他们的空军，绝对一流。但是战争的结局却常常将他们置于一种过分扩张的状态中。他们所占领的西奈地区没有什么基础，只有一些部队。只要对方有优势的兵力，就可以将他们赶出去。在苏联日益增加的援助和煽动下，埃及也正在努力打造那样的军队。以色列人习惯打短期战争，但现在不得不支撑一条长达一百多英里的静态战线，而且补给这条战线需要穿越整片漫长的沙漠。同时，他们还要防卫活跃的叙利亚和约旦前线。纳赛尔上校在其他防线上没什么好担忧的，所以他有理由在运河地区放置大量的袭扰兵力。这种任务对犹太人来说完全是不可想象的。他们的战线拉得太长了。

因此，便出现了一系列意在震慑的大胆行动，诸如缴获雷达、瑟堡舰艇事件、绿岛战斗、9月份装甲部队袭击，这一切的目的都是要震慑埃及。以色列人现在正打出他们的最后一张牌：利用"鬼怪"式战斗机进行深度空袭。由此带来的结果，根据中央情报局报告，就是纳赛尔上个月跑到莫斯科恳求苏联出兵。我听说以色列情报机构也证实了中情局的这份报告。这样一来，以色列就要对付一个超级大国了！如此不断升级的军事事件是无法长期控制住的。如果犹太人发现他们为了紧紧抓住西奈而要和苏军打仗，那么以色列很可能会成为第三次世界大战中的"塞尔维亚"。

以色列除了美国再没有可依靠的，而我们只有设法改善和阿拉伯人的关系，并且不要去理会国内犹太人的压力，以色列的幸存概率才会提高。我认识到，这种观点在国务院比在五角大楼更普遍。五角大楼中有一种倾向，就是很钦佩以色列，而且还相信它是无敌的。犹太人从纳粹大屠杀下喘过气来，建立了他们自己的袖珍国家并加以保卫，这方面我也很敬佩。犹太人就像是乌鸦和草原狼一样，是一种无法毁灭的物种，是历史上的一个奇迹，但是如果严格地计算我们自己的利益，他们可能就是一个问题了。

基于这种计算，部长，我在电话里曾建议过，不要接受运输这部苏联雷达到美国，现在我依然还是这个建议。那些美国本土雷达专家一点儿一点儿才能收集到的情报资料，在我的团队报告里全有，所以不需要运雷达过去，而且万一消息泄露，说我们已经获得了这部抢来的设备，那我们跟阿拉伯人本来就紧张的关系会更加恶化。我们真的不需要将一部抢来的苏联雷达放在美国地面。

敬礼

布拉德福·哈利迪

1970年2月4日

国防部部长没有理睬哈利迪将军的备忘录，那部雷达运到了美国。随后的几个月里，中央情报局披露的关于苏联在埃及的介入范围充分证实了他的警告。到一九七〇年六月，五支中队的"米格-21"战机由苏联飞行员驾驶，开始在开罗和主要军事目标上空执行空中掩护；苏联防空导弹基地和体系的建立也在快速进行中，这又增加了几千名军事人员和技术人员。因此，为了阻止这场消耗战并恢复停火，美国开始加强暗中的外交运作，与此同时，国务院也劝服尼克松总统，通过暂停交付"鬼怪"式战机来给以色列施加压力。

到了七月份，苏联飞行员开始追击以色列飞机，甚至对其开火，而以色列飞行员则被严令不得与苏联人交战，所以他们只好猛轰油门逃走。这期间，不断增加的新式导弹也在击落"鬼怪"战机。

执管飞行中队

电话铃响的时候，伊娃·桑夏恩，这位一九六八年的以色列小姐亚军正在梳理她凌乱的长长黑发。"本尼，他已经到大堂了。"她冲着淋浴的水声方向大喊。

"已经到了？告诉他，十分钟。"

"B'seder（好的）。"

本尼用希尔顿饭店宽大的毛巾匆匆擦干身体，他很感激可怜的伊娃，是她让他从极度消沉的心境中恢复过来的。今天早晨他非常难过，几名"鬼怪"战机飞行员让被称为"飞行电线杆"的导弹给击落了，他去看望了那几名飞行员的父母。这次看望他感觉很别扭。实际上，他几乎不认识那些飞行员，因为就在几天前，这支中队的前任中队长被击落，他才换过来带领这支中队。在这场"鬼怪"战机与苏制电子制导火箭的新型战斗中，空军几乎都顶不住了，因此上面强行命令本尼·卢里亚来接管这支中队，而他此时还没有取得"鬼怪"战机的飞行资格，还在匆匆学习这种战机的飞行课程。

他边往外走，边擦他那湿漉漉的短发。"你刚才怎么那么粗鲁？看看人家的头发，梳不通了。你必须要在我的午餐时间来看我吗？"她抱怨道。

"Motek，你救了我的命。"

"别夸张，听着，我想见一见这位帕斯特纳克将军。"

"你还没见过？当然可以了，去大堂找我们吧。"

"我不想那么明显。"

"废话。就那样。"

温情脉脉地亲吻后，他走了。这位以色列小姐亚军凝视着镜子，打量她的丹凤眼和光滑的皮肤，还有本尼说过的如葛丽泰·嘉宝一般的颧骨。她还要和这个男人凑合多久呢？本尼给她找的这份酒店接待员的工作比她做模特儿安稳多了，但实在是太枯燥、太乏味了！而且她的容貌也不会永远保持下去呀。好啦，不用想了，在大中午做爱倒是有点儿不一样，有一点点狂野，差不多和他们早期时一样。那么就再回到酒店大堂里，对着那些愚蠢的问题和有钱的美国人的愤怒投诉微笑、微笑、再微笑吧。这也是养活她卧床不起的母亲和她自己的一份生计啊。

紧急地往华盛顿跑了三天，此时的帕斯特纳克两眼布满血丝，肩膀下垂，脑袋也耷拉着。大堂里人不多，因为大部分游客都出去旅游了，他和本尼两人远远地坐在一个角落里。"第一，他们马上就恢复交付'鬼怪'战机。"帕斯特纳克声音嘶哑地说。

"太好了！确定吗？"

"确定。不过，这件事要秘密进行，以便不得罪阿拉伯军队。本来就是他们欠我们的，只不过尼克松在三月份给拦住了。"

"萨姆，怎么办到的？"他左右看看，压低声音悄悄说，"'哈巴谷'的原因吗？"

"哈巴谷"是一个情报代号，其消息由埃及那边的秘密情报人员提供，就是这些情报告诉他们，"鬼怪"战机的损失为什么会突然直线上升：苏联人装备了"萨姆-3"导弹，上面带有先进的、可以使"鬼怪"战机电子屏障失效的对抗手段。

"除了'哈巴谷'外，还有一件事情：苏联人并不是真的在逼迫埃及人考虑停火。"帕斯特纳克疲倦地重重叹息一声，"除非是苏联对纳赛尔施压，否则永远都不会有什么能阻止这场消耗战。"

"但同时，不管怎样，华盛顿方面由大棒转回到胡萝卜了。"

帕斯特纳克沉重地点点大脑袋，说："是的。美国国务院的那份停火计划实在太差劲，果尔达现在已经拒绝了它，如果她要硬咽下去的话，那我们会得到比这还要大的胡萝卜，但是——"

"那不是本尼·卢里亚上校吗？"一位很瘦、晒得很黑的女士快步走过大堂，后面跟着一个拎着相机的秃顶男人。出于对美国人友好的原则，本尼对他们微笑并挥挥手。她兴奋地说："哦，你认出我来了！"

当她走近时，他的记忆闪现了一下。"哦，当然了。葛罗瑞亚。洛杉矶债券晚餐。你还教我如何跳扭摆舞。"

"啊，保佑你的心灵。是的，我是葛罗瑞亚·弗瑞德。朱利叶斯，这位是卢里亚上校，那次战争中的空战英雄。"

"荣幸。"她丈夫说，然后马上把相机拿到眼前，"如果你允许的话，上校？"

"当然可以。"照相机咔嚓闪了一下光。

那女人高声说："上帝哪，卢里亚上校，这个国家，我们到了这块地方了！哭墙、马萨达、杰里科、希伯伦、比尔谢巴。我们还爬上了西奈山去看日出。"

"我在每个景点都拍了特别棒的照片。"她丈夫说。

"当然有红地毯为我们铺开，"弗瑞德太太继续说，"朱利叶斯是西海岸的债券主席。要不然我们无论如何都不会来这家饭店的，这么拥挤。整个国家都是挤来挤去的，在参观希伯伦那个洞穴时我们竟然不得不排队。你知道的，就是埋葬亚伯拉罕、以撒和雅各的那个地方。现在我迫不及待地想要读一下《圣经·旧约》了。"

她丈夫说："老实跟你说，上校。你们让我感觉作为一名犹太人非常自豪，同时也让我感觉到自己很卑微。你们太了不起了。"

弗瑞德夫妇俩走了。本尼看着帕斯特纳克笑，帕斯特纳克今天穿一身绉纹薄纱西服，一副平庸的矮胖子的形象，眼睛眯起坐在那里，哑着嗓子说："不要笑，美国犹太人是我们在世界上唯一确定的支持者。如果不是他们，别以为我们可以马上拿到'鬼怪'。"

"我还不够热情吗？"

"还行吧。我只是非常厌烦国内那些看不起美国犹太人的自以为是的家伙。这些美国犹太人都挺好的。现在听着，"帕斯特纳克一只眼睛闭住，另一只眼睛半闭，里面隐约闪现出一丝愁虑，"第二，你已经获得批准了。"

卢里亚坐起来："什么？终于批准了？"

"我刚刚从耶路撒冷回来，向内阁做了汇报，也许是获得'鬼怪'的消息让他们感觉有了些信心吧。总之，从现在起，你们的飞机要准备和纠缠的苏联人开战了。"

"感谢上帝！"卢里亚大声说。

"赢得一仗，只需一仗，我预计苏联人就会迫使纳赛尔答应一个应该还算过得去的停火方案。"帕斯特纳克说。

伊娃·桑夏恩返回她饭店门口处的前台，穿着丝绸制服，像以往一样梳洗得干净整洁。当她看见卢里亚和一个穿着皱巴巴的夏季套装的矮胖男人走过来时，她惊讶了，这就是那个传说中的萨姆·帕斯特纳克？那个政治内部大人物？那个公认的花花公子？看起来也没什么啊，而且他比他那几张稀少的军装相片看起来老多了。卢里亚介绍道："帕斯特纳克将军，伊娃·桑夏恩。"

"你好。在这饭店里举行婚礼我要跟谁谈？"帕斯特纳克问她。当他笑起来时，那半闭的眼睛睁开，大板牙露了出来，样子显得更加可怕，也显得更可笑一些。

"跟我，先要跟我谈。"她指着一张椅子做邀请状。他坐下来。

"把阿莫斯嫁出去，萨姆？"卢里亚开玩笑道。

"阿莫斯？哈！是我女儿，对一个小伙子认真了。"

"女儿有可能是糊弄你的，别订什么婚。伊娃，我必须得马上回基地，照顾好帕斯特纳克将军。"

"好的，我会尽力的。"卢里亚匆匆走后，她微笑着问帕斯特纳克："你心里想办一个什么样的婚礼，将军？"

"现在还不确定。你们这儿有也门式的婚礼吗？她男朋友是个也门人。"

"我们基本上做各式婚礼，但是也门式的不是在家里举行，或者在犹太会堂之类的地方吗？"

"也许吧，也有可能会完全泡汤。如果你觉得本尼不介意的话，我想请你共进晚餐。"

伊娃一下子有种喘不过气来的感觉，说："本尼不会介意，但是，有什么事吗？"

"我一直都忙来忙去的，现在很没精神，想跟一位美女享受一顿晚餐。如果你今年去竞选以色列小姐的话，你一定会赢的。"

"哈！真是天大的谎话，我想没有任何人记得了吧。"

"晚餐，那么？"

"什么时间，在哪里？"

出战

司机开着车风驰电掣般穿过特拉维夫南部绿油油的农田，本尼·卢里亚的精神振奋起来。早晨的抑郁已经像飞机跑道上的雾一样散去了，现在他在思考到底要如何应对伊娃·桑夏恩。

在空军早期崇尚勇敢、大胆的年代里，找情人一直是这个职业的一部分；此外，还有酗酒、进行危险的空中特技表演、留细细的八字胡等——那是整个英国皇家空军的银幕形象。那个时代一去不复返了。现在是像多夫这样的新一

　　　　　第十一章　缠斗

代飞行员的天下，他们固然不是和尚，但也甚少浪漫，不大习惯于模仿埃罗尔·弗林（Errol Flynn）[①]。伊娃是很宝贝，但她就是一个旧时代生活方式里的文物，而且他也不赞成达佛娜那一套，又希望在自己儿子面前树立一个榜样，所以本尼觉得在特拉维夫希尔顿酒店安置一个女友的做法很不妥当。

从伊娃这边来说，她与他的宗教觉醒也协调不起来。本尼·卢里亚越来越相信宗教了，他在不断突破社会主义者教育所持的那种单调、具体的概念。"鬼怪"战机的飞行员数量在逐渐减少，当减少到连他自己都得匆匆领取执照、而且多夫也将不得不飞的地步时，他问自己，那些受过良好训练的犹太棒小伙子在渴望什么？做一名技艺高超、让人钦佩的飞行员，然后在专为美国人开的酒店里拥有一个藏起来的伊娃·桑夏恩，仅仅这些不行啊，必须要有某类超越这些的东西了。

算了，不用想了，集中精力工作吧。绿色的田野和果园一闪而过，他开始思考即将到来的空战，在头脑里制订作战简令，挑选参加这次战斗的飞行员。阿维·本·努和亚瑟·斯涅尔肯定要作为领导者，然后他和他们两人协商确定其他的飞行员。参加这次任务的人员一定要精中选精，给某个超级大国一个教训。而且必须是明显无疑的胜仗，以色列空军不能有半点儿损伤，这是可以做到的。毕竟是人对人，而不是犹太飞行员对可恶的苏联电子设备和火箭弹头……

出击日，一九七〇年七月三十日，上午十一点。

"B'seder（好的），我们出发。"

卢里亚像往常那样发布完作战简令，飞行员们就带着地图、相片、头盔和专用相机匆匆忙忙地跑了出去。火热的阳光下，他们各自奔往自己的飞机，只是像往常一样与地勤兵们寒暄一下，都不说一句关于苏联人的话。随后地勤兵离开他们，进入沙袋障壁，"鬼怪"战机飞行员和领航员爬上他们的美国"马

[①] 美国演员，扮演的角色大多是军事片或惊险片中浪漫而勇敢的人物。——译者注

车"，这些笨重有力的大家伙身上装满了导弹和副油箱，而像卢里亚上校他们这些飞"幻影"的飞行员不需要领航员，他们单人沿梯子登上优雅的法国"大鸟"。本尼·卢里亚感觉到，这些优秀的年轻人不仅丝毫没有畏惧，反而还很急切，急着想和那些在运河上空肆无忌惮地追击他们的敌人干一仗。

启动发动机，突突声、隆隆声、咆哮声，烟雾翻滚，压缩机发出刺耳的尖啸……

卢里亚拉下"幻影"座舱盖，把自己关进幽暗的驾驶舱内，周遭顿时静了下来。他对照着磨毛了边的手册，检查完每一项指标。弹射灯亮了，缓慢向前推节流阀；灯灭了，静静等待轮到他滑往跑道。这队"幻影"四机编组不归他领导，由年轻的飞行员们来负责这次任务。但也不是他故意要错过。好了，第二组到二号跑道。

加足马力，颤抖中传来熟悉的发动机怒吼声。飞入空中，目标向西，赶往与历史的会合点，这些小伙子诸如塞缪尔、何西、摩西等，这些来自东欧犹太村镇的犹太人要和红色空军对决了……

与"米格"对决

进入埃及，"鬼怪"战机俯冲下去，掠着平坦的沙地飞行，而"幻影"则爬升到三万英尺的高空。卢里亚有可能立即受到挑战，一大群"米格"会蜂拥而来拦截他们。他的中队正在再次运用"得克萨斯州"战术，这种战术在六月份时几乎让埃及空军禁飞了。战术过程大致是这样："幻影"突破到五六英里的高空上，做出侦察的样子，"米格"战机随后紧急起飞，"鬼怪"战机这时出人意料地呼啸着出现，伏击"米格"。这种战术屡战屡胜，一直到大受损伤的埃及空军退出为止。今天那边"米格"战机的身份会被确定，因为有懂俄语的以色列情报人员在监听他们的飞行控制站。再说，埃及飞行员也不再与以色列飞机交战了。

可那些苏联人到底在哪儿呢？飞入禁区都五分钟了，还没有任何行动。空中一片宁静，下面远处的地面上也是一片宁静，"幻影"们排成空中表演队形嗡嗡地向前，深入敌空……

哈，在发布作战简令时，那些年轻人的脸上是多么自信！小伙子们痛恨轰炸导弹发射场那种绞肉机般的任务。他们训练的是空战，而闪避"飞行电线杆"这种活动，实在是一件恶劣又令人讨厌的事情。当一名飞行员看见一枚导弹锁定同伴的飞机，然后砰的一声爆炸时，他会觉得非常恐怖。飞行员们汇报上来的任务执行情况一直都很让人悲痛，损失令人震惊，尽管他们士气仍然很高。

本尼·卢里亚的耳机中传来战斗机指挥员的声音："我们的屏幕上没有显示敌机。继续保持。"

他睁大眼睛，向上向前看，全是蓝天，下面是缓慢移动的农田。战斗机控制雷达屏幕上的确没有显示出苏联人的影子。可那又怎样？可能是大气干扰，也可能是新型电子对抗手段，抑或埃及人已经开始提防他们这种"得克萨斯州"战术了？可那又怎样？苏联人会惧怕以色列人吗？无法想象。他们会怎么过来袭击他们呢？以色列人没有可靠的情报了解苏联空战训导。说到这一点，还有他们的武器，也不了解，是比"响尾蛇导弹"更优良的东西吗？

进入埃及腹地十二分钟了，依然没有苏联人的影子。行动要流产了？

继续坚持，经过多次的越境飞行，对地面熟悉得几乎就像对内盖夫和加利利那样了。坐在充满危险、怒吼震颤的"幻影"中，激荡的欢欣喜悦让他血液沸腾。好一场任务，悬疑，未知……

战斗机指挥部传来声音："好了，他们来了。两队四机编组，从库特玛（Kutma）和巴尼-萨维夫（Bani-Savif）起飞，'米格-21'。"

前面下方，十一点钟与一点钟之间的方向上，一群移动的小点在爬升，逐渐展现为流线型的"米格"战机，能看到很明显的鼻锥体，埃军标志。八架，不，是十二架，领头的截击机直接向这边领头的"幻影"扑来，同时嗒嗒嗒地射出一连串苍白的炮火。嘀，这位苏联老兄可选择了一位不好对付的客人啊。何西一个漂亮的滚翻动作便落到了苏联人的后面，随即发射。导弹拖曳出烟迹，砰的一声，烈焰烟团滚滚翻腾。天哪，那名苏联飞行员从里面飞出来了，他进行了弹射，用降落伞降落。这是这次对抗苏联飞行员的第一个胜利战果。"伊万·伊万诺维奇"啊，从三万英尺飘下去可是一长段距离啊，他的两颗苏联蛋蛋要冻掉了。祝你好运吧，"伊万"，你离家太远了，战斗没你什么事了……

飞机交叉往来，在广阔的天空中从各个方向翻滚、盘旋、上升、俯冲，战友和敌军，哇，一场典型的英国皇家空军式缠斗。战斗发展到了白热化的程度，本尼·卢里亚做出令人头晕目眩的特技飞行，蓝天绿地在他周围飞旋，"米格"和"幻影"忽而缩小成玩具一般，忽而又增大，从他的驾驶舱边一闪而过……

"鬼怪"战机！

他们赶来了，先是偷偷摸摸地沿着地面接近，随后几乎是直直向上，射入乱麻一团的混战当中，随后前方不远处便闪出一团浓烟黄光，一架"米格"爆炸了。没有飞行员弹射出来。两分钟之内，两个胜利战果。现在看来，苏联人的战术根本不算很高，胡乱随机地发射导弹，在最大射程上开炮，机动也显得小心谨慎、有点儿单调。嚯，那个蠢货又怎么样？带着一只废弃的副油箱俯冲……缺乏经验，缺乏经验啊……本尼的耳机里传来各个飞行员冷静的希伯来语："阿维，检查六点钟方向，他从你上面来了……这家伙已进入我的瞄准器，以利，转向，转向……赫茨尔，我在那个降落伞家伙以西两千米处，你在哪里……"

战斗机指挥员的声音传来，声调尖锐："更多敌机到来了，小伙子们，十二架以上的敌机起飞，注意！"

卢里亚在那顶降落伞上方盘旋了一小圈，连续呼叫他的僚机："杜杜，杜杜，你在哪里？完毕。"

战机都是成双成对地作战，互相照应，这是保命的方法。绿地宁静祥和，

193

灌溉水渠闪闪发亮，但上面的天空却动荡不安，各式飞机在翻滚、呼啸。僚机的声音传来，响亮刺耳："本尼，本尼，转向，我从你后面过来了，一千英尺高。转向，'米格'在后面咬住你了，我要用导弹射他，转向，快转向。"卢里亚迅速来个大转向，向上看，只见一枚"响尾蛇"导弹冒着烟擦过一架"米格"。真他妈的！是射击有问题，还是出了故障？这时，一架"鬼怪"从下面朝那架"米格"呼啸而去，同时射出一只拖曳着烟火的、僵直的金属"眼镜蛇"。伴随着橘红色的火焰发出巨大的爆炸声，第三名苏联人报销了。

战斗机指挥部的声音："苏联人的通信开始恐慌了，Hevra（战友们），边咒骂边含糊不清地不知道说些什么，还有报告燃油低的，一个人断定他们在跟美国人作战，另一个叫喊着要援助……"

坚持不了多久了，燃油在告罄。本尼的想法很简单，就是干掉一架"米格"。这是千载难逢的机会。那边有二十多架，就没怎么打，都以音速在周边飞来飞去。那些苏联年轻人由于处于炮火攻击中而显得惊恐愤怒，叫喊着："我们到底在这上面干什么？冒着生命危险就为了那些埃及佬吗？"

"杜杜，杜杜，帮我控制六点钟方向，我在追击下面十二点钟方向上的家伙。"

尖啸中，战斗机加足油门向下俯冲，重力加速度在逐渐增加，腹部和裆部传来熟悉的痛压感，要保持在射程内。他在那儿，在那儿。等待"响尾蛇"发出啸叫声吧……响了①。

那苏联人打开加力燃烧室，笔直向下俯冲逃跑。一架"鬼怪"升上来，追在那架飞机后面，是"我"的"米格"后面！赶紧发射"响尾蛇"，抢先干掉……一股烟倏忽向后，只半秒钟。击中了，火焰夹杂着散开的黑烟，还有迸开的飞机碎片！可是是谁打中他的呢？是那架"鬼怪"？还是我？

飞回基地时，他的燃油表指针已在"0"上颤动，本尼在地面上空飞速做

---

① 响尾蛇导弹在锁定热源目标后会发出啸叫音以提醒飞行员。——译者注

了一个胜利滚飞的动作。也许那架"米格"是我打下来的，也许不是，等着看任务汇报吧，继续翻飞！蓝天、风景、机库在他四周旋转，随后他拉平机身，降落，当他走到跑道上后，一桶桶冰凉的水浇在他汗水淋漓的头上和身上。嗬！其他的凯旋勇士也受到了地勤兵的凉水款待。飞行员们不论是身上滴水的还是干的，都拥抱在一起，互相擂着对方，在欢腾中喊叫，但绝口不提苏联人。这是秘密命令，最高级。

任务汇报过后，有点儿小失望，那架"米格"铁定是"鬼怪"打下来的。本尼沿着已婚军人营房区的人行道快步前行。自从担当中队长后，他就避免在一场任务过后的大白天穿过这里。他害怕看见邮差，那是名副其实的"死亡天使"。不过今天不同，今天没有失去一架飞机。他敲了敲自家的门，艾莉特走出来，身上穿一件软塌塌的女便服，头上顶着块防尘布。"哇，又一次回来了。本尼，天哪，你浑身都湿透了，放手！"后来她不再抵抗，欢喜地倒在他湿透了的怀抱中。他这时才发现不远处的门廊上站着两名妇女，在那儿看着他俩。这是两名飞行员的妻子，那两名飞行员的父母他昨天才看望过。飞行员一个叫尤里，他在旋转着落下去后可能已经被俘虏了；另一个叫孟德尔，丧生在一团火球当中。

"必须得脱掉这套衣服，艾莉特。任务执行得不赖。所有的小伙子都回来了。"

"感谢上帝。"

在淋浴的热水下，卢里亚的精神得以恢复，也再一次清醒地认识到这一天任务的意义。打下苏联人，把苏联从埃及空中驱赶出去！好，任务就是这样，小伙子们做到了。现在就让政治家们去解决爆发的政治危机吧。

第十一章　缠斗

第十二章　遗失的胜利

沙地伏击

在苏联飞行员于缠斗中大动肝火的时候，约西·尼灿上校正在死海南部的约旦边界上，他和一支边境巡逻队站在一起，盯着地上的一串脚印看。这串脚印穿过耙平的沙地①和一卷卷严密的带钩铁丝网，还显示在雷场中挖开一小片地。热风吹起的沙粒只将那些脚印埋了一半，显然，就在几个小时前，潜入者返回他们藏匿处时经过了这里。"一小伙人，大概六个。"他说。

那群负责跟踪的贝都因人从敞篷指挥车里出来，个个全副武装，头戴黄色的阿拉伯头巾，从满是粪便的木制平台上牵出他们的骆驼，阿拉伯语的咒骂声响成一片，空气中净是烦人的骆驼的嘶喊声和臭气。一头倔强的骆驼喷吐着唾沫高声吼叫，猛地一蹄子把牵它的人踢翻在地。

"新骆驼，不行。"留着铁灰色小胡子的军士长对堂吉诃德说，他是跟踪

---

① 以军将沙地用耙子细耙过，以便能及时发现渗透者的足迹。——译者注

队的队长。这些忠于以色列的贝都因人在执行某些军事任务时是极其出色的。

笔直的柏油路把干旱平坦的阿拉瓦（Arava）谷底一分为二，直到闪着微光的地平线。顺着路往远处看，一团尘雾正在慢慢靠近，是一辆吉普车，开到近处时，在刺耳的嘎吱声中停下来，一个头发蓬乱、浑身灰尘的大块头从里面费力地爬出来。原来是沙龙将军，南部前线的新任指挥官。这支骆驼队就是他组建的，他还设置了上百英里的雷区、带刺铁丝网，以及从死海到红海之间的耙平沙地。按照他的命令，现在士兵要跟着恐怖分子一直深入到约旦境内，到他们山区的藏匿地里干掉他们。

"那，堂吉诃德，怎么延误了？"

受伤的骑手试图抓住那只桀骜不驯的骆驼的笼头时，它大声咆哮，对空撕咬。

"骆驼不听指挥，将军。"

"L'Azazel，你不是开玩笑吧？"沙龙爬上那头暴躁骆驼后面的木制平台，用阿拉伯语吼骂一声，猛用力一把把那骆驼推得踉踉跄跄离开了平台。贝都因人看了都大声赞叹。他跳下来对堂吉诃德说："让跟踪队出发，要不脚印都看不见了。"

"长官，让我跟他们一起去看看他们如何作战吧，怎么样？"

"你？"沙龙的眼睛里闪烁出兴味，"你会骑骆驼吗？"

"这跟骑马有什么不同？"

"嘘！"沙龙举起一只手，同时用望远镜扫视天空。头顶上有几架喷气式飞机飞过，轰隆隆的声音似乎暗示着远远不止这些飞机。

"'鬼怪'，很多'鬼怪'在返回。"堂吉诃德说。

"对，还有'幻影'。战场的规模相当大。"

堂吉诃德对那名军士长大喊："好了，出发！"骆驼成一列纵队大踏步穿过铁丝网和地雷阵，黄色的阿拉伯头巾拍打飘飞。

沙龙说："'鬼怪'和骆驼，谈不上战争。现在听着，堂吉诃德，你是一

　　　　　　第十二章　遗失的胜利

名装甲旅旅长，不是一名伞兵新兵蛋子，不能骑着骆驼去冒险。晚上八点向我报告重大事项，顺便说一句，我要去参加你儿子的成人仪式。"

"太好了，长官。"

成人仪式

希尔顿饭店大堂里，一道木制拱门上刻着烫金大字：纽约熟食店。耶尔·尼灿和李·布鲁姆推开门走进去。"哇！至少有空调，我汗都流了几桶了，这还是薄衣服！"李·布鲁姆说。

一个低沉而熟悉的声音喊道："嘿，你好，耶尔。"是帕斯特纳克，他正和伊娃·桑夏恩坐在一个火车座上，伊娃·桑夏恩冲耶尔灿烂一笑，摆摆手指。她没有化妆，标准美女的肤色本身就绝对白皙。很明显，萨姆是把她从前台那儿叫到这儿来的，因为她还穿着开领的仿男式白衬衫，蓝色的上衣上面印有"希尔顿"的标志。耶尔很看不起伊娃，一个无能的女人，只满足于做她哥哥的长期情人。可这个该死的帕斯特纳克和她在干什么呢？帕斯特纳克又说："哟，这不是堂吉诃德那位从洛杉矶来的有钱大哥吗？"两个男人互相笑了笑，都含着讥讽，"是什么风把你吹到以色列来了，李·布鲁姆先生？"

"将军，阿里耶要举行成人仪式啊。"

"我知道了。耶尔，你收到我的口信了吗？我会去的。"

"哦，你去！很好。"

"如果我带着伊娃同去，你会介意吗？"

"嚯，那可太好了。顺便说一句，邀请你去。"耶尔对伊娃说，语气稍显勉强。

伊娃说："我必须得改变安排，不过我会尽量去的。"

"一定要来啊。伊娃，这位是我的大伯子。"

"喔。谁不认识李·布鲁姆啊？还有舍瓦·李维斯，加利福尼亚的地产天才啊。"伊娃笑着说。

李·布鲁姆对她报以赞美的一笑，这让耶尔很厌烦。男人们都实在是太蠢了。餐厅领班招呼耶尔的名字，对他们打躬作揖，领着他们走向后面的一个座位。餐厅里人满满的，碗碟刀叉叮当作响，飘着香辣的味道。"那个接待员真是一个绝色美人，"李·布鲁姆边说边滑稽地色迷迷一瞥，"你觉得她想到拉斯维加斯工作吗？我们能用得着她。"

"这你得先去问问我哥哥本尼了。她是他的朋友。"

"不是开玩笑吧，她是？那你哥可真走运。我就不从空军那儿费事了。"

"李·布鲁姆，你大老远地跑来参加这个成人仪式挺好的。"

"嗯，说实话，耶尔，我也不全是因为这个事来的。舍瓦一直在出售埃拉特的总统饭店。那个地方破产了，你知道的，我们现在想到了一个办法。"他朝侍者招招手，"我们先点菜吧。约瑟夫会知道我们到这儿吗？"因为没有旁人在场，李·布鲁姆称呼约西·尼灿为约瑟夫。

"会知道的。"

熟食的味道激起了耶尔强烈的食欲，不过在瞥了一眼伊娃·桑夏恩之后，她就只要了一份不加蛋黄酱的冷盘火鸡胸。这些年来，李·布鲁姆变得更胖了，头顶头发也更少了，他点了一个加双份五香烟熏牛肉的热三明治。"现在说说那家饭店。"李·布鲁姆一下子变得非常商人，"你是知道的，我和舍瓦在拉斯维加斯做得相当成功。一家带赌场的饭店就是一棵摇钱树，耶尔。在埃拉特开一家赌场的可能性，你猜最大有多少？"

"赌博？在这儿？"

"为什么不行？那会带来成吨的外汇的。"

"亲爱的，在埃拉特搞霓虹灯招牌，赤裸裸的歌舞女郎？想都别想！那样的话政府就垮台了。"

"谁说要搞那种浮艳的了？去过瑞士赌场吗？你去过改革派犹太会堂吧？

高雅、安静、有礼貌、有品位，那些赌台管理人员就像是引座员和殡仪员似的。瞧，潮水般的游客涌入这个国家，一旦你东跑西跑地看完了所有圣地后，这儿还有什么可干的吗？再来除非是有娱乐的东西。以色列是个只来一次的地方。瑞士人很明白这一点。你看过阿尔卑斯山的一座高峰也就等于看过所有高峰了，而且那些滑雪者迟早都会摔断腿的。赌场，耶尔！真的，那样以色列将永远不必再去栽种一棵橘树。"耶尔听得呵呵笑起来。李·布鲁姆说，"嘿，我是认真的。喏，摩西·达扬管理着这个国家，你也知道这个人永远都——"

一只粗糙的大手抓住李·布鲁姆的肩膀。"利奥波德，ma nishma（怎么样）？"

"约瑟夫！"他跳起来，兄弟俩拥抱在一起，"上帝啊，这多长时间了？一年又一年的。"

两个兄弟站在那里，胳膊搂着对方。一个是黑不溜秋的干瘦的以色列上校，一个是白净、肥胖的洛杉矶地产商，他们有一点儿相像吗？耶尔很怀疑。她说："喏，你在电话里也不会说，所以没问你，不过怎么回事？你干吗离开西奈了？"

堂吉诃德一屁股坐进座位里，向一个正四处巡回的侍者点了杯啤酒。"沙龙刚刚任命我做他的南部军区参谋长，还——"

"哇！"

"高升了啊，呃？恭喜恭喜，约瑟夫。"李·布鲁姆说。

"这不算提拔，利奥波德。我会想念我的旅的，我热爱那些士兵。这个职位只是有了更多的责任而已。"他转向耶尔说，"我们一个小时后要和总参谋部开会，讨论一起严重的违反停火的行为。这就是我来这里的原因。我们可能还得到耶路撒冷那边去开会。"

"什么停火？"李·布鲁姆说，"这里一直都有事发生啊，没有吗？"

堂吉诃德并不知道卢里亚中队的那次胜仗，那个事除空军以外很少有人知道。但是就在苏联飞行员被击败之后，马上，一份美国人提议的大有改进的停火方案便开始实施，埃及人遵从，同时还有苏联人作保。

堂吉诃德向李·布鲁姆叙述了午夜最后停火期限后的黎明时分，运河两岸的士兵们是如何从掩体碉堡中爬出来，互相朝对方招手的事情。李·布鲁姆承认，这场战争对他来说完全是新闻，他把这和通常的恐怖分子袭击混为一谈了。

没有半点儿看不起或者不耐烦，堂吉诃德概括地向他这位哥哥解释了纳赛尔的消耗战。"我们已经全面打败他了。"他最后说道，"在十八个月后，他同意停火恢复到原状三个月。他损失了一半的空军，还有几千军民死亡。把他的国家都抵押给苏联了，却还没落着什么好。我们没有放弃西奈一英寸的土地，永远也不会放弃，除非有了和平条约。也许现在他有这个想法了——"他停止讲话。沙龙将军走上前来，穿着深色西装，扎一根蓝色领带，但明显就是他，看他那笨重而左右摇摆的步伐就知道了。

"你好，耶尔。"沙龙一个微笑，他那威严可怕的神态顿时化为和善的暖意，"我很不愿意打扰你们的午餐，不过对不起，我想借你的堂吉诃德说几句话。"

"当然可以。"

沙龙和他的新参谋长转头朝外走，沙龙说："哇，帕斯特纳克也在，正好是我们的人。"像对耶尔那样，他给伊娃·桑夏恩同样一个温暖的微笑，从她那里借走了帕斯特纳克。三个男人到了大堂远处一个暗角落里，坐在棕褐色的硬皮家具上。

"萨姆，导弹连的情报确凿吗？"沙龙直截了当地低声问他。

"嗯，绝对确凿。"帕斯特纳克无奈地耸耸肩，"就在埃及刚刚签署了停火协议之后，他们和苏联人开始把那些导弹连向北移动到运河地区，在晚上移。"

沙龙恶狠狠地低声说道："停火协议的条款是禁止这种前行的，不是吗？"

"唉，这就是这项协议的症结所在。美国接受了苏联的担保，所以我们也不得不接受，但是埃及和苏联完全是在欺诈。现在那些导弹阵位沿着整个岸边排列起来，而且他们还在白天公然加固那些地点。"

　　　　　第十二章　遗失的胜利

"萨姆·帕斯特纳克，你的意思是说，"沙龙的声音降低，沉静而可怕，"我们血战一番并最终赢取了战役，而纳赛尔却用一个卑鄙的诡计完全反转了结果？先答应停火，然后再无耻下流地一击？那我们政府能忍受得了吗？"

"有什么可干的吗？"

"跨过运河一个旅，这就是要干的。尽我们所能，摧毁这些北移过来的导弹连，然后固守桥头阵地，一直到其他的导弹连都撤回到双方共同商定的五十千米线——"

"你的意思是，重新开始战争？"

"也许是，也许也不算吧。那要取决于敌人。我的意思就是一报还一报！"

"喏，阿里克，开枪已经停止了。"帕斯特纳克的声音听起来异常虚弱，"边界没有改变。站在运河上的是我们。另一边的阿拉伯人因为纳赛尔接受了这次停火而称他为叛徒和懦夫。而我们曾经关注战争的人民也已经厌倦了。一沓沓的伤亡清单已经够让人厌倦的了。政府把这称之为胜利，而且纳赛尔北上的导弹也改变不了这一事实啊。"

"胜利？鸵鸟的胜利吧。如果我们不做出点儿事情来，那胜利就丢了。"沙龙站起来，"堂吉诃德，你从这儿直接去计划作战处，讨论一下一个旅从坎塔拉（Kantara）渡过运河的后勤问题。"

"是，将军。"

帕斯特纳克说："阿里克，没有用于如此进攻的重型架桥设备——"

沙龙说："我们会找到架桥设备的，我们还可以划着橡皮艇渡河，或者游泳过河，但是上帝做证，我们会过去的。这次袭击要严厉地敲打一下埃及人。他们根本没有防备，应付不了的。在他们反应过来之前，我们就已经完成了坎塔拉的行动。随后，美国人会被迫过来核实那不公道的导弹前行，然后迫使他们后撤。这一定会发生的，也一定会起作用的。我要去和总参谋部开会了。"说完，他笨重地走上楼梯离去。

剩下帕斯特纳克和约西两人苦着脸看对方。"喜欢你的新工作吗？"帕斯特纳克问。

"你说得对，架桥是个问题。"堂吉诃德说，一半也是对他自己说，"不过，不是出在设备上——设备我们可以用我们已有的凑合，而是在架桥能否到位上。排在河对岸防御墙上的狙击手和机关枪在平射火力范围内，而且还有重炮支援，在这种情况下铺桥，需要一个工兵敢死队来承担，还需要大量的工兵，因为他们撑不了多久。同样，桥也撑不了多久。"

"放心好了。果尔达能像读懂一本书那样读懂尼克松。她永远也不会忘记苏伊士战争的结局，那个时候美苏联起手来制衡我们。美国人现在依然在越南忙得不可开交，尼克松的心情很坏。他把这次停火宣称为他在和平和国际关系缓和方面所做的巨大成就。跨运河袭击会惹怒他的，所以这种事不会发生。阿里克会撞南墙的。"

"嗯，那是他的职责所在。"

帕斯特纳克撇嘴一笑，说："现在也是你的职责所在，堂吉诃德。"他站起来，"阿里耶的聚会上见。"

阿里耶十三岁的成人仪式的招待会在拿哈拉的一片草地上举行，尽管八月份闷热异常，但举办得非常成功，人来人往，好不热闹。出席的有军人，有基布兹居民，还有耶尔从政和从商的朋友。他们给阿里耶带的礼物堆得高高的。摩西·达扬的出席对这个家庭而言可是大大的殊荣。而且沙龙将军也现身了，就像一片穿着军装的雷云，人们都支支吾吾地和他说话。堂吉诃德递给他一杯饮料，他骂道："我们那帮政客都是吃草的蚱蜢。你这个漂亮的小男孩某一天不得不去打仗啦，在一场新的大战争中，记住我的话。就算到时候我们真的能挺过来，我们也会输掉一九六七年所赢得的一切。"

"如果阿里耶必须要打仗的话，他会的。"

堂吉诃德瞥见夏娜·马特斯道夫在四处转来转去，阿里耶在旁边紧紧缠着她。她脸色苍白，看起来很疲倦。堂吉诃德没有机会过去跟她说话。耶尔是今天的女王，穿着她独创的一件酒会礼服，高贵华丽，对每一个人都微笑或大笑，但夏娜或伊娃·桑夏恩走过她的视线时，她并不笑。

萨达特上台

九月份，铺天盖地的头条新闻突然在全世界各地爆发。克里斯汀·坎宁安所在医院的病床上放着的《纽约时报》《华盛顿邮报》都黑压压地登载着：

纳赛尔死于心脏病；

已现和平努力的打击；

尼克松取消舰队演习……

纳赛尔总统死亡，死于心脏病发作

坎宁安躺在支起的枕头上，穿着白色病号服，他的脸比平时更加瘦削，也更加乌青。他虚弱地对兹夫·巴拉克说："我感觉好多了，至少我好转了，而那个可怜的家伙没能够好转。"他用枯瘦如柴棒般的手指指着报纸，"你们会怀念他的。"

"怀念纳赛尔？"巴拉克坐在病床旁边的一把折叠椅里，"为什么？你了解安瓦尔·萨达特吗？他会更差劲吗？"

"现在很难说。他黑皮肤，留着小胡子，老抽一根烟斗，是一个具有民族主义倾向的冲动易怒者，也是纳赛尔的追随者。"

"是有更多可能重启战争，还是更少可能？"

"很强硬的一个人。"这位中央情报局官员摇摇头，撇撇嘴说，"纳赛尔确实是在停火方面欺骗了你们，不是吗？沿运河布置'萨姆-3'型导弹！埃及现在的空中伞幕远远延伸进了西奈，了不得的一个边境啊。对于那位新上任的家伙来说，被判入狱，然后迅速使自己成为英雄，这种身份的转换是有巨大诱惑力的。"

"哟，已经来了个探望的人！"艾米莉走进来，挥了挥一只绿色瓶子，后面跟着一身军装的哈利迪将军。"嘿，你好，兹夫。爸爸，你知道吗？老斯泰因医生说，也许喝一点点薄荷甜酒对你有好处。"

坎宁安凹陷的眼睛一下子有了神采，说："浴室里有杯子。"

"别给我拿，我马上就走了。"巴拉克说。

"别，我还想跟你谈谈事。"哈利迪说。

"坐下吧，兹夫。"坎宁安说。

他们谈论起坎宁安的心脏病和康复期，艾米莉坐下，握着她父亲的手，用明亮的眼神看着巴拉克。过了一会儿，哈利迪伸长腿把门踢得关上，说道："巴拉克，你们以色列人又走了一步妙棋啊，不是吗？干掉了五名苏联飞行员。"

"什么？都怎么回事？苏联人？空战吗？怎么打的？在什么时候？"坎宁安问道，声音在颤抖，手里装着薄荷甜酒的杯子也在颤抖。

哈利迪说："就在你刚刚生病之后，七月底，那场骚乱之后的第二天，苏联空军参谋长就吼叫着屈尊到了开罗，随后纳赛尔认输并答应暂停。苏联人一定是下大力气强迫他了。对吧，巴拉克？"

巴拉克瞪着茫然的眼睛说："将军，我不知道你在说什么。"

哈利迪冷笑了一声，说："出于显而易见的理由，克里斯汀，双方都在封锁这起事件。"

坎宁安身上的病号服松垮下垂，露出灰白的胸毛。他直起身，问哈利迪："那你是怎么知道的，巴德？"

"不用在意。我知道。在战斗机指挥部里有一名埃及空军军官在那儿，他是负责给苏联指挥官讲解以色列空军战术的。当他看明白状况后，建议苏联把'米格'机撤出战斗。苏联人却说：'我们苏联人不逃跑。'这是原话。然后那五架'米格'就在逃跑之前被击落了。"哈利迪短暂地冷笑一声，"这对埃及空军来说是几年来最高兴的一天。那些苏联战斗机指挥员和飞行员都把他们当大粪苍蝇对待。"

巴拉克意识到，哈利迪只可能是从埃及空军武官那里获知这一切的，他与那个人走得太近，以致引起了以色列方面的不舒服。

坎宁安看着巴拉克："得了吧，兹夫。说说。"

巴拉克两只手翻向上。

哈利迪说："这反应也恰当，不过请告知帕斯特纳克将军，我们对那次战斗非常感兴趣，无论收到什么样的情报，我们都会以最高机密对待。"

"乐意效劳，一定。"

"谢谢。"哈利迪站起来，"有趣的是，苏联人因为他们的失败而指责差劲的埃及飞行员，而埃及人则指责低劣的苏联飞机。他们都忽视了另一种可能性：你们的飞行员也许实在太优秀了。很高兴见到你。走吗，艾米莉？"

艾米莉重重地捏了下巴拉克的手，跟着走了。坎宁安说道："好了，兹夫。那些苏联飞行员是怎么回事？"

巴拉克不再犹豫。这是一个朋友，没有人比他更能保守秘密了。"那是事实。"

"好哇！"坎宁安一下子躺回枕头上，眼睛闭上，"别走。我只是累了点儿。我刚说的你们会怀念纳赛尔的话让你迷惑了吧。"

"把我搞糊涂了。"

"想想，兹夫！想想！正是因为纳赛尔恐吓你们这些爱争吵的犹太人，你们才团结起来的，不是吗？否则你们那几个派别老早以前就已经把你们脆弱的国家撕裂了。"坎宁安睁开眼睛观察巴拉克对这句话的态度，"不仅如此，他还在一九六七年关闭了蒂朗海峡，派部队进入西奈，煽起阿拉伯民众的杀戮狂热，这些在电视上都转播过，短时间内他就让全世界都对以色列产生了同情之心，从而在'六日战争'中给了你们机会。"

巴拉克摇摇头，说："这毫无根据。他是打定主意要毁灭我们的，就是这样。"

"兹夫，历史之神就喜欢讽刺。纳赛尔刺激了你们的团结，刺激了你们的警惕。当他发现他战胜不了你们时，他把自己卖给了苏联人，然后是苏联人杀死了他。利用他插入阿拉伯世界，从南部侧面防御北约，迫使他派他的士兵数以千计地去死，像过度驱使一匹马一样把他骑到死。这个萨达特会怎样，我不知道。对他要提防一点儿，再给我倒点儿薄荷甜酒，真是个好伙计。"

巴拉克穿过医院大厅时，一根柱子后面传来一个操着伦敦东区口音的拉客妓女的声音："嘿，你好，老板，可以给妹妹买一杯咖啡吗？"艾米莉手背在后面，笑意盈盈的，身体很性感地摆动，"楼下有个破职工食堂。"

"很乐意，女王。带路。"

"好极了。等一会儿我再回麦克莱恩接上我的两个宝贝。自从我爸爸病倒，你这是第一次来？"

"是的。"

"你觉得怎样？"

"太虚弱了，不过他的头脑很清醒。"

压抑沉闷的楼下食堂里仅有一台投币式自动售卖机，有几种热饮、几种软饮，蛋糕包在满是灰尘的玻璃纸中。"我们也只能坐着说说话了。这咖啡太差了。"她说。

"不管怎样，我得喝点儿。"

坐在一张塑料台面的桌子旁，她握住他的手，说："猜猜怎么了？老女王又一次怀孕了。终于怀上了！"

"艾米莉！太了不起了。"

"是啊，这胎最好是个男孩儿！快了，我马上要成为一个干巴巴的丑老太婆了。"

"我也这么认为。"

　　　　　第十二章　遗失的胜利

"去你的吧。娜哈玛还好吧？"

巴拉克先顿了下，然后说："不太好。她的身体好了坏、坏了好的，反反复复。我觉得她是想家了。你的孩子在麦克莱恩做什么呢？"

"保姆在清理爸爸的房子。喂，明白了吧？开车送我去那儿吧，然后看看我的女儿们。你还从来没见过她们呢。有时间吗？"

"当然可以。"

那名比利时保姆穿一身黑衣，人很朴素，花白头发，正在厨房里喂那一对双胞胎吃饭。两个女孩儿咿咿呀呀地不知道说着什么，非常相像，就像是一个模子里刻出来的一样。当艾米莉和巴拉克走进来时，她们一下子安静下来，也不吃饭了，瞪着蓝色的大眼睛一本正经地注视着他。

"她们一见到陌生人就呆住了，就像是车头灯照射下的兔子一样。"艾米莉说，"左边那个是吉姆，右边那个是莎莉。我可以分辨得出来，但就连巴德都会把她们搞混。介意我去喂她们吃完饭吗？"

"当然不介意。"

"到下面的露台上去吧，亲爱的，我一会儿就来。"

外面好多树上的叶子都开始变色了，有的已经落下来了，壮观的晚霞一道一道横在天空中。巴拉克已经很多年没来过这处撒满落叶的露台了，苦苦甜甜的记忆猛烈地袭上心头：十二岁早熟的艾米莉，牵着他到这里来看萤火虫，以一个少女的情怀和他谈情；树叶的味道让他痛切地回想起肯尼迪出事时那个十一月天的艾米莉，那时他们长年的通信已经闪现出不明智却又势不可当的激情……

"这里风太大了吧，兹夫？"她快步走下砖砌台阶，"要喝点儿什么？"

"没事，我感觉很好，天气好极了。"

"不是太好。没有萤火虫。"

"太迟了。萤火虫的季节过去了，女王。"

"唉，是啊。那个季节很美好，啊，老狼？肯尼迪遇刺那天的落叶还要更多。"

"哦，你也在想那事？是啊，那时候雨差不多把它们都从树上打下来了。"

"喜欢我的两个女儿吗？"

"婴儿食品广告中的六翼天使。"

"六翼天使！她们有恶魔一般的时候，真的。你的女儿们怎么样？都长大了吧，她们？"

"葛利亚十五岁了，很捣蛋。她反对回到这里的希伯来语中学念书，说那儿的孩子都是——我也不懂，不好一类的。就是那种小女生的措辞。"

"嗬，那类措辞可是我以前的专业呀。说的是马屁精？笨蛋？"他摇摇头，"傻瓜？胆小鬼？呆子？怪人？笨伯？书呆子？窝囊废？造谣者？白痴？"

"慢点儿。倒数第四个，再说一遍，什么来着？"

"书呆子。"

"对，就是这个词，书呆子。她说那儿全是书呆子。所以我们就让她去了一所私立学校。鲁蒂现在还在希伯来语学校，但娜哈玛想把她们俩都带回以色列去。"

沉默了好一会儿，艾米莉说："我希望我能与娜哈玛继续做好朋友。"

"不可能了。"

"你马上就要回国了吗？"

"我已经申请了调任。对大多数空缺的职位来说，我有些太高级了。而对于总参谋部来说，我的资格又不是太够。"

"我不认为。"

"嗯，军队里说我在这里是不可替代的。"

"这听起来还不错。"

"错了。没有人是不可替代的。"

他站起来，和她一起坐到熟铁的摇摆式长躺椅上。两人一起轻轻地摇起来。"如此奇怪的一种幸福。"艾米莉说。晚霞把她的脸染成一片粉红色。

"是什么？"

"嗯，一种安康、实际存在的喜悦感，仅仅是因为有某个人跟你在一起。"

"这就是爱。"巴拉克说。

她转过明亮的眼睛看着他："这就是吗？我好笨呀。"

妻儿回国

晚饭时分，巴拉克家人的情绪很是沉闷。葛利亚在生闷气，眼睛盯着自己的盘子，嘴嘟着。"我讨厌肝脏。"她说，但她又吃了很多。鲁蒂也静悄悄的，平时她总是活泼快乐的，然而毕竟还是个才十岁的丑小鸭，由于她姐姐不高兴，她也被吓住了。两个女孩儿收拾完碗碟后就躲进她们自己的房间去了。娜哈玛躺在一把扶手椅上，戴了副黑框眼镜在看希伯来文报纸。巴拉克在书桌边看工业报告。他感觉气氛沉重压抑，就像是坐进了一辆扣上了顶盖的坦克那样。他放下关于导弹电子设备的文章，问："娜哈玛，怎么回事？"

她摘下眼镜，示意他进卧室，然后拉开房间内的一只抽屉。"我在葛利亚的房间里发现了这个。"那是一盒已经打开的"Kool"牌香烟。

好了，巴拉克想，典型的危象，她十五岁了。"我去找她谈，还是你去？"他问她。娜哈玛已经以女性的方式责备过了，但这种事可能还需要父亲的严厉和粗暴。

"我还没说完呢。上星期，当时你去诺克斯堡了，她和她新学校里的那个弗雷迪去看电影了。那小子连犹太人都不是，长长的油腻的头发披在后面，满脸都是粉刺。我醒来后去厨房倒水喝，发现他们俩在客厅的沙发上，一个压在另一个身上。"

难堪地顿了一下后，巴拉克问："谁在谁的上面？"

"这是什么话？"娜哈玛声音刺耳有力，"这很重要吗？当然她在上面了。"

"那么那个弗雷迪还不至于完全受责。"

"兹夫，你现在变成一头畜生了。那所学校里满是堕落的孩子。我不会再这样继续下去了。两个女儿现在已经学会英语了。她们都学到太多的东西了，见鬼。天知道葛利亚在那所没有书呆子的学校里还学会了些什么！鲁蒂现在还没学坏。她们必须得回国，两个都回。"

"总参谋长想让我在这里再干一年。"

"那就由我带她们回国。对我的女儿们来说美国足够了！就算你必须要留在这儿，我也不会。"

"娜哈玛，以色列也有很多男孩，他们也不时压到女孩子上面，就是回去也是一样的。"

娜哈玛走出卧室。他等了几分钟，让她冷静下来后，也走到客厅。她又开始读那份报纸。"哎，艾米莉·坎宁安还好吗？"她以一种完全高兴的语调问。

他吃了一惊，傻了似的重复道："艾米莉·坎宁安？你是说哈利迪太太？怎么了？"

"哦，对，哈利迪太太。我去乔治城医院看米里亚姆·克瑞斯时看见你们俩上了你的车。我还朝你们招了招手，但你们没理我。"

"我没看见你，娜哈玛。她父亲住在那家医院，心脏病严重发作，正在治疗。我去看望他时，我们正好碰到了。"

"啊。"

"她怀孕了。"

"啊，那好啊。"

"我送她去她父亲那儿了，她的孩子们在那儿。"

娜哈玛点点头，继续看报纸。空气中一片沉寂。最后巴拉克实在忍不住了，说："我几个月没见过哈利迪太太了，或许有一年了。我都不记得了。"

"谁问你了？"娜哈玛摘下眼镜，直直地逼视着他，"兹夫，我不是美国人，我是个犹太女人，受的教育也很有限。我并不是想找麻烦。我只是知道，当我在家带孩子时，你无论如何也不是寂寞得无法忍受。”

不出一个星期，娜哈玛便和两个女儿走了。

离开美国

艾米莉·哈利迪生了个男婴，她父亲狂喜，她丈夫也明显很开心。哈利迪将军已被任命为佛罗里达一座空军基地的司令，他的妻子和孩子随军跟他，于是"女王与狼"之间的通信便又断断续续地重新开始了。巴拉克时不时通过电话与娜哈玛及女儿们说说话。他想办法短暂地回了几次以色列，每次回去都发现那儿的人们更加富裕，建设更加忙乱紧张，汽车交通更加吓人，而且旅游业也在一直增长。对他自己来说，每次都是高兴而去败兴而回，他想谋求调回国内，但在曲里拐弯的军队政治中，他的机会慢慢变得越来越渺茫。当达多·埃拉扎尔就任总参谋长时，他基本上绝望了；倒不是达多对他有什么私人恩怨，而是他淡出视线太长时间了，很难在新任命上被作为优先人选。

安瓦尔·萨达特作为纳赛尔的继任者上台，与好斗的纳赛尔相比，他显得柔和而低调，因此大使馆内人们的心境也都开始普遍放松。这位新人宣称一九七一年将是"决定年"，届时埃及将会通过武力夺回西奈，夺回属于埃及的荣耀，但这一年什么事也没发生，就那样溜过去了。超级大国们继续推进一项毫无把握的联合国和平提议，这项提议被称为"雅林使命"，试图继续让以色列按照一份和平条约来一片一片逐步让出西奈地区，并劝服埃及与犹太人对话，任何条件都可以谈；同时尼克松政府又很委婉地让以色列人明白，保持运河封锁，并不是中东地区所发生的最糟糕的事情，因为它的封锁禁绝了苏联人到越南的海上近路。

一九七二年初，巴拉克开始陆续收到国内工程兵部队的来信，一封比一封紧急，信的内容是请求美国出价售卖大量的钢筒，规格为直径六英尺、长八十英尺，但没说明他们要用这个干什么。美国各钢铁公司一来想知道这些大家伙的用途，二来他们告诉巴拉克，定做这些东西成本很高，而且海运也是个问题。但是当巴拉克询问国内工程兵部队这些东西的用途时，他们却一直保持沉默。因此整件事就被搁置下来，其时，堂吉诃德也来了一封信，这封信上才透露出些许内情。

南部军区

参谋长
绝密

亲爱的兹夫：

　　阿里克让我负责"圆筒项目"。这并不是我的工作，但你知道阿里克那个人的。这头公牛横冲直撞，所有人都在极力奔忙。

　　伯利恒钢铁公司猜不出其用途我一点儿都不奇怪，不告诉你实情的工程兵部队也不知道，但现在开始知道了。你是了解我们的架桥问题的。"把战争引到敌人的领土上"，这是我们的作战思想，因此要赢得任何一场埃及挑起的战争，我们都必须跨过运河。我们已有的架桥设备是从欧洲的废物堆积场里收拾来的。依靠那些法国水陆两栖橡皮艇（我们称这种艇为"鳄鱼"）和英国平底船渡河无异于自杀。如你所见，美国人不会卖给我们机动桥，因为它们不属于"防御性"的。欧洲人我们可以不用考虑了，阿拉伯石油已经让他们卑躬屈膝了。

　　是这样，这些圆筒是作为一座长600多英尺的桥的滚子的，由坦克把这座桥拖到运河地区，然后再把它推过河，由此，工程兵就不用暴露在炮火之下了。一旦到了河里，这些滚子就将变成巨大的浮桥。计划就是这样。桥分开建造，它要有足够的弯曲性以横跨西奈地区的斜坡和沙丘。我最近观看了一次在沙盘上用微型模型为高级军官们进行的演示。它沿着平地向前缓慢爬行，到了障碍物上又隆起身子，最后蜿蜒滑入实体模型的运河中，感觉很怪异！这种滚轴桥的预算意味着要在其他硬装备的费用上狠狠地削减，一些上层人士絮絮叨叨地说什么"塔尔巨兽"。不过塔尔是仅次于达多的二号人物，因此还是准备建几条这样的巨兽。所以请争取一个合适的价格买进这些滚子，好让阿里克不要再盯着我。在以色列本地生产它们也是可行的，但我们的钢铁产能不足以达到。现在已经在生产一些了，只是作为一段全尺寸样机。

阿里克认为，萨达特一旦准备好，马上就会和我们有一场仗，因此我们一直在修建西奈地区的军用公路网，以便进行快速的运动战。我们也一直在加固巴列夫防线，尽管阿里克对其整个概念就有怀疑。他对待敌人就像秋风扫落叶一般。我知道你对他的态度，但是士兵们都愿意跟随他去任何地方。这是个有两把刷子的人。他的精力旺盛得吓人，如果战争来临，他作为南部军区司令，我是不会有遗憾的。

敬礼

约西

1972年7月10日

邮袋寄送

当巴拉克一直在忙那些圆筒的采办而事情却一直遥遥无期时，终于，他延长了的武官职位有人接替了，同时命令他回以色列履新。他立刻给在海法的弟弟迈克尔打电话，说自己会及时回国参加弟弟与夏娜·马特斯道夫的婚礼。他把这个消息告诉娜哈玛时，娜哈玛听起来也相当高兴，随后他开始收拾打包，内心感觉酸甜苦辣五味杂陈。收拾完后，他走出了威斯康星大道上那间配家具的小公寓，自从他家人离开后，他在这间公寓内度过了太多孤独而无意义的时间。最后的公务拖延了他动身的时间，终究，他还是无奈地错过了迈克尔的婚礼；一段暗淡任期最后的结尾还这么暗淡。

出发那天的早晨，他处理掉一连串烦琐的杂事——房东、银行、牙医等等。去机场的路上，经过大使馆时，他叫出租车停下，他去和大家告别。

"那，现在你觉得萨达特怎样？"拉宾大使的几个字说得缓慢而冰冷，让他心慌。

"萨达特？萨达特怎么了？发生什么事了，大使？"

"你没听说？"大使眯起眼睛看他，摇摇头，脸上滑过一丝特有的微笑，"嗯，你急着回国。这可是今天早上的大新闻。他正在驱逐苏联人，限定他们一个星期内离开埃及，一万七千人全部离开，他还要将苏联的军事设施和装备收归国有。"

巴拉克惊得目瞪口呆，片刻后他问："你对这事怎么理解，先生？"

"说不好。"

有经验的外交官，不管是以色列人还是外国人，虽不至于蔑视这个人，但对其评价都不高，现在这个人却抛出令全世界如此震惊的事件。当巴拉克在和全体大使馆人员告别时，他推断出，上到大使，下到一般人员，都不太清楚这一大手笔是怎么回事。普遍的感受是这一动作是个好事，降低了战争威胁的等级，没有了苏联紧密的指导和援助，毫无疑问，埃及人不会冒险与以色列开战。也许是出于自己被放逐到华盛顿而长期郁郁寡欢的心理吧，巴拉克的第一直觉是，这可能是萨达特和苏联一起精心设计的一出苦肉计，目的是要彻底哄骗以色列进入像大使馆内人员这种普遍放松的心态。不管怎样，这未必是个好消息。

　　　　　　第十二章　遗失的胜利

第十三章　夏娜的婚礼

性格迥异

达佛娜对伯科威茨教授与夏娜·马特斯道夫邀请她去参加他们婚礼的事茫然无措，不过她知道他们邀请了她的父母，所以也许是出于礼貌，把她也列入邀请范围了吧，也有可能是诺亚安排的，他希望能在那里弥补与她的关系，因此她决定去。但是到了那天，在看了一眼她的小衣橱后，她又决定不去了。就三条裙子，还一件比一件寒酸。她和她那位室友唐娜都是军人家庭出身的孩子，在服完义务兵役后都处在一种叛逆的嬉皮士状态，白天黑夜都只穿牛仔裤，而且最好是出自旧金山的美国牛仔裤。穿上裙子去海法参加一场愚蠢的婚礼，实在太让人受不了了。况且，她今天还有更想做的事。

杰里科夜总会是特拉维夫散漫的文化人常去的地方，几个晚上之前，那里举行了一次艺术家与作家的聚会。当时她问了陶艺家西蒙·西蒙几个问题，很聪明伶俐的那种，于是引起了那位陶艺家的兴趣，然后他便邀请她去他的工作室做客。从那时起，她便看了所有她能找到的关于陶瓷的书。也许那是一条可走的路吧，毕竟芭蕾舞的路老早以前就已经证明走不通了。跳芭蕾需要那种瘦高而结实的体形，很明显，她太丰满了。如果想跳就必须饿下去，还要跟一群十二岁甚至更小的姑娘一起上课。达佛娜试着挨饿，同时也上课。但是她实在太喜欢吃了，而且她也非常讨厌那群瘦干的小姑娘笑她乳房跳动的样子。芭蕾就到此为止吧。现在她在专为游客们免费发放的小册子上写文章，这好歹有点儿报酬。而且陶艺看起来太令人兴奋了，把泥巴塑造成工艺品就值钱！她草草写了张便条：

亲爱的多夫——对不起，我正好不能去了。西蒙·西蒙今天上午要给我介绍他的工作室，也许我确实要从陶艺起步呢！他教陶艺赚了很多钱，他是最优秀的，但他说别管钱，先看看我是否有这个天赋。婚礼上没有人会注意到我不在的。如果有人注意到，就说我一想起这件事就厌烦死了。达佛娜。

她在信封上用彩色蜡笔写了个粗体的红色"多夫"（估计会是多夫带她去参加婚礼），然后把这封毫无诚意的信从门缝里塞进去后就离开了。达佛娜知道那两个伯科威茨，诺亚和约翰，他们会很想她的，但她同时也很高兴不用夹在他们两人中间。自从独立日阅兵她和诺亚在杰里科夜总会吵了一架后，她就很恼恨诺亚。

也许那是她的错吧，不应该在阅兵式后带着他到那家夜店，她那一帮人常去那个地方，坐在大木桌边喝"金星"啤酒边吃橄榄。很早以前是唐娜把她介绍给那帮令人兴奋的人的：男人们都留着长头发、大胡子，女人们穿着牛仔裤，留着古怪的蓬松发型或者不修边幅的头发，有的人彻夜都在抽烟，高谈阔论，喝啤酒。他们很风趣，很不同寻常，很新潮。摇滚乐队引吭高歌，唱出美国人、犹太人、欧洲人、南美洲人的歌曲，在歌声中他们高声喊叫，讨论诸如加缪、萨特、布莱希特、福克纳等作家，仔细分析新的希伯来文小说、电影和戏剧，他们闲聊关于画家和演员们的小道消息，对以色列政治人物开尖酸刻薄的玩笑，对各种阿拉伯问题充满激情。

很自然地，看着夜总会电视上的晚间新闻时，他们对军队检阅说着各种挖苦的俏皮话。诺亚当时没有被逗笑，他说虽然停火了，但以色列仍然处在危险中，用老一套的话予以反驳。真是令人厌烦！他甚至滔滔不绝地讲起了严肃的犹太复国主义——一个更加陈腐的主题，在这群人里这是比上帝还要禁忌的东西。当莫塔·古尔将军出现在电视上时，火药味变得浓起来，这帮人中的明星人物约拉姆·萨拉克喊道："哇，死亡天使！"这人三十岁，典型的愤青，瘦瘦的，一副暴躁易怒的样子，头发过长也不修剪，与他的墨镜倒很相配，他的工作是在一份好吵闹的左派周刊上写专栏文章。

诺亚愤怒地大声说："他是独一无二的解放耶路撒冷的人。"

"是，是，'圣殿山属于我们了。'"萨拉克嗤笑道，"有三十六个伙计阵亡在弹药山上，我的朋友，那场战役根本就不应该打。如果不是莫塔·古尔那么热切地想要第一个到达圣殿山的话，尤里·本·阿里就会从北边抵达，然后用加农炮十分钟就可以荡平山上所有的敌军，还没有任何伤亡。"

"是那样吗？"诺亚叫道。弹药山战役是"六日战争"英雄主义中神圣不可侵犯的传说故事，"你怎么知道这些的？"

"因为我当时就在弹药山上作战，我的朋友。我的两个好友都被打死了。六十六伞兵营。"诺亚不说话了，"我还要告诉你一件事，海军司令。"萨拉克啪的一声打开一罐啤酒，"这整个国家就是一座大弹药山。"

"是吗？这话怎么讲？"

"由众多好哥们儿无意义战死而构成的一个血腥传说，就是为了大量的笨蛋和庸才的荣耀。"

"听着，萨拉克，你为什么不卷起铺盖卷儿去洛杉矶呢？"

"好让国家落入像你这样的人手中吗，海军司令？现在我还没到那么憎恶它的地步。"

此时，诺亚站起来，一把拉起达佛娜，走出了杰里科夜总会，他跟她说如果再不走的话，他就要忍不住揍那个萨拉克了。在公园里路灯下的一张长椅上，他们就他们的生活方式爆发了一场争吵，从那以后，两人就没有真正和好过。她爱他，也很钦佩他，但是她不会让他逼迫她再回到旧有的模式中；既然她要为自由而奋斗，那谁也不能拦着，他不行，她父亲不行，她那热心进取的空军兄弟也不行。再说了，随着萨达特把苏联人赶出去，空军实际上还会有多重要？怎么可能再有仗打？

那次大丢脸过后不久，她就带了约翰到杰里科，算是对他的性格做某种最后的测试。在一个周末放松的时候，约翰身着军装，很高兴地和她去了那家夜总会。她的朋友们大肆嘲弄他，说他离开美国，是来以色列国防军里过这"富有魅力"的生活来了，当然少不了把他那辆保时捷捎带上嘲弄。他听着那些讽刺，自始至终都带着好心情的笑容，同时很和善地用还过得去的希伯来俚语机敏而快速地应答。这样一来，他们也就不再理他了，继续热烈地谈论新潮流电影（就是好莱坞）、伦纳德·伯恩斯坦（一个多愁善感的骗子）、君特·格拉斯、塞缪尔·贝克特、亚瑟·米勒等人去了，还夹杂穿插一些内部消息，诸如最近的银行丑闻和政治人物的情人等话题。过后约翰评论说："他们都还不错，只是落后于纽约十年或十五年。"尽管不高兴，但这话出自一个美国人之口，也可以理解。约翰通过了。她那些朋友的激将算是以色列人的一个礼物，粗鲁而理所当然。约翰还是有两把刷子的！参军三个月的时候，他就已经开始调查海法的房地产市场了。他跟她说过海边的一处阿拉伯旧仓库，他和他爸爸可能会把那里买下来然后翻新。他那辆保时捷跟两个以色列司机撞过，还和艾格德巴士公司的巴士撞过一次，变得伤痕累累的，可他还能让车跑起来。在以色列，没有汽车修理厂能像他那样善于维修一辆保时捷。

至少，他没有将杰里科夜总会的那帮人看成是卖国贼和渣滓，但诺亚好像就是这样。诺亚的那种态度让人无法忍受。她这些朋友都已经在国防军中服过役了。所有的人也仍然还属于预备役。现在大部分人都要打两到三份工来讨生活。有的在"六日战争"里打过仗，有的还受了伤。达佛娜很清楚军人生活，

　　　　　第十三章　夏娜的婚礼

她知道死去的飞行员，知道他们的遗孀和孤儿。空军是很伟大，但那又怎么样呢？童年时期她就忍受过父亲被撞成一团火焰的噩梦，而现在她又不得不担心多夫，甚至她那个宝贝弟弟也在申请飞行训练。与此同时，政客们却在密谋并靠撒谎来保住他们自己的职位，战争也每隔几年就要爆发一次，将军们搞砸了，士兵们就要付出腿、眼睛、胳膊甚至是生命的代价。这就是杰里科夜总会对以色列的真实评论，迥然不同于陈腐的诺亚至今还在努力完成的犹太复国主义者神话。

达佛娜乘一辆公交车，就这样一路想着到了拉西大街（Rashi Street），然后爬上嘎吱作响的昏暗楼梯，到了西蒙·西蒙的工作室。借着顶楼上一扇肮脏的天窗透下来的光，可以看到一个陶质的门牌，上面是他的名字，金底上黑色火焰状的字：西蒙·西蒙。她试探性地敲了敲门，没人应答。再大声点儿敲，什么也没有。她按了下门铃，门铃粗哑的声音吓得她跳了一下。沉重的脚步声传来，门闩滑开，一个人嘴里咕哝着阿拉伯脏话打开了门。这位陶艺家穿着松松垮垮的内衣，瞪眼看她。一只手搔搔红色的大络腮胡，另一只手抓抓毛茸茸的肚子。

"你好。我来早了吗？我可以迟点儿再过来。"

"你是谁？哦，对了，你叫达佛娜，是吧？对，对，达佛娜。噢，不，不，快请进。"他从一个挂钩上抓起一件睡袍。达佛娜走进去，西蒙·西蒙关上门。

此时，诺亚的导弹艇正在进港。从天刚亮开始，他就一直在修理卡住的自动装弹机。作为副舰长，就得在任何地方出现，干任何工作。他匆匆走回自己的住处，脱下油渍斑斑的工装裤，换上参加婚礼的服装。终于有见达佛娜并缓和状况的机会了！从那次吵架后，他还一直没见过她。海军必须日夜不停地监视海上的恐怖分子，巡逻的夜晚是漫长而单调的。看着黑色的波浪、点点繁星、投到高处云朵上的城市灯火映射出来的光芒，诺亚有大量的时间思考，怎么来应对这个惹人烦恼的达佛娜呢？执行监视任务的沉闷时间里，萦绕在他脑中的，除了她陷到杰里科夜总会那帮令人恶心的人中间的事，还有他们两人做爱的画面和感受。令人烦恼的问题是他依旧爱着她。

他的铺位上放着一封信，从瑟堡来的。打开后，朱莉娅·莱文森的一幅照片从里面滑了出来。令他惊讶的是里面的字，希伯来文，像小孩子写出来的斗大字母。

亲爱的诺亚：

这是我第一次用希伯来文写信，平时只是练习一下而已！

你还记得你们海军的军需官吧？舒姆里克·塔南鲍姆，他又回瑟堡了，还娶了我的朋友伊冯。现在他们有了两个小宝宝，舒姆里克在教希伯来文，赚点儿外快。我们的班级很小，加上我在内五个女孩儿，还有两个男的。他们几个都打算移居以色列。

（写了这点儿花了半个小时！我必须不停地查《法语–希伯来语字典》，这可不太好。）

我和父母等赎罪日一结束就去游览以色列，从现在起只剩下三个月了。我的口语要比书写好，所以到时候你可以用希伯来语跟我说话来考查我（开个玩笑）！你也许已经忘了我长什么样子了，所以我随信附上一张照片。

我们只待三个星期，但是能再次见到你就很不错了。我有一个男朋友，他在银行工作，但他不是犹太人。我想这也是我父母带我去以色列的原因吧。但是别怕啊，他们并不希望你跟我相配。再说现在你肯定已经娶了达佛娜为妻了！如果是这样的话，我祝你们幸福，而且我很想见一见她。

你的朋友

朱莉娅·莱文森

附：时间，花了两个半小时！

照片上，她穿着一件慢跑运动服，戴一顶呢帽。她的脸瘦了些，一下子还辨认不出来。这是朱莉娅这么长时间以来的第一封来信。诺亚的法语书写很不流利，他不喜欢犯那些小错误，而且当他重新见到达佛娜时，他立马就任由这类通信逐渐减少直至没有了。他把信和照片放进抽屉里。没意思的朱莉娅！

在他穿衣打扮时，他听到收音机里正在播放一个专家们的圆桌会议，他们在争论萨达特的一个行动，大部分都是夸夸其谈、让人迷惑的东西和艰涩的术语。他自己也很困惑。L'Azazel！埃及真的会马上就放弃武力吗？在经过了二十多年的胜败难分之后，以色列不再置于危险境地了？埃及是阿拉伯敌国中的强国。没有了埃及，那战线就崩溃了；同样，没有了苏联人，埃及人也是无能为力的。士兵们就不用努力寻找乘橡皮艇而来的恐怖分子了，他将再也没有机会打一场仗了。他穿了一身干净的军装参加婚礼，希望能在婚礼后带达佛娜去某个地方玩。幸好，那该死的杰里科夜总会至少要走两个小时才去得了。她说不定还愿意来达恩酒店过夜呢。这是忘掉他们争吵的最好办法。

婚礼

达佛娜的姑姑耶尔的衣柜要大得多，但她同样也在瞪着不满的眼睛四处搜寻，不知道该穿什么衣服去参加一个七月中旬举行的严格遵守教规的婚礼。但不同的是，她可不想错过这场婚礼。那件无袖粉色山东绸最凉快了，但是上帝啊，不行！婚礼由埃兹拉赫主持，在这位那么钦佩《塔木德经》的大学者面前，还有那些虔诚的人面前，光着膀子和把乳房露出来没区别。那就穿那件比马棉衣服吧，袖子长到胳膊肘下了。不行，即使是手腕裸露也是极不正派的，Haval（真可惜）！她可不是到夏娜·马特斯道夫的婚礼上去展示一个虔奉宗教的老古董的形象的。那是那个新娘的游戏。

尽管耶尔用两个孩子死死地套住了约西，但来自那个信教老处女的威胁感她从来都没有彻底摆脱过。尽管与他玩弄那些脏女人时相比，他们俩的接触算是很守规矩了，但偷偷和堂吉诃德见面，甚至私底下打电话，毫无疑问都远远超出老好人的范畴了。大多数男人到最后需要的都是爱，而不是脏女人，这也就是夏娜的威胁一直存在的原因。这些日子以来，耶尔都是自己一个人睡。激情不在了。她没有拿他们的第二个孩子伊娃来诱骗他，他心里也明白。他依然很明显地表示出不想再要孩子的意思，最起码跟她不想再要了，而且他用了非常可靠的避孕措施，和她保持着很冷淡的距离。除此以外，在其他方面，她挑不出一点儿刺来。他心情好得很，似乎甘心于他们现在的样子，再说，其他军人的妻子和她们的丈夫又有多少时间是一起度过的呢？不过，亲眼看见夏娜·马特斯道夫从社交圈里移开，就算是浪费一天不做生意也是值得的。

"首先，必须要洗去这些沙漠中的尘土。"随着一阵嘟嘟声，堂吉诃德穿着一双黑色坦克靴边走边说地进来，此时她正把一枚金质的狮形饰针别到那件比马棉衣服上。"你还好吧，耶尔？你看起来好优雅啊。"他解开他的军装上衣，但没有任何亲吻或拥抱，尽管他已经好几个星期没回过家了。"孩子们在哪儿？"

"阿里耶正在梳洗打扮。伊娃在幼儿园，我们不带她去。你的衣柜里有一件熨好的军服。"

"我穿衬衣和便裤去。"他踢掉靴子。

"夏娜最终还是嫁人了。"她夯着胆子说。他点点头没说话，一直脱得只剩下汗水浸湿的贴身内裤，一个闪耀着光泽、肌肉发达的身材展现出来，"约西，萨达特怎么样了？"

"萨达特？问得好。"他一只手在脸上摩挲了下，"我想我应该刮一下脸。"

"运河上的形势完全改变了吗？"

"一片死寂，但是总有很多事情做。"

"是认真的吗，他驱逐苏联人的事？"

"非常认真。"他进了卫生间。

汽车沿着滨海公路向北行驶，阿里耶坐在副驾驶座上，转过身体看着他的父母，并听他们谈论萨达特的行动。他现在长得像根麻秆儿一样瘦长，十五岁了，但还没胡须。他父亲说："沙龙当天晚上就召开了一次全体参谋会议，交流对这个事件的看法。一直到早晨太阳升起的时候我们还在讨论。出现了五种解释，或者我应该说通过了五种解释。"

　　"说来听听。"

　　"好。一，苏联人拒绝了他第一线的武器装备，或者是要价太高。"

　　"这理由过于简单。"

　　"也许吧，但这挺符合苏联政府的。二，埃及人，特别是埃及军队，非常反感苏联的存在。粗野的苏联人视他们如粪便一般，哪怕是对他们的高级军官也是如此。这是真实的情况，我们也知道。三，一九七一年虚张声势一番却什么事也没有做之后，萨达特不得不做一些勇敢的、受人民欢迎的事情出来。"

　　"这个更接近事实，我就是这么想的。"耶尔说。

　　"嗯，沙龙认为这些都不对。最后两种解释很糟糕，而且一种比一种糟糕。四，萨达特决定将他的对外政策倒向美国，因为华盛顿所处的地位能使他获得对抗以色列的最大杠杆作用力。五，苏联人不打算让他进攻以色列，因为那样会使本已缓和的国际关系再次紧张起来，而且还有可能会将他们拉入与美国的核战争当中。于是他便把他们踢出去，好放开手脚大打一场。"

　　听到这里，阿里耶瞪圆了眼睛。

　　"哇，沙龙是个悲观主义者，跟平时一样。"耶尔叫道。

　　"爸爸，你认为呢？"阿里耶问。

　　堂吉诃德疼爱地看着他："我认为？我只管接受命令，开战。"

　　等本尼·卢里亚和埃兹拉赫一到迈克尔家，仪式便开始了。埃兹拉赫这位上了年纪的老学者以其对《托拉》律法的理解而著名，另外一个著名的原因是他从来没有走出过圣地，因此也获得了一个绰号——"本地人"。多年以前，一名飞行员在一次训练事故中丧生，本尼通过那名飞行员的双亲认识了埃兹拉赫，从那以后，他们就建立了友谊，尽管他们这种关系看似不大可能，但却一直持续下来。夏娜则是从小就认识埃兹拉赫，他来主持她的婚礼是理所当然的。

华盖下，埃兹拉赫咏唱祈恩祷告。五年前，也是在这个房间里，他为鲁文举行过割礼仪式，现在他无论相貌还是声音都和五年前没什么区别，同样是褪色的黑帽子，长及脚踝的黑色外套。他的声音虚弱，但拿酒杯的手却很稳。耶尔看到戒指戴到了夏娜的手指上。迈克尔·伯科威茨在第一次踩酒杯时没有踩中，随后一次才"咔嚓"一声踩中了。"Mazel tov（恭喜）！Mazel tov！"挤在小小房间内的宾客们大声呼喊。

没有大声地唱歌、弯腰驼背、戴着无边便帽的教授第二次结婚，娶他三十多岁的同事，并没有表现出爱情的激动或情欲的兴奋。从华盖下走出来，夏娜抱着鲁文，靠到教授拐杖的旁边。耶尔想，夏娜在照顾这个跛腿的男孩，而照顾他最便利的办法就是搬过来和教授一起住。好了，不管怎么说，就这样定了，夏娜被锁死了。

但是，夏娜接下来所做的事情却是吻堂吉诃德！这让耶尔觉得不仅不是淑女的作为，甚至是反宗教的了。夏娜穿着纯灰色的裙装，白色的面纱从头上扬向后面。她穿过亲戚、邻居和朋友，大步走到堂吉诃德面前，在他唇上深深一吻，喃喃地和他说了句什么，随后便和她的瘸腿新郎一起走进了作为"隔离"的卧室。堂吉诃德在身后深情地盯着夏娜的背影，这种深情耶尔见过，他在对着小时候的阿里耶时有过，现在是小伊娃，却从来没有这样看过她。这是一种依依不舍的柔情，这种柔情彻底抚平了堂吉诃德方才半是可笑半是可怕的表情。耶尔算看明白了，夏娜消失在那间卧室里，也从堂吉诃德的生活中消失了，但这并没有给她耶尔让出空地方。教授妻子留下的只是一处空穴。

犹太教里未婚男女是要"隔离"的，而结婚的时候，风俗则要求新娘和新郎不再"隔离"，进入一个房间内独处，由见证人看着他们在里面独处足够长

　　　　　　第十三章　夏娜的婚礼

的时间来圆房（当然是理论上的）。这期间，宾客们吵吵嚷嚷地按照辈分分开吃喜宴，父母们坐一张长桌子，子女们坐另一张。"见鬼！达佛娜去哪儿了？"诺亚问刚刚在婚礼仪式开始时才到达的多夫·卢里亚。如果说哪个人能阻止住达佛娜完全堕落，那么这个人就是诺亚·巴拉克，卢里亚一家人都是这么认为的。多夫镇定地撒了个谎，说她感冒了。但他心里暗暗打算等这个旧式婚礼一结束，就马上去追查达佛娜，训斥她一顿；如果发现有什么不道德的事情的话，连那个西蒙·西蒙也要教训。

约翰·巴寇说："她跟我说她要来，但我事前就估计她会避开。她认识的很多女孩都在结婚。婚礼让她很沮丧。"

葛利亚·巴拉克大声说道："我很久都没见过达佛娜·卢里亚了，自从我去了美国后就再没见过。她还是那么漂亮吗？"

多夫说："现在你是美女，我妹妹是个干瘪老太婆了。"

听到这句赞美从一个"鬼怪"战机飞行员的口中说出，葛利亚脸红了。多夫比他父亲更低，骨骼粗大，斯拉夫人的平脸可以追溯到东欧的犹太人村镇基因，不过迷倒一个十七岁的姑娘并不需要多么出色的相貌。他现在正计划做战斗指挥官，少有空余的精力放在女孩子身上，但是这个长着黑漆漆眸子的葛利亚让他很有好感。他上一次见她还是好几年前，在一次军队聚会上，那时的她圆圆胖胖，皮肤粗糙，一副闷闷不乐的样子。多夫心中不胜感叹：真是女大十八变啊！而且家庭也好。值得上心哪。

阿里耶独自坐在多夫旁边的位置上。他现在长得比多夫要高，也比他帅，一头浓密的卷曲金发，还遗传了他妈妈的精致皮肤。"喂，多夫，萨达特把苏联人赶出去了，空军里面是怎么看这件事的？"

"我觉得我想的是对的。当着摄像机镜头的面坐飞机离开，然后再通过海上偷偷潜回来，开始另一出虚假和平攻势的电视噱头。"

"嗯，我不同意。要我说是苏联人不让萨达特计划进攻以色列，因为那样可能会把他们拉入与美国的核战争当中。他要把他们赶出去，好放开手脚。"

这个理由是他父亲讲的，他也已经明白无误地理解了，现在只是引用，为的是获得这位飞行员的关注。

诺业、多夫和约翰三人互相看了一眼。一个十五岁的孩子能说出这样的道理已经相当厉害了！屋子里人声鼎沸，堂吉诃德喊了声："约翰！"并示意他到一个角落里，然后低声问他："我去视察杰普撒（Jeptha）那几个工地的时候，不是看见你在安装滚轴桥样机吗？"

"是的，长官。我在阿莫斯的营。"

"你已经是军士长了，嗯？"他拍拍约翰军服上的肩章，"你的兵役不是快完了吗？"

"我可能要续签一年。这座桥是个艰巨的任务，长官。"

"跟我说一下桥的事。"

"嗯，长官，现在没有太多可说的。迄今为止，我们才装配了两节。他们说共有八十节。"

"那两节滚轴吗？"

"正如所愿。但是比较容易断开，把它们连接起来是个需要细心和技巧的活儿。"

"问题究竟出在哪儿？"

约翰开始讲一些术语，什么接头、轴承、刚硬性单位、柔韧性单位等。堂吉诃德打断他问："你上过美国的工程学院？"

"我是从法律学院毕业的，长官。不过我喜欢机械。"

大吃大喝的宾客们情绪又上升了一层，这时夏娜和她丈夫从卧室里走出来。人们都站起来，拍掌，唱歌。夏娜的面纱已经除去，她看上去肤色红润，宁静安详。她走到孩子们坐的一张低圆桌边，抱起一条腿上安装着托架的鲁文。娜哈玛一直在喝酒，喝了很多，她挥舞着相机，把夏娜往瘸腿的伯科威茨身边推。"照相啦！照相啦！都让开一点儿！笑一下，新娘和新郎！夏娜，让鲁文笑一笑！"

　　　第十三章　夏娜的婚礼

夏娜亲了亲小男孩，柔声说道："怎么样，鲁文？你高兴吗？"

鲁文用两只手摸着她的脸颊，笑了。"好！"哗一下闪光。"再来一张！"又哗一下。

约翰·巴寇心想，自己肯定是眼花了，他竟然看见尼灿上校棕褐色的脸颊上滚落下一滴泪珠。只有女人们才会在婚礼上哭的呀。

求欢未遂

达佛娜对西蒙·西蒙工作室的拜访不咸不淡地从谈论萨达特的新闻开始。他向她展示东面墙上挂的一幅作品，那是他给一个比利时正统犹太教派的钻石经销商做的，一幅彩陶做的圣殿山日出；他像个大学讲师一样讲解具体的黏土、釉料、烧制技术等细节，由于他讲得太快，她都理解不了。接着他从乱糟糟的制作台上拿下一块红色的原泥递给她，说："做个东西出来，motek。"他有很多只猫，其中一只灰色的大公猫正趴在制作台上睡觉，她便开始捏一只正在沉睡的猫。他饶有兴致地看了一会儿，便去读约拉姆·萨拉克写的周刊去了，她则专心致志地把泥捏了改、改了捏，他也时不时看一眼她的作品。当那只猫成形时，他说："你挺灵巧的，有艺术水平，有几分样子。"

"好了，就这样了，一只猫。"她最后说道。

她颇为自豪地把作品递给他。他把它转来转去，说道："嗐，比例还不算太差。尾巴还是一条漂亮的弧形。听着，这不是一只狗或一只猴子，这是只猫。挺好的。"他在一张光秃秃的木桌子上摆上面包、奶酪和红酒，说："我们吃点儿东西吧。"

他们边吃边喝，他口若悬河地大讲陶器艺术和陶器的经销。中途他还跳起来取来一团泥，把它捏成一个像模像样的海龟，同时给她指导如何加工材料。他讲得很吸引人，当他紧挨着她坐到长沙发上，说为一个新秀艺术家干杯时，她也没看出来有什么不对劲的地方。但是续满一杯后，他用一只胳膊搂住她，又碰了下杯，还打算亲吻她时，达佛娜一下子跑开了。

这位大名鼎鼎的陶艺家在后面笨拙地追着她，大呼小叫地说她美丽迷人，直到被另一只黄斑纹猫给绊倒，砰一声跌倒在地板上才停下来，那只猫发出一声吓人的号叫。达佛娜停下来，放声大笑。陶艺家左摇右晃地站起来："笑，你很喜欢笑吗，你这个小家伙？"他摇摇晃晃地又朝她扑去，她再次逃开，并不是特别吃惊或愤怒，边咯咯笑着边保持距离，也保持着她的贞操，虽然这个贞操的价值并不大。葡萄酒让她微微有点儿眩晕，也使整件事显得似乎很好笑。但是，西蒙·西蒙很巧妙地慢慢迫近她，一直把她逼到一个制作台边，她随手从制作台上抄起一件家伙，那是一尊沉重的红泥塑像。"请不要这样犯蠢了，西蒙。真的，我没兴趣。"

"丫头，放下那东西。那是摩西塑像，而且客户已经付过钱了。"他气喘吁吁地说。

她扫了一眼那尊塑像，摩西，就是把"十诫""号角"什么的都算上也没关系，她表现出盛怒的样子，高高举起那尊雕塑："就算是耶稣我也不在乎，别过来！"

陶艺家皱起眉头，显得很生气，喘着气说："我不做耶稣，丫头，我从没做过单一的耶稣，给钱也不做。"

"西蒙，我已经订婚了。听懂了吗？"

金属门方向传来咚咚的敲门声。

"是谁？"西蒙喊道。

"我妹妹在这儿吗？我是多夫·卢里亚。"

他转向她："你有个哥哥？"

"我有两个呢。这一个是'鬼怪'战机飞行员，壮得跟一头狮子似的。"

"她来了。"陶艺家喊道，同时对她做了个"嘘"的动作，"你还拿着我的摩西呢，你这个白痴！把它放下，我再开门让他进来……嘿，你好，"他喘着气，"是的，她在这儿。"

达佛娜胸脯一起一伏地站在一个凌乱地堆着工具和雕塑的台子边，摆弄其上一个红色的物件。"那是什么东西，猫？"

"这件处女作还不错吧，嗯？"

"这活儿有那么累吗？"

"累？没有啊，干吗这么问？"

"你呼吸急促得就跟刚刚跑了一英里似的。"

"瞎说。婚礼怎么样？"

"很好，他们结婚了。诺亚想知道你到底在什么地方。那个约翰也去了。"多夫注意到小桌子上有吃剩的面包和奶酪，一只酒瓶，两只杯子，一只空了，而另一只翻倒在一滩酒液中。"走吧，我开车送你回你的公寓。"

"我可以搭公交回去。我正忙着做事呢。"

"我就知道你会这样说。走吧。"

达佛娜放下那只猫，在他的注视下有些心虚："多夫，我想我有一份职业了。"

"我也这样想，"西蒙说，"她很有艺术水平。"

多夫问："跳芭蕾舞究竟怎么了？"

"我太丰满了。"

陶艺家听了爆笑起来。甚至达佛娜和多夫下楼时，还能听到他在房间里笑。

多夫问："他在笑什么？那家伙，说什么丰满呢！他做无礼的事了吗？"

"他？他安全得就像他那些猫一样。"

"别那么肯定。他要是想干什么的话，达佛娜，我就让他和他的整个工作室都丰满起来。"

回耶路撒冷的路上，埃兹拉赫一直坐在副驾驶的位子上睡觉。本尼坐在后面烦恼得不得了。他在烦恼达佛娜没出席，这姑娘要是失去诺亚·巴拉克的话是她活该；烦恼他妹妹耶尔那种紧张的样子，她的婚姻似乎每况愈下；还有他的妻子和娜哈玛·巴拉克两人出的洋相，拿着瓶卡梅尔白兰地推杯换盏，直到喝醉；艾莉特的问题他知道，但娜哈玛是为什么心烦呢？而最让他烦恼的，还是萨达特。

婚礼上，人们七嘴八舌地猜测，本尼没有发言，因为空军方面的情报也不令人放心。"萨姆-2"型和"萨姆-3"型导弹就可以封锁高达四万英尺的天空，而萨达特在运河边的导弹屏障不仅包括这两种，还有神秘而令人恐惧的新型导弹"萨姆-6"。这种导弹属于机动型，因此很难对其进行攻击，而且它能逮住掠地飞行的飞机。这些都是已知的情报。空军中还有人嘲弄地说，这种全能导弹甚至还可以煮浓咖啡，并演奏《希望之歌》。不管怎么说，这都是很坏很坏的消息。埃及人不可能会操作这种世界级的武器，就算他们能，苏联人也不放心让他们按点火按钮。如此想来，不得不说这场驱逐就是一场骗人的把戏了，至少在某种程度上是这样。

到了耶路撒冷，当司机把车停在埃兹拉赫那间旧石头房子的地下室边上时，这位老学者睁开眼睛，说道："谢谢你，这是一桩善行，让新郎和新娘快乐，颂赞主的圣名。"

"拉比，你怎么理解那个埃及人所做的事？"

埃兹拉赫薄软白净的手做了个温和的手势，说："那些高窗后面所发生的事，我理解不了。"

"是好还是坏？"

埃兹拉赫用带着大眼袋、深陷下去的蓝眼睛看着他，问："婚礼上那个年轻小伙子，穿一套空军制服的，是你儿子吗？"

"是的。"

"跟他父亲一样是一名飞行员吗？"

"是的。我的另一个儿子刚满十六岁，也在考虑上飞行学校。"

埃兹拉赫用干冷的手掌握住本尼的手，举起它来放到唇边亲吻。这令本尼·卢里亚感到很不自在。"让我们用学术上的一个词来辨别，"埃兹拉赫用虚弱嘶哑的声音说，"在《创世记》中，第六天末是这样说的：'上帝看着一切所造的都甚好。'你记得这句话吗？""嗯，即便是在莫夏夫里，我们也学《圣经》的。我当然记得。"

埃兹拉赫点点头。"阿齐瓦拉比曾评论说：'好就是活着，非常好就是死亡。'但他没有解释过。你是问那个埃及人所做的事吗？那将会是非常坏同时也是非常好的。"

像阿齐瓦一样，他也没解释，下了车，步履蹒跚地走下去，进入他那间昏暗的住处中。

第十四章　突袭

"少年之春"

　　"加什"号导弹艇停在海法港内，艇长室内的钟表指针指在下午五点，诺亚·巴拉克旋转他保险箱上的号码锁，取出一份粗糙的棕色信封，上面盖着印有"绝密"字样的红色橡皮图章。他打开密封的内层信封，急切地读着油印的行动命令中字迹模糊的封面页。

总参谋长

绝密

"少年之春"行动

　　1973年4月9日/10日，将由总参侦察营，会同伞兵部队、海军部队、海军突击队以及空军救援直升机一起，经由海上进入贝鲁特执行一次突袭战斗任务。该特遣部队将处决恐怖分子的领导们，炸毁他们的总部、弹药库和兵工厂，要在黎巴嫩警方和军方反应过来之前，渗透进入贝鲁特，执行任务，随后从海上撤退，以便将政治影响保持在最小范围内。

1973年4月2日

总参侦察营就是阿莫斯·帕斯特纳克所属的精英部队。诺亚翻看接下来的两页，是各小队的任务，上面这样写着：阿莫斯小队乘坐"加什"号，目标：维尔丹大街公寓大楼。后附一张清单，是战士名单及他们任务的具体细节，以及要处决的恐怖分子首脑名单。

那天一大早，阿莫斯·帕斯特纳克就带着他的伞兵和蛙人们上了船，随之带上来的还有一堆杂乱的武器、步话机、信号设备以及橡皮艇。到了下午，他们全部上了码头，总参谋长从特拉维夫驱车过来，给突击队员们讲话。诺亚也很渴望聆听总参谋长讲话，但作为一名刚刚上任的导弹艇艇长，他不允许自己那么自由。很巧，他指挥的导弹艇恰好是他从瑟堡开回来的那一艘，这艘艇在火力和发动机性能上都进行了很大的升级。他爬上舰桥，进行最后的出海准备工作检查，随后总参谋长埃拉扎尔登上跳板，像个小伙子般跳上舰桥梯子。"你是兹夫·巴拉克的儿子吧？"他边说边回敬诺亚的军礼，"我和你父亲是老战友。这次任务各方面你都准备好了吗？"

"准备好了，长官。"

"有什么要说的话吗？"

"我希望我能跟他们一起进贝鲁特。"

达多·埃拉扎尔看着他："我也想，艇长，但我们都得坚守在我们这乏味的支持工作上。我要看看你的艇。"

"我和您一起看吧。"

"待在你的舰桥上。"

矮壮的总参谋长在甲板上上上下下，迈着大步走来走去，黑色的鬈发在海港的微风中抖动，他和突击队员们攀谈，向水兵们询问海上的具体情况，随后又下去参观作战情报中心和轮机舱。诺亚没有提醒过下面的值班人员达多要来。突击检查，无论好歹总是有益的。从下面返回后，达多评价道："船很整洁、很漂亮。你会干好的。"诺亚这才长长地舒了一口气。

当总参谋长的车驶离码头时，有两个穿着脏兮兮的牛仔裤的女人与其擦身而过，朝"加什"号走来。搞什么鬼？诺亚想：这些老百姓是谁？她们来这儿干什么？他快步奔向跳板，那里水兵们正目瞪口呆地看着那两个女人登船。那名金发的他不认识，但他一眼就认出了另外一名留着蓬松黑发、肌肉发达的"女人"。那人是阿莫斯·帕斯特纳克。

行动缘起

这次突袭等了很长时间。阿拉伯恐怖主义者一直在针对以色列拓展第四条战线，劫持班机并爆炸，掳走人质并杀害，书信炸弹、汽车炸弹，用机枪和手榴弹攻击机场候机楼、犹太会堂、以色列使领馆等，黑九月成员还在慕尼黑奥运会上把以色列运动员扣为人质，引起了全世界的极大关注。德国特种部队试图营救却搞砸了，导致无助被困的运动员们被机枪扫射而死。当时媒体都非常愤慨，抗议声强烈，甚至有人要求奥运会暂停一两天。最后，在对被杀的犹太参赛者举行了适当的悼念仪式后，运动会才如常进行。

此后，以色列政府内部充斥着极度沮丧的气氛。在总理居所举行的一次武装部队司令员会议上，萨姆·帕斯特纳克提出了可能的报复概念。他说："总理，事情已经发展到这一步了。如果想要来一次决定性打击，目标就应该锁定贝鲁特。特别是在贝鲁特市中心的两栋大楼——一栋是巴勒斯坦解放组织总部大楼，另一栋是大人物们拥有精致套房的公寓楼。如果执行这项任务，目前我们有情报，也有军队，差的就是一个政治决定。"

慕尼黑人质危机期间，果尔达夜夜失眠，脸色憔悴而蜡黄，当时她问大

　　　　第十四章　突袭

家："怎么执行？"大家讨论起"外科手术式空袭"，她打断他们，因吸烟而低哑的嗓音显得异常疲惫："'外科手术'说起来简单，先生们。那会有平民伤亡的，有可能还会很多。恐怖分子们就喜欢有关伤亡的新闻，越是血淋淋越好。我们不得不考虑世界舆论。"

经过长时间艰难的讨论，大致的决定已经形成，一些事情不得不做，也许就在贝鲁特，要计划多种可供选择的方案并提交。半年过去了，什么事都没做。就在这时，还是这帮恐怖分子，又绑架了两名驻苏丹的美国外交官。在与华盛顿一番谈判无果之后，杀害了他们。

"现在我们开始吧。"摩西·达扬提议，果尔达批准了。

开始行动

那天早晨，当萨姆·帕斯特纳克的儿子和他告别时，他问："你要穿女人衣服吗？为什么？如果局面变严峻的话，那只会绊倒你的。"

萨姆在摩萨德的延期服役也已经到了尽头，他现在没有工资，在拉马塔维夫的一间小办公室内办公，有一名秘书。他开始关注工业界和政党方面的机会，包括受邀竞选特拉维夫市市长。在这个"求偶期"内，他走得很慢，没有忸怩作态，但很小心。让自己承担义务很容易，做一个悔恨终身的错误决定也许更容易。到他这个年纪，跌倒了还能爬起来的余地已经很小了。

阿莫斯说："没问题，我穿着裙子训练过，也演习过。这次行动的目标是一栋豪华高层楼房，那个地方到处都是来来去去的小妞。到了晚上，那些大人物随时都会找妓女。我们会在深夜一点钟发起进攻。这是有道理的。"

"好吧，你们是从海滩上登陆的。你们怎么从那个地方进入贝鲁特呢？"

"有摩萨德的伙计等在那里，他们冒充富有的欧洲商人，已经租下了汽车。"

"如果汽车不在那儿呢？"

"不在的话，行动就要中止了。它们会在那儿的。"

"贝鲁特市内的交通很拥堵。你们怎么能保证按预定的时间表执行？还有——你笑什么？"

"达多昨天召集了我们，也问了同样的问题，还有其他很多问题。他对计划很满意。摩西·达扬也很满意，他已经关注我们训练好几个月了。达扬一直在推迟这次突袭行动，直到美国外交官被劫杀事件发生。他的直觉真厉害。"

"可你的坦克营怎么办？你怎么能为了这次胡作非为而抛下你的部队呢？"

"他们几个月前就向总参侦察营的老兵们发出了请求。我自愿加入，我的旅长也批准了。"

"好了，我希望这是最后一次。你的特种任务干得够多了。你已经得到过很多荣誉奖章了，阿莫斯。你的前途在坦克部队里。"

"爸爸，你根本不想让我过得快活一点儿，你那条路……"

电话铃响了。帕斯特纳克不满地嘟哝了一声，按下内部通话系统蜂鸣器："我告诉过你，不要让电话进来。"

匣子里秘书呱呱地说："是尼灿夫人。她说有重要的事。"

萨姆扫了一眼儿子，儿子的脸变得一片茫然。"我会回她电话的。"

阿莫斯说："爸爸，这是一个绝妙的计划。我们的演习已经精确到了秒。"

"我曾演习过很多这样的计划。有些很成功，有些也不那么成功。"

"这个我知道。达多跟我们说过：'你突进到后方越深，就越接近于奇袭，你胜利的机会也就越大。'我相信他说得对，我们马上就会看到的。"

帕斯特纳克严厉的神色缓和下来，笑了声，说："对，这份计划我研究过。"以色列高级官员在退职后一般都会作为顾问与军队保持联系，"事实上有一两个任务还是我提议的。摩萨德仍旧欢迎我做一个出点子的人。也许我会在'坑洞'里听取战况。"他从桌子后走出来和他儿子拥抱，"一件事，阿莫斯。沙凯德（Shaked）上校教导过你们不仅要背出受伤的战友，还要背出牺牲者吗，如果有麻烦的话？不惜任何代价？"

"那是原则，爸爸。"

"比原则还要重要。你们的突袭也许会获得巨大的成功，但是只要法塔赫得到一具犹太小伙子的尸体，他们就会声称获胜的。他们会用那具尸体来敲诈我们，换取我们关押在监狱中的所有恐怖分子，还要敲诈数百万美元。他们会把尸体头脚倒置地挂在公众广场上，会为美国的电视台发动跳舞的人群。他们认为那是很好的对外宣传。"

"你太夸大其词了，我们会背出我们的死伤者的。不过，我希望没有任何伤亡。"父子俩再一次拥抱后，儿子离开了。萨姆盯着窗外，阿莫斯的车穿过街道时，从车里朝他摆摆手，他也朝阿莫斯摆摆手。

内部通话系统里传来刺耳的声音："将军，伊娃·桑夏恩来电话，说她母亲又回到了医院，晚餐取消。稍后她会给你往家里打电话，并有可能上门。"

"还有其他人吗？"

"乌兹·鲁宾。他想让你回他电话。"这个乌兹·鲁宾是一家重工业企业集团的董事长。

"接尼灿夫人。"

深夜。

距离登陆海滩还有三百码，黑色如镜面般的海面上，诺亚的艇基本上不再前进。低矮的云团反射出城市的光芒，形成一种虚假的月光，又投射到海上和岸上。滨海大道的簇簇灯光将海滩上陡崖的轮廓勾勒出来，霓虹灯闪烁跳跃，蓝的、红的、白的、黄的。"差不多就像特拉维夫一样。"身穿军装、身材瘦削、戴眼镜的沙凯德上校说。他是这次突袭的指挥官，将留在船上，通过无线电指挥各分队的行动，无线电又与设在特拉维夫地下指挥中心的"坑洞"连接起来。

"发动机熄火，"诺亚命令道，"准备下放'Zodiac'橡皮艇。突击小组准备下船。"

"那边车灯亮了。"阿莫斯说。岸上的几辆汽车的头灯正在闪烁：闪了两下，停顿，又闪了两下，然后一团漆黑。过了整整一分钟后，信号又开始闪烁。

"阿莫斯，行动。"沙凯德上校说。

橡皮艇发出沉重的泼溅声，还有一些轻的泼溅声则是跳下去的蛙人发出的。他们拖着橡皮艇往里面走，悄无声息地靠近，这样就连舷外马达的突突声都不会有。诺亚和阿莫斯握握手，然后沙凯德上校陪伴这位分队领导走到甲板上。突击队员们全部穿着城市非主流服装，阿莫斯穿着一件红色羊毛裙，把裙摆拉起来，大家顺着叮当作响的链梯爬了下去。海和风的情况都很难得，诺亚想。微微的浪涌，轻柔的离岸风，如果风力强劲的话，蛙人拖曳那些高骑式"Zodiac"橡皮艇会很困难的，而现在，它们都平滑地漂了出去，融入茫茫夜色中。沙凯德上校返回舰桥上，戴上耳机，和诺亚站在一起，用望眼镜观察滨海大道上的情况，直到那些接应的汽车全部开走。"阿莫斯分队在接近目标的途中。"诺亚听到沙凯德向"坑洞"报告。这位指挥官笑笑，转向诺亚，说："达多说：'保持镇静。'"

舰桥上的钟表夜光指针显示差一刻钟到一点。"其他分队有消息吗？"诺亚大胆地问沙凯德上校。

"照计划在进行。到现在为止一切正常。"沙凯德说完，爬下梯子走进控制与通信中心。诺亚听到头顶上传来沉闷的响声，那里有没有打开任何灯光的救援直升机飞过。

滨海大道明亮的路灯下，阿莫斯偷偷溜进一辆奔驰轿车的前座，驾驶位上，一个男人很幽默地和他打招呼："Giveret（太太），你父亲还好吗？"给阿莫斯让开地方的是一个女人，真正的女人，很明显是真正的金发女郎，而且借着路灯的光亮，可以看出她还很漂亮；尤其是与旁边一位假扮金发女郎的伞

　　　　　　　　　　　第十四章　突袭

兵相比，那个冒牌货看上去异常粗壮，正往一辆别克轿车里钻。

"他很好。"

"一名十足的绅士，你父亲。"这名胖胖的司机穿一身意大利剪裁的黑西服，戴了好几只金戒指，有一头欧洲企业家那样的漂亮灰色鬈发，也许是个进口商或是银行家，他是一个非常圆润、光滑、富态的男人，以至于让人一看就想不到其他的身份。阿莫斯扫了一眼另一辆车，他的伞兵们都在那辆车里。刚才那名戴假金发的人竖起大拇指。

"出发。"阿莫斯说。

奔驰轿车启动，开上拥堵的大道，这条大道非常像特拉维夫海滨的那条哈亚康路（Hayarkon Road）。贝鲁特基本上就是阿拉伯的特拉维夫城：矮而宽的古旧建筑，高耸的新式写字楼，破旧的商店与精致的商店共存，灯火通明的咖啡馆沿着大道杂乱无章地排列下去。硬路面上到处都是凹坑。太像国内了！司机领着另一辆车曲曲折折地穿过城区，每到一处拐弯，那名金发女郎便用法语指出方向。阿莫斯打破沉默，用法语对那名女郎说："你对这座城市很熟悉啊。"

"我在贝鲁特出生和长大。在美好的旧日时光，爸爸在这儿做生意。"她对阿莫斯微笑一下，"你看起来很迷人啊。"

"抱歉，我把你全身都沾湿了。"刚才橡皮艇舷侧进了很多水，浸湿了阿莫斯的鞋子和尼龙长袜，打湿了他穿的长裙。

"但愿这是我今晚最大的问题吧。"

这还是他第一次闻着昂贵的法国香水进行报复性袭击，阿莫斯想，这与从直升机上降到恐怖分子基地附近或是在夜间偷偷越过荒野中的边境有着天壤之别。贝鲁特西北部的这个街区处处是雄伟壮丽、带围墙的别墅，或是带宽敞拐角阳台的多层公寓，像极了特拉维夫北部的富人区，他们就是在那儿演习这次突袭的每一个步骤的。汽车停在维尔丹大街一座黑灯瞎火的两层别墅前，高大的棕榈树从高高的花园围墙内伸出来。那个女人说："我们到时候就停在这儿，在这里等你们出来。"

那辆别克车载着一支小队开了过去，在阿莫斯他们进攻公寓大楼时，那支小队负责掩护。还有另外一组进攻人马已经乘坐别的车辆拐过弯去突袭巴解总部大楼了。阿莫斯的眼睛盯着腕表，因为两组突袭必须同步进行。"B'seder（好的），我们走。"他发出命令。轿车横过街道，朝对面的公寓驶去，公寓前有两名阿拉伯人，肩头斜背着枪，边走边抽烟。当车驶过来停下时，他们完全没留意，显然，正如情报所报告的，这里一直都有这类豪华轿车来来去去的。

"祝你们好运。"车子离去时那名女人低声用法语说。

阿莫斯和他的三名同伴在警卫的眼皮子底下若无其事地慢慢走进了楼内。那一刻真是紧张到了极点，心脏怦怦地跳。很好，完全进来了，这回没有街灯了。一个队员留守在昏暗的门厅内，阿莫斯和另外两名行动队员迅猛地直扑楼上，各自到他们的任务楼层。深度渗透，绝对突袭。现在事情也的确正在朝预定的方向发展。第三层楼的门后面，就是阿莫斯的目标，阿布·尤素福，"慕尼黑惨案"的策划者，也是把死亡撒遍全世界的阿拉伯恐怖网络中的真正智囊。他用装了消音器的枪射断锁头和铰链。谢天谢地，消音器起到了预期的作用，没有枪声发出来，只有金属的嘎吱声。穿过门道！那边房间内一盏灯吧嗒一声亮了起来。阿莫斯迅速冲进那间房间。毯子下躺着一个个赤裸的长着大黑胡子的人，与照片对比一下，显而易见他就是阿布·尤素福，他旁边还躺着个赤裸的女人，两人都从睡梦中惊醒过来，瞪眼看着他。这烂任务，但没办法，他连开四枪打死了他们，只发出四声沉闷的砰砰声；他们几乎动都没有动一下，呻吟声中鲜血喷涌而出，死去了。在枪火硝烟的气味中，阿莫斯匆忙跑过屋子，搜寻文件和记录簿，把他能找到的统统扫进他那只放女人衣服的手提箱里，然后赶紧跑到外面的楼梯平台上。

他等在那里听动静。楼梯间寂静得可怕。楼上进行得怎么样了？阿莫斯连着奔上三道楼梯，看见一扇门开着，他悄悄溜进去，手里拿着枪随时准备开

　　　　　　　　第十四章　突袭

火。大客厅华贵的地毯上躺着个穿衣服、留小胡子的男人，已经死了，血在他长长的黑头发里淌成一摊。窗子上一片断裂的百叶窗帘悬荡下来，旁边站着一位他的手下——约尼，正在从一个书架上扒拉文件。"阿莫斯，这些材料就是金子啊。"他语调轻松，边说边飞快地翻动纸张。一把椅子上堆着一摞书、一些小册子和文件资料，他朝那些东西挥挥手，说："看看吧。"

"听着，拿上你能抢到的赶紧走。"

"En lahatz（别紧张），不要着急。"约尼看了一眼手表，"这种机会可不多。"说完又拿下一堆文件飞速翻看。

阿莫斯·帕斯特纳克平素对自己能在危急中保持镇定很得意，而且也经常性地证明自己这一点。但从某种程度上说，眼前这位仁兄比他还要牛。约尼·内塔尼亚胡几年前与他一同在总参侦察营服役，后来退役，到哈佛大学学习。现在还没有完成学业又回来了。操练加毅力，使这位原本体格单薄的小个子强化得像段铁丝一般，即使在"六日战争"中受过重伤，仍能保持原样。他的冷静感染了阿莫斯。毫无疑问，他是对的，这些富足的情报可能会拯救几百条人命，甚至可能捣毁整个恐怖网络。"好吧，不过要快——"

嗒嗒嗒，乓，乓！阿莫斯奔到打开的窗户前。外面机枪、步枪开火的声音响成一片。"是总部大楼那边，约尼。我看见闪光了。出事了。快点儿！"

"好的。我把这些材料装在哪儿呢？"他左看右看，"枕套里，也许可以。稍等。"

顺利完成

"坑洞"中，香烟的烟雾一如往常地绵密而呛人。挂满地图的宽敞房间里，高级官员们踱着步子走来走去，萨姆·帕斯特纳克也在其中。总参谋长埃拉扎尔和摩西·达扬并排坐在一张有麦克风的桌子边。"马诺·沙凯德，马诺·沙凯德，我是达多。重复一遍，出了什么差错？"

头顶上的喇叭传来回答，刺耳，带着静电噪音，但能听明白。"我是马诺。小伙子们按照计划杀死了外面的警卫。但是一挺机枪刚刚在街对面开起火来，也许从某类卡车或货车里，还——等等，有新报告进来了。"

屋子内一片沉默，只有静电的咔啦声。打火机嚓的一声，火苗迸出。

"好了。我是马诺。我们有五人倒下。那辆货车已经没声音了。但有更多的警卫赶来交火。爆破组询问，是攻入大楼还是放弃？"

总参谋长和达扬互相看了一眼。达扬耸耸肩。达多迅速说道："他是在场之人。"然后对麦克风说道："马诺，我是达多。你的建议呢？"

"我建议继续爆破。我们有很强的支援火力。我马上派增援掩护后撤行动。"

"批准。"

一名胆大的飞行员在穿过风暴时，如果只是作为一名乘客坐在飞机上，那他会感到痛苦难耐，因为他知道危险，却只能眼睁睁地看着而不能采取行动。萨姆·帕斯特纳克眼下就是这种心态，这突如其来的转变让他惶恐不安。阿莫斯进攻的那栋公寓还没出现问题，但整个袭击行动已经开始打折扣了。枪战必然会惊动那些松懈的黎巴嫩警察，也许军队也会赶过去。能快速撤到海滩就算这支突击队最好的运气了。一旦他们陷在贝鲁特城内，就算不被当场击毙，也会被彻底击败并被俘。

阿拉伯人抓捕了总参侦察营！在全世界的电视台上放出囚徒们被蒙上眼睛戴着镣铐的画面，那是对以色列勇猛无畏的嘲弄，是奇耻大辱！而且众所周知，极端的黎巴嫩政客们本来就和那些恐怖分子有勾连，在黎巴嫩坐牢，无异于活在地狱中。私刑处死、绑架、消失、严重伤害致死—— 一切都有可能。喇叭中充满了混乱的、没完没了的军事术语，但没有爆破组更进一步的消息。从登陆开始，就没有听到丝毫有关阿莫斯的消息。沙凯德上校刺耳的声音从中传出，在命令所有分队清理通道。

"马诺呼叫达多。公寓进攻分队没有消息。大楼进攻分队已经冲出警察和恐怖分子的火力包围，现在正朝海滩撤离，带出了所有的死伤者。"

达扬走到麦克风前，按下按钮："马诺，我是达扬。爆破组完成任务没有？"

"部长，他们安装了炸药，但是他们一直都处在混战中，从汽车那儿射击。他们也不清楚。"

达多摇摇头，达扬把麦克风让给他。

"达多呼叫马诺。死伤情况如何？"

"我是马诺。两名轻伤，一名重伤。"整个屋子内顿时都是悲怆的神情。顿了一下，马诺的声音又响起："两名死亡。哈加·马阿延和阿维达·绍尔。"

静电发出咔啦咔啦的声音。椅子响亮地一声刮擦，达扬站起来。"Fashla（一团糟，失败）。"他冷冷地骂了一句，走了出去。几名官员也跟在他后面离开。达多无力地坐在麦克风旁，惨白的日光灯下，他粗线条的脸上罩上了一层悲痛。报告继续一点点进来。帕斯特纳克的心脏跳动得都能听见。"我是马诺。阿莫斯的公寓进攻分队已安然登上'加什'号。任务完成。三名恐怖分子首脑被击毙，两名突击队员受伤。"达多勉强对帕斯特纳克淡淡地笑了一下。

不出一个小时，情况已经清楚了。整个突袭部队，包括在车里接他们的摩萨德特工都上了船，朝国内开来。直升机在海法的迈蒙尼德斯医院放下了死伤者。墙上的挂钟显示三点刚过几分钟。很久没有说话的达多伸了伸腰，打了个呵欠，说道："嗯，萨姆，你们家阿莫斯英勇地完成了任务。所有小伙子都完成了任务。但是，摩西·达扬说得也对。Fashla。"

"达多，他们打死那些头头儿了。"

达多把头埋进手里："我们两个小伙子，就换那三个杀人的狗杂种？"他胳膊旁边的电话铃响了。他接起来："我是达多。什么？"他的脸色亮了起来，"好啊，你都录下来了吗？……很好，赶快把带子送到我办公室……哎，萨姆·帕斯特纳克在这儿，你跟他说。"达多把听筒递给他，"这次袭击上了美国的晚间新闻。"说着他大步走出去，踏上陡直的楼梯。

话筒里传来摩萨德新任局长缓慢而低沉的声音："萨姆？这次袭击成了美国电视和广播上的大事件。他们打断了固定的节目。该新闻报道已经流出了贝鲁特，毫无保留地。首先是，恐怖分子总部大楼被完全炸毁——"

"哈！这消息确定吗？"

"炸成了一大堆碎石瓦砾。"

"美国方面现在是什么反应？"

"态度是肯定、赞赏的，他们都在提及我们的运动员在慕尼黑被残杀的事件，还有他们两名驻苏丹外交官被谋杀之事。"

这位摩萨德局长继续说，现在最让人惊讶的是黎巴嫩官方的坦率。他们马上就透露了被击毙的恐怖分子首脑的名字，并允许在巴解总部大楼那儿拍照，救援人员正在轰塌的废墟中挖找可能被埋的巴解组织人员。邻近的建筑没有受影响。

萨姆打断他问道："你确定吗？阿莫斯曾跟我说过，他们在所需要炸药的确切重量上有过很大的争论，就是为了不伤及市民。"

"炸药有人推测对了。那座大楼成了一处废墟，其他地方都没有受到伤害。这是我们的领事在纽约电视上看到的。我刚刚和他通完电话。萨姆，这是一次世界性的成功，是一项卓越的成就。"

"两个小伙子死了。"帕斯特纳克说。

"我知道，知道。阿维达·绍尔和哈加·马阿延，基布兹居民，志愿者。他们还只是两个孩子。代价，总是有代价的！不过萨姆，去听听纳夫塔利的录音带吧，那两个小伙子死得其所。"

功成回国

地中海的天气说变就变。日出时分，风便吹得海上起了白浪，甚至进了海法港内，"加什"号也是摇摇晃晃、上下颠簸的。在晃动的舰桥上，阿莫斯和诺亚两人正拿着望远镜观察码头。诺亚说："好一个欢迎团队啊，有国防部部长、海军总司令……"

阿莫斯叫喊道："那是我父亲，真的！他怎么把自己拖来海法了？"

那名金发女郎爬上梯子到了舰桥上，上身穿白色毛衣，下身穿棕黄色宽松长裤，刚好听到他这句话，便用法语和他打招呼："你好。哪个是你父亲？"

"啊，你好。"阿莫斯也用法语说，递给她望远镜，"他是达扬左边的那个低个子男人。"

"哦，那就是帕斯特纳克将军。"风吹动她散开的黄色头发，粉色的围巾在她脖子周围上下翻飞。清晨强烈的阳光下，她看上去非常迷人，尽管她明显要比阿莫斯岁数大。苗条，皮肤晒得很黑，高颧骨的脸上洋溢着兴奋。"嗯，你们长得好像啊。哎呀！"她朝他这一侧跌过来，他急忙伸出手来扶她站稳。她用法语说："谢谢，先生。"

由于一直在晃动的舰艇上的军官餐厅里写报告，阿莫斯看上去目光呆滞，疲乏至极，但还没累到感觉不到下身躁动的地步。当那女郎把望远镜还给他时，他脸上的微笑就不仅仅是礼貌那么简单了："你休息过了吗？"

"呃，哎呀！你们那个安逸的船舱！我就像个宝宝一样在里面来回摇动。哎呀！"又是一声叫喊，大风猛地把她的围巾从脖子上扯下，向船艉飘飞过去，转瞬不见了。

阿莫斯说："以色列政府欠你一条围巾。"

"必须的。"

当"加什"号停泊好后，衣衫凌乱、一脸胡子的突击队员们走到甲板上，全体船员则以立正姿势集合。参加此次秘密行动的各位高官登上船，一一与突击队员们握手。

"因为胜利，好多父亲。"那名金发女郎笑着说，离开了舰桥。萨姆·帕斯特纳克站到梯子一边给她让开道，然后爬上来一把抱住他儿子。"去跟大家伙握手吧，我的孩子。"

"爸爸，你的脸色很难看。昨晚什么时候睡的？"

"没事，我马上就去睡。"

阿莫斯看见那名法国女郎和那名贝鲁特的摩萨德特工一起跳下跳板，赶紧对他父亲说："对不起，爸爸。"他匆匆朝他们赶去，当那个女人正打算上一辆汽车时，他拦住了她。

"再见，多谢。"他对她说。

"为什么说谢谢？再见。"那女郎用法语回答。

"哎，我怎么跟你联系呢？"她微微一笑。"我说真的。你叫什么名字？"

"呃，少校，一切都过去了，但是我不会忘了那名穿湿冷的长裤和湿外套的漂亮'小姐'的。顺便问一句，'她'的名字叫什么？"

"'她'的名字？"他笑了下，说，"'她'不存在。"

"对，正是这样。我也不存在，小帕斯特纳克。"

他目送那辆汽车离去，他父亲走到他身旁。"爸爸，她是谁？"

"没有人。一个志愿者，特意招募的。阿莫斯，媒体上说这是一次非常成功的行动。全世界的媒体都这么说。干得漂亮！"

"我们也有死伤的人，爸爸。"

帕斯特纳克点点头："我听说了。现在你最好还是回你的营去吧。"

"为什么？南边有事可做吗？"阿莫斯不耐烦地问。

"阿莫斯，叙利亚和西奈前线都有大批敌军在移动。一般来说是军事演习，但也有人判断这可能并不是演习。"

　　　　　　　第十四章　突袭

"就让他们挑起点儿什么事吧。"阿莫斯振奋起精神，"然后彻底让他们惨败，到那时也许他们会和平吧。"

　　保密是帕斯特纳克的第二天性，他没有跟别人说，五月十五日"独立日"阅兵期间敌人可能会发起袭击，因此政府的最核心圈子已经处于最高警戒状态。危机代号：蓝白。

第十五章 大阅兵

授勋

阿莫斯、诺亚和其他突击队军官，以及各导弹艇艇长，全部身穿军装站在总理办公室的接待室里，当总理走进来时，他们啪的一声立正。办公室内还有几个人，包括国防部部长和总参谋长，总参谋长刚刚和总理开完关于"蓝白"的紧急会议。萨姆·帕斯特纳克是受邀来见证他儿子被授勋的，兹夫·巴拉克则是和果尔达一起进来的，因为他现在是总理的军事秘书，这也许是他最后一份军职了。

他刚回国的时候，果尔达就劈头盖脸地对他说要他干这一职务，他那时就意识到，担任军区司令的最后一点儿微光也消失了。他离开的时间太长了。他想，这份工作尽管没有掌管半点儿权力，但却如此接近权力，最起码，无论果尔达·梅厄什么时候问，他都可以对她说一个事实吧。况且，这也是在为这个犹太国家服务啊。从他在华盛顿形成的视角来看，他这个极度兴奋的国家的真实状况是堪忧的。或许这也是她选择他的原因吧。她已经给他起了个外号叫

"Reb Ma'azik"，即"大惊小怪先生"。再说，他又怎么能拒绝得了总理呢？

兹夫·巴拉克在当武官的那些年也会回国探望，有时候他觉得以色列就是某类小行星，在地球附近但又不是靠得很近的地方飘荡。现在他永久性地从美国回来了，他要重新生出根系，沉到以色列人的心境当中，享受真正待在国内的感觉。但是四下看着这块小小陆地上那种普遍的沾沾自喜的心理，他很不以为然，维也纳青少年时期即已形成的世界观已经决定了他会这样。归根结底，他仍是个移居者，也许正是这个身份让他有了仿佛命中注定般的"拿得住美国人"的技能；如果一定要说这种形象的缺陷，那就是它严重影响并在事实上关闭了他的军职生涯。但他仍然要回到他热爱的民族的怀抱中，行走在他热爱的锡安山土地上，这里站着他的儿子，众多英雄中的一位，现在犹太国的总理即将要给他授勋。够好了的，对犹太老上帝他没有抱怨的理由。

"我亲爱的年轻英雄们，这是件让人难以忍受的事情，"果尔达操着喑哑的声音开始讲话，"突击队的英勇战功不能公开承认。你们某些勇敢的功绩也许不得不掩盖一百年。到那时，我这一代，包括你们这一代都已经不在人世，被人们从心中忘却了。"

大气磅礴的语句流畅自如地说出，就好像早已为她写好了似的。但兹夫·巴拉克在看到身穿白色衣服的诺亚时眼睛湿润了，他知道这些话都是她即兴讲的，因为现在由他来起草她的大部分讲稿。

"但是，当记录最终公开的时候，全世界都将知道，在我们早期为生存奋争的岁月中，你们这些年轻的犹太战士所完成的伟大功业。到那时，在上帝的帮助下，我们将会和我们的阿拉伯邻居和平共处。也许到那时，他们还会和整个世界一道，共同呼喊：'这是一代像约书亚那样的以色列人。'但目前，我只能代表犹太人民粗陋地谢谢你们，祝福你们。"她一个一个跟他们所有人握手，之后蹒跚着走进她的办公室，后面跟着各位部长和将军。

兹夫·巴拉克停下来握住他儿子的手。"Kol ha'kavod（致敬）。"

"爸爸，我所做的只是操作一艘渡轮而已。"

"是你把他们运过去又运回来的。这次行动需要冒巨大的危险。海军拓展了我们的能力范围。干得好！你有时间去看看你妈妈吗？"

"我会去看的，爸爸。"

"好的，好。她身体一直不是很好。"

萨姆·帕斯特纳克带着阿莫斯离开，他要去斯迪·多夫机场。以色列为了庆祝第二十五个"独立日"，要举行盛大的阅兵活动，游客们为了观看这次阅兵，大量拥入以色列，这些人所租的车子大大加剧了道路的拥堵，帕斯特纳克那辆老掉牙的标致车在路上两次抛锚，惹得后面的司机们不满地高声按喇叭。

"是时候买辆新车了，再找个司机。"阿莫斯说。

"我一样都负担不起。约纳坦倒是想来给我工作。"在军队和摩萨德的时候，一直都是约纳坦给他当司机，十七年了，"等有人雇用了我的时候，我再雇用他。我还在考察呢。"

"我希望看到你进入政局。"

"什么，让我在余生中做个要饭的？那个我早就尝试过啦，没兴趣。"

"唉，这个腐败的政治体系不能再继续下去了。我们的生存状况比阿拉伯人更凶险。"

"自从一九四八年以来，每个人都这样说，但我们还在这儿。"帕斯特纳克马上转到另一个话题上，"喏，那项桥工程怎么样了？你们真的有参与吗？"

"是的，参与了。我的一个连队到时候将做牵引工作。"

"那物件不是个庞然大物吗？我听说是一团糟。"

"根本不是那样。那个想法真是天才之举。无论它将如何运转——"

"那个想法是什么？哎哟，见鬼，巨人一般的机动桥，靠滚轮活动，一千英尺长，笨乎乎地重达七百吨？"

"数据不是那样的。你对那座桥了解多少？"

排成长龙的公交车吭哧吭哧作响，帕斯特纳克灵活地驾驶着汽车超过它们，几乎是喊着说："不多，不属于我的范畴。"

　　　　第十五章　大阅兵

阿莫斯描述了桥的设计以及未完工的桥现在的状况。他父亲边听边点头，嘴唇不满地紧闭着。"难怪这玩意儿在国防预算上吃了那么大一个口子。"

"这是一项巨型工程，但是如果我们拥有那么一座桥的话，很有可能会打赢战争。'要把战争引到敌人的领土上！'并不是说我认为阿拉伯人真的打算挑起什么事端。"说完他目光炯炯地看着父亲，他父亲没说话。

车穿过机场岗哨，帕斯特纳克看见耶尔·尼灿那辆红色的奥兹莫比尔牌轿车停在机场里，她的儿子阿里耶正在一架小型军用运输机周围左看右看，只要看他那一头金色的鬈发就可以认出来，这小子现在长得和他一样高了。萨姆·帕斯特纳克走进候机小屋，阿里耶朝阿莫斯大步跑来，他就像一头非洲猎豹一般，轻松地远跳几下就过来了。"阿莫斯！Ma nishma（怎么样）？我昨天和加德纳的伙计们跑了十英里。"加德纳是一个准军事青年组织。

"不要把自己逼得太狠了。你还在长身体。"

"很轻松。"阿里耶的眼睛放着亮光，一只手放在阿莫斯的肩膀上，"哇，贝鲁特突袭，我打赌你也参与了，对吧？"

阿莫斯的脸绷紧了："不要问小孩子的问题。"

阿里耶很顺从地说："对不起。"

"好了。我是西奈的一名坦克营营长，而且不管是谁参与了那次突袭，他都不会说的，也许多年以后也不会说。十英里，嗯？绑着沙袋吗？"

"加德纳的伙计们绑了，我没有。"

"不绑是明智的。"

萨姆·帕斯特纳克在候机室内找到尼灿夫妇。"约西，你的坦克营营长和阿里耶在外面。"他边说边从咖啡壶中倒出微温的咖啡，"他准备回西奈。"

"不着急。沙龙现在还没到。"约西·尼灿说。帕斯特纳克觉得这些天约西苍老了许多。当年滑稽逗趣的堂吉诃德现在已成为一名进取心十足的上校，无可置疑地当上了旅长，并成为竞争更高职位人选中的佼佼者。

"啊，萨姆，你还好吧？你一个人在干些什么？"耶尔问。

"在挑选失业保险，同时找工作。"

"啊，你呀，"她笑着说，"你一定会成功的，我打赌，虽然你现在还没有。"

帕斯特纳克心想，就算是最敏锐的摩萨德间谍也觉察不出她在伪装，其实他和耶尔最近一直在通电话，频繁、热切，且每次时间都很长。耶尔表现出来的样子无懈可击。

沙龙将军缓步走进来。"萨姆，见到你真好。"他从咖啡壶旁边的盘子里拿起一块咖啡蛋糕，狼吞虎咽地吃了下去，笑着对耶尔说："你好，亲爱的。我一整天什么都还没吃呢。"大家愉快地打趣他"食人巨妖"的称呼。耶尔跟他们道别后就走出去了。旋即，沙龙的微笑就变成了怒目而视。"堂吉诃德，你知道他们挑了谁来接替我吗？戈罗迪什，戈罗迪什！"他转过头看帕斯特纳克，"你相信吗？戈罗迪什，指挥南部军区？戈罗迪什，对阵埃及军队？就他戈罗迪什？！"

帕斯特纳克的确也很惊讶。塞缪尔·葛农（也就是戈罗迪什）是一名优秀的装甲部队军官，也是达多·埃拉扎尔的心腹爱将，但是与其他老资格的将军相比，他的资历还是很浅。毫无疑问，这是一次军内派系的冲突，又经过各党派将问题复杂化。"哦，阿里克，塞缪尔可是个厉害的战地司令哦。"

"是的，'六日战争'中我是他的副手。"约西说。

"我知道你做过他的副手，"沙龙大声说，"但你不同，堂吉诃德，你一直都在研究运河对面的埃军。现在那边的军队不一样了。他们的军服、调运、军纪，还有他们的人数都不一样了。"

帕斯特纳克说："喏，阿里克，坦白地讲，如果你能留在南部的话，我会更高兴的，最起码要留到埃及和叙利亚军队结束这次军事演习。"

沙龙肥硕的双手向上扬起。"萨姆，阴谋小集团得逞了，我退出。我原本就是个农民，也一直都想再成为农民。是不是会发生战争，此刻依我看，像是有一半概率的。他们现在是军事演习还是一场战争动员，我已经分辨不清了，要完全由各位旅长、营长决断了，还有你，堂吉诃德，由你来决断。哼，戈罗迪什！我们走。"

家宴

巴拉克驱车行驶在回家的路上，脑中构思着表达悲观的措辞。果尔达要求他写一份关于"蓝白"警报的意见书。

这次"独立日"大阅兵的各项准备工作他都看过了：横幅、彩旗、国旗、标语牌、长条凳座位、看台等等。到那时，整个耶路撒冷将会爆发出喜庆的蓝色与白色，为这次"新时代犹太人的伟大游行"喝彩欢呼，就像报纸上欢腾狂喜而虚夸的言辞那样：犹太人挺直了腰杆，犹太人从欧洲纳粹的火焰中凤凰涅槃一般重回家园，收回了圣地。二十五年来，装甲部队击碎了阿拉伯人想要彻底消灭新生的以色列的企图，展示了一句简单而带有和平意义的警告："别惹我。"一些政客公开谴责这场耗费巨资的盛典，还有大学教授和社论作者一直在唠叨这种不属于犹太人作风的高傲自大的做法，但是他们这些扫兴的声音很小，基本无人理睬。

自从回到国内，兹夫·巴拉克就感觉自己与这种欣喜狂热的氛围格格不入。他终究还是离开太久了吗？巨人一般的美国，对于远在一万英里以外的越战，尚且在忧虑，在自我怀疑；而弹丸之地的以色列，庞大的敌军就在真正的边境上调动，却还在扮演着称王称霸、不可一世的角色。这些天里，大多数以色列人和他们那位偶像国防部部长一样，似乎都在以同一种眼光看问题。

娜哈玛在厨房里忙乱，里面飘出一股诱人的烤羊肉的香味。她的脸上闪过一丝微笑，这样的笑他最近一直都没有看到过了。"葛利亚要带多夫·卢里亚来吃晚饭。"她说。

"好啊，这么说她为自己抓到了一名'鬼怪'战机的飞行员啦，不错。"

"哦，是他在追她好不好？诺亚来过了，还是那么帅！总理为什么要召他去？你能说说吗？"

他摇摇头。他俯下身亲吻她时，她把面颊转过来给他，这是他回国后她一贯的做法。他耸耸肩走进自己的书房，拿过一张信纸，坐到扶手椅里开始书写。

敬爱的总理夫人：

作为您的"大惊小怪先生"，我要说，"蓝白"警报存在极大的潜在危机，不应向公众宣布。军事情报局局长泽拉将军说，阿拉伯人现在有能力在两条边境上同时发动一次强有力的攻击，但是他们这样做的概率"很低"。这是他作为军事情报局局长的判断，不过他只是一个人，一个估算目的意图的人。我的答案是，所谓无害的军事演习、萨达特又一次"狼来了"的叫喊、对超级大国的一次政治推动等，这些与敌人这次调动都不相干。这次调动很可能就是敌人走向战争的第一步。这种可能性是存在的。这是很重要的。

我对美国还是有一些了解的。大部分以色列人，包括总理夫人您，都不能完全理解"水门"争论的真意，但请相信我，尼克松政府班底正在垮台。期望挽回受损形象的尼克松很想与苏联缓和关系，而阿拉伯国家现在进行的军事进攻必将有损于这种缓和。因此，如果我们将"蓝白"危机公之于世，很可能会刺激他们行动起来，警告阿拉伯人不要轻举妄动。我的预估就是这样。

总理夫人，如果您明知有战争的威胁，却不将真相告知大众，您将要承担巨大的历史责任。退一步讲，为什么就不能取消这次的大阅兵呢？如果我们想要敌人和超级大国们明白以色列已经真正防备起来，还有比取消阅兵活动更清晰的信号吗？与安全比起来，旅游业永远要放在次要地位，这一点毫无疑问。

阿拉伯人一直尝试用战争的方式解决问题，直到他们相信夺得这块土地的代价和一纸和平协议相同为止，除此之外，再无其他。但是现在无论从哪一点来看，他们都在准备再发动一场战争。"蓝白"危机应当成为整个国家的警告，而不仅仅限于您的厨房内阁。否则，考虑到我们边境上的实际情况，拿整个犹太国的生存来冒险——

　　他正在考虑用稍显轻松的笔调来结束意见书时，女儿鲁蒂探进头来，说：
"葛利亚和多夫来了。晚饭准备好了。"

　　"马上来。"

　　"多夫带来一个很漂亮的礼物。还有，妈妈让我把这个给你。"她把一个
灰色的信封丢在桌子上，信封上有红白蓝三色的航空邮件邮戳，没有写寄信地
址。是艾米莉？他之前给她寄过一封信，让她从今往后不要再来信了，难道这
封信和他那封信错过了吗？他期望能将娜哈玛从灰暗郁闷的心境中拉出来，因
为有些事的确是不合适。他关上门，撕开信封，看见素白的信纸上只有两行手
写的字。

亲爱的狼：

　　我完全理解。保持沉默，直到你写来不一样的信。我爱你，永远。

女王

　　他把信撕碎，放入废纸篓里，然后走进餐厅，女孩们和娜哈玛正对着一尊
上釉的小雕像赞叹不已。那小雕像是一个粗壮的女人，穿着《圣经》里描述的
长袍，和着小手鼓在跳舞。雕像的基座上刻着名字"米里亚姆"，但那张粗糙
的脸明显就是果尔达·梅厄。

　　多夫说："我妹妹在这方面相当不错，她还卖出去过一些东西呢。猫——
美国人买猫——猫和大烛台。"

　　"那些东西我看着特别漂亮。"葛利亚说着，看了一眼她的"鬼怪"战机
飞行员，满脸洋溢着爱意。这位飞行员今天穿了一条褪色的牛仔裤，一件白色
短袖衬衫，晚餐中一直都是非常谦虚的样子，赞叹娜哈玛的羊肉和米饭，胃口
很好地吃着，几乎都不看一眼他来探望的姑娘，只有当鲁蒂问他空军是否要参

与这次阅兵时他才畅谈起来。

"哦，当然了，我们要做低空飞行。其实今早我们刚刚演习过。"他转向巴拉克，笑了笑，"就在果尔达演讲之前，先生，'鬼怪'战机会从耶路撒冷上空以'大卫星'形状的编队飞过。今天演习得很不协调，不过我们会准确无误的。"

"人们会高兴得发狂的。"葛利亚高声说。

巴拉克说："听我说，多夫，假设当你们在果尔达头上飞'大卫星'编队时，阿拉伯人突然在运河和戈兰高地上发动进攻呢？"

"对此，我们有应对计划，"多夫浅浅地点了下头，回答道，"如果他们有兴趣自杀的话，我们可以成全他们。"

海上逾越节

为了庆祝第二十五个"独立日"，以色列在耶路撒冷市内举行盛大的阅兵仪式，超过十万的游客从全世界各地乘火车、飞机、轮船前来观看，并为之喝彩。在南安普敦，"伊丽莎白女王二世"号邮轮在逾越节前夕起帆，准备航游去往海法，船上满满当当的全是兴高采烈的犹太人，他们将在海上庆祝逾越节。最后一刻到达的人此时正在登舷梯，这群人中就包括贝鲁特突袭中那位棕褐色皮肤的金发女郎，还有她穿着精致整洁的小个子丈夫。上船后，他们向邮轮头等舱乘务员报上了他们的名字：阿曼德·弗莱格、艾琳·弗莱格。

他们进了豪华套房，从箱子里往外拿行李时，她丈夫说道："亲爱的，我最好到餐吧里确认一下，不要出什么差错。你知道逾越节薄饼不适合我，吃了会让我像块混凝土似的。"

他已经安排好了，和船长一起吃饭，确定吃英国菜，包括面包。他们之所以选择坐船旅行，是因为他不喜欢坐飞机，特别是恐怖分子又是机枪扫射机场又是劫机的，很不安全。还有传言说恐怖分子要用潜水艇来袭击大型船只，不过他对此一笑了之。他是第三代巴黎犹太人，对逾越节的规则和风俗已经很不在意了，但是"伊丽莎白女王二世"号上将有十名拉比来主导逾越节家宴，为船上的七百名乘客服务，而且这次航游宣传的就是要严格遵守犹太教的饮食规定，如果是真的话，就意味着犹太乘客们要吃逾越节薄饼，而不是吃面包。

"好的，亲爱的，你——"三声雷鸣般的雾号角①把她的声音压了下去。

"好的，你去吧，亲爱的。"她说，耳朵嗡嗡作响，"我要到甲板上去。"

巨轮从泊位退出，英国皇家空军的几架战斗机从头顶呼啸而过，船上的军乐队开始响亮地演奏《统治吧，不列颠尼亚》，随后是以色列国歌《希望之歌》。在人潮涌动的散步甲板上，乘客们在蒙蒙细雨中欢笑、呼叫、哭泣，同时向岸上祝福的人们抛撒彩色的条带和纸屑。"伊丽莎白女王二世"号开始加速行驶，在越来越密的雨丝中向外海驶去，金发女郎一直向上爬到空无一人的甲板上，然后斜倚着雨中的栏杆，看着海岸渐离渐远。下面散步甲板上的喧闹叫嚷声慢慢平息下去，甲板在抖动，金发女郎的情绪燃烧起来。

前方就是以色列！美丽、充满活力、肮脏狭小到能让人患上幽闭恐惧症的以色列，对任何习惯了优雅或者舒适的人来说，这里都算不上是个好地方，但是在这里，人们可以看到那些穿着田野绿军装、晒成古铜色的年轻小伙子，可以看到戴着神气十足的黑帽子、穿着原色毛呢迷你裙的年轻女兵，时不时看到那些军人一闪而过，让人打心眼儿里高兴。她孩童时期待过的贝鲁特和青年时期练过的法国也有犹太年轻人，但那些苍白胆怯的犹太年轻人与以色列的年轻人有着太大的区别。不断增大的波浪泛着犹如以色列国防军军服那般的灰绿色，金发女郎盯着它们，无聊地猜想这次大阅兵活动中会不会看到那位有趣的小帕斯特纳克。

贝鲁特突袭中，艾琳·弗莱格的应征可以说是一连串怪诞的机缘促成的，

---

① 向雾中船只发出警告的鸣笛。——译者注

事后回想起来，她都对自己感到惊讶，也感谢上帝，她最终安全地撤出来了。关于那一天的事，她丈夫一丁点儿都不知道，就好像一场梦似的。她脑海中一直挥之不去的那位小帕斯特纳克就像个梦里面的模糊人影，起先是穿一身荒谬可笑的伪装衣服的女人，到了第二天早晨，又成了一个穿着绿色军毛衣、头戴毛线帽、肌肉发达的方脸膛士兵。雨打在脸上，海风劲吹，让人很容易产生这些浪漫的念头。过了好一会儿，她才不情愿地下到底下。

当天晚上和船长一起吃饭时，随着"女王"号气势威严地在风雨中摇晃着前进，那位结实粗壮、头发花白的船长也"驾驶"着话题从中东政治谈到遥远的越南战争，再到最新的电影，以及滚雪球般迅速扩大的水门丑闻。欢乐吵闹中，希伯来语唱出来的逾越节歌曲和颂歌从三张逾越节家宴的马蹄形大桌子边飘荡开来。船长保持着基督教徒宽容的笑容，边喝甜酒边向他的宾客们（大多数都是新闻记者和播音员）透露，说船上有五十名保安人员。"那是我们都知道的英国保安人员。也许以色列保安人员也有几个登记上船的，如果那样的话他们可就更有力了。他们是很厉害的。"他的眼睛闪闪发光，"有人跟我说，十个拉比中就有一个是摩萨德的特工。那是最有效的伪装了。"宾客们发出一阵轻笑，"无论如何，这次航程我们可以高枕无忧。天气允许的话，我自己都要睡大觉去了，以目前这种天气，我们很快就会渡过的。"

阅兵现场

受果尔达委派，巴拉克来观看阅兵演练，观看期间，那种不祥的预感一直在折磨着他。当大批大批的车辆咣当咣当地穿行在东耶路撒冷旗帜林立的街道上时，除了阿拉伯顽童们跑来跑去、阿拉伯老人们从门口怒目而视外，所有人都屏气凝神，不再说话，但这对巴拉克来说，越来越像是一次代价高昂的重大错误，简直就是在邀请别人对自己的边境发动进攻。关于"蓝白"警报，兴高采烈的以色列公众完全不知情。

　　但是，独立日那天，当真正的阅兵曲在检阅台前隆隆响起时，他超然悲观主义的厚厚外壳最终还是被打破了。乐队一边列队行进，一边演奏旧时的经典老歌，诸如《邵莎娜》（Shoshanna）《咖啡壶》（Finjan）《桑树花园》《伟大的祖国》等，巴拉克激动得情不自禁地发抖。一队队坦克装甲车整齐有序地驶过人行道上欢呼的人群，小孩子们坐在父亲肩头，手里挥舞着成千上万把蓝白相间的小纸旗，车身上极不协调地装饰着鲜花，就好像在说："我们看上去、听上去很可怕，但我们的真实意思是和平。"

　　最初期（一九四八年时）的武器和缴获的苏联车辆都排在各个分队的最前面。自行火炮队列里，最前面缓慢行进的是滑稽可笑的"小大卫"型和"拿破仑小鸡"型火炮；坦克队列里，最前面的是几辆犹如玩具一般的"霍奇基斯"坦克与"克伦威尔"坦克，然后是"百夫长"坦克、"谢尔曼"坦克以及巨人般的"T-55"型坦克营；装甲运兵车队列里，最前面是简陋的"三明治"，就是那种装上钢板的老旧公共汽车，当年还是用它们来冲破耶路撒冷封锁的。他记起了，他坐在吱吱呀呀缓慢爬行的"三明治"里穿过炮火，冲上危险的路段；他记起了，当他开着这种车驶向拉特伦时还在疑惑本-古里安的这个"国家"是不是只能支撑一个月。

　　身着雪白制服的海军，头戴红色贝雷帽的伞兵，还有女兵，全部腰杆挺直，以无懈可击的队列齐步行进——即便是对他这个"大惊小怪先生"，这些令人热血沸腾的展示所积累起来的震撼也是巨大的。从欧洲恐怖中逃脱出来成为一名新时代的犹太人期间、在赢得独立战争期间、在为了犹太国而英勇战斗期间、在犹太国诞生期间，所有这些时期的种种感受和回忆，以及年轻人的欢乐与犹太复国主义者的激情，一起如洪流般涌出来，击碎了他的怀疑。此时空军的飞机从远处显现，人群中的欢呼和鼓掌更加高涨。"鬼怪"式战机从上面呼啸而来，在耶路撒冷洁净湛蓝的天空中排出一个巨大精准的六芒星。坐在前排夏扎尔总统和摩西·达扬之间的果尔达·梅厄回过身来，示意兹夫·巴拉克注意。

在"鬼怪"战机的咆哮声中，她问："怎么样，'大惊小怪先生'？"果尔达在嘲笑他，他自己也可以嘲笑自己了。他错了，泽拉将军对了。要么就是根本没有真正的威胁，要么就是达多暗中进行的有力部署（公路建设和防御工事建筑的加速进行，前线附近大量应急仓库和弹药库的建设，还有大批坦克的向前推进）告诉了萨达特：边境地区要给我静悄悄的。没有闲话或者威胁能够给这次大阅兵的荣耀蒙上阴影。

迈克尔·伯科威茨和夏娜·伯科威茨两人偕同约翰的父母一起从海法赶来看阅兵式，过后他们和巴拉克一家吃饭，娜哈玛给他们端上来各种凉拌蔬菜，还用纸盘子端上鱼。迈克尔脸色很苍白，显得更加瘦削，而夏娜好像也比较虚弱。巴拉克知道，他们一直在试着生个小孩，但一直都没怀上。后来夏娜转移话题问巴拉克，堂吉诃德在西奈干得怎么样，巴拉克说约西现在是军队名人，职位不断上升，她听到这儿，神采焕发了片刻，就像葛利亚对她那位"鬼怪"战机飞行员的那种神情一样，那一刻巴拉克也很为她感到难过。

约翰的父亲说这次阅兵真是让人大开眼界。他终于理解约翰为什么要移居以色列了。但接下来他就平衡掉他这一让步了，他痛诉他所遭遇的麻烦：在海法房地产业务中碰到的狡猾卖家、不诚实的承包商、糊弄人的律师、冷冰冰的海法Pakkidim（官僚）等。他说："尽管如此，我和约翰还是拿到了一些大的不动产项目，而且我们发现，古林考夫先生是一个真正的朋友，既可靠又富有，作为顾问也很公正无私。我们要给这些人看看美国人赚钱的方式。约翰的希伯来语是我的王牌。无论在纸张上还是在会谈中，他都没有什么不明白的。"

巴寇太太说："很遗憾，他不得不错过这次精彩的阅兵。"

"必须有人驻守西奈，我很钦佩你们的儿子。"夏娜说。

巴寇太太抱怨道："他没必要延长兵役的，我不想让他延长来着，可他总是嘟囔什么破桥。我永远都不赞同我老公的意见。约翰他疯了。如果他回国的话，他不会错过的，那时我们就是全家团圆地观看了。"

阅兵式观礼台上，艾琳·弗莱格和阿曼德·弗莱格两人在主看台中的一个小区域，那里是专为"以色列世界联合会"保留的。战机飞过之后，果尔达铿锵有力地发表演说时，艾琳四处扫望，一眼就看见了坐在最高处一排的帕斯特纳克将军。队伍后面殿后的骑警也走了过去，阅兵式结束了，政府官员们离开，人们纷纷从看台处拥出来。帕斯特纳克也从阶梯上往下走，身边还有个女人陪伴，一头黑发，如同女演员或模特儿一样，艾琳·弗莱格用力挤上去迎住了他。

"哎呀，你好，帕斯特纳克将军。一次让人难忘的阅兵，是吧？"

帕斯特纳克露出一副吃惊的样子，怔了片刻后，才认出这个在导弹艇上匆匆见过一面的女人，他咕哝着问候了一声。

"您儿子还好吗？"

"非常好。"

她赶紧又问："您有名片吗？"

他没说话，从皮夹子里取出一张名片给了她。随后第二天，她就去了他那间简陋的小办公室，当秘书问她有什么事时，她只是把那张名片给了秘书。帕斯特纳克从桌子后站起来，做手势让她坐到一张椅子上。

"我能为你做什么吗？"他不认识这个女人，但是只瞥了一眼他就有了个大概了解：结了婚，从戒指上能看出来；明显手头阔绰，从衣着上能看出来；聪明且大胆，从她直接的态度、眼睛直视他的样子，以及保持站立而不坐的方式能看出来。就是为了那种任务而来的一个志愿者，他确定了。

"谢谢您。您一定非常非常忙。"她从皮包内抽出一只封口的信封，"您儿子是个勇敢的年轻人，而且对我也很好。这是一封感谢信。您能帮个忙，把这封信给他吗？不需要回信。"

他接过信，她朝他伸出瘦小的手，用法语说道："谢谢，先生。我不会再打扰您了。"随后就离去了。帕斯特纳克端详了一会儿那封印有交织字母的蓝色方形信封，拉开桌子的一只抽屉，在一个文件夹上贴了个标签，把金发女郎的信放到这个文件夹里。

第十五章　大阅兵

── 第十六章　观点 ───

铺桥演练

"来了！"

看到那座滚轴桥，总理的随行人员齐声惊呼。桥看起来和从恐怖电影中爬出来的巨大异形怪物没什么两样，一条长达几百英尺的黑色千足虫，缓慢地爬行在白色的西奈沙地上。视野中，它上下起伏，在高大的沙丘上隆起身子，又晃晃悠悠地滑下去，一路朝着看台而来。看台上，果尔达·梅厄用长满老年斑的手搭起凉棚，挡住耀眼的阳光观看，满脸不相信的神色。拖拽桥的坦克与桥一比显得异常矮小，远看绝对是桥在自己爬动，活脱儿一条灵活、柔韧的钢铁恶魔。

"犹太人的头脑！"果尔达用意第绪语对达多和达扬大声说。

为了演练桥梁通行，达多命令士兵在雷菲迪姆（Refidim）附近一处水坝下面的沙漠中挖开一条大沟，用以模仿苏伊士运河，木质看台就建在这条大沟上面的堤岸上。大沟四周都是碎石地表，沟里放满了水，在深度、宽度以及堤岸的倾斜度上都与那条水屏障运河严格一致。如果这条滚轴桥真的能不出意外地架起来，而且一旁等待的一列坦克也能够通过它开到对岸的话，那就不仅仅是对埃及作战的战术要变动了，国防预算也会受到影响。

这个时候五月、六月、七月都过去了，边境上的威胁渐渐消散。阿拉伯人到了山上又撤了下去。他们没有那个胆量。泽拉将军胜利了。一直都在内部指挥层面传播而从没有告之于公众的"蓝白"警报也取消了。《时代》杂志引用摩西·达扬的话如是说："中东在十年内不会有大的战争。"一波国防削减开始了，开支减少，正规军数量缩减，甚至连预备役的服役期都打算缩减。在这种情况下，一些较大的工程建设像桥这一类就在很大程度上成问题了。因此测试人员以及该桥的设计人员都像剧院里进行首场演戏时一样紧张不已。在大量演练之后，是一切都OK，还是出现可能的百分之一的故障呢？在这些握有决定权的大人物眼皮子底下出故障，那可是会导致灾难性后果的。

在咣当咣当夹杂着尖厉的吱吱声中，巨型"千足虫"陷入水中，发出一阵噼里啪啦的泥水泼溅声。看样子好像在一个劲儿地下沉！彻底失败了？不，没有，那些中空的滚子按照预期发挥了作用，桥在水面上下起伏一番后，诡异地笔直横浮在河上，一辆坦克碾压上去也仍然没有任何变化。那辆坦克晃晃悠悠走到前方到达另一边时，推倒一个卷曲如蝎子尾巴似的弹性倾斜装置，爬上沙坡，冲入"埃及"境内。观众中顿时掌声雷动。这次演习中，自始至终没有出现一个士兵的影子，全部是机械。

接下来是一长队坦克，先是发动机运转，预热后，坦克朝着滚轴桥驶去，响亮的噪音中，升起一团团烟尘。坦克一辆接一辆从堤岸上俯冲而下，驶到钢质桥面上，发出嘎吱作响的声音，此时人们看到的景象绝对和刚才看到的一点儿都不一样。在每辆坦克重达六吨多的压力下，桥面深深下陷。然而，在坦克与坦克之间，浮力极强的一个个滚筒突突地向上浮起。很快，坦克就挤满了整座桥，每辆之间的间距只有几码远，桥面被压成一种极为古怪的形状，在坦克之间形成了一列快速行走的曲线，就像示波器上的波形线一样。在如此不同寻

第十六章　观点

常的压力下，按理说这座桥无论如何都会断裂，不分崩离析是不可能的。坦克一辆又一辆，排成队跨过这反常却奇妙的机械装置，登上对岸。当所有坦克全部通过后，桥面又拉直了，浮在水面上，轻微地上下晃荡着。

果尔达转过身对摩西·达扬说："难以置信，简直不可思议。"到这时，桥梁设计者拉斯科夫将军和塔尔将军的呼吸才顺畅了一些，脸上露出欣喜的笑容。测试桥梁的士兵整队集合，在战地厨房就餐，吉普车载着贵宾观察团到附近的一个午宴帐篷里就餐。

一辆蒙上帆布雨篷的指挥卡车里，约西·尼灿大声发布简令，助手们在覆盖到地图上的透明片上描画彩色标记。巴拉克从吉普车上跳上去，大步走到约西身边，握住他的手，说："Kol ha'kavod（致敬），堂吉诃德，Kol ha'kavod。"

军内人士一直在为约西之类的佼佼者们打分，巴拉克知道这天早晨约西的得分是很高的。在大人物中的大人物的眼皮子底下，操作那样一架复杂装置的试验机械，让其笨重地"跳芭蕾"，没有完美的计划、指挥和控制是不可能成功的。对于一个来自塞浦路斯的难民小子来说，他已经干得相当不错了。二十五年前，他在拉特伦骑着一头骡子，在仗打到最严峻的时候一头冲入战斗最激烈的地方，像个疯子一样，事实上，真的跟小说中的堂吉诃德一模一样。

约西脸上严峻的职业表情绽开顽皮的笑容："你好！他们反应怎么样？"

"巨大成功。"

"太好了。我已经被撸掉了。"

"什么？"

"等会儿再跟你说。"

气氛轻松愉快的帐篷里，果尔达让戈罗迪什坐在自己的右手边。这位新上任的南部军区司令员身体粗壮结实，圆圆的脑袋高兴得满面春色，因为这一群高贵的客人，也因为今早的成功。达扬和达多两人坐在果尔达的左手边。其他人则拿把折叠椅胡乱坐在长木板桌边，开始一起吃饭。巴拉克领着约西走进帐篷来，说道："总理，这位就是尼灿上校，本次演习的指挥官。"

"噢，干得好，上校。我知道他们都叫你'堂吉诃德'，但是如果说你疯了的话，那我需要更多像你一样的疯军官。"果尔达说。

"堂吉诃德只在满月的时候才疯，要么就是一个姑娘走过的时候。"达多说。

"优秀的军官。我很遗憾要失去他了。"戈罗迪什拘谨地说。

因为果尔达要求会见造桥工程的士兵们，所以阿莫斯·帕斯特纳克跟约翰·巴寇也走了进来。两人都汗水淋漓，灰尘满身，以致很难分清哪一位是少校，哪一位是军士。果尔达问："这两位是谁？"她盯着阿莫斯，笑着说："嗯，我好像最近见过这一位。"

巴拉克说："这位是帕斯特纳克少校，七十七装甲营的营长，就是他的一个坦克连拖动桥前进的。"

"阿莫斯，十辆坦克这样那样地拖桥的时候，你是怎么让桥不崩开的？"达扬问。

"部长，所有坦克都在同一个无线电网络中，统一听信号移动。"阿莫斯回答道。

"那这位年轻人是？"达多问。他问正以笔直的立正姿势站立的约翰。

"负责桥的一位军士，将军。"阿莫斯回答。

果尔达问："你有什么问题吗，军士？"

"没有任何我们办不到的，总理。"约翰说。

听到约翰的口音，果尔达浓重的眉毛一下子扬起来，说："绝对是美国人，跟我一样。"

"我的亲戚，长岛那边的一个分支。"巴拉克说。

"我是从密尔沃基来的。"她对约翰说，向他伸出手。他给果尔达看看自己的手，又黑又油腻，果尔达看了后笑起来。士兵们端进来一盘盘炸肉排和牛排。果尔达邀请堂吉诃德和他们一起就餐。

第十六章　观点

"总理，荣幸之至，虽然只有炊事员们才知道我和这些人一起吃饭。"

她点点头，笑着说："聪明。"

巴拉克说："约西，稍后我想让约翰领我去参观一下那座桥。"

"当然可以。"

约翰说："长官，远观会更好，桥上很滑的。"

"知道了。"巴拉克说。

成功的演练过后，饭桌上的气氛很是愉快。沙漠中的空气让所有人都对战地午宴怀有极好的胃口，而且堂吉诃德注意到，这些高级官员的饭菜也十分奢侈。"国防部部长，跟我说说，好吧？"果尔达对达扬说，"这场演练是很不错，但是假如我们在十年之内都不会有战争，那我们现在为什么还要再建造这些桥呢？"

她此时对摩西·达扬的口气含着少有的嘲讽和揶揄，两人政治上的不和是很深的，只是平时被她用公事公办的礼貌言行给掩盖住了。达扬曾经脱离工党而加入拉菲党，果尔达可是什么事都不会忘记的。

"我说的是大的战争，总理夫人。"达扬冷冷地回答。果尔达之所以这样问，是因为《时代》杂志曾有一篇采访文章，标题为《耐心等待》，这篇文章中强烈暗示出达扬要在果尔达之后继任总理，"我谈的是一名将军的看法和观点。我不是在预言。如你所知，记者们将之过于简单化了。"

"哦，我当然知道！嗯，那么你的观点是什么呢？"她在说concepzia（观点）这个词时略带讽刺。

达扬说："我的军事情报局局长应该到这里的。这是他的估算，我也完全同意，他对这方面很熟悉。"

"他没在这儿。"果尔达说。

达扬点点头，接下了挑战。他说："不管是埃及还是叙利亚，都不打算独自挑起一场大的战争。情报已经证实了这一点。叙利亚的军事实力相对比较弱，因此叙利亚事事都要看埃及的，埃及什么时候准备好发动战争了，叙利亚才会相应出动。一九七〇年'鬼怪'战机空袭，他们没敢动，从那之后，这个问题就不值得再讨论，除非他们获得能够深度进入以色列的飞机和导弹，以拦截或平衡掉我国的空军。这就是现在埃军的基本作战思想，而至少在一九七五年之前，他们是做不到这一点的。"

"那也就是两年了，你说的是十年。"果尔达说。

"这期间我们也不是站着不动的呀，总理。我们质量上的优势将一直持续增长。军事冲突可能会有，可能还是很严重的冲突。但大的战争，不会有。这个分析过程是很复杂的，但简而言之就是这样。"

果尔达点点头，环视四周，餐具盘碟的撞击声随之静下来。果尔达说："我请我的'大惊小怪先生'来反驳军事情报局局长的这种估算，像部长那样简而言之。"

所有人都面带微笑，将眼睛转到巴拉克身上。他耸耸肩，用平缓的语气说："泽拉将军的判断在'蓝白'警报中被证实是极其正确的。我不会冒昧地质疑它。我确信他的观点是基于可靠情报，而后根据严密的逻辑推断出来的结论。我忧虑的是，敌人的逻辑也许跟我们的逻辑并不相同。"

果尔达转过头看达扬，达扬微笑着，和蔼地对巴拉克说："说得好，兹夫。但是害怕是人类的属性，对于阿拉伯人和异教徒来说，害怕的逻辑大体上都是一致的吧。"

桌子四周响起一阵轻笑声。果尔达说："很好。不管怎样，这个时间段到一九七五年，我勉强接受，至于以后，我们再看。"

达扬说："回到你的问题上，总理，我们需要更多这样的桥，因为一九七五年之后会是什么情况我们并不了解，而且十年也会过去的。"

"这才是可靠的预言。"果尔达冷冷地说。

指挥车载着贵宾们离开，去往比尔谢巴机场，巴拉克留了下来。当他慢慢顺着桥上滑溜溜的钢铁断面朝泥泞的河水行进时，最让他震惊的是这座桥巨大的尺寸。如果不是亲眼看到这座桥在沙地上快速移动，他都想象不出它还会动。技工和工程师们挤在桥上，锤击、熔补，到处跑来跑去拖拽软管及沉重的设备。约翰领着他穿行在这繁忙纷乱之中，说："今早出了很多差错，长官，但谢天谢地，我们成功了。"

"是啊，你们真的成功了。总理都惊呆了。我也一样。嘿，这庞然大物就像一条蛇一样弯曲灵活。"

"也不全像。蛇可以这样那样地扭动，"约翰打着手势比画，"而这座桥只能上下弯曲。要到达运河，它需要一条笔直的公路。"

"如果没有公路呢？"

"有一条，他们现在又在修更多的路。"

"约翰，你离长岛大颈的家很远了。"

约翰被油脂抹黑的脸上白牙一闪，说道："我在我应该在的地方，长官。"

堂吉诃德出现在堤岸上，挥着手喊道："兹夫，看见直升机了，带我们到巴列夫防线。"

他们往停机坪走去时，巴拉克问："约西，你'被撸掉了'，这到底是怎么回事？"

约西说："唉，戈罗迪什想要他自己的人做副司令，而不是沙龙的人，所以我就出局了。阿里克捡了一根扔掉的骨头，一个预备役装甲师的师长。他要我去做他的副手。"

"谨慎一些，约西。沙龙已经退役，并一头扎入十月份的选举中去了。那个师要完全落在你一个人的肩上。"

"我还期盼着那样呢。"

"我给你点儿建议好吗？"

"你是我的军中教父。"

"当果尔达讨论任命人选的时候，她总是问：'他是我们的人吗？'就是这个原因让沙龙完蛋的。如果你参与沙龙的游戏的话，你也会完蛋的。"

"我不参与任何人的游戏。'他是我们的人吗？'如果这就是军队晋升的标准，那也太悲哀了。"直升机斜着向下朝他们飞来，"我们走吧。巴列夫防线上我能给你看什么？干吗要看？"

"每次果尔达去视察那里时都有新闻界人士和高官。她实际上看不穿任何东西。关于那条防线的争论像蜜蜂一样围着她嗡嗡叫。那条防线是有效的威慑力量吗？发生战争时是应该守卫它，还是放弃它？"他扫了一眼堂吉诃德，"你必须得好好考量一下。"

"我会的。总理派你来突击检查真是聪明。"

直升机越过米特拉隘口，向西飞去。蓝色的运河闪着粼粼波光，直升机开始下降，巴拉克碰碰堂吉诃德的肩膀，指着前方，对着头戴式受话器大声吼道："埃军到底是什么时候建的那些防御墙？他们的比我们的高！"

耳机里堂吉诃德发出含漱似的声音："老早就开始了，所以我们就加高，然后他们就加得更高，现在两边都加到大约六十英尺高了。都这样了，他们也从来不停。"

直升机颠簸着落到尘土翻飞的停机坪上。运河对岸埃军的沙墙上，一座堡垒矗立着，样子看上去就像削去了顶部的金字塔。沙墙与堡垒，这两类巨大的土筑工事远远地向北一直延伸到视线之外。两人走出来，顺风站立，在沙地上撒尿。巴拉克问："我们现在的准确位置是？"

"德维尔苏尔（Deversoir）。如果渡河，很有可能从这里过，他们和我们都一样。"

"为什么？"

堂吉诃德指着南面一处闪闪发光的宽阔水域。"大苦湖起着一侧的防卫作用。"

堡垒的混凝土入口上面有层层的石块和铁块，前面还用沙袋封堵住。他们走进去时，一名中尉正在扣军服的扣子，说道："不知道会有视察的人来，尼灿上校。"说着向他们敬礼。

"就是要突击检查的。"堂吉诃德说。

地堡里大多数士兵都只穿着内衣，有的干脆脱光了上身。一名头发蓬乱、一脸络腮胡的士兵正在给另一名士兵理发。作为部队所挖的洞穴，前哨还是宽敞且光照充足的，只是很湿热，不像戈兰高地上那些观察哨，那里的虽然狭窄但很凉快。地堡里混杂着地下坑道通常会有的泥土味、汗味、香烟味和炒菜的香味等。离开主地堡的坑道通向独立的小地堡，那里的执勤士兵们上身赤裸，都懒洋洋地坐在自己的枪支旁，有的连军靴都不穿，只穿双拖鞋；看书、抽烟、聊天，或者是听摇滚乐，一派单调无聊的气氛。巴拉克想，这有什么好奇怪的呢？自从消耗战停止以来，整整三年没有交战了，埃军的每次调动集结也总是有惊无险地过去。

"这些地堡基本上都一样，"他们往外走时，堂吉诃德说，"但是有一个很特别，我带你去看看它的特别之处。"他领着巴拉克走到一处沙墙背后。沙墙后面压实的沙子形成了一个斜坡，这样的坡度可以让坦克开上去。但这一处的斜坡却被掏空了，只剩下靠运河一边留有薄薄的一片，腾出空间来形成一个极大的场地，用红砖铺筑出来。堂吉诃德说："如果打起仗来，也许就从这里渡河。推土机几分钟之内就可以推倒剩下的那一点儿沙墙，桥从这里插出去，然后进攻部队向运河对岸攻。你在路上看'鸽舍'计划了没有？"

巴拉克说："看了一点儿。约西，我想再看一两处碉堡。它们隔得有多远？"

"大约七英里。"

"缺口达七英里？那它还能算是一条防线吗？"

"嗯，在地堡与地堡之间有观察哨和坦克炮位。你会看到的。的确，防线守卫是很稀疏。敌人渡过河如果被发现，机动坦克旅和空军应该会把他们消灭掉。"

"那你们在这里所起的作用就是一套预警系统。"

"可以这么说，也就是报纸上一些很有头脑的人所说的'运河上的政治部队'。"

他们开始返回去坐直升机。巴拉克忍不住问："可是那些'萨姆'导弹的阵位都列在那边的沙墙背后，空军来了又能干什么呢？"

　　堂吉诃德悲哀地摇摇头："唉，当他们偷偷往运河边运输'萨姆'导弹的时候，阿里克就喊了好几个星期，要求下命令攻过河去摧毁它们。果尔达和达扬两个人都没同意。空军已经修改了他们的反导弹作战思想，设备也更新了，一旦打仗，他们首要考虑的是'捣毁导弹屏障'，就像在一九六七年捣毁那些机场一样。"

　　两人乘坐直升机又看了两处哨位后，就飞回了比尔谢巴机场，堂吉诃德的司机正等在那里，准备开车送他们到特拉维夫。一上车，堂吉诃德便开始咔嚓咔嚓地嗑瓜子，速度奇快，一把一把地往车窗外扔瓜子皮。用他的话说，从比尔谢巴到特拉维夫，就是嗑三大袋瓜子的车程。

　　"没关系，约西，"巴拉克说着，从堂吉诃德手里接过一把瓜子，但只吃了几颗，"说说你自己对巴列夫防线的判断。"

　　堂吉诃德又吃完一把瓜子才开始说话："我是一名顶着'疯人'称号的战士，就连总理都知道。你真想听我这疯人的主意？根本就没有人规划过巴列夫防线，它就像一株沙地里的野草一样自由生长。"

　　巴拉克眨眨眼睛："这是什么意思？"

　　"喏，我的意思是，纳赛尔撕毁了停火条约，击沉了'埃拉特'号驱逐舰，并开始朝我们的运河巡逻队射击。这个时候，工程师们就为那些小伙子挖了一些碉堡一般的洞，以供他们像老鼠一样藏于其中。然后某些思考者就开始思考那些洞，再然后，从某种意义上来说，他们设计出了一些东西。各支撑点之间距离七英里远，从能见度上来说，它们提供不了交叉掩护或是互相支援火力的作用，但是加上那些小哨位之后，我们就真的拥有了一套多层级预警系统。这至少让那些洞有了点儿意义。巴列夫防线在巴列夫当总参谋长时形成，等达多接替巴列夫的时候，这条防线已经是既成事实了。"

　　"好还是坏？"

"按照我们的国防作战思想来说，就完全错了。'机动射击！''把战争引到敌人的领土上！'而我们的小伙子现在是坐在那些地堡里，一个洞十五或二十个人，弄得一年到头像一群法国人似的。你刚才看到他们的精神面貌了吗？还有两名高级军官走进来时他们的态度？"

汽车蜿蜒向上，爬在山区公路上，死海的远景展现出来，可以看到它白色的盐滩和灰红色的摩押山。堂吉诃德往车窗外撒了一把瓜子皮，答道："不过，那道防线已经在那儿了。也算是一道障碍，一道威慑物。敌人不得不想办法突破这道防线，按照苏式惯例，他们会在它身上花费巨大的精力和时间。时间，我们在动员后备军的时候需要时间。如果阿拉伯人真的敢行动，那时间可就宝贵了。"

"他们会行动吗？你的判断是什么？"

约西把一只空袋子揉皱后，从车窗扔了出去，又打开一只新袋子吃起来。"一开始你是问我看法，现在你想让我预言？不，谢谢了。"

"别跟我逗趣，堂吉诃德。"

约西瞥了眼那个肤色黝黑的年轻司机，然后突然换成英语说："哎，兹夫，达扬跟《时代》杂志记者说我们十年之内不会有大的战争，是什么让他那么肯定的？就是'质量上的差距'？嘿！萨达特害怕我们把他炸回到石器时代，还敢发动进攻吗？这谁知道呢？如果我是萨达特，我就选择在某个时间发动进攻，而且一旦超级大国介入，估计就算失败了，也仍然可以在政治上争取到有利形势。不过，我可是个疯子啊。"

巴拉克悲哀地笑笑："你跟达多分析得差不多，他可没疯。"

"真的？他是大领导，那我可受恭维喽。"堂吉诃德又转回到希伯来语，"我要去跟我老婆道别了。"

"哦？耶尔要去哪里？"

"回洛杉矶，还能去哪儿？而且她还要带着我们的小女儿去。"

"约西，你们是在闹离婚吗？"

"到那些拉比的法庭里？"堂吉诃德耸起肩膀，"那可真令人讨厌，而且我们两人都不想再嫁或娶另外的人了，那干吗还要麻烦呢？"

"我很遗憾。耶尔是个了不起的女人。"

"兹夫，我很了解耶尔。两人都缺乏感情。我想她之所以留在家里，可能是因为阿里耶吧，要为他营造出一个家庭来，一直到他完成学业。他现在马上要当兵了，他不会有问题的，我也一样不会出问题。她在加利福尼亚赚过很多钱，而且李·布鲁姆又追在后面让她回去。他和那个伊拉克阔佬，舍瓦·李维斯。"顿了一会儿，堂吉诃德不再嗑瓜子，眼睛盯着车窗外远处的死海，"她可能也预测出来了，就凭着我和沙龙的来往，像你说的，我的职业生涯完蛋了。不管怎样，她都会走。"

"约西，你以后要多创造一些让她留下来的理由。"

"哦，我就是这么个人。我会替她说出我刚说的那些话的，她绝对会感到一点儿内疚的。她在跟我说她要走的时候，她提到了《时代》上的那篇文章。目前来说，离开以色列不是背叛，达扬的话证明了这一点。"

老情人话别

傍晚车流高峰期，一辆白色奔驰轻快地迂回穿行在特拉维夫的闹市区中。耶尔对帕斯特纳克说："坐在这车上就好像坐在一片云上似的，约纳坦真是驾驶神人。他还是那样。"

司机转回头对她笑笑，露出发黄且残缺不全的牙齿。很久很久以前，还是在西奈战役期间，她亲自为帕斯特纳克征召了约纳坦做司机，当时的约纳坦是一名突尼斯人，下士，十九岁，极瘦，牙齿很好。但是这么多年来约纳坦非常辛苦，现在变胖了，也秃顶了，还有七个孩子要养。因此他很高兴能回来干他的终身事业——给萨姆·帕斯特纳克开车。

他说："对不起，Giveret（太太），不过你还是一如既往地美丽。你没变过。"

耶尔对帕斯特纳克说："我要是不走的话，我会把约纳坦偷偷挖过去的。"

司机约纳坦说："也只有你能做得到，Giveret，只是我太喜欢这辆车了。"

"我不喜欢，这辆车只是首席执行官的公司用车。我可吃不消。"帕斯特纳克说。

"哦，你会用到它的。"她白净的手在帕斯特纳克褐色多毛的手上拍了拍，"而且很快就会。"

没有变的是希姆雄饭店。有一次，为了某顿值得纪念的晚餐，约纳坦曾载着他们两个人穿过幽暗曲折的雅法街道，把他送到这儿。这次帕斯特纳克问她想去哪儿吃饭时，她想也没想就说："还能去哪儿？希姆雄饭店。"他们走过人头攒动的饭店一层（灯光明亮，瓷砖地板，福米加塑料贴面的餐桌，大众价格），下到下面一层的一个角落里，这里奢华，光线暗，设有装饰出来的黑木火车座，是美国游客和成功的以色列人来消费的地方。他们一坐下，她就说："不要开胃菜，快点儿，红酒，不要'阿伏达特'牌子的。蔬菜汤，当然，还有kevess b'tanur（烤羔羊肉）。"

"你很懂得自己想要什么。"帕斯特纳克说。

"我通常都懂得，尽管我不是总能理解。"

穿着也门服饰的侍者（本身也是真正的也门人）拿走了他们的菜单。红酒很快就上来了。她举起酒杯，说："来，我请自己吃饭，你一直都忍受着我，真贴心。L'hayim（干杯）。"

"L'hayim。不客气，没想到你要走，这让人很惊讶。"

"与堂吉诃德没有关系。"她的头调皮地歪向一边，"在我们分别之前，最后再坦诚地交谈一次，怎么样，老情人？"

"有什么不可以的？我得说我赞同约纳坦的话。你看起来真是不可思议，你没变。"

"你真可爱，亲爱的，不过部分是因为灯光昏暗，部分是回忆的原因吧。嗯？你怎么就猜到我想来希姆雄饭店呢？我穿上军服的时候，那是一次改变，二十岁时，又变了一次，什么？啊，好。"她喝酒还是过去的风格。耶尔不是简单地把酒举到唇边就行了，而是以一种很有兴致的稍带夸张的手势把杯子举起来；并且她现在的微笑也是过去那种相当魅惑的方式。伊娃的嘴特别精致，她仍然在靠拍糖果和牙膏广告赚钱，但耶尔的嘴是唇形很丰满的那种，当这张嘴在微笑中拉伸时，会产生一种强烈的突如其来的温柔，就好像一只豹子要表现出一只家猫的温情一样。

帕斯特纳克说："别谈这个了，我现在都避免照镜子。你的孩子怎么样？"

"那个孩子像个天使一样。我要带她走。至于阿里耶，他现在已经长成一头年轻的狮子了，他把你儿子阿莫斯当英雄崇拜，还有充分的理由。他住家里，就在附近上学，非常独立。请再给我倒点儿酒……谢谢。阿里耶现在就是这个样子。"她从容地抿了一大口酒，然后狡黠地咧嘴一笑，迷人的嘴变弯了，"我带你回忆一下往事吧，老情人。怎么样？苏伊士危机，本-古里安和达扬当时在巴黎。堂吉诃德的哥哥李·布鲁姆在乔治五世酒店有一间房，堂吉诃德只围着条浴巾从卧室出来——"

帕斯特纳克打断她的话，接过话题说道："还跟我说他召了个法国Zonah（妓女）到那儿，什么你出去购物了。"停了一下，他眼睛迎上来，"剩下那部分我老早以前就猜到了，耶尔。"

"想必你也猜到了。不过听着，情人，你把一个好莱坞kurva（婊子）带到那房间去了。去干什么了？讨论苏伊士运河？"

他举起肥厚的手掌："无论那时我们干什么，我们都情有可原。我们那时还年轻，思想开放，生活又很艰苦。"

"啊，是甜蜜吧，不是吗？"

"我说了，我们还年轻。"

"你那时就应该和鲁思离婚。"耶尔的声音突然变得尖厉生硬，"然后娶我。我已经尽了自己最大的努力了。我们是那么相爱，萨姆——"

"耶尔，够了。我那时候是达扬的通信员。危机一个接一个的，谁有时间去跟那些拉比费口舌去？再说了，那个时候她除了Tzoress（麻烦）以外什么都不会给我，也不会离婚。"

"到最后她把你一个人孤孤单单地扔下，然后找了个外邦人。而我也有了阿里耶。我们就成了现在这个样子。"耶尔的声音稍稍有些颤抖。

"汤来了。"

"好极了！我饿死了。"

他们闷头吃了一会儿。帕斯特纳克自从扎入陌生、繁复、让人眼花缭乱的公司事务中后，他的私生活基本上就挂起来了。但是，近期和耶尔的电话交谈又激起了他的兴趣。他一直都在花很多时间想她的事情。毕竟，他们两人都还处于中年，基本上也都自由，虽说她还没离婚。希姆雄饭店晚餐，匆忙出走加利福尼亚，她是要尝试强行打开一条出路吗？在多年前她就已经尝试过这么做了（本质上是一样的出路），通过和约西·尼灿飘然离去，到法国巴黎，取代了那个没有遵守诺言、顾虑多多的信教姑娘。耶尔就是耶尔。

在佩服对面这位旧爱的同时，他也在想，人们自身性格的改变还真不多。而今晚，由于他喝的酒已经超出了平时的量，在他眼里，耶尔好像连身体方面也没改变多少，几乎还是那个与达扬来自同一个莫夏夫的姑娘，还是那个达扬亲自推荐做他助手的女郎，还是那个体态曼妙、一头金发的卢里亚军士长。在萨姆的生活中，与姑娘耶尔·卢里亚邂逅所带来的那种喷薄的激情，在认识她以前或之后，都没有过。然而当他和她在一起时，他就能感受到那种辐射出来的热量，尤其是在希姆雄饭店，而且还是他们两人单独在一起喝酒时。

"这汤还像以往一样好。"她说。

"一切都像以往一样好。"他被自己的回应吓了一跳。看见耶尔眼里有光亮闪烁，他又说，"这是我做过的最蠢的评论，不过此刻我是认真的，说了就说了吧。"

"萨姆，凯富山（Kivshan）集团公司怎么样？你对你的决定满意吗？"她很轻松地转换了话题。

"现在还不确定，耶尔。我还在调查，总工会那帮笨蛋都不露面。我可以肯定地说，很令人忧虑。在研发层面，我发现有了不起的天才人物；管理和生产层面，我得说还算过得去；在高层，那些决策人、投资者、掌权人，都是一团缠结在一起的政治蠕虫。"

"以色列！"她大声说，"这个国家让我窒息，所以，我逃离还有什么好奇怪的吗？我希望你进入政坛。你可以改变这个没有希望的体系。你，就是你！你有这个实力，也有这个脑子。你可以成为一名伟大的总理的。"

"那些政客第一天就会把我的蛋蛋扯下来的，在我还没挂上我的帽子和外套的时候。"他说。

"真的吗？那么，亲爱的，"她的嘴在"豹子"式的微笑中变宽，"就让我们支持你待在凯富山吧，如何？我们可不能被他们那样了，能吗？"

"Kevess b'tanur（烤羊羔肉）。"侍者说着，端上来一大盘美味可口的烤羊羔肉。

他们就着米饭和皮塔饼吃着烤羊肉，喝着酒，其间，他跟她谈起凯富山的各项分支业务来。帕斯特纳克说，在这家以色列最大的国有大型企业中，他每天都能看到大量混乱、糟糕的管理和动荡不稳的财务状况。"你听我说，"当他停下来时耶尔说道，"他们之所以用你，不是因为你的能力，对你的能力他们有什么了解的，或者说有什么在意的？用你是因为你这个人，有着响亮的名气和没有污点的声望，因此你要让他们保持遵守犹太教的饮食教规。最起码相当长一段时间要这样。"然后他继续述说他的见闻，她也不断评论，而且都很有见地很智慧。耶尔跟伊娃·桑夏恩不一样，她熟知上到达扬的高层圈子里的每一个人，也基本上知道现在正发生的每一件事。过了一会儿，他们谈到达扬和《时代》上的那篇文章。

"你同意他的说法吗？"她问。

　　第十六章　观点

"嗯，同意，一定程度上是因为摩西·达扬自身。达扬的形象是令人敬畏的，耶尔，那种敬畏在阿拉伯人中很强烈，甚至比在这里还要强烈。独眼'参孙'，巨人杀手……我猜只要他还在世，阿拉伯人就不敢乱动。谁知道呢？如果他活得够长的话，现在这种状况有可能会变得正常的。"

"他的新任妻子会改变他吗？"

"哦，经历了好多年，他的婚姻终究还是破裂了，因此他可以娶那位小姐了。仅此而已。"

"萨姆，同样一个女人，做女朋友和做妻子时是非常、非常不一样的。"他从酒杯上方看向她，眼里充满了懊悔。她又说："我这是至理名言。"

"没错，算得上至理。"

她以一种半开玩笑的口吻说："那么，你想争取我做妻子吗，还是不想？"他没说话，"我是认真的，萨姆。"

"全是在空谈，我不完全相信你。"

"为什么不相信呢？你是知道我的婚姻的。最后一次机会了，hamood（亲爱的）！确实是有点儿迟，二十年以后了，但有何不可？"

"耶尔，你是要带着我到加利福尼亚吗？超重行李是要多收费的。"

"呵，有道理。我在那儿有事可做，而在这儿几乎什么事都没有，这里太空闲，太小，也太乏味。但是，亲爱的，无论你在凯富山还是在政治上，你现在还没有彻底和政治决裂呢，萨姆，你都会用到我的，事实上你需要我。现在我要告诉你，这听起来也许非常奇怪，却绝对是真的。无论在军队还是在摩萨德，你一直过的都是安稳无忧的生活。"

"安稳无忧？在摩萨德？"

"对，安稳无忧！你前进过程中所经历过的那些危险我都知道，但是你发布了命令，事情就发生。你现在在凯富山发现了与外面相似的事物，你的头就晕了。不过你说得对，政治还要更易变，有更多阴谋。"

"安稳无忧，"帕斯特纳克喃喃地说，"而现在有了思虑。"

"这是事实。约西·尼灿在军内算是著名人物了吧，他也是我孩子的父亲，但是对我来说，他好像一直就是个大而强壮的童子兵。他好像仅仅比阿里耶大一点儿。也许这就是我和他不合拍的原因吧——但是，我要再说一遍，我已经尽全力了。"

　　"你要和他离婚？"

　　"如果有个理由的话，我会的。他也知道。"

　　他的手伸过桌子捉住她的手，说："好一个'妓女'啊，你！卢里亚军士长。"

　　"如此赞美。"她轻轻捏了下他的手，"听着，给我说说伊娃·桑夏恩。"

　　"给你说什么？"

　　"我哥哥的女朋友！你们确定不是在共用一个女人？你不是那种人啊。本尼不是，我发誓。从我对她的一点儿了解来看，她也不是那种人。"

　　"没有。"

　　"什么关系呀，那么是？"

　　他重重叹口气："我猜你不会相信我的。"

　　"萨姆，你如果说谎，我会知道的。"

　　他笑了笑，说道："好吧。她是很不错，我喜欢她。她并不是随随便便的女人。在接待员和做模特儿之间来回跑以维持生计，照顾她那生病的母亲。每个出现的男人都想占她的便宜，尤其是希尔顿饭店里那些自以为是的美国人。因为她长得漂亮。"

　　"但你没有，'清白先生'？这是你告诉我的吗？"

　　"正是。一开始我让她很惊诧。她认为我是在用一套新颖的主动亲近的方式，但是我是在享受跟她谈话的乐趣，并且有几分同情她。到现在我也是这样。当然在她心里，我是达扬、本-古里安，还是亨弗莱·鲍嘉，或是别的什么人糅合而成的一个人，我不知道。这事儿是荒谬，但是很美好。如果陷进做爱里面去，这一切就都烟消云散了，况且我也不会对本尼干这种事的，她对他可是始终忠诚的。只是一些让人开心的事情。她让我感觉很好。就是这样。"

"我还真的相信你了。你是个很孤独的男人，萨姆。"

帕斯特纳克眼睛眯起来盯着她："我只是愿意孤独。"

"这么说，她不算一个威胁了？"

"对什么来说？"

耶尔拿起她的女用小提包，从里面取出一面镜子："嗯。难怪你说我看起来还过得去呢。不错的老希姆雄饭店！我几乎都看不见自己。啊，我的头！我喝的酒都超过我一年的量了。这是一顿不一般的晚餐，上帝帮帮我吧，我爱上你了。"

隔了一会儿他说："嗯，凭这句话，我想我相信你了。"

"这么好听的话啊！我们走吧。约纳坦可以送我回家。堂吉诃德和阿里耶在帮我整理行李呢。"

"你什么时候出发？"

"星期一。"

"约纳坦会送你到机场的。"

"行！尼灿夫人牛哄哄地离去。"

在车里他们亲个不停，频繁得约纳坦都偷着乐，暗中对他们有所期待。但耶尔按时去美国那天，他们不停地亲吻却让约纳坦感觉很悲哀。

父子会面

七月下旬的一天早上，帕斯特纳克坐在他宽敞的办公室里，办公桌是瑞典进口的现代派风格。从落地玻璃窗俯瞰下去，是特拉维夫富人区和阳光灿烂的海面，这时，大楼保安从大堂打来电话，报告说有位军队少校找他，自称是他的儿子。

阿莫斯离开了西奈？又要干什么？"让他上来。"

"先生，现在只有货梯可以用。"

"那就让他乘货梯上来。"

和政府机关以及特拉维夫大多数企业一样，凯富山大厦也关门歇业了。圣日①季节来临了：今晚日落时分就是犹太新年了，十天后又是赎罪日，再过几

---

① 神赐福给第七日，定为圣日（《圣经·创世记》2:3）。

天是住棚节①。帕斯特纳克一个人坐在高级管理人员所在的大厦顶层，没有秘书，甚至连个扫地的清洁工都没有。阿莫斯穿着一身野战军服，手里提着只公文包走进来，把一摞信放到桌子上。"你的信。我先回了趟家里。我已经被调到北部去了。你怎么今天还上班？"

帕斯特纳克认出信封上的字迹是耶尔的，早该到了。"调到北部？很突然啊。发生什么事了？"

"戈兰高地上形势变得紧张起来了。我要带两个连和我的指挥总部上去。知道与此有关的什么消息吗，爸爸？"

帕斯特纳克的回答很谨慎。阿拉伯人再一次集结调动，而且是南北两线同时进行，这是"蓝白"危机的一次现实版重演，但这尚属于内部情报。"嗯，他们的飞机全被击落了，因此我们必须要预料到，可能会有某种反应。"在九月中旬，叙利亚的"米格"战机紧急升空，追击以色列一支空中侦察小队，随后与担任空中掩护任务的以色列机群发生了持续缠斗，结果被击落十二架，而以色列方无一损毁。

"爸爸，那是场遭遇战，双方都无法控制的。"

"我知道，但是是以他们公开的大耻辱为结局的。某种有限的报复行动很可能在秘密进行中。"

"不是，亚诺什预计要比这严重得多。"亚诺什·本-加尔（Yanosh Ben Gal）就是领导阿莫斯的旅长，长着一张鹰脸，不打仗时是个玩世不恭的花花公子（这在帕斯特纳克看来不算什么大污点），打起仗来却是位足智多谋又顽强的战士。"亚诺什预计整个旅都得开拔上去。现在叙利亚方在戈兰高地有七个师，而我们只有一个旅在那儿，他说。"

父亲歪着脸说："也许正常吧，和平时期的部队部署嘛。"

"哎呀，这也太不对称了，爸爸，二十一个旅对一个旅！把我的部队士兵

---

① 赎罪日与住棚节期间的时间，对正统派犹太教徒来说，一年一度三个星期的仪式活动要中途暂停下来，对其他人来说，则是去海滩散步或是旅行之类。

从休假期召回来，决定谁去北部，谁留在西奈，真是一团混乱。说说吧。这次真的会发生战争吗？你知道吗？也许我们应该把这一切都了结了。所有的虚惊……"

"亚诺什错了。他们不敢，阿莫斯。这又是一次老式骗局，目的是要让我们一直紧张不安。当然，这种事进行期间很令人讨厌。"帕斯特纳克只感到有一点点不安而已。他确信他的看法是符合实际的，敌人的行动只不过是又一次的"蓝白"危机的假动作而已。然而，一旦叙利亚军队真要为那次空军冲突进行报复，他的儿子可是处在首当其冲的位置上。"祝你好运，儿子。"

"我倒是希望那上面的补给站能有好运。"阿莫斯笑了笑，"为了抢着用那些放行的备用油箱，他们正在和我的副营长吵架呢。"

帕斯特纳克拉开抽屉，从一个标有"快速"字样的文件夹里摸出一封信，说："我想这个没什么，不过还是给你吧。某位女士带来的，我想是个法国女人，就在阅兵那一天。因为搬办公室，它给埋在底下了。"帕斯特纳克觉得没必要提起这个女人就是贝鲁特突袭中那位神出鬼没的金发女郎。就让她继续神出鬼没吧。

"谢谢。"阿莫斯把那个蓝色信封塞进公文包，法国女人！嗯。"好了，如果事态平息下来，也许亚诺什会放我回来和你一起过赎罪日的。"

"听起来不错啊。现在那支前进的部队怎么样了？如果你的旅驻防在北部，而南部却出了麻烦，部队怎么赶到运河区？"

"这不是我考虑的问题。我希望有人已经考虑过这事了。"

帕斯特纳克把拥抱阿莫斯的念头强自压下，就目前的事态而言，那样的动作太过沉重。"好吧。到了上面如果有电话机的话，就打给我。Shana tova（新年快乐），阿莫斯。"

"Shana tova，爸爸。"阿莫斯开玩笑般迅速给他敬了个军礼，离去了。桌子的抽屉还打开着，帕斯特纳克想到，这个"快速"文件夹是放耶尔信件的最好地方了。连着好几个星期查找她的邮件，希望能收到她的来信，无果，最

285　　　　　　　　　　　　　　　第十七章　滚雷

后又开始等待电话，依然无果，他在希姆雄饭店吃晚餐时那种热切的情绪慢慢开始消退了。杳无音信。什么消息也没有！关于这位卢里亚军士长，谁能说清楚呢？就把她塞到这个"快速"文件夹里去！他想是这样想，但还是伸手拿过裁纸刀，划开了信封。该死的她现在怎么样了？

无从知道，因为信里只有一张纸，尽是热情欢快的唠叨，语气是洛杉矶式的，也是狡诈十足的耶尔式的。他飞快地写了封回信。

亲爱的军士长：

阿莫斯刚刚把你的信带来，三个星期才姗姗来迟。他是在去戈兰高地的路上顺便回了趟家，拿了信。他的营被从西奈调到那儿，简直是胡闹。我们的空军和叙利亚的空军在两个星期前发生了冲突，击落了他们十二架飞机，因此摩西Dode（叔叔）可能认为会有报复性袭击吧。

在我对你快要不抱希望的时候，我们邮局的"蜗牛"才带着你这封短短的情书爬过来。看来你在忙那种电影蠢事喽，而且又很快活地回到那片侨民的乐土了。祝你好运吧。我很嫉妒舍瓦·李维斯有你做咨询者和难题解决者。我可能也要烦您大驾用用你。过几天我会因为业务问题去美国的。到了我会告诉你，也许我们可以在上次希姆雄饭店停下的地方继续开始。"伊甸园"享受期间，可别吃了不该吃的苹果，Shana tova。

> 1973年9月26日·新年前夕
>
> 于特拉维夫凯富山

除夕之夜

为了快速赶往北部，阿莫斯的司机绕开新年前夕车流量大的公路，走近路和旁道，但这些地方也走得很慢。公路后面的农田里车辆倒不多，但处于节日快乐时光中的人们都步行到农庄或亲戚家，而把汽车乱糟糟地停在一边。

　　爬到野生植物密布的高地上面，新年的感受黯淡下来，十字路口有百无聊赖的士兵在把守，围栏隔开的国防军营里飘着大卫星旗，很多武装吉普巡逻队来来往往。当地旅的指挥部里，本·肖哈姆（Ben Shoham）上校以战时那种快速的语气对他说："帕斯特纳克，一旦领到你的油箱和口粮装备，就把你的营开到这儿来。"他指着挂图上的一个红圈，"凌晨前要准备好应付一切可能发生的事情。你的营做我的反攻部队。"

　　"形势怎么样，长官？"

　　"不清楚。不太好。"这位头发浓密的战地指挥官听语气不害怕什么，但是表情很愁苦。他一个旅，对阵的是敌人的七个师啊。

　　"我的副营长领油箱时出了些麻烦。"

　　"那已经完全解决了。亚诺什的部队在每项物资上都享有最高优先权。"

　　快到黄昏时分，阿莫斯的大多数士兵已经到达，排成了一条长长的车队。他们蜂拥挤入补给站，从仓库内领取油箱；同时检查发动机、枪瞄准线、装填炮弹、弹仓，以及通信设备，迅速拾取成百上千种坦克元件，完全处于嘈杂和混乱中。到此时，新年的气氛已经荡然无存，只有一小队头戴针织小帽的士兵手拿祈祷书，远远地在补给站的一个角落里匆匆进行新年仪式。为了确保这支反攻部队在凌晨时有三十五辆能打能跑的坦克，阿莫斯和他的下级军官们一直视察和检查到深夜。到了凌晨三点时，他才抓住机会打算睡一小会儿。铁皮屋顶的军官临时营房里冷冷清清的，宿营床上堆着刺人的毛毯，他感觉太冷，便脱掉靴子，又看了一遍给他的命令。父亲交给他的那封信从公文包里掉出来：正方形，浅蓝色，没有邮戳。打开来，里面只有一张纸。

亲爱的小帕斯特纳克：

　　我和我丈夫来这里观看独立日阅兵。我一直很苦恼，在我们最近的那次冒险行动中，也许我没必要不礼貌地回避。你当时问了我的名字，我叫艾琳·弗莱格。在我的"真实生活"中，我是一个快乐的已婚女人，定居巴黎，是三个孩子的母亲。我丈夫叫阿曼德·弗莱格，他是一名商人，一直积极致力于"以色列世界联合会"的事情。如果某天你碰巧到巴黎，我们会很欢迎你的。同时让我稍带害羞地感谢那位穿着湿袜子的勇敢"小姐"，是"她"为以色列完成了一项伟大的功绩，也让我在这次于己而言有勇无谋的冒险活动中感到安全。有人向我提议，我感觉这件事很有挑战性，就自愿参加了。我能毫发无损地撤离，某种程度还要感谢你的沉着和勇气。不会再有第二次了。

艾琳·弗莱格

眼下，尽管小帕斯特纳克心里有比这位棕褐色皮肤的金发女郎更紧迫的事情，但他长期住在战地，又没有固定的女朋友，所以还是要想想。当他穿着厚重的坦克服钻进毯子下时，他意识到，这封信是在拐弯抹角地诱惑他。一个巴黎女人，有三个孩子，丈夫还积极致力于"以色列世界联合会"，可以推断出她也许很富有。毫无疑问，这不是他喜欢的类型。然而，这个女人看起来多么迷人，那种独特的魅力啊……也许等这一切都平息下来时，哪天……在想入非非的困倦中，他沉入了梦乡。

多夫·卢里亚的除夕过得完全是另外一副样子。中午时分，他飞到戈兰高地上方四万英尺的高空进行航拍，叙利亚集结起来的坦克和炮兵部队长达几英里，一直到标志停火的"紫线"；到日落前，他又换了身崭新挺括的平民服装，和葛利亚·巴拉克手挽手地步行去耶路撒冷埃兹拉赫主持的那个犹太会堂。这转变很怪诞，但这就是一名飞行员的生活。巴拉克一家邀请他和他父母去吃节日晚餐，但他父亲让他先带葛利亚去参加埃兹拉赫主持的仪式。对父亲向宗教的移情，多夫的态度是很温和、很宽容的，而葛利亚也不打算违背多夫那位著名的父亲所建议的一切事。她紧张得不知所措，等着多夫说出那句严肃庄重的话。今天她穿了件大红色的羊毛裙，这是她和母亲两人在耶路撒冷逛了两天什么也没买到后，她妈妈又去特拉维夫买的，是专为她今天的晚宴准备的。

至于多夫，他早已准备好说那句严肃庄重的话了，但这位战斗机飞行员又十分恐惧。葛利亚·巴拉克让他难以理解。她真的喜欢他吗？对他来说，在众多姑娘中间，现在葛利亚如鹤立鸡群一般，谁也无法与之匹敌。她漆黑的眼眸里藏着深不可测的神秘，她的身体如同一道高扬的美丽火焰，她的每一句话都魅人而机智，她的每一个动作都彰显着优雅，她羞怯而纯洁的吻就是折磨人的没有表白出来的爱。他希望她喜欢他，但是另一方面他听说她也在考虑一位高个子的伞兵。多夫对自己矮小的身材颇不满意，仅仅比葛利亚高出半英寸。这些姑娘啊！假如她拒绝了他呢？

因为圣城今天没有机动车，步行的人便挤满了整条大街，两人也夹在其中。朋友们和她打招呼，完后都要看一眼多夫，目光明亮锐利，这让她心里暖暖的。她——葛利亚，可是和一位"鬼怪"战机飞行员在一起呢！这个消息会传遍耶路撒冷那一帮青少年圈的，尽管此刻他只穿一身便服，而且在抱怨。

"这领带要勒死我了。"他说，"我父亲的祖母是虔诚的教徒，有一次她对他说，在原来的国家里，到了犹太新年一定要穿一身新衣服。所以上个星期父亲就把我拉去买了这身行头。"

葛利亚说："我很喜欢这身衣服。"这是一身有方格图案的褐色套装，衣服标签上的希伯来文写着：苏格兰粗花呢。作为以色列本地仿造品，这件衣服已经很合身了。街边埃兹拉赫那间小会堂里，仪式已经嗡嗡嗡地开始了。一扇遭虫蚀的破烂木门开着，歪歪斜斜地挂在铰链上，本尼·卢里亚等在旁边。

"你得去妇女区域。"他对葛利亚说。

"我知道，我知道。"她笑着悄悄溜开。这间用灰泥抹了墙壁的犹太会堂里黑压压地挤满了人，一个络腮胡子的人领着他们走到前排预留的座位上。埃兹拉赫正在藏经柜旁专注地祈祷，尽管卢里亚的将军制服在人群中引起了一阵骚动，但他也没看他们一眼。没有附任何解释，埃兹拉赫当时只是告诉他，让

　　　　第十七章　滚雷

他穿这套衣服来。

在多夫看来，仪式非常乏味，一会儿站，一会儿坐，一会儿吟咏经文，把他都搞迷糊了。百无聊赖中，他看起了关于祷告仪式的希伯来文字，这对他来说很新奇。当埃兹拉赫做简短演讲时，他用的竟然是明白易懂的希伯来语，多夫有些意外，他原以为会用意第绪语的。

埃兹拉赫尖细的声音开始讲了："K'tiva v'hateema tova（满意的判决已经写好并封装，发给你们每一个人）！亲爱的朋友们，明天——到我们节日的第二天晚上，就不会再有这声祝福了。今晚，如我们所学到的那样，正人君子和邪恶之人，会收到他们最终的判决。但是Bainonim（普通人），则还有十天时间，直到赎罪日那天，来检讨自己的行为，真心地忏悔，依然能够改变结果。"他轻抚长长的白胡子，面带浅浅的微笑扫视众人，"因此我们明白，如果明天晚上你希望你的邻居收到一个满意的判决，你就要暗示他不是一个正人君子，而是一名普通人！但是你怎么能肯定呢？我们必须要断定每一个人都在有德行的那一边。所有人都一样，我的朋友们，你们也可以希望我在明天晚上能收到一个满意的判决，因为让我痛苦的是，我是一个普通人，我感谢造物主制定了十天悔改期。"

集会的人们拥出来，叽叽喳喳的，女人们全都盯着多夫的父亲看。人群中，多夫问葛利亚："那帷幕里面是什么？"

"嗯，我敢肯定她们都在用奇怪的眼光看我。那里面大多数都是上了年纪的妇女。我猜年轻女孩都在家里做晚餐吧。"第一颗星星出现在耶路撒冷纯紫色的天空中，淡淡的冷风吹来。"将军，我跟妈妈说过我和多夫要在仪式结束后去哭墙的。您尽情享受晚餐吧，我们晚点儿回去。"

"好的。"他说，脸上带着属于父辈的无奈的微笑。这两人可能不会去吃晚餐，而有可能去做他们高兴做的事。这世界是他们的了。

他们手牵手朝山下走去，要穿过一条谷底，再上坡就是旧城。多夫一边焦虑地思考怎么跟她说那句庄重的话，一边给她讲在"六日战争"期间，一队坦克就是从这里突破到雅法门的，这故事是他从当年为新兵们组织的一次战斗遗址参观中听到的，此刻他感觉真的是比他飞到叙利亚上空还要紧张。这条路上没有标记，只有很多陡峭的街道和一片片杂草丛生的空地。

她说："我们那时候在华盛顿。我们完全错过了。"

"我当时在这里，很庆幸。是我父亲领导了那次空袭，这才赢得战争的。"

"哦，谁不知道这件事啊？他可是个大英雄。"

"嗯，他听达扬说，你父亲在华盛顿对战争所起的作用比战场上两个旅还要大。"

葛利亚说："那时我才十二岁，懂个什么？我当时只知道我不喜欢美国人，很想念我的朋友们。"

多夫说："战争一结束，我父亲就带我们去了哭墙。这里全部，"他指着后面的谷地，"都还是无人区。破砖碎瓦、带刺铁丝网、雷区、陷阱。现在很难想象当时的景象了。"他们默默无语地往前走，相互缠绕的手指握得更紧了。过了一会儿，他问："你能听得到埃兹拉赫说话吗？"

"几乎听不到。怎么了？"

"我们应该相信那一切吗？判决，悔改？每一个人的行为都记录在天堂里的一本册子上，然后到第二年时写下一个判决——谁生，谁死，谁受火刑，谁受水刑，等等？我想这是极具隐喻性的，你不认为吗？我父亲近年来对宗教十分推崇。"

"我妈妈也在回归宗教。"

"你知道吗，葛利亚，我跟那些击落叙利亚飞机的飞行员谈过。他们说进入战斗后太忙，根本顾不上祈祷，但是退出战斗后一定会感谢上帝，无论信教不信教。"

一进入旧城的城墙内，葛利亚就拉着他穿过幽暗狭窄的巷子和空无一人的小街，一路朝坡下走。"你对这里很熟悉，是吧？"他说。

"嗯，安息日在耶路撒冷没什么事可干，我们便来这里，我和我的朋友

　　第十七章　滚雷

们。你可以不断地探究旧城。购物也很不错。"

"那阿拉伯人呢？"

"有些人挺好，有些人不那么好。当然他们都希望我们死掉啦。"

他们出来，走到一个平台上，从上面俯瞰，可见泛光灯照明下的哭墙，墙前面人潮涌动，全是来敬奉的人。"一到节假日就有很多很多的人。"她说。

多夫说："你知道吗？哭墙曾经夹在一条又长又黑的小巷子里。不一直走到它前面，你都看不见它。我第一次看到它时就是那样。"

"我们回国时它已经是这样了。"她说。

他们顺着长长的一段石阶路往下走，到达广场，在这里，他们能听到六个主持仪式的人用高低不同的声音同时吟咏，他们四周紧紧围着各色各样的阅读架和祈祷的人。她说："这边是男人区域。想挤进去，挤到墙边吗？有的人特别在意吻那些石头。"

"不必了。"他从人头上方盯着墙看，"不过这让我想到了些事情。"

"想到了什么？"

"那场战争一结束，我爸爸就带着我们来了这儿，我、达佛娜还有丹尼。他跟我们说，过去的犹太人常常花掉他们毕生的积蓄，只为了来哭墙看一眼，然后才能闭眼死去。有的甚至是徒步来的，要走好几千英里呢。葛利亚，六年时间里，这已是我第二次来这里了。"

"现在来太容易了。"葛利亚说。然后她又笑着说："看见了吗？我们女孩子不得不注意那样。"

面对她的逗笑，多夫没有反应。"你知道吗？葛利亚，从空中侦察的高度，透过云层往下看那些高山、谷地、河流、湖泊、农田，还有大海，地球还完全是原来的样子——棕色、绿色、灰色，然后是漫无边际的蓝色地中海。没有叙利亚，没有伊拉克，没有约旦，没有埃及，也没有以色列。所有地方浑然一体，毫无区别。没有什么'应许之地'。从上面看，犹太复国主义有很大的不同。"他又嘟哝着说，"但是，回到基地以后，你无疑又希望得到这块小小的'应许之地'。"

"来。"

"去哪儿？"

"到了你就知道了。"她领着他又穿过许多小巷子，沿着石头矮墙，一会儿走上幽暗的台阶，一会儿又下到古老的拱道。最后他们爬啊爬，一直爬到一座粗粝的石头塔楼顶端，大风呼呼地吹着，往上看，是繁星点点的夜空，往下看，闪闪烁烁的灯光四下蔓延，直到他们看不见的远方。"这里是耶路撒冷只有少数人知道的一处美景。"葛利亚说着靠到他身上，"三百六十度全景。尽管很冷。"

他用一只胳膊搂住她："我不冷。我穿着我的新年衣服。"

"你是穿着呢。这儿虽然感觉冷，但很美妙。"

他们两人的呼吸都奇怪地急促起来。"谁想要亲吻石头呢？"这位"鬼怪"战机飞行员说着，一把抱住她，热烈的激情彻底奔涌而出。可以想得到，对葛利亚来说，这正中下怀。

以色列人很少有谈话谈得再也找不到话题的时候，但是巴拉克家晚餐后的谈话就出现了冷场，因为四个大人都避开了萦绕在他们心头的同一个问题：多夫和葛利亚究竟怎么回事？而两个男人又不想把女人们扯进有关战争的谈话当中，话题自然就少了。十一月份大选算是个保险的话题吧。于是巴拉克说，他很担心，沙龙组建"利库德"集团对抗工党的想法会被某些宗教小派别利用，从而强行推行"蓝色法规"[1]。卢里亚则争辩说，不付出很高的政治代价的话，摆脱不了工党"动脉硬化"的社会主义政策。

"别胡扯了，本尼，你能想象那个疯狂的贝京做我们政府的总理吗？"巴拉克说。

---

[1] 禁止在星期日进行购物等活动的法规。——编者注

第十七章　滚雷

"这就是个疯狂的国家，我们的发展更疯狂，但它很顺利。"卢里亚说。

外门打开的声音让屋内的一切都停止了。葛利亚步态轻盈地走进来，头发凌乱但容光焕发，多夫在后面关上了门。葛利亚喜滋滋地说："我们有两项通知：第一，我们很饿；第二——"她亮闪闪的眼睛扫了一眼多夫，让多夫说。

"我们要订婚。"他说。

争吵

新年后的第二天，诺亚从海法给父亲打电话，暗示新的海军情报显示情况很不祥。巴拉克说："开车到这儿来吧，不要在电话里谈这个。"不一会儿，诺亚就来了，还穿着工装裤，速度之快，显然是没有遵守任何交通规则。娜哈玛所做的新年三角馄饨汤还剩下一些，他们坐下来吃馄饨时，巴拉克告诉了他多夫和葛利亚订婚这件事。

"订婚？嗯，爸爸，我倒是挺喜欢多夫的，他很优秀，但是葛利亚才十七岁——"

"她首先要服完她的义务兵役，那是一段很长的成长时间。目前多夫如果能请下三天假的话，他们打算在赎罪日之后到瑞士去滑雪。这是本尼给他们的订婚礼物。"

"三天假期？"诺亚停下吃饭，"天哪，空军还没有进入警戒状态？"

"没有啊，除非我先得知，而且那绝对不可能。"

诺亚叮当一声放下汤匙。"好吧。我说这个可能越界了，爸爸，但是我来这里就是说这个事情的。以上帝的名义，阿拉伯人马上就要开战！空军不知道这件事吗？总理不知道？国防部不知道？还有你也不知道？"

"你现在说的是你们海军的情报报告。"

"没错，但这一次就是战争，相信我。"

诺亚一口气说出他的理由，叙利亚和埃及舰队正在为战斗做准备工作，海军情报人员也正在及时跟踪。巴拉克一边听着，一边不断点头，面色沉重地看着儿子，说："诺亚，昨天你们舰队司令和海军情报部部长都在这儿，和军事情报局局长泽拉将军争论了好几个小时。泽拉将军知道那些实情，而且还知道他们两位不知道的东西。他的评估依然是：可能性非常低。"

诺亚咬住嘴唇，问："报纸上说的是真的吗，果尔达·梅厄去了法国？"

"是的。"

"去了哪儿？"

"欧洲委员会。"

"那是个什么组织？有军事力量吗？是属于北约的单位吗？"

"北约？不，那是个讨论政治统一和人权的论坛。"巴拉克把盘子往后一推，眼睛盯着他儿子说，"我非常相信你。我曾经力劝她不要在这个时候离开以色列。"

"好样的，爸爸！她怎么说？"

"嗯，你听我说，完全是她的原话。她说：'这个世界上最伟大的战士就是我的国防部部长，他手下有一大群伟大的将军——达多、塔尔、阿丹、拉斐尔，你都认识他们。那些勇士需要我这样一位老太太照顾他们并为他们预测吗？'"

诺亚执拗地打断他的话："也许他们——"

"听着！她继续说：'我为该委员会致辞，对以色列来说是莫大的荣誉，取消的话就恰好做了对阿拉伯人有利的事。他们的把戏就是为了让我们不能正常活动，让以色列一直都不能像一个正常国家那样发挥功能。再说了，我第二天就回来，最差我也能在五个小时内回来。'"巴拉克耸耸肩，"这就是她说的。"

"B'seder（好的），爸爸，那就这样吧。我猜我把自己的紧张带到这儿来了。但是我要告诉你，战争马上就会开始，很快。当战争打响时，海军的发动机已经预热好，会倾巢出动去参加战斗。"

"对海军来说这很好，诺亚。但是动员预备役，让我们的人民惊恐，同时也让超级大国们警惕起来就不同了，那正好给了阿拉伯人借口，他们可以要求发动进攻。"

"跟我说实话，爸爸，你认为应该动员预备役吗？"

父子俩互相盯着对方。"诺亚，以前我在这个问题上错了，错得很丢脸。我不是军事情报局局长。"

尴尬片刻后，诺亚换了一副口吻说："我曾跟你说过我在瑟堡遇到的那个法国姑娘吧？"

"说过。叫朱莉娅什么的，父亲是做水产生意的。"

"好记性。朱莉娅·莱文森。她现在在这儿，在法国大使馆找了份工作。一个很聪明的姑娘。"

巴拉克微笑着说："来追你，是吗？"

诺亚没有笑，他略带局促地说："朱莉娅当真在这里。她知道关于达佛娜的一切。她并没有追我，但她是个可爱的姑娘，温柔、可靠、智慧。"

"嗯，两项婚约都要订了，达佛娜怎么样？"

"我正打算去她所谓的工作室。"

"你会回家过赎罪日吗？"

"我们目前这种警戒状态下应该不会，除非我们舰队司令大大放松下来。"

"嗯，如果不回来，祝愿你斋戒顺利。"

"你也一样，爸爸。"

在雅法一间地下室的门前，诺亚按了好几遍门铃，达佛娜才穿着一身泥泞的工作服打开门，里面一片阴暗。"咦，怎么是你啊，"她说，在一块破布上搓着双手，"进来吧。乱死了。"

"'怎么是你啊'什么意思？"

"嗯，我正在等一个以色列海关来的人。税的问题。你来这儿干什么？"

他没回答，一把抱住她就吻。"啊，"她在热吻中说道，"好热烈啊！你差不多跟我一样脏，所以——不要，不要！嘿，手拿开！慢点儿，motek！"她挣脱开来，"你怎么不在海法？"

"我必须到耶路撒冷见我父亲。我现在就在回去的路上，但我想过来跟你说说话，hamoodah。马上要有战争了。"

"什么？战争？"她指了指收音机里低声嗡嗡的美国摇滚乐，"难道我没听到新闻吗？"

"达佛娜，相信我的话——"

"诺亚，你把头摔坏了吗？时局再平静不过了。我今天早上还发给加利福尼亚客户一个谢拉顿风格的大烛台呢。纯粹是生事！这城市现在像纽约一样生气勃勃。会有战争？"

他看看堆满各种工具的工作台，有泥块、未完工的陶瓷半成品、满是泥污的布，还有泥盘子等乱七八糟的东西。"税出了问题？你真的在这行业赚到钱了？"

"嗯，prutot（一点点钱）。不过他们还在追着我要。天哪，连个坐的地方都没有，是吧？"

一张小床上堆着裙子、毛衣和有褶边的内衣，她把它们收拾起来。他拉着她并排坐下，问道："你打算回家在泰勒诺夫基地过赎罪日吗？"

"肯定地告诉你，不会！我父亲要把哈西德派教徒引入基地主持仪式。他真的变得很奇怪。我就待在这里，我还有活儿要干呢。"

"赎罪日那天还要干活儿？"

"诺亚，你了解我的。为什么要假装呢？"

"好吧，那来海法吧，最起码。我们会在海港里的，肯定——"他抚弄她手的动作停下来，指着她的手表问，"这是什么？"

"噢，这个呀，约翰送我的。"

"劳力士？"

　　　　　第十七章　滚雷

"我想拒绝来着，motek。他死活要给，那个傻瓜。这件事上他太不顾及他人的意愿了。"

"对，他买得起。"

"嘿，别这样嘛，我为什么就不应该有一只这样的表？约翰现在成熟了好多，你知道的。他在延期服役。我倒是挺钦佩他的。"

情势根本没朝诺亚希望的方向发展。他本来是想在战斗之前抓紧最后的机会销魂一次的，但显然风流并不在达佛娜的议程上。此刻是不在，如果想要改变情绪，酒精是必要的。"我们喝杯啤酒吧，达佛娜。你现在在做什么？"

"哦，烛台，烛台，还能有什么？"她走过去，从锈迹斑斑的冰箱中拿出一瓶啤酒，"不过，最后通过约翰，我得到了一份还算像样的委托制作的活儿，为一家酒店的大堂制作一尊参孙杀死狮子的作品。是海法一个有钱的承包商要的，叫艾弗拉姆·古林考夫，他建造酒店一类的建筑。约翰与他父亲已经跟他合伙成立了一家公司，然后——"

"什么，和古林考夫？他们和古林考夫做生意？为什么，古林考夫就是个流氓，他是海法最大的恶棍！他会把两个美国人骨头上的肉剔得干干净净，然后再把他们的骨头熬成汤的。你还为古林考夫做参孙？这是怎么回事儿，我一个人喝？"

"海关的人来时我必须显得精神。他们随时都有可能来。尽管喝吧，motek。"达佛娜在小屋子里踱来踱去，"没错，约翰说古林考夫是有点儿粗野，但是怎么就是个流氓了？他好像对艺术也很懂。他有一幅德加的作品和一幅米罗的作品。"

"他在他的监所里把它们挂起来了？"

"呵，你的心态好酸呀。你也知道那份指控已经撤销了，他从来没有在监狱里待过一分钟。约翰说那些政客都在古林考夫的掌握之中。古林考夫获得许可、批准和特免只需要一天，而其他承包商要花上一年时间才行——现在几点了？"

"达佛娜，过来，坐下。"

"行了，问题是——"

门铃响了。她气恼地耸耸肩，应声开门，约拉姆·萨拉克走进来，拿着两个用纸包着的法拉费①。这个戴墨镜、长头发、老是攻击现行制度的家伙一出现，诺亚惊诧、讨厌到了极点。"我知道我早了点儿，达佛娜，但是——天哪，这是霍雷肖·霍恩布洛尔②啊，"萨拉克叫嚷道，"海军司令，达佛娜没跟我说，要不然我就多带个法拉费来了。没关系，你吃我这个。我得了结肠过敏，正在恢复呢。Ma nishma（最近好吗）？"

"这么说你现在在海关工作？"诺亚问。

"我？海关？你疯了吗？"

"那是我搞错了。"诺亚说完看着达佛娜，达佛娜好像一点点都不窘迫，只有两只耳朵变粉了些。

"喂，海军司令，你认识一位海军军官，叫本-阿米·伯恩斯坦吗？"

"本-阿米怎么了？"

"他说据海军可靠情报，马上会打仗。这可不是闹着玩的。我已经准备好赎罪日之后要飞到雅典去，我跟朋友的票都买好了。本-阿米精神没错乱吧？"

"本-阿米说的话向来不经过大脑。"

"那就让人安心了。"萨拉克看看达佛娜，又看看诺亚，"好了，你有伴了，达佛娜。我呢，也有文章要写。你确定不吃我这个法拉费，司令？"

"你好好吃吧，照顾好你的结肠。"

萨拉克关上门后，诺亚问达佛娜："你要和那只臭虫去雅典？"

"诺亚，你也太容易激动了，还有，你到底算什么呀，叫一个那么有才华

---

① 中东特色小吃，又名中东蔬菜球、油炸鹰嘴豆饼，是中东一带的料理，用鹰嘴豆或蚕豆泥加上调味料做成，和可丽饼、烤肉三明治三分天下。——编者注

② 霍雷肖·霍恩布洛尔（Horatio Hornblower），英国一部著名的海军小说中的主人公。——编者注

　　　　　　　第十七章　滚雷

的作家为臭虫？你心情那么糟糕，干吗还来这里？"

"我来这里是因为我们海军已处于最高战备状态，天知道我什么时候才能再见到你——"

"海军战争，海军战争，那就是你的整个世界吗？那不是我的。我有自己的朋友，我要走自己的路，而且——"

"去雅典，比如？"

达佛娜随即应声说道："对，去雅典。就去那里！我多久才能见到你？我一个人应该做什么？如果你是嫉妒，看在上帝的分儿上，就此打住。就目前所有情况而言，我也认为约拉姆很可憎，为什么？因为他最近把我的一个朋友搞大了肚子。他是一个彻彻底底的卑劣之徒，对我而言没有丝毫吸引力，就不在那个方向上，但是他有趣味，趣味。除了在床上，你就不懂得什么叫趣味。"

他们两个的关系曾经破裂，分开将近一年，诺亚感觉现在可能会再次破裂。那就让它来吧。他想，屈从于一个女孩子，或者任何女孩子，包括达佛娜·卢里亚，都不是他诺亚·巴拉克的风格。摊牌吧。"你不要去雅典，达佛娜。"

"哼，不要？"

"你去不了，因为一件事——战争会先爆发，所以——"

"愚蠢。"她看了一眼腕上的劳力士手表，"听着，够了，这不好。你是要回海法，对吧？我必须要带几份草图去见古林考夫。你送我去那儿吧。"

"我的保时捷还在修理厂呢。"

她的脸色先是惊诧，继而语气冷淡、缓慢地说："亲爱的，约翰是比你年轻，但他比你懂礼貌得多。我喜欢他，我的朋友们也喜欢他。他很能逗笑约拉姆。约翰风趣、快乐、有气度，他不像你一样要求——"

"他很有钱。"

"你想要一场战斗，是吧？那现在有了。某天你可能会成为作战部部长，诺亚，你很聪明，家庭背景优越，但是你却像这指甲一样狭隘，"她在他面前挥挥手，"竟然还有个像兹夫·巴拉克那样的父亲！这怎么可能？这么多年来，我一直都纳闷儿。"

"不要去雅典，达佛娜，听到没有？"

"去死吧。"

诺亚大步走出屋子，钻进汽车，在尖厉的轰鸣声中发动车子，又在尖厉的轰鸣声中朝法国大使馆开去。

一触即发

国防部的走廊两边挂着前任部长们放大了的相片，本-古里安、拉冯、艾希科尔，都是精明的老工党政治人物，往常路过这些相片时，巴拉克都不在意，而今天，这些已故部长布满皱纹的严肃脸庞似乎在提醒他，以色列的生死存亡在某种程度上担在了他的双肩上。最后挂着的照片就是现任的这位，穿着西装扎着领带、戴一只眼罩的世界知名勇士。达扬隔壁的一间办公室里，帕斯特纳克从大办公桌后朝他打招呼，脸上依然是以往那种嘲讽的笑容。巴拉克坐下后问他："萨姆，你在这儿的新职位究竟是什么？"

"部长还在考虑。凯富山休假期间我就在这边。"

"嗯，感谢上帝你在这儿。"

"要感谢达扬。除了这座大楼，其他都有点儿不一样了。达扬明天要开始工党的竞选活动了，所以当他谈论政治的时候，有关阿拉伯人集结的战场报告就需要我去跟。他现在就在那里，和过去在战斗前线跑来跑去一样，都是演习训练。"他的大拇指朝一扇侧门指了指，"在赶制一篇发言稿。"他眯起眼睛盯住巴拉克，"你收到果尔达什么消息了吗？在斯特拉斯堡他们对她的发言有什么看法？"

"萨姆，这就是我来这里的原因。她现在已经决定从那里接着去维也纳了。"

"L'Azazel，已经决定了？为什么呀？"

"为了让克赖斯基①重新开放那座临时难民营。"

"那花不了多长时间。她什么目的也不会达到的，他只会轻蔑地对待她。他的膝盖在阿拉伯人的喊声中发抖呢。"

最近，克赖斯基总理关闭了以色列在欧洲的唯一一座临时难民营，那座难民营是为少数从苏联出来的犹太人准备的。因为前段时间一伙暴徒从火车上劫持了七名犹太移居者，并且威胁说如果不关闭那个"舍瑙城堡"难民营，他们就会杀死这几名犹太人，并迅速在奥地利各地展开恐怖活动。克赖斯基立刻就依从了恐怖分子，并给他们提供飞机飞往利比亚。

巴拉克说："我和她在电话里谈过了，争论她去维也纳的事。这件事她处理得很不明智——"

"好了，我是能理解她的。大选只剩下一个月了，而她又是一名政客。我们的媒体在呼吁舍瑙、恐怖分子、苏联犹太人，还有克赖斯基。这是几年来最吵闹的一次，她要拿出点儿实际行动给外界看。"

"萨姆，达扬会不会考虑给果尔达打电话，让她火速回国？"

"问他喽。"帕斯特纳克说。这时侧门开了，摩西·达扬走进来。

他看都没看巴拉克一眼，只是递给帕斯特纳克几张纸，说道："这是我刚刚口授的一段文字。你把所有不能肯定的事实都核实一遍。先赶紧看看最后一段。"

巴拉克注意到，达扬在这里的态度、举止和他在果尔达的办公室是不一样的。在这里，他是全以色列最有权势的人，其他几个部委的财政预算加起来才能顶得上他一家；同时他也是镇住边界上一百万阿拉伯大军的人。但是，当果尔达·梅厄在场时，梅厄就成了老大，达扬懂得这一层，也把他的"懂得"表现了出来。另外，巴拉克也感觉到，自从再婚后，达扬看起来更幸福了，打扮

---

① 时任奥地利总理。——译者注

得更整洁，腰也更粗了。

"部长，我可能会删掉这一部分，太混乱了。"帕斯特纳克指着纸说。

"这就留着吧。这是她的政策，也是我的。简单说，就是'加利利文件'。"这是工党针对那些定居点问题所做的宣言，纯属空话套话。随后，达扬严肃地对巴拉克点了点头，出去了。

"咦，你怎么不问他？"帕斯特纳克问。

"嘿！"

"哎，兹夫，你把她催回来能干什么？多一天而已。战场情势是很凶险，可是这在以前也出现过呀。"

"以前没有这样凶险。"

"嗯，就算战争真的发生，我们也会把它平息掉。还记得吧，'蓝白'危机期间，我们花了好几百万修建新公路，前移弹药库、坦克，还有那些补给和储备。那些物资现在都还在适当的位置上呢。"

"萨姆，果尔达的觉察力很强。如果她在这儿的话，会知道是否要实行动员令。"

"有觉察力是很好。不过我们的军事情报也很有觉察力，任何程度上转向战争，提前七十二小时她就会得到警报。"

"对，泽拉将军已经跟我们说过好几遍了。可你相信吗？"

"我确信。"两人的眼光对峙起来。帕斯特纳克又重复了一遍："七十二小时，我确信。"他的声调已经生硬，而且脸上的表情分明在说：别再逼我了。

"好，萨姆，你确信。"

第二天晚上，天上下着瓢泼大雨，果尔达到达机场，脸色死灰，显得异常疲倦。巴拉克默默地和她乘车前往她位于拉马塔维夫的居所。雨点打在汽车上，雨刷左右摆动，两个人都没有说话。直到最后，总理才用低沉的声音愤怒地说："Ayzeh davar akher（真是不堪提起的事情）！他当面就拒绝了我，那么冷淡，那么不愿听，那么不感兴趣。只有兴趣爬向阿拉伯人。他跟我说：
'我们属于不同的世界。'不同的世界！那个背叛信仰的人，总有一天他会懂
的，对于犹太人来说，这完全就是一个世界。"巴拉克想，她和帕斯特纳克两
人对克赖斯基的态度无疑是相当苛刻的。坦率地说，那位奥地利人确实反犹，
但是他在背地里也时不时插手去救一些处于极度危险境况的犹太人。当然，以
果尔达此时的心境，她是不容他人辩驳的。她的愤怒一旦宣泄掉，语气就不那
么强硬了。"喏，兹夫，那我们明天见吧。情况严重吗？"

"总理，泽拉将军的评估保持不变，依然是：可能性很低。但达扬要求开
这个会。"

"想把不动员的责任分担出去。肯定是这么回事儿。"果尔达疲倦的声
音渐渐转为浓重的嘲讽，"行，他是对的。听听我们最聪明的智库说些什么
吧。"她凝视着他，"'大惊小怪先生'，你呢？"

"既然您回来了，我就不多说了，总理。"

"这高帽子戴的……"

早晨，内阁成员和军队首长们在果尔达办公室里开会，会议开得不温不
火，情报简介只有很少一点儿，评论也都平平淡淡的，没有任何焦虑的情绪。
阿拉伯军队已经陈兵边界，保持着最高战备状态，完全可以迅速实施全面进
攻，但没一个人就这一事实提出问题。分列在果尔达左右的是以色列两个最著
名的战士，现在也都是部长，达扬和伊加尔·阿隆，跟着还有果尔达工党内那
位铁杆支持者——花白头发的老伊萨拉耶尔·加利利，他们对当前凶险的形
势全都视若无睹，没有任何异议地听着正在讲述的评估。评估结果是：可能
性仍旧很低。由于军事情报局局长泽拉病了，所以由他的调查组负责人，一
位说话轻声细气的将军介绍基本情况。他说道："无论如何，如果形势与我们
的战争判断逆向变动，我们会预先七十二个小时知道。"这时，总理打断他，
提出问题。

"等等，"她举起一根僵硬的手指，"七十二个小时？告诉我，我们如何

得知？现在可不是往日，现在是节日前夕，这种时候我们能提前知道？"

"总理，我们会知道的。七十二小时警报。"他看看达扬，果尔达也转过头看达扬。达扬对她点点头，微微笑了笑。她耸耸肩，也就没有再问。

当会议结束时，她突然问总参谋长："达多，两个问题：你同意不同意这个评估？还有，我们准备好了没有？"

达多·埃拉扎尔说对他的军事情报局局长抱有坚定的信心，万一那不可能发生的事真的发生了，他对国防军的准备工作也抱有坚定的信心。之后他歪着头说："问题是，总理对我们寄予的期望很大，如果这次我们不能在三天之内打赢的话，我们受到的指责和批评可就大多了。"

他说了这句话之后，巴拉克就决定压下他的忧虑，或者说压下他的多疑症或是其他类似的心态。如果说连有很强觉察力的果尔达都能泰然自若地接受这些预示灾难的事实，那么他还忧虑什么呀？土生土长的以色列人像阿隆和达扬等人，经常会含蓄地说，那些害怕战争的人心上笼罩着一种"galutnik（流亡者）心态"。好吧，实际上他终究还是个维也纳galutnik（流亡者）吧？这是因为欧洲反犹主义的烙印已经深入到他的灵魂里，还是因为美国犹太人那种小心提防异邦人的样子？或者仅仅是因为他处于战地之外坐在办公桌后面太久了的缘故？算了吧，兹夫·巴拉克下定决心：这次我就闭紧嘴巴吧。

这个决定摒除了他心中的杂念，随后两个晚上他都睡得很好，他的精神大大振作起来，以至于最近一直郁郁寡欢的娜哈玛也受其感染，脸上有了微笑，也开起了玩笑，甚至恢复了那些他原以为她都忘记了的表达爱意的小方式。"那么我们到哪儿去听《Kol Nidrei》（一切誓言）①呢？"赎罪日前一天，一大清早，他们喝着咖啡时娜哈玛说，"就我们两个啊？有几分新意啊！"葛利亚要去泰勒诺夫跟多夫在一起，鲁蒂现在住在一个基布兹里，诺亚呢，如果不出海巡逻的话，他会待在处于高度戒备状态的海港内。

---

① 犹太人在赎罪日那天晚祷时所唱的歌曲。——译者注

第十七章　滚雷

"这样吧，我们可以步行到哭墙去。那里的Kol Nidrei怎样？对多夫和葛利亚，那儿的效果不错。"

娜哈玛像一匹马被收紧了缰绳而突然蹿起一样，笑着说："嗯！我们会看到的。"

那天早晨，他驱车前往特拉维夫，心情好得无以复加，自从危机开始以来，这一天是最好的。在他的办公桌上有一封急件，浅绿色的军事情报信封，上面印有"紧急"字样。他撕开信封。

所有苏联外交人员连同他们的家属，正乘坐苏联民航总局的飞机撤离埃及与叙利亚。上午8：30开会；地点：国防部办公室。

日期为十月五日，星期五，赎罪日前一天。

第二部
梦醒

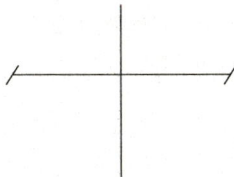

你这沉睡的人哪，为何这样呢？

起来，求告你的神……

——《约拿书》1：6

第十八章 地震

短暂的宁静

　　赎罪日前夕，日暮。泰勒诺夫基地礼堂里人头攒动，一位黑胡子的年轻拉比的声音啦啦啦地响在每个人的耳畔。按照本尼·卢里亚先前向这位拉比承诺过的——要有一个"工作场所"，这座礼堂被彻底改装成一座犹太会堂，设有藏经柜、《托拉》诵读台，甚至女兵们都用隔栅隔开。所有人都站着唱诵那首古老而庄严的歌曲：

　　Kol Nidrei……

　　泰勒诺夫基地里还从没有这样过过赎罪日。在男人的区域里，所有飞行员、教练、地勤兵、办事员、机械师及厨师都披戴着由哈西德派教徒提供的白色披肩和圆顶小帽。基地里厨房不生火。所有道路上空无一人。从参谋长到空军司令都没有发过战争警报。除了指挥塔台上二十四小时不停旋转的雷达外，所有机器全部停止运转。

　　本尼·卢里亚站在前排，左边是多夫，右边是丹尼，他对这个自己一手布置的场景既自豪又喜悦。他想，即使是埃兹拉赫，也可能会对这个临时搞起来的犹太会堂赞叹吧。毕竟，这个时候在泰勒诺夫基地，在空军里，在国防军中，乃至在整个以色列，都是更多地关注Kol Nidrei，而不是关注什么统一工人党社会主义，尽管他是在那种主义中长大的，这是毫无疑问的。至于果尔达·梅厄今晚是在听Kol Nidrei，还是在她拉马塔维夫的家里抽烟喝茶，那就不得而知了。

他们在一片乱七八糟的椅子刮擦声中坐下来，丹尼小声说道："很棒的领唱人。"圆顶无边小帽松松垮垮地盖在他蓬乱的红头发上，他现在是他们三个人中最高的。"我挺喜欢这曲调的，但是，爸爸，这不是希伯来语吧？"

"是阿拉米语，是《塔木德经》的语言。在祈祷书中有译文。"他父亲说。

"可怜的葛利亚，在栅栏后面。"多夫说。

"你妈妈在照顾葛利亚，别担心。"

第二天大清早，赎罪日当天，兹夫·巴拉克床边的电话铃响起来，他迷迷糊糊地醒来，盯着钟表的发光表盘。在赎罪日的早晨四点半打电话？听到果尔达·梅厄的声音，他起先还以为这是个噩梦，他一直就在做这样的噩梦。果尔达的声音沙哑、疲倦、平静："兹夫，来特拉维夫。七点之前到我办公室。泽拉刚刚给我打电话，战争会在今晚六点打响。"

他顿时喉咙收紧，后脊背冷冷地刺痛。这不是梦。

战前会议

从泰勒诺夫基地司令办公室的窗子望出去，外面已是霞光万道。年轻的值班中尉已经没吃没喝地过了一整夜，现在他的大脑迷迷糊糊的。"赎罪日取消。"本尼·卢里亚穿着抗超重飞行衣边说边走进来，吓了中尉一跳。

"取消，长官？"

"对，取消。通知炊事班，立刻生火，为全基地准备早餐，量要大。关闭基地所有大门，返回人员允许进入。任何人不得离开泰勒诺夫。"

"是，长官。"值班军官忍不住又问，"是要打仗了吗，将军？"

卢里亚没有回答他的问题，说："所有单位进入一级戒备状态。各中队队长和副队长十五分钟后开会。"

回到他自己的住处，艾莉特给他端了一杯热气腾腾的咖啡。厨房里，多夫也在吃蛋糕、喝咖啡，同样也穿着抗超重飞行衣。葛利亚身穿艾莉特的红色睡袍坐在那里，眨巴着眼睛打着呵欠，说道："我还要禁食，我又不是空军。"

艾莉特说："真傻。喝点儿咖啡吧。谁知道这一天会怎样？"

"你自己随便吧，葛利亚。"卢里亚说。

"本尼，又是一次'六日战争'吗？我们马上要进攻吗？"艾莉特想知道。

"不能讨论这个。我不得不去和那些不幸的哈西德派教徒说了。我还把他们安排在靠近厨房的房子里。等他们闻到饭菜味道，他们会发疯的。"

总理办公室里，众人冷静、审慎地讨论着下一步要采取的行动，巴拉克一言不发地听着，赎罪日没必要取消，因为它本身就没存在过。糕饼、茶水、咖啡、香烟，公事一如往常；同样的屋子，同样的面孔，同样镇定的声调，只有一点不同，灾难现在正如霹雳般砸到以色列头上。泽拉和达扬虽然有点儿孤立无援，但还是坚持说这可能是一次错误的警报。毕竟，泽拉那个绝密的特殊情报来源只是将昨天的"非常低"提高到今天的"百分之八十的把握"。至于所保证的七十二小时警报怎么样了呢？不解释了，达多和果尔达都在猜测最坏的情况——日暮时分的战争。巴拉克想起她过去说的那句话："那些勇士需要我这样一位老太太照顾他们并为他们预测吗？"答案是可怕的，看起来是的，他们需要你照顾。

达扬和达多二人存在着很大分歧。总参谋长达多想要采取迅疾有力的行动阻挡这次突然进攻。而国防部部长达扬则坚决主张小心谨慎，力求事态最小化。争论显得比较怪异，粗犷英俊的达多·埃拉扎尔穿一身野战军服，浓密卷曲的头发下，国字脸上的眉头忧虑地皱起来。而那位世界著名的独眼、光头将军，虽然身穿文官服装，却像一个镇定沉着的超级总参谋长一般。该动员多少预备役呢？这是个问题。最后果尔达打断两人的争论，决定：比达多要得少，比达扬认为的必要得多。那么空军呢，这支为"六日战争"立下过汗马功劳的部队呢？达多赞成用空军对叙利亚进行先发制人的打击，而达扬反对。争来争去，最后她赞成了达扬的意见。

这次仓促的会议终于结束了。巴拉克独自陪着果尔达往外走，她的脸上刻满了深深的皱纹，犹如饱经沧桑的白石头一般，她把这块"白石头"转向巴拉克，说："想说什么，'大惊小怪先生'？说吧，就说：'我早就告诉过你了。'"

"但是我这次没说，总理。况且到现在不还是没有战争嘛。"她挥挥手表示不接受这话，就像驱赶一只苍蝇似的。他又说道："美国大使在隔壁等着。"

"我知道。那又怎样，兹夫？我跟他说什么？我要告诉他，"她的声音一下子变成诵读《塔木德经》时平板板的念经声，"告诉尼克松、告诉苏联人、告诉阿拉伯人我们不会开第一枪吗？那样就会让他们停下来吗？还是只会让他们更加猖狂？"

"见这些美国人，可以让他们接受你的诚意。"

"诚意，诚意！他们整整一个星期都在给我发信息：'不要先动，不要先动。'就跟戴高乐在'六日战争'前说的那样：'别战争！'"她续上一根香烟，那张石头脸渐渐变为一种祖母般忧虑的表情，问他，"你的孩子们，他们都在哪儿呢？"

"女孩们还太年轻，没有参军。儿子诺亚在一艘'萨尔'级导弹艇上任艇长。"

"哦，海军。"她点点头，"好，海军很优秀，可是海军能干什么呢？现在这场战争要完全取决于运河边和戈兰高地上的孩子们。在我们动员的时候，他们得坚守阵地，阻击敌人。"她一只手支着头，"七十二小时。还承诺给我们七十二小时呢。"

兹夫·巴拉克有一种冲动，想要恳求立即进行全面的动员令。这个国家也许还有一点点宝贵的时间来为战争做准备。达多作为总参谋长，可以要求这样做。达扬作为国防部部长也可以建议这样做。然而为什么这个想法总是在没完没了地讨论呢？理由各种各样：在这个最神圣的日子里让全国恐慌，也许到最后证明是没必要的；准战争行为可能会把尚处于疑问阶段的阿拉伯攻击直接触发为战争；还有就是一而再、再而三地，总是要考虑：美国人怎么反应？到现在为止，美国中央情报局那边连半点儿战争警告都没有给他们发来。这种情况下，巴拉克算哪根葱，要高声吱吱叫？现在整个以色列都在参与赎罪日的仪式，而南北两边却横着犹如希特勒顶峰时期一样巨大的坦克大军，就像是核桃夹的钳口那样夹住了这个茫然而不在意的小小犹太国，这个时候做什么才算是明智的呢？

果尔达抬起头盯住他，眼睛发红。"昨天，就在我听说苏联外交官消息的那一刻，我就应该动员，我想过。我那时觉得这些大将军一定想得更透彻。也许他们是想得更透彻，也许他们还在想。也许事情不会发生，但是如果发生了，那我将无比痛悔，因为我昨天没有采取行动进行总动员。"她苦笑一声，"好惊人的赎罪日，啊，兹夫？我看你还在禁食，什么也没吃。吃点儿东西吧。你有的是事情要忙。"

巴拉克倒了一杯水，一口喝干。

"就需要这样。"她向下看看她的灰色服装，把裙子拽直，"召见美国大使。"

紧急召集

在海法犹太大会堂里，伯科威茨教授作为受托管理人，拥有一处位置很好的座位，就在藏经柜旁边，挨着大拉比，但夏娜更喜欢楼下交谊厅里那种人满为患的赎罪日仪式。这天早晨，他们就在这里。拉比的大儿子主持这里的仪式，但不布道。这个人曾经追求过夏娜，其实他还是一个很有魅力的人。透过粗棉布隔墙，她可以看到她的那些男人：迈克尔、鲁文、诺亚·巴拉克、堂吉诃德，还有阿里耶，这些人禁食之前的最后一顿饭都是在她家里吃的。

来海法之前，堂吉诃德和阿里克·沙龙在他们师部讨论了一番最新的空军航拍照片和埃军部署的情报地图。沙龙说："是要打仗了，没错。不过戈罗迪什在西奈地区有三百辆坦克。当我们接到警报进行动员时，那足够抵挡敌人一阵子了。我尽量在我的农场里过赎罪日吧……海法？有什么不可以的？去吧。祝你禁食轻松。"沙龙那看似温和的笑容又露了出来，说道："穿上军服和军靴，以防万一。"就这样，堂吉诃德带着阿里耶来到了这里。阿里耶还处在郁闷中，因为此前他们加德纳青年团正在参观戈兰高地上的哨所，上面却命令他们离开。

在他们开车去往海法的路上，阿里耶兴致勃勃地向父亲介绍，从赫尔蒙山上望下去，好一幅令人恐怖的场景，反坦克壕沟下面的平原上，叙利亚的坦克、榴弹炮、装甲运兵车，几千辆战斗车辆远远地延伸到视线尽头。哨所就是挖出来的狭窄拥挤的地洞，每一件东西都令他兴奋：望远镜、枪支、通讯器材、块块雪地、军用食品，还有粗陋的类似架子一般的床铺，每一件东西！但是所有的休假突然间全部取消，而且命令他们加德纳青年团回家，也没有跟他们说任何原因。他在一个十字路口偶然碰上了阿莫斯·帕斯特纳克，几组叮当作响的坦克四处散在那里，阿莫斯在指挥。阿莫斯只是匆匆地拥抱了他一下，也没告诉他任何消息。"不，不会打仗，阿里耶。据我所知不会。我们来这里只是劝阻他们不要太散漫了。"阿里耶倒是很向往赫尔蒙山上那气味难闻的地下掩体，还有叙利亚那边的骇人场景。不过，与父亲还有"夏娜姑姑"一起过赎罪日也是挺不错的。

紧挨夏娜坐着的是赫德娃，她的一个笃信宗教的朋友，夏娜在和拉比的儿子柴姆分手后，就是她这位朋友最后得到了柴姆。赫德娃现在有了三个孩子，

　　　　第十八章　地震

而且肚子又大起来。这会儿夏娜一看柴姆，赫德娃就皱起眉头，可是那有什么关系呢？看到堂吉诃德和阿里耶才会让她打心眼儿里高兴。夏娜是不会嫉妒赫德娃·布普柯那位大络腮胡子老公的，也不会嫉妒她的孩子。每个人的生活都是不一样的。她有迈克尔和鲁文，而且还以某种特殊的方式拥有约西和阿里耶。在唱Kol Nidrei之前为他们几个做饭，特别是为堂吉诃德家的一老一小做饭，让她全身都充满一种独特而弥足珍贵的情感，深切的喜悦中夹杂着一丝痛楚。这样的感受，赫德娃是永远也不会懂得的。

但是吊诡的事情在粗棉布隔墙那边发生了。一名穿着军装的伞兵走过一排排椅子，轻轻拍打了下一个络腮胡年轻人的肩膀，那年轻人立刻卷起他自己的塔利特，站起来就往外走。那名士兵过来过去，一次次把纸条递出去，随后士兵们一个一个地离开。堂吉诃德和诺亚也把塔利特放到椅子上要离开。夏娜匆忙跑到大厅里截住了他们。

"约西，怎么回事？"

"召集预备役了，也许并没多大意义，不过我最好还是回师部。让阿里耶和你一起过节，好吧？如果可以的话，我今晚会打电话的。"

夏娜能感觉到，约西这副满不在乎的态度后面藏着一种心不在焉，分明是在反复考虑各种意外、各种选择与各种打算。"别胡扯了，约西。"

他笑了，活力又绽放在脸上，眼睛在眼镜片后面闪闪发亮。"很美味的最后一顿饭，夏娜。阿里耶跟你在一起，他就是在天堂里了。我也很渴望跟你在一起。斋戒难受吗？"

"堂吉诃德，是要打仗了吗？"

"眼下不会。就算要打，我们也会赢的。夏娜，我爱你。回帘子后面去吧，还有，"他改为意第绪语说，"Davan gut（好好祈祷）！"

堂吉诃德心想，也许会有飞机飞往南部，不管是军用的还是民用的，只要有就行，诺亚·巴拉克可以送他前往机场。移动中的汽车全部打亮了大灯，表示出对全国性斋戒日的尊重，尽管这是因为公务才开[①]。街上到处都是匆匆忙忙赶路的预备役士兵，穿着节日的衣服，有的还披着塔利特。到了机场，牵引车已经将所有飞机都拉出了机库。"好了，祝你在西奈好运，将军。赎罪日这天进攻！从他们的角度来说倒是挺明智的，这帮浑蛋。"诺亚说。

"放松，诺亚。到现在为止，这还只是个小动员。不管怎样，对我们来说，在赎罪日这天打仗不算个坏日子。起码道路不会拥堵，而且我也知道我的大多数预备役士兵都在哪儿，不是在他们家里，就是在会堂里——等等，看起来我可以坐那个。"他跳下车，一溜儿小跑，跑到一个正在大步往前走的人身后。那人大高个儿，穿件毛衣和宽松便裤。"将军，你是要去南部？"

那是前任空军司令埃泽尔·魏茨曼。他转回身。"堂吉诃德！快点儿来吧。耶尔还好吧？"

"她在洛杉矶。"

"嘿！现在这季节，那可是个好去处。"

登上一架"派珀幼兽"，约西朝诺亚挥了挥手，诺亚迅速驾车离去。

警报响起

当诺亚到达海军基地时，他发现这里是前所未有地忙乱：燃油和弹药车在四处隆隆作响，工作组在往所有能看见的船只上装载货物，导弹艇的发动机预热起来，咆哮着发出刺耳的噪音。他泊好车时大灯还在闪耀，想起来后又返回去将其关掉，也把赎罪日的所有意识一起关掉了。

舰队司令是巴凯，小个子，黑皮肤，脸上的表情自信而坚决，性格也很强硬。此刻他正在办公室内研究桌子上的一幅图表。办公室墙上挂满了地图，桌

[①] 在以色列，赎罪日这一天，按照宗教礼仪来说是不吃不喝，也不允许开车的。——编者注

子上方是一幅威严的果尔达·梅厄的相片。"啊，你来了，巴拉克。很好。军事情报也不过如此，啊？你在第二组驾驶舰艇。消息说，阿拉伯人会在今晚六点发动全面战争。到那时，我们五艘艇开到塞浦路斯外海，处于叙利亚雷达探测范围之外。天黑后，我们将渗入拉塔基亚港，击沉叙利亚舰队。对这些突袭者实施突袭。有什么问题吗？我和我的全体参谋坐你的船。"

诺亚的心脏怦怦直跳。他还真有问题，因为叙利亚舰队可是装备了"冥河"导弹的，就是那种导弹击沉了"埃拉特"号。瑟堡建造的这些艇只，包括海法建造的新艇只虽然都装备了"加百列"导弹，但是这种导弹的射程连"冥河"的一半都达不到，只有十二英里，而"冥河"有二十八英里。叙利亚海军可以保持在一定距离内，安然地发射"冥河"，除非以色列海军能够以某种方式接近，达到己方导弹的射程后打沉它们。"拉斐尔公司的最新式反导设备怎么样了？这家军械公司还有时间来安装它们吗？"他问。

"没有，不会了。看，我们已经有加载的反导设备，就算一个不起作用，也许另一个会起作用的。再说了，我们一遍遍地训练过躲避导弹的动作和程序，而且还是专门针对装备了'冥河'的敌舰。我们现在要做的就是追击叙利亚海军。"

大群"鬼怪"战机飞行员已经穿好了飞行服准备出发，本尼·卢里亚将军却不得不发布简令，在最后一分钟告知这群人目标改变，搞得他们都不知所措。他说，如果战争真的现在爆发，预备役需要两到三天才能召集起来。这期间，同时抵抗南北两线阿拉伯人军队的任务，将不得不由数量有限的常备兵力来承担。埃军距离以色列两百英里，而叙利亚军队，从戈兰高地上某些犹太人定居点下来只要十五分钟。埃及一直都是首要目标，空军一定要捣毁沿运河一线布置的导弹屏障，按照作战训导，这一直都是任何战争爆发时绝对优先的项目；但是现在，介于过短的预警时间，击溃叙军的进攻能力就成了更为紧要的问题。因此，第一波攻击，新的目标为：为戈兰高地战线提供掩护的苏制导弹阵位。

飞行员们匆匆奔向各自的飞机。多夫·卢里亚迅速浏览了一下绑在膝上的核对清单，喷气式飞机的发动机在他四周轰鸣，他的神经紧绷起来。像他老爸那样，最后由地勤兵把他锁进了驾驶舱，准备起飞，执行先发制人的打击！他自从获得了飞行胸章后就一直在为此操练，一直热烈渴望着出击的机会。然而结果却不是进攻埃及，而是叙利亚，而且很不幸，他没有为进攻叙利亚进行过一丁点儿练习，情报地图也粗略简单，天气报告又模糊不清。当他还在和雷达兵说最后的指令时，他的耳机里传来了指挥员的声音，焦躁而急迫："注意！全体注意！注意！任务中止，我再说一遍，任务中止，行动取消。确认后返回，接受下一步指示。"

实在太令人失望了！

回到简报室，他的中队长解释说，之所以取消任务，是因为戈兰高地的天气太糟糕了。飞行员们足足等了一个小时，新的情报地图和行动计划才临时制订出来；然后他们回到各自的飞机上，消化强塞给他们的信息，刚才的热望已减少了许多。然而，目标又一次改变，这回不攻击导弹阵位了，改为深入叙利亚腹地的某些机场，因为那儿的天空更透亮些。多夫那架咆哮着的巨大飞机缓慢地滚到跑道上，排入"鬼怪"与"天鹰"的阵列当中。他很恼火，进行了长期大量的演练，到最后却突如其来地改变了。可等他刚刚准备好起飞，又听到指挥员急促尖厉的喊叫："任务中止，任务中止！回到机库！"

这他妈的是怎么回事？

不仅仅多夫这样想，他的父亲也这样想，于是一名接线女兵倒霉了，被他吼着要求连线新任空军司令佩雷德将军。本尼·卢里亚知道，只要他的电话能接进去，佩雷德就会告诉他实情的。战斗机飞行员们本来就焦虑不安，还要时不时被人摆布，着实令他们讨厌，这绝对不是佩雷德的主意。照这样下去，空军发动的这次战争（如果战争马上爆发的话），不会是又一次辉煌的"焦点行动"，而是该死的fashla。

"接通了，长官。"那位女兵喊道。

"卢里亚？"话筒里传来佩雷德的声音，有些生硬。

"长官，我已经下令取消了对敌人机场的进攻，但是实事求是地说，很勉强。他们正在跑道上预热发动机呢。"

"你很不高兴？"

"不会高兴得跳舞。"

"卢里亚，是达多在最后一秒下令取消任务的，他也没有高兴得跳舞。果尔达和达扬做出了一项政治决定，不开第一枪。"

"但是为什么？为什么啊？"

"你知道为什么——美国人会怎么想？"

"那假如要开战的话，任务是什么？"

"任务？我们得忍受住第一枪，取悦尼克松先生和基辛格先生。我们下一步做什么，要取决于这次进攻如何展开。"

"也许就没有战争，长官。"

"有没有我们今晚六点就知道了。"

不用等到六点，他们更早就知道了，下午两点过后不久，警报声就响彻了整个泰勒诺夫基地。几分钟之内，第一拨"鬼怪"战机和"天鹰"战机冲上天空，朝西南方向扑去：回到了初始计划上！五次连续轰炸，从北向南，摧毁运河一线的埃军导弹阵位。多夫·卢里亚在第二拨攻击队伍里，他的飞机被牵引到跑道上，准备好起飞，要去迎接那他耳朵都听出了老茧的"飞行电线杆"，他的心脏怦怦猛跳，嘴在发干。

魏茨曼的"派珀幼兽"于海滨上空五千英尺的高空嗡嗡嗡地朝南飞去，从这上面，堂吉诃德可以看到，阳光照耀下的犹太国中，赎罪日正在结束。在他们从海法起飞时，海法城外的道路基本上还是空的，但随后就有越来越多的汽车流入视线，当灰蒙蒙钉状斑块的特拉维夫朦朦胧胧出现在前方时，各条大道已经变得拥堵起来。"哎，我把你送到你的师部吧。"魏茨曼说。

"没必要，长官。现在有很多车开往南部。"

"我还是送你过去吧。再说我现在也不应该在空中，也许我还有点儿用吧。"飞机急剧倾斜，在气流中颠簸着前进。"你得去打仗。我退职了。我所能做的就是在'坑洞'里出出主意，闲说几句罢了。"

"到现在还没有战争，长官。"

这位前空军司令消瘦的脸半隐在头盔和耳机里，做了个苦相，说："快了，约西。"

当堂吉诃德到达混乱的师指挥部时，值班军官告诉他，沙龙将军已经来签过到，他四处视察一番，之后开车去比尔谢巴了，戈罗迪什的司令部在那儿。堂吉诃德想，阿里克和戈罗迪什？他们俩恐怕会在一场大仗之前先来一场小仗吧。

尽管沙龙将军已经离开军界，并像一头犀牛一样冲进了以色列政界，但他从来也没有与军界脱离联系。就在一个月前，他还安排了一次对抗突袭的演习，由堂吉诃德部署，演习持续两天，一次模拟战役和一次实弹射击。堂吉诃德发现师部参谋们又在重复演练那些项目，兴致都还很高。他开着吉普车巡游杂乱无序的营地。几千号人，有律师、教师、汽车修理工、店主等五花八门各色人等，现在正忙着整编成一个拥有两百辆坦克的师，吵闹声吓人而又喜气洋洋。随着整编过程的推进，秩序由混乱逐渐变得整齐。实际上整个营地都弥漫着一种虚假的气氛，因为这太像前一段时间那次演习了。战争的威胁似乎离这个地方十分遥远。许多士兵仍在禁食。

在他的办公室，这个小小的指挥部里，他看见桌子上放着最新的埃军坦克与部队调运的情报汇总：间接表示的术语里面满是单位名称及代码表示的位置，特别是关于整个运河一线上新式苏造架桥设备的放置，以及那些明显可见的大型高压水枪和机动艇的集结。经过长达两个星期的对这些报告的跟踪，堂

　　　　第十八章　地震

吉诃德早已猜测到，一场战争将会爆发，对方还狡猾地在最后一刻计划一些看起来像是训练的演习，以便让以色列打响第一枪，这样全世界就会给以色列扣上"侵略者"的帽子。但他的工作不是情报，所以也就只能是自己猜猜而已。不过，有一件事是明了的，那就是：如果战争爆发，在这一轮战争中，埃及方面的谋划组织者（或者是阿拉伯人，或者是苏联人）要比一九六七年时厉害很多。

约西听到有人在薄胶合板后面说话，声音刺耳，听起来好生耳熟。"嗯，那些大人物像个老爷似的，又一次把事情搞砸了。这样一来，我们的屁股又发发可危了。"

另一个听起来也很熟悉的声音说："要是由沙龙负责的话，大白天就会把他们枪毙掉。就算他是个犹太人。"

第一个声音说："嗯，至少那个狗娘养的肥佬知道他在干什么。不像那些被驴踢了脑袋的政客。"通讯设备突然发出响亮的声音，"嘿，注意点儿！这听筒可不是你那些狗屁陶器，这很贵重的。"

"啥事儿都没有。你把这玩意儿从山崖上扔下去都没事。你对那些政客的评价还是对的。果尔达就是个大灾星。"

"在哪方面？"约西走进通讯室，问道。

两名预备役士兵站起来，没刮胡子，穿着极不合身的军装；他们是西蒙·西蒙和约拉姆·萨拉克，这两个人在杰里科夜总会里是兄弟，在军营里还是。他们四周杂乱无章地堆着要转移到战地司令部通讯车上的设备，咖啡杯和吃剩下的三明治胡乱地扔在桌子上。尽管仍然属于禁食时间，但堂吉诃德并没有对这两位蔑视宗教的人感到生气或是惊讶。这两人都是很出色的通讯兵（通讯兵也是他非常忧虑的事情），是那种在义务兵阶段避开了军官学习课程的小兵；他们在工作上比常备军里的年轻人干得还要好，但是除非是在战争中，否则都在做其他工作。

"这是真事吗，长官？"萨拉克问，语气里夹杂着一丝敬重和友善。在他看来，旅长尼灿将军是预备役中一位令人尊敬的首长。在服miluim（预备役）

期间，有些军官喜欢对他们这种有名气的平民颐指气使，作威作福，而这位尼灿不会，他完全公事公办，人又很机智，时不时还和他手下这位新闻工作者尖酸地幽默一下。另外，萨拉克尽管是个声名狼藉的花花公子，但可能也很佩服传言中尼灿在那次演习中的成功。

约西没有回答他的话，看向西蒙·西蒙，问："果尔达在哪方面是个大灾星？"

那位陶艺家说："长官，这是个大主题。我可不想正当现役的时候犯叛国罪。"

堂吉诃德说："坦率直言就不算叛国罪。说吧。"

西蒙瞥了眼萨拉克，后者咧嘴一笑，耸耸肩。"B'seder，长官。我认为她虽然没有毁灭以色列，但也削弱了它。从一九四八年起，我们就生活方式达成了一致——仅仅是为了生存，同时说服阿拉伯人让我们平平安安地居住。但她和她那帮子人，那个可耻的加利利还有其他人，在'六日战争'后决定建成一个大大的小型国家，一直死死地抓着西奈、戈兰高地还有其他地方不放。国民们的一致性被毁坏了。我们从中间断开了。坦率地说，我们很多人都对阿拉伯人报以同情，长官，包括我，如果现在发生了战争，我们可能会因为分歧太大而打不赢这场战争。"

萨拉克说："要我说，也顶多说得这么好，尽管我曾更好地表达过这些观点。我在六个月前就写过一篇这样的文章，西蒙。"

"你们两个伙计准备好作战了吗？"

他们互相看看。"这与刚才的话题有什么关系？"萨拉克又说，"En brera。"

"好极了。"说完，堂吉诃德便出去给旅部和各营营长开命令发布会了。下午两点钟，阳光明媚，此时他还在解说计划，说什么如果发生战争的话，他们要在一夜之间就前进到运河，而就在这时，警报响起。

空军先遣

泰勒诺夫基地，昏暗的战斗机指挥中心里烟雾缭绕，雷达员们紧紧盯着雷达屏幕，以防敌机来袭，军士们头戴耳机，在一张巨幅桌图上标记战争进程，其他人则在黑板和树脂玻璃板上用粉笔写着晦涩难懂的希伯来文字。人们匆忙来去，本尼·卢里亚在其间踱着步子，等待埃军对抗第一波攻击的防空结果。一名女兵把一部电话的听筒远远地拉过来递给他，说："找你的，将军。"

"卢里亚？"佩雷德的声音听起来很嘶哑，"用那部红色电话机接。"他迅速跑上两段楼梯，沿着一条长走廊往前，冲进他办公室的里间，进入一个边门。"我是卢里亚。"他说，嘴里喘着气，因为紧张，而不是因为跑动。

"局势危急，本尼。北部司令请求达多立刻实施近距空中支援，并且不惜一切代价。叙军的炮火持续猛轰了一个小时，现在他们正在清除地雷，同时在反坦克壕沟上铺架桥梁。他们在攻击区域有八百辆坦克，在援军和预备役到达之前，我们只能靠八十辆坦克在那儿抵挡。"

"难。"

"非常难。几小时后他们的装甲部队就会在戈兰高地上到处跑，然后下到加利利地区。你准备好起飞的是什么样的飞机？"

"六个四机编队，安排为对运河导弹阵位实施第二波攻击的。"

"武器装备弄错了。把它们换成反坦克和扫射装备。"

"长官，卸掉那些沉重的炸弹必然会耗费大量的时间。"

"你说得对。把那些飞机派到海上去投炸弹，然后飞回来重新装备。"

卢里亚惊呆了。这是一种紧急程序，只有当飞机陷入麻烦时才能如此操作，还没有听说过哪架飞机在正常状态下就这样干的。"长官，您是在郑重地告诉我，让我命令我的飞行员们抛扔他们的弹药吗？"

"卢里亚，达多已经下令火速空中支援北部。火速就是火速。上一次是我们对他们突袭，这一次是他们对我们突袭。这就是理由。En brera。中央司令部会发给你们北部最新的敌人移动情况和天气状况。"

带着重重不祥的预感，本尼·卢里亚发出命令：紧急命令。第二拨攻击队把所有弹药抛到海里，返回准备近距空中支援北部。

在多夫·卢里亚曾收到的所有命令中，即便是"独自前行去轰炸开罗"这样的命令都比现在这条命令要受欢迎。他怀着沉重的心情驾驶飞机起飞。抛扔炸弹！短短六年前，他父亲领导的"焦点行动"是多么辉煌的胜利，而此时与那时又是多么鲜明的反差！但他还是按照命令做了。蓝色的海洋上，离岸风很大，吹得海面层层涟漪，跟着戈德斯坦的四机编队一同呼啸着飞到上面，怀着做噩梦一般的感受，多夫的首次战争动作开始了，把价值几百万美元的炸弹投进水里。他的雷达员是一位不爱笑的莫夏夫人，老是计划着回去继续从事乳品业，当炸弹在下面远处炸得水花四溅时，雷达员说："好了，长官，别难过了。也许下面那儿正有几个埃及人在游泳呢。"

盘旋着又降落到泰勒诺夫，多夫看到等在炸弹旁的地勤兵全部以训练有素的队形展开，准备快速为飞机重新装备。至少这里还与"焦点行动"稍像一点儿！他一爬出来，军械士和机械师便蜂拥上他的飞机。机库里，他发现依茨科·布伦纳坐在咖啡壶旁。这人长着个大鼻子，一脸黑络腮胡，皮肤黝黑，中尉军衔，是他们这个四机编队中的第三号。

"我想我是可以坚持完整个斋戒的，但是我想要对叙利亚人反应快些呀。这么说我还应该感谢他们呢。"依茨科边喝咖啡，边不好意思地笑着说。尽管依茨科是从一个信教的基布兹出来的，但他已不再严守教规了。

多夫知道他这话的意味。依茨科从小长大的地方是在戈兰高地上大炮射界之内的。在他四岁的时候，有一次大炮直接命中基布兹的掩体，致使其倒塌，他的两名幼儿园小朋友因而死去，他自己的胳膊也骨折了，直到现在还是弯曲着的。那座基布兹最后保住了，但"六日战争"后那里的年轻人便渐渐离开，

第十八章 地震

去了各个城市。

在重新填装的吵闹声与巡逻机不停起降的咆哮声中，飞行员们在操场上听取中队长的作战指示。卢里亚将军注意到，他的儿子在听那些零碎不完整的最新情报时，脸色显得很紧张。不过"六日战争"中战机在机场周转时听取的作战指示也是这样不完整的。这有点儿像是多夫作为一名以色列飞行员的"成人礼"，他父亲苦涩地想。学完了课程，获得了飞行胸章，在训练中因为优良的表现也赢得了赞誉—— 一切都很完美！接下来就是等着北部的敌人了。多夫的飞机跃入空中，逐渐消失，他望着这一组四机编队起飞，口中喃喃祈祷。

在万里晴空中飞上约旦河谷，下面皆是熟悉的地形。多夫感到他的心绪恢复了平静。毕竟，近距空中支援他也是训练过的，他觉得自己已经准备好了。戈兰高地上那些不幸的装甲部队弟兄正苦陷于炮火之中，因此这次任务是不得不执行的。三架飞机在他的右前方呼啸，领头的是伊莱·戈德斯坦。多夫那一阵神经紧张已经过去了，现在他的头脑很冷静，坐在世界上最优良的战斗轰炸机里，看着熟悉的仪表盘，闻着熟悉的燃油味和电子器件放出来的臭氧味，听着熟悉的发动机轰鸣声，一路飞向真正的战斗，他的情绪也翱翔起来……但是可恶，天气报告说得没错。前方戈兰高地上，从地平线到天顶全是堆积的黑暗云层。

────── 第十九章　父亲与儿子 ─

布局

　　多夫起飞的时候，阿里克·沙龙刚好返回师部。他在光学仪器军需仓库那儿找到了堂吉诃德。仓库处在一片空地上，尘土弥漫，夹杂着腐烂味道的野草四处蔓生，乱七八糟的车辆挤得满满的，有私人轿车、运货卡车、冰激凌小货车、搬家小货车、出租车，甚至还有一辆混凝土搅拌车。赎罪日期间公共汽车稀少，这个师的一万预备役士兵就是驾驶着这些杂七杂八的车辆来的。堂吉诃德此时正在制止一场愤怒的争吵。吵架双方是军需官和包围上来的一群坦克车长。阿里克·沙龙进来后吵嚷声平息下来了。他穿着蓝皮夹克，些许灰白的金发被风吹歪，在以色列，除了摩西·达扬以外他是一眼就能被认出来的人。

　　"这是怎么回事？"他逼问道。

　　堂吉诃德解释道，由于和平时期军事演习取走了很多望远镜和潜望镜，导致现在这类设备短缺。军需官们要求每领一台设备都要填表。沙龙对军需官们大声喊道："填表免了！先到的先得！"车长们顿时齐声欢呼。从刚刚才完成兵役的年轻人到中年预备役军人，这群人中什么年龄段的都有。沙龙又喊道："如果补给发完了，塔萨（Tasa）那边会再运来，先到的先得，别担心！所有人准备出发。尼灿，召开命令发布会，各部门负责人和各旅指挥官都要参加。"

十五名高级军官围坐在狭长的会议桌边，听沙龙讲话。他讲的几个事实都是确切可靠的，这些事实是他从戈罗迪什司令部那些混乱的第一手报告中获悉的。他说，毫无疑问，埃军已经实现了完整的战略及战术突袭。现在不是问为什么和怎么会的时候。不久后人们会要求政府做出解释，不用害怕！（这方面某位政治家仍然是要讲的，堂吉诃德想。）马上就有一场必须要打赢的战争。

更加要命的事实是，埃军已经乘坐机动艇在至少五个要点上跨过了运河，均避开了巴列夫防线上的地堡。地堡里的士兵们在埃军持续一个小时的暴雨般的炮轰下也早被震晕过去，悄无声息了。敌人已经攻取了几个不牢靠的地堡（他用一根教鞭在一张巨幅西奈挂图上的某几处地点连续叩击），现在正在用大功率水泵在防御沙墙上冲缺口，同时开始架设浮桥。曼德勒将军只有三个旅的常备军和不到二百辆坦克，却要面对埃及七个师至少一千辆坦克的猛攻！形势相当危急。

一通严峻的讲话完毕后，沙龙转为轻快乐观的语调。在他看来，阿拉伯这个敌人，只要"他"还在按照定好的计划打仗，"他"就是一个优秀的战士，一个勇敢的敌人。迄今为止，埃及基本都是在按照苏联教科书打仗，并且他们已经计划、训练到了最终细节。扭转敌人这种初期胜利的方法就是打破敌人的计划表。西奈地区两个预备役师（这是一个，阿丹将军的另一个从北边过来）必须快速向半岛南端运动，反击并控制敌人的桥头堡，然后跨过运河，从背后切断他们的退路。这样一来，整个在西奈的埃军前线部队就会畏缩不前，于三天后溃散。但是在这期间，进展会非常非常艰难。

"眼下的障碍是运送坦克的车辆。"沙龙在墙上一张图片上拍着教鞭，那是一种巨大的低平板挂车，可以载运一辆重达六十吨的"百夫长"坦克。

"阿丹将军已经申请了这些车辆的优先权，我不会跟他争，他有更远的路要走。我也不知道我们大致形成包围圈要花多长时间，因此，先生们，我的意思是，我们自己开一整夜跑到南部。"桌子四周人们的眼神都是忧心忡忡的。沙龙转向坐在他旁边靠近地图的堂吉诃德，问："你觉得这个计划怎么样，尼灿？"

堂吉诃德干巴巴地说："长官，那样的话敌人还没发一炮，那些坦克自己就先磨碎了。而且，夜行一百三十英里，坦克兵们会困乏死的。途中还必然会出现大量故障，车流会在山口和高大沙丘间排起长队来。坦克驶离公路也会陷下去，完全是一团混乱啊。"

"那你是反对了？"沙龙语调冷冰冰的，眼睛却眯起来。

"长官，我说的都是可能出现的情况，不过我们国防军里有最好的修理班。我们的机修工可以在黑夜里拆分并组装一台'百夫长'，就跟拆分组装一把'乌兹'冲锋枪一样。还有，我们无法控制大型运输车辆的司机，他们也许已经被征用，也许会迷失方向走错路。而我们自己的坦克我们能控制。我们到了那里虽然会磨损严重，但我们是作为一个立马就能投入战斗的整编师到达那里的。长官，就这么干吧。"

军官们中间发出一阵低语并不断点头，懊悔自己刚才没言语。沙龙解散了会议，当只剩下他和约西时，他拍拍约西的肩膀，说："干得好，堂吉诃德，在他们之前陈述了所有反对的理由。我率领第一个排走。你随同指挥部一起走，到了'育空点'之后检查一下，确保塔尔那个发明，那座该死的滚轴桥能够立即投入使用。我打算后天就跨界攻入埃及。"

"什么！星期一？"堂吉诃德吃惊地瞪着眼睛，"戈罗迪什同意吗？"

"戈罗迪什神经错乱了。他的日子已经到头了。他发出的命令都是毫无意义的命令，给他提建议吧，他又非常敏感，特别容易动怒。同一支部队里，他以前的职位比我和亚伯拉罕·阿丹都低，而现在他却要命令我们。他非常清楚，是阿丹建造了巴列夫防线，我修建了西奈的基础设施和公路网，而且他也非常清楚我们两个对这一切比他知道得还要清楚。Zeh mah she'yaish（事情就是如此），堂吉诃德。但是，我仍然会和以色列最伟大的坦克战士阿丹合力，再加上曼德勒的几支旅，为戈罗迪什打赢他的这场战役。"

同伴牺牲

嗡嗡地飞到泛白的加利利海上空，多夫的飞机和另外三架"鬼怪"战机一头扎进浓密的乌云中，下面就是叙利亚了。现在多夫全身心投入到戈德斯坦少校教他的航位推测法中。他们的目标是一大队叙利亚装甲部队，按照多夫计算，目标一定就在前方大约五英里处，这时戈德斯坦的声音打破了无线电的静默，他只说了一个字："Nered（我们下去）。"飞机开始下降，气流变得更加猛烈，云层也更厚更黑。这一刻多夫只能看到右前方依茨科的机翼。两千英尺，一千五百英尺。雨点砸在座舱盖上，形成了模糊的水汽。好，看见地面了，隐约闪现在渐稀的缕缕云絮和飘浮的雨幕下面。

那下面什么也没有。

什么都没有。只有碎石、绿色灌木以及到处都是的圆锥形平缓小山，方圆两英里的模糊视界范围内没有一点儿战争的迹象。没有！情报过期了？还是错了？抑或是叙军坦克迅猛突破防线，向西越过"紫线"进入戈兰高地了？

正前方是一片低矮小山，凹凸不平的山梁在雾中影影绰绰。戈德斯坦说："地图上没有这处山梁，目标可能在它的远侧。那就再往前。"

他们刚刚飞过那道山梁，防空炮火便在他们四周的空气中爆燃起来；刹那间仿佛进入了焰火地狱，下面的地上闪耀着光影，光闪闪的炮弹升上来，火焰在整个晦暗的天空中炸开。

哇，真家伙！改变高度，疯狂躲闪，躲躲躲……

噢，天哪！噢，天哪！依茨科，不要！

爆炸离多夫如此地近，以至他的飞机都震得颤抖了。前一秒依茨科还在飞速移动实施躲避，后一秒他就消失在一团炸开的翻滚火球中了，黑色碎片四处翻飞。他被炸成了齑粉！透过风挡玻璃，座舱盖的正上方，多夫看到灰色的天空中到处闪耀着黄红色的爆炸火焰。唉，依茨科！

马上，戈德斯坦的声音又传来，但很平静："我被击中了，但现在还有动力。我会试着在我们地区上空弹射。任务中止，任务中止，返回基地。上帝保佑依茨科得到安息。任务中止！多夫，阿夫拉什，收到回答。"

"阿夫拉什收到。"语气明显颤抖。

"多夫收到。少校，阿夫拉什和我还可以试着找出那支装甲部队。这是我们的任务。"

"shlilee，shlilee（不准予，不准予）！任务中止。回家。这是命令。我在向西转。完毕。"多夫掉转航向，呼啸着全速运转，冲向高空，因为防空炮火明显锁定在他们的高度上。几秒钟后他便到了山梁上面，爬进密实的云层中。他看不见阿夫拉什。难道他也被击落了？

头脑里乱七八糟的想法纷至沓来。有一种不正常的尿尿冲动，这是神经紧张的表现。他现在是本能地、按照下意识的回应在飞行。罗经航向显示西偏南，一个劲儿地爬升、爬升，最后冲出了蔽天乌云。靠你自己吧，多夫在心里对自己说，依茨科已经牺牲了，你不得不更加努力去战斗，飞行更多的任务。多么可鄙的战斗生涯开端！与"六日战争"差别太大了……多失败……四机编队的一个战士确定无疑地死了，还可能是两个，甚至是三个。本尼·卢里亚的儿子为了保命逃走了。他怎么才能面对自己的父亲和为依茨科服务的地勤人员呢？还有依茨科那怀了孕的妻子艾达，那女人和依茨科来自同一个基布兹，是一个刚刚十九岁的虔奉宗教的姑娘，安息日又没有电视看……任务报告完毕后，他必定会途经大肚子艾达的住所，路过这个已经是寡妇了可至今还不知道的女人。父亲向多夫提到过作为飞行员要面对的坏的可能性，但直到亲眼看见

　第十九章　父亲与儿子

一位像依茨科这样出色的伙伴瞬间死在半空的爆炸中，多夫才有所体会……为什么不是我呢？实在荒唐的运气……

飞出云层，正前方是加利利海和细长条状的约旦河。前面下方十一点钟方向上有一架同航向的"鬼怪"。阿夫拉什！看来要由他首先爆出这个悲哀的消息了……

到达泰勒诺夫后，多夫在释放掉减速伞往一个机库滚动时，看见依茨科的地勤兵们在跑道上拥作一团，阿夫拉什低着头从他们身旁走过，手上悬吊着头盔。当多夫爬出座舱时，依茨科的飞机维护长喊道："他还有机会及时赶回来吗？弹射了？被俘了？"

"他牺牲了。我们再也见不到他了。"看到他们震动的表情，多夫又说，"一秒钟就结束了。他死在了大火里。"

悲怆包围了众人，包括多夫自己的飞机维护长。"戈德斯坦少校安全了，长官，现在在我们的防线后面。"他说。

"感谢上帝。"

在简报室里，他父亲和这个中队的中队长以及阿夫拉什正等在那里。多夫尽最大努力专业地回答问题，不流露出半点儿感情。这规矩是在家庭潜移默化的影响下形成的。在接近结束时，听取汇报的官员问："以你们的判断，问题出在哪里？哪个地方可以纠正？"

阿夫拉什和多夫互相看看。尽管阿夫拉什的军阶比多夫高，但阿夫拉什还是用手示意多夫这位基地司令的儿子，让他来说。也许阿夫拉什只是没准备好。

"长官，问题出在哪里？恶劣的天气，粗陋的情报，差到极点的运气。长官，我真正思考的是，我们在徒劳的搜索上就损失了两架'鬼怪'。"多夫扫了一眼面无表情的父亲，有些后悔让那些愤怒的字眼蹦了出来。太不专业了。但他接着又直截了当地说道："可以怎么纠正？那好，我不知道依茨科到底要怎么才能活过来。对不起，长官。"

在去往营房的草坪小径上，本尼·卢里亚用手搂住他儿子的肩膀。"依茨科是一位杰出的飞行员。"

多夫哽咽着说："我想你看到我很高兴吧。"

"别谈这个了。我马上要回战斗机指挥中心。"

"战争进展怎么样了？"

"非常混乱，没有可靠的消息。我们好像是正在压制他们，无论北边还是南边，但是空军又几乎全都在收到要求支援的呼叫。到现在也没有条理清楚的最新战斗计划。"

"我不得不路过不幸的艾达他们家。"

"你不会看到她的。"

多夫的确没有见到艾达。暮色渐渐降临。当他走进家属宿舍时，闻到一股炸肉的味道，赎罪日被完全抛在脑后了。葛利亚跑过来抱住他，脸上泪迹斑斑。他努力清了清喉咙，说："看来你知道依茨科的事了。"

她撑开他的臂膀，泪水打湿的黑眼睛盯着他："还有戈德斯坦少校。"

"哦，戈德斯坦很好。听着，依茨科也会很好的。为自己的国家战斗而死有那么难过吗？对他妻子来说是很难过。"他抱住她亲了亲，"好好想想吧，motek。"

国际反应

这个晚上，兹夫·巴拉克走在拥挤的错综复杂如迷宫一般的"坑洞"走廊里。这个地方位于特拉维夫市中心地下深处，在这里没有白天和黑夜的区分，军人们匆匆来去，脸色尽皆疲累苍白。他发现萨姆·帕斯特纳克在国防部部长的小房间里，正闷闷不乐地在一本信纸上写东西。"我们能谈谈吗，萨姆？"

"快一点儿。达扬需要一份军情报告，十点钟之后有内阁会议。"

"准确来说是果尔达要的，会议上需要一些确凿事实。"巴拉克坐在办公桌对面的硬椅子上，"电话报告让她头都大了。她让我问达多一些问题，但达多的办公室里实在太挤了，前任总参谋长还有好多大将军，清一色的军服再加上香烟烟雾，我都看不到他。"

"问我吧。"

"首先，那些消息真有那么糟糕吗？"

"不那么好。"帕斯特纳克的头缩在两个肩膀间，"兹夫，今天下午警报响起的时候，感觉好像就是一个星期前的事，我当时就预估到，如果今晚埃及人的大量军队能在运河这边驻营的话，他们就会赢得这场战争。政治上，从长远来看，赢得这场战争是很有意义的。我希望我错了，但事实正在发生，北部的情况还要更糟。"他无精打采地看着巴拉克，"虽然我不知道阿莫斯的准确地方，但我知道他在那上面。叙军正在越过或是绕过我们设在'紫线'上的据点。他们有夜视仪，我们一台都没有，而且他们是十辆坦克对我们一辆。赫尔蒙山的哨所已经丢掉了，连同我们的绝密材料也一起丢了。失败不大，但很可怕。"

"一句话，哪条战线上都没有好消息？"巴拉克问。他的心凉了。

"嗨，动员远远地走在了时间表前面。按这个速度，到明天晚上，我们就足以应付北部和南部的兵力。干得很出色。当然现在约旦还没有参与进攻。但是他们正在集结军队，而且有报告称，有两支伊拉克部队正在过来。哎，兹夫，政治上怎么样了？联合国呢？果尔达那边收到什么消息没有？阿拉伯人公然违抗了联合国的停火令，不是吗？开了第一枪，对吧？是这样吧？纽约那边就一点儿行动没有？"

"哼，有的，埃及人控诉说是我们开了第一枪。我们的海军炮轰他们，因此他们只不过是在自卫，叙军是作为帮手过来援助他们的。联合国正在研究这起关于以色列入侵的严重控诉。"

帕斯特纳克盯着他，嘴里咕哝着问："你是在开玩笑吗？"

"我发誓是真的。"

"那华盛顿呢？"

"意思模糊。美国国务院不会提'谁开了第一枪'这种问题。我们的海军现在必须针对那种胡说马上做出一份官方声明来。"

"祝你好运吧。"帕斯特纳克摇摇头，继续飞快地书写他的东西。

荧光灯照亮的走廊里通气孔嗡嗡地响，但似乎并没有吹散香烟烟雾或者是带来新鲜空气。宽阔的三层楼主作战室里摆满了地图，里面挤满了头戴耳机满脸阴郁的基层军官们，兹夫经过那里，走到"坑洞"中的海军区。海军司令部是在万般不情愿的情况下，听从命令从海法搬到了这里（最高指令决定这样做），因为一直待在卡梅尔山的老巢里，他们太过于独立和分离了。不过即使到了这里，海军司令部还是显得很特殊，就好像他们还待在卡梅尔山上一样。军人们都显得兴高采烈，年轻的女水兵神气又漂亮，整个氛围十分兴奋乐观，甚至这里的空气都好像更加畅通一些。

"啊，兹夫。"Mahi（海军作战部部长）和他打招呼。这男人长着一副宽阔的下巴，很帅，和巴拉克一样，也是在孩童时为了躲避纳粹被带到巴勒斯坦的。"正好。"他朝一张桌图打着手势，那里女兵们正在把舰艇标志往东推，"舰队一直都停泊在塞浦路斯附近，现在他们正在朝拉塔基亚航行。旗舰是你儿子的舰艇。"

"你打算怎么做，宾尼？"

海军作战部部长拍拍地图上的叙利亚海滨。"他们的海岸雷达任何时候都能发现我们的小伙子，因此我们估计他们的导弹艇会出击应对挑战。也就是说，到时候会爆发海军史上首次导弹战。"他又颇有兴致地响亮地说，"一次地中海上的'珊瑚海海战'！"

巴拉克是知道"冥河"导弹与"加百列"导弹的精确射程的。他对这种夸张的说法勉强笑了笑。"假如叙军不出来呢，怎么办？"

"巴凯会开进拉塔基亚港，用舰炮来打。"

　　第十九章　父亲与儿子

"那岸炮呢？还有雷区怎么解决？"

"我们已经通过情报有了雷区图。至于岸炮，嗯，你知道巴凯那个人的。他会说'L'Azazel'，然后冲进去。"

巴拉克低声说："哎，宾尼，我们都知道'冥河'在射程上要比'加百列'远多少的。"

宾尼也很配合地降低声音，但不是那种忧虑的声调。他扬起大下巴，目光锐利。"'冥河'能够击沉'埃拉特'有两个原因——第一，突袭；第二，目标的大小。"萨尔"级导弹艇就是一只'水虫'，而'冥河'是一种发射后自寻的的武器，没有操作员制导，电子设备就可以糊弄它，灵活地操纵舰艇就能避开它。至于'加百列'，等着瞧吧。"

"宾尼，埃及人说你们舰艇炮击他们的说辞，那是怎么回事？"

海军作战部部长答应巴拉克，他会在一小时内给他一份完整确凿的驳斥。于是，巴拉克便回到果尔达设在军队大厦主楼的会议室。内阁成员们都在这里，有的只穿着衬衣，还有的尽管穿了西服，但皱巴巴的，也没扎领带；以色列这个小池塘里的这些大鱼，平日总是扬扬自得的，现在个个脸上都透露着不自信和惊愕。那几个重要的人如达扬、加利利、萨皮尔、阿隆等都不在。这些政客之所以出名，是因为政治是以色列首要的"观赏运动"，无休止的采访、拍摄，还有很多人用漫画画他们。这帮人平日都是高傲的主子，走起路来从来都是高视阔步的，然而今晚，他们完全成了一群泄气沮丧的中年愁汉！

果尔达把他带进自己办公室的里间。"给我说说。"她听着他的报告，眯起发红的眼睛，不断点头，不断抽烟。最后说道："形势很糟糕。但这都是从帕斯特纳克那儿听来的？没有达多本人说的？"

"总理，萨姆是达扬叫去那儿的，达多知道的任何消息他也知道，而且是同步的。达多被将军们围得里三层外三层的。"

她酸楚地一笑。"我能想象出那个场景来。达多很快就来开内阁会议，所以没关系。"

"总理，我得回'坑洞'去听海军针对埃及人捏造事实的回应。还有，一场海战马上就要在叙利亚沿海展开，我儿子的舰艇要参与。"

"海战？"她冷峻地点点头，把衣服上的烟灰掸去，"当然可以，去吧，'大惊小怪先生'，待在海军那里直到海战结束吧。愿上帝保护你海战中的儿子。现在让我忧虑的是这块陆地，我们的陆地。愿上帝保护这场战役中我们的儿子。"

绝地反击

"目标抛锚了。"兹夫回到海军作战室时听到这句话。这里与"坑洞"里其他地方的差别好大，与总理办公室里那种深深的沮丧的差别就更大了！周围人们笑逐颜开，互相握手，海军作战部部长举起一只手示意安静。扩音器里又传来声音："大轮廓着火并在倾侧。可能是艘扫雷艇。完毕。"

作战部部长对着便携式麦克风说："扫雷艇？巴凯，扫雷艇在五百英寻①深的水里扫什么？完毕。"

"警戒任务，跟我们炸的那艘鱼雷艇一样。我已经派莫提去用他的甲板炮击沉那两艘残废船了，现在我正和四艘艇向前赶往拉塔基亚。完毕。"

"啊，兹夫，看这里。"海军作战部部长拉着巴拉克的胳膊走到一张大桌图前，"他们先是用三英寸甲板炮轰击了一艘担任警戒任务的鱼雷艇，随后雷达上这边明显出现了一个大光点，因此巴凯靠近些，在视距之外发射了'加百列'导弹。两下大闪光，一艘大船烧了起来，战斗力也没有了，船身上炸开了大洞，现在他正在确认——"

---

① fathom，海洋测量中的深度单位。

"不是中立国的？你确定？"

"绝对不可能！那是一艘警戒船。在雷达上看见我们的艇就跑。可以告诉果尔达一些东西了吧，嗯？阿拉伯人需要用苏联的导弹，而我们犹太人造出了自己的导弹，还——"

"Teel……Teel……Teel……"扬声器中又传出舰队指挥官的声音，冷静镇定。但作战室里人人脸上都很惊恐，室内突然寂静下来，除了通气孔里发出的呼呼声外再无其他声音。"重复，Teel……Teel……Teel……紧急命令：起动所有反导措施，所有舰艇开始规避动作，自行机动……"

诺亚爬到上层甲板上，风和水沫重重地打在他的脸上。没错，东南方向上那些东西又一次出现在群星中，令人惊恐的"埃拉特"被击沉之夜的那些"黄月亮"，也是自那以后一直出现在他梦魇中的"黄月亮"，正变得越来越大地飘到了右边。前方远处的两艘"萨尔"级导弹艇正踌躇不决地一边急转弯，一边发射出反导诱饵弹。诺亚自己艇上的箔条弹和诱饵弹也发出嘶嘶声，燃烧着射入夜空，在黑暗中爆出红色、黄色、白色的明亮条纹和曲折光带。

舰桥扬声器中传出巴凯的声音："诺亚，九十二秒后弹着。"舰艇下层的命令控制台边，巴凯一边观察那些飞行中的导弹小点，一边盯着雷达上的敌舰反射点，由于这次突袭而使他们从雷达上的陆地阴影里突然显现出来。

"收到，长官……右满舵！超速前进。"就算所有的电子反导措施都没有效，他也仍然可以努力闪躲这些邪恶的球体。这六年间，随着"埃拉特"号事件渐渐被淡忘，他已经平静了下来，但现在那种惊恐又回到了他身上。不过如今他并不是无能为力了，他是这艘生龙活虎的小舰艇的艇长，能够做出一流的规避动作。"左满舵。左发动机熄火。"空中那些亮光在逐渐增大，拖曳的黑色烟迹显现出来。这些电子对抗措施会管用吗？以色列有海上防御能力吗？或者那些该死的东西正在瞄准他？他马上就要永远地沉入敌人的水域了吗？

"舵回中！最高速度。"舰艇左右摇摆，全身震动，大力砸在波涛上，溅起的浪花和舰桥一样高。"所有发动机全部熄火……所有发动机全速后退。"

几团火焰下降,"冥河"导弹开始进入俯冲阶段,朝着船头——不,也是在朝着他,朝着他来了。诺亚感受到了腹部和裆部传来的恐惧感。

特拉维夫地下,海军区里人们姿势都僵住了,眼睛都在盯着钟表,"冥河"导弹飞行了大约两分钟,差不多都超过了。秒针一个点一个点响亮地咔嗒咔嗒地走着。

巴凯的声音传来,比他平时镇定的声音略高些:"五颗导弹坠落海里了。"

人们的欣喜一下子爆发出来:亲吻、拥抱、跳舞、蹦跳,一个男人一边高呼,一边疯狂地绕着房间一圈又一圈地转。巴拉克高声问海军作战部部长:"他是谁?他有什么毛病吗?"

"那是泽马赫,他的毛病就是,他设计并创造出了那套对抗措施。全都是他设计的。Magita lo(他有资格)!现在我们知道我们能击败'冥河'了,这全是泽马赫的努力啊。"

巴拉克上前一把抱住那个满场转圈的男人,对着他胡子拉碴的脸就亲吻。"我向你致敬,我儿子就在那边。"

巴凯的声音又一次传来,全场迅速静默下来。"三艘敌舰正在高速撤离。我要追击并打掉它们。转告泽马赫,我的船员们向他敬礼,谢谢他。犹太人民向他敬礼,谢谢他。完毕。"

海军作战部部长把麦克风伸到泽马赫嘴边,泽马赫声音粗哑地说:"你好,我是泽马赫。收到。去干掉他们。完毕。"

"遵命。完毕。"

诺亚下来回到战斗情报中心,这间位于船中部的大房间烟味弥漫,满满当当全是各种电子设备和控制它们的操作员。一名雷达兵对他说:"艇长,二号目标好像正在掉转航线。"诺亚仔细看了看雷达屏幕。没错,很明显中间那个

　第十九章　父亲与儿子

绿色的光点正在离开另外两个，朝自己这边的舰队而来。

"Kol ha'kavod，他们中的一艘要转过来战斗了。"巴凯刺耳地喊。随后他抓起麦克风对舰队讲："所有舰艇，准备发射导弹。"

战斗情报中心里紧张而安静。很快那名雷达兵回过头喊道："艇长，敌舰发射了导弹。"

"我看见了。"雷达屏幕上出现了一个新的绿色小光点。

几乎就在同时，另一名雷达兵喊道："艇长，我们打头的舰艇发射了'加百列'。"诺亚艰难地爬上顶部，眼前是一幕他永远也忘不掉的场景：星空下到处都是诱饵弹的尾迹，敌我两颗导弹在飞行途中相交而过，白光在上，金光在下；随后"冥河"的那团金光掉进了漆黑的海水里，而白光的尾迹渐渐消失在远方，在紧张地等了一分钟后，地平线上亮起一道强烈的闪光。他踩着梯子下来。巴凯欣喜若狂地说："诺亚，一艘敌舰沉了，雷达上看不见了。"

"我看见那道闪光了，长官。"

"B'seder。现在我们要拉近射程，对付较近的那一艘。上前去，打掉它。"

"Ken，ha'm'faked（遵命，长官）。"雷达光点显示那艘敌舰在前方一万九千码远。诺亚在模拟器里经常可以在这个距离上命中目标，但现在可是他首次真实地发射"加百列"。"准备发射导弹。"

"艇长，导弹准备完毕。"

"很好。"指令飞快地发出，控制台上闪动着白色、绿色的光，在诺亚、武器官、雷达兵、导弹发射兵中，前后左右不断响起军事术语的喝令。舰队指挥官在静静地观察。

"艇长，系统对准目标。"

波浪哗哗地冲撞拍打着上下起伏的船体，和无数次在摇摆颠簸的模拟器训练中一样，不同的是现在是海浪在作用，而不是机械摇动装置，而且甲板上蓄势待发的导弹也是真导弹，正打算逃脱的叙利亚"冥河"导弹艇也是真导弹艇。诺亚最后看了一眼控制台，按下一个单独的白色按钮，该按钮上面标有：

开火许可。嘟，嘟，嘟！警报声响彻全艇，控制台上所有的指示灯全部变为红色。静寂中，轰的一声，船身一震，"加百列"导弹升空。

尽管射程短一些，但"加百列"比"冥河"更先进。和"冥河"一样，它也是靠头部雷达对准目标的；但在舰桥上还有一名操作员用一根操纵杆来控制它，把它锁定在艇上的雷达波束上进行运动，一直到导弹自己发出电子信号，意思是："好了，我负责吧。"到那时，导弹攻击舰船的距离已经靠得很近了，任何躲闪办法都无能为力了。

"艇长，导弹发来接管信号。"

"很好。转到导弹那一边了。"

沉默中，所有人的眼睛都盯在雷达控制台上。雷达兵用低沉的声音说道："长官，导弹光点与目标融合。"随后他的声音突变为男孩儿般的欣喜，说道："艇长，目标从屏幕上消失了。"

上面的扬声器里传来舰桥上导弹发射兵的叫喊："长官，前面有大爆炸，地平线上有大火光。"

中央控制台上的巴凯说道："诺亚，你炸掉它了。它完蛋了。"

诺亚在广播系统里通知："全体船员，删去一艘'冥河'导弹艇。"

船上回响起一片欢呼喝彩声。巴凯的眼睛闪闪发亮，向他表示称许。诺亚为"埃拉特"号报仇了，而且这还不是最后一次。剩下的那个叙利亚艇长好像已经对逃回拉塔基亚不抱希望了，正在驾驶着他的舰艇朝最近的海滩冲去。

"诺亚，用舰炮干掉他。"巴凯说。

当诺亚朝着陆地飞速冲到距离海滩一百码远的距离时，海岸上的炮台发射出绿色的照明弹，飘浮在空中，照亮了海面。炮弹开始交叉射击他的艇，炸起一条条高高的水柱。那艘搁浅的叙利亚导弹艇成了一艘失事船，一半露出水面，陡直地翘在海滩上。诺亚冒着炮火前后左右迅速躲闪，同时用舰炮一遍遍地射击那艘艇。那艘艇也零星地回击了几下，当雨点般的炮弹对那艘艇射击了一两分钟后，伴随着浓烟和烈焰，它爆炸了。

　　　　第十九章　父亲与儿子

灯火管制的大街上挤满了军车，突突突地进出特拉维夫。兹夫·巴拉克驾车穿行在其中，口里默念着巴凯那份直截了当的报告，因为他想要一字一句地引述给果尔达。"遭遇五艘敌舰。四艘被击沉，一艘搁浅后着火燃烧。我们舰队没有损失和伤亡，正在返回基地。"这场拉塔基亚沿海的战斗尽管规模小，但绝对是海军史上的一个转折点；这是首次导弹对导弹的海战，而且是一次小以色列战胜大苏联的胜利。这是犹太国海军的证明，是犹太国"加百列"导弹的证明，也是犹太国电子技术的证明。

拉马塔维夫，果尔达的居所。果尔达坐在一张旧沙发上，围着一条黑色的旧披肩。"是吗？"她把一个铁丝筐急件放到一边，用患了鼻炎的声音闷闷地问，"你儿子没事吧？"

听到他对这场战役的描述后，她显得有了神采，这让他打心眼儿里高兴。她大声说道："棒小伙子。那些导弹，那些电子小玩意儿，不错。一次胜利，一道光芒。"

他拿出一沓海军文件和复印件。"这些证据能够证明埃及人绝对是在编造借口，总理。当时我们所有军舰的位置离事发地点十万八千里。"

果尔达点点头，又叹了口气："至少美国人会相信我们的。那就好。内阁会议开得不是很好，兹夫。"

"达多很悲观？"

"达多很好。他一直在给大家鼓劲。他说这个时候是抑制阶段，很艰难，但是战争一定会逆转的。悲观的是达扬。他早就想要把部队撤到西奈了，撤到距离运河十二英里的一条防线上，然后试着在那儿集结我们的兵力。撤退，撤退，缩短战线，退出战斗。"她抬起缺乏睡眠的长着大眼袋的眼睛看着巴拉克。

巴拉克欣喜的情绪慢慢消散了，在惊天动地的第一晚里，拉塔基亚战斗其实只能算个次要事件。"决议是怎么样的？有投票吗？"

"没有投票。达多说两条战线他都会守住，还能进行反击。内阁同意了他的观点，我也同意了他，但是戈兰高地上传来的消息很严峻。达多也说了他有可能会被迫命令那边实行撤退，但现在还不会。"她酸楚地一笑，"喏，你现在有多忧虑？"

"总理，我们会打赢这场战争的。"

"你说的话上帝会听到，我相信，但是我们不会从海上打赢这场战争。如果上帝不允许我们输掉，那就是在戈兰高地上打赢。"

　　　　　　第十九章　父亲与儿子

第二十章　第三圣殿倒塌

一夜激战

果尔达说得没错。戈兰高地上一团混乱，火光耀眼，炮声如雷，坦克装甲车等发出咣当咣当、呼哧呼哧的声音，以色列军队和叙利亚军队缠结交织在一起。阿莫斯·帕斯特纳克的防卫区域是一处面向谷地的缓坡，叙军好几个星期以前就集结在此处了，此刻一拨又一拨的坦克向他逼近。他一遍又一遍地在营部通讯网上呼喊："射击辨认！射击辨认！"任何一辆从暗处、烟雾和尘土中钻出来的坦克都有可能是一辆敌人的坦克，但首要的是，他负担不起向友军开火的损失。

坦克狂野的机动摇晃擦伤了阿莫斯，开炮也把他的耳朵震得半聋，但他依然怀着一腔怒火奋战在前线。他的士兵们在一辆接一辆地击毁叙军的坦克，但耳机中也充满了拼命挣扎的喊叫和死亡报告。夜战本来是以色列国防军的非凡技能，但现在却成了弱项，因为叙军坦克都装上了红外线头灯，看战场就跟在大白天看东西似的，而以军却还在黑暗中战斗。为了发射闪光弹的事情，阿莫斯先是呼叫，后来恳求，到最后都开始吼叫了。火炮军官回应的承诺很好听，可是直到现在连个鬼影儿都没见着。

这场战斗在肉眼中完全就是一团漆黑而呛人的硝烟，阿莫斯带着一架专门的红外热像仪冒险爬到炮塔上，想看一眼战斗情况，结果不看则已，一看就吓得他魂飞魄散，他发现自己正好被罩在一束红外线信号发射器的光柱中（事实上是明亮的探照灯）。"驾驶员，驾驶员，全速转向。"他连忙大喊。驾驶员下到坦克肚子里开动坦克，不顾剧烈颠簸隆隆地向后退。"向左急转弯。"坦克颠簸着碾在石头上，发出嘎吱嘎吱的声音，阿莫斯同时旋转炮塔，打算对准那架信号发射器开火，但这时猛烈的一下撞击把他甩到舱口盖上。他们在后退中又撞到了另一辆坦克身上。是友军还是敌军？"向前右转弯。"他边下命令边冒险打开自己车上的探照灯。那辆坦克的炮塔上钻出小半个身子。天啊！又让他大吃一惊。皮肤黝黑，大络腮胡，是一名年轻的叙利亚士兵，看起来相当惊恐，也许自己刚才在红外线光中也是这般惊吓的样子吧。双方处在近距离平射的范围，还不到二十英尺。带着对那名瞪圆了惊恐眼睛的年轻人一瞬间的怜悯，阿莫斯喊道："发射。"加农炮发出轰的一声。烟雾呛人，耳朵震得嗡嗡直响。那辆坦克起了火，叙利亚士兵的军服也烧着了，那个倒霉的家伙抓扯着衣服和炮塔，想要跳出去。

"驾驶员，左转后停车。"他把炮口向后对准叙利亚那一边的战线，然后咔嗒一声按下营部网路的麦克风按钮。"'码尺'指挥官呼叫。所有'码尺'成员报告。"

从阵地这边到那边的一列坦克中，有的迅速做出了回应，但也有很多保持着沉默。阵地几乎都不能封严，到处都是大口子。后撤是不能考虑的，但是如果预备役迟迟来不了，封锁这条山谷的防线将不复存在，这可是北部通往以色列的主要通道。

阿莫斯的父亲此刻正趴在他地下室的办公桌上打盹。电话铃把他惊醒后，

343　　　第二十章　第三圣殿倒塌

他还分不清现在是白天还是黑夜，也不知道是哪一天。达扬的声音听起来很爽朗，精神恢复了。"萨姆，拂晓时分我要到戈兰高地上去，你开车送我到斯迪·多夫机场，就我们两人，不要司机。准备一架直升机。"

帕斯特纳克强压住打呵欠的冲动，回答道："是，部长。"

达多·埃拉扎尔脸发灰，眼发红，听帕斯特纳克跟他说了这件事后，点点头，露出疲惫的微笑，说："行，没问题。达扬部长想闻闻火药味嘛。你去跟航空地面指挥所说吧。"墙上挂着的戈兰高地地图上，粗重的暗红色箭头几乎都要切到设在纳菲克（Nafekh）的前线总司令部了，骇人地紧挨着约旦大桥。难怪总参谋长清醒得很，帕斯特纳克想。西奈地图上的态势也一样非常危急；埃军从运河那一端跨到运河这一端，还在继续向前推进。

明亮的曙光中，在察哈拉（Zahala）达扬家外面的大街上，达扬已经等在那里，身穿野战服，脚蹬红色伞兵靴，头戴他在越南考察时搞到的一顶皱巴巴的美国军帽。他们夹在拥挤的军队运输车里前行。达扬说："达多不会跟我一起去，我问过他。他这么做是不对的，萨姆。一名总司令应该用他自己的眼睛来看战场：阵亡的人、受伤的人、烧毁的车辆，还有士兵们的神态和谈话。这样你才能开始熟悉当前真正的事态。到现在你怎么理解这场战役？"

"部长，戈兰高地最危急，今天它的情况是关键性的。"

"这就是我要去那里的原因。叙军坦克此刻正在俯视提比利亚的烟囱！真可怕，原先谁会相信这种事啊？不过至少女人和孩子撤离了戈兰高地，谢天谢地。这次撤离是我指挥的，但是我们也许不能疏散加利利的居民。那样会出现全国大恐慌的。"沉默了一会儿，他突然又问道，"萨姆，我们是怎么陷入这种困境的？"

"长官？你是指这次突袭？"

"不是，我们就突袭进行过多次模拟战争演习。"平时达扬高深莫测的探察都是设问形式的，但今天他用那只好眼瞪着帕斯特纳克，让帕斯特纳克来回答。

帕斯特纳克便夌着胆子同时又有所保留地评论道："嗯，部长，这不是得追溯到国防预算削减上去吗？达多曾警告过政府，说他不再有能力同时在两条战线上打一场仗。他只能来回穿梭着调动我们的部队，一次击败一方。可是那些削减是内阁的政治决策。"

"没错！就是那些政客，我当时也这样告诫过他们。昨晚我跟他们说了这个严峻的事实。敌人已经占了先机，掌握了主动权，现在我们必须要完全从军事角度考虑，而不是从政治条件上考量。撤退到能让我们的兵力相协调的战线上，挺下去直到停火，活下去等哪一天再打。我们在一九四九年就是这么做的，那一次停火拯救了我们。但是达多太乐观了，他承诺在接下来的几天进行反击，还要扭转战争局面。那些政客想听的就是这些东西，而我，是坏消息的带话人，所以就没人理睬我。"

当汽车停到机场时，直升机降了下来。达扬走出汽车，在轰鸣声中大喊："我会尽量看一眼你们家阿莫斯的。"

一整夜激战过后，轮到阿莫斯和那位驾驶员打个盹儿了，这期间由装弹手和炮手站岗。睁开眼后，他感觉自己休息过来了，同时也感觉很饿。他爬到炮塔里，在清晨的阳光下举着望远镜环视四周。上帝做证，他这支被打得破破烂烂的营再加上第七旅剩余的坦克还是干出了点儿事情来。炮塔下面是棕褐色的谷底，那里到处散落着烧毁的叙军坦克、装甲运兵车和其他车辆，其中很多依然在冒着火焰和浓烟。叙利亚士兵的尸体也四处横陈，几个模糊的人影在残骸中鬼鬼祟祟地跑动。还有几辆完好无损的苏造T-62坦克躺在那里，很明显是被遗弃的。阿莫斯心想，等有机会一定要把它们拖回来，那可是宝贵的战利品啊。

"我是亚诺什，呼叫阿莫斯。"头盔的耳机里，亚诺什旅长的声音听起来沙哑疲惫。

"我是阿莫斯·帕斯特纳克。"

"现在可以去交叉路口那里领取弹药和燃油了。以排为单位补充。到那里见我。"

"我是帕斯特纳克。我期望马上再次进攻。"

"我也一样。"

不过，补给也是早该进行了。阿莫斯这边幸存的坦克磨损得相当厉害：外部的设备箱都扯裂了，有一辆一直在闷燃，旁边的一辆已是炮口朝天；营部通信网络里都是焦虑而悲伤的呼喊——伤亡很大，补给几乎都用光了，等等。交叉路口处的补给站挤满了坦克和卡车，阿莫斯直立在炮塔上，率领着他的营开了进去。胡子拉碴的士兵们在这里吵吵闹闹的，有的在撬弹药箱，有的在传递炮弹，空中弥漫着油泵发出的呛人的柴油味。长着一张鹰脸的亚诺什·本-加尔上校站在他自己的通讯吉普旁，狂野的长发上紧扣一顶钢盔。他旁边站着个戴布帽的矮胖男人，这人不是别人，正是国防部部长！达扬没有废话，直截了当地问他："阿莫斯，你的阵地情况怎样？"

阿莫斯定定神，尽他所能回想的最大限度讲述这场夜战。他的乘员们都在兴高采烈地装载炮弹，一辆油罐车也正往外泵油，这时他听到有人喊叫："飞机，飞机，飞下来了。隐蔽！" 阿莫斯迅速躲到了他的坦克下面。低空瞄准的防空火力发出爆响，连续快速地射击，上面的弹头打到附近，发出呜咻呜咻的声音。他看见国防部部长手背在屁股后面站在那儿，眼看着漆得华丽艳俗的米格战机就从他头顶几码高的地方飞过，好像是在看一场航空表演似的。阿莫斯仰望着这位著名的勇士，心里纳闷儿，他是一点儿也不紧张呢，还是本身就想去死？炸弹爆炸了，但没造成什么伤害，在仓库那边的远处炸起大片的泥土和浓烟后，飞机飞走了。

"阿莫斯，我听亚诺什说，你在那儿有一个营的英雄。"达扬继续他们的谈话，就好像刚才打断他的只是个电话似的。

"是的，部长，伤亡很大。非常艰难的一夜。"

阿莫斯的装弹手从炮塔里探出身来说："长官，亚伊尔报告说，叙军坦克出现在山谷里，距离四英里。"

"我们走了。"阿莫斯说。

"祝你们好运。预备役马上就会到。"国防部部长说。

"稍等一会儿。"亚诺什说，他长满坚硬胡茬的脸上满是忧愁和憔悴，"阿莫斯，看看这儿。"他拿出一张写满潦草字迹的戈兰高地地图，把它压紧在坦克车身上，用一支铅笔快速在上面画了几条线，"他们的大炮开始对准这几处斜坡了。"那些倾斜的土筑工事上部署着坦克，"听我命令，让你的坦克后撤，在这里部署好。明白了吗？"

"明白了，长官。"阿莫斯接通他的头戴式耳机，说道："全体'码尺'成员，返回阵地。部长，请告诉我父亲，就说我很好。"

"我会跟他说得更好的。"

总理视察

当床边的电话铃响起时，娜哈玛抱怨道："天哪，你才睡了多长时间？一个小时？"巴拉克回家后把拉塔基亚海战的事告诉她，让她振奋了一些，随后他不得不应付着睡一小会儿，因为天已经大亮了。

"我是巴拉克。是吗？B'seder，我马上到。"

娜哈玛的头埋在枕头里。巴拉克飞快穿上衣服，为这场战争担忧的同时，也为妻子脆弱的神经担忧。对于诺亚他们的胜仗，她不但不欣喜，反而一直不断地啜泣。假如下一次那些反导措施不起作用怎么办？只要一次失败就完了！为什么他要让诺亚留在海军里？海军比空军更差。飞机着了火飞行员还可以跳伞，但诺亚的艇如果沉没在阿拉伯人的水域里，他就只能被淹死，要么就是被俘然后被杀。战争！战争！战争永远也不会停止，除非阿拉伯人把所有犹太人的喉咙都割断，哪怕这个过程要花上一百年。这就是她这几天来的心情。他弯下腰亲亲她的脖子，跟她道别，她声音粗哑地对着枕头应了一声。

地下，达多那间小指挥房间里一片混乱喧闹，果尔达·梅厄和巴拉克到达后，这位总参谋长挂上电话马上站起来。"有麻烦？"果尔达镇定地问。

"我们正在处理，总理。"达多告诉她，达扬现在在戈兰高地上直接给空军下令。达扬坚持只有立即展开大规模空袭，才能阻止叙军占领加利利地区。"但是总理，那是要由我来做的决断，"达多的声音平稳坚定，"我到现在也不认为事情有那么坏，我很了解戈兰高地。一九六七年时，我就率兵占领过那里。而且就算国防部部长说得对，空军武器也只能留在关键时刻备用，而且必须只有我才能调动。"

新任空军司令佩雷德将军就站在达多的旁边，矮小精悍，显得精干利索。少不了的，他也有一副八字胡。佩雷德曾做过飞行员，也曾是一位试飞员，一位战斗英雄，而且和其他飞行员不一样，他还是一位拥有工程学位的知识分子。果尔达探寻的目光转向佩雷德。佩雷德说："总理，事情正在逐步处理。作为我的副司令，莫迪·胡德已经飞到那里去了。指挥链会得到尊重的。"

果尔达坐下来，从她的大白手提包中掏出一盒香烟。"达多，我今天必须要跟民众讲话。现在正起草演讲稿，在不长敌人志气，或者不灭我们士兵及他们家属威风的情况下，我要尽我所能讲真话。因此请告诉我——真实情况是怎样的？今天我们预计会怎样？以你的判断，战争会如何进展？"

达多·埃拉扎尔将军手持教鞭指点着一幅幅地图，尽量坦率且完整地给她讲解形势。在他看来，形势确实是很严峻，不过远没到绝望的地步。"总理，当下的实情是，并不是敌人的进攻让我们烦乱，而是各种各样靠不住的报告。战争刚刚打响，这是不可避免的。"

"那我们能救援巴列夫防线上的那些小伙子吗？"

"我们会努力救援的。我马上就请战时内阁批准，明天在西奈地区实施反攻。亚伯拉罕·阿丹和阿里克·沙龙今天会以压倒性优势到达那里，因此我们在那个地区会有六百多辆坦克。那是不小的兵力。"

"但是如果空军忙于北部前线的话，这次反攻就得不到空中支援了。"

云集在房间内的将军们你看我我看你。"总理，到那时，北部的战况可能会有所改变。"

"还有，在运河上空实施空中支援，那儿有导弹呢，代价不是太高了吗？"

达多看向佩雷德将军，佩雷德说："总理，我们有拔除那些导弹的计划。尽管我们现在主要关注戈兰地区，但我们会实施这个计划的。"

当她和巴拉克最后返回她的办公室时，她问他："喏，'大惊小怪先生'，你也全听到了。依你判断，戈兰高地上的形势有多坏？"

"总理，战争迷雾确实是升起来了。戈兰高地上面很艰难，这是显然的。灾难性吗？现在还不至于那么坏。从达多的总结中没有听出来。"

她续上一根香烟，默然吸了一会儿，然后问他："那么我能派谁到那上面去看一看呢？"

巴拉克惊了一下。摩西·达扬现在不是在那儿吗？而且他还是她的军事智囊呢。这个饱经风霜如老树般的老太太面临着关系她一生的危机，她在日夜不停地思虑，但她的弱项又是不懂军事。赞成我们还是反对我们？是好消息还是坏消息？是胜了还是败了？过去的本-古里安至少还研究过一些战略兵法；艾希科尔则建立了军队，而且曾经做过地下战士。如果在一场战争中还没过一天，她就对达扬的判断失去了信任，这可是很坏很坏的。还没等他回答，她又说道："也许达多应该去，但是他有整场战役要指挥，形势又每分每秒在变化，所以他必须坐在那个洞里，就像坐镇网中央的蜘蛛一样，等待着颤动。我不羡慕他。他脸色看起来很糟。"

"他身体壮得很，总理。他会控制好工作节奏的。"

"我正在考虑派巴列夫去。你认为怎么样？"

哈伊姆·巴列夫！前任总参谋长，他倡导的那条防线已经崩溃了，虽是个将军，但已经退役了啊，现在只是个工业贸易部部长。他不是巴拉克的首选，但他是地道的以色列工党人，按照果尔达的政治标准，是属于"我们的人"。

"有困难。他不是军人。"

"国防部部长也不是军人，是吧？着手办吧，兹夫。"

"是，总理。"

新计划

西奈这一晚上过得也很艰难，面对蜂拥而来的敌人，一个不足二百辆坦克的装甲师要设法在上百英里长的运河战线上抵抗。一些被绕过或被包围的地堡在拼命地呼吁救援；其他的地堡则是二十几个士兵簇拥在一辆坦克身边，趁着夜色突围，英勇大胆但血腥至极。

狭窄的西奈公路上，阿丹和沙龙的两个预备役师绵延好几英里，里面大约四百辆坦克，再加上长长的后勤车辆，两支车队一眼望不到头。为了这次救援行动，他们一整晚都在滚滚的尘埃与柴油废气中缓慢爬行，大约每小时行进十二英里；沿途要穿过多石的山口和陡峭的沙丘，再加上大到巨型运输车小到老式小轿车的拥堵与抛锚，这个速度已经是他们的最快速度了。堂吉诃德一直都在他的车队中坐着辆通讯吉普前前后后地巡游：通过无线电了解停滞的单位，催促掉队者，把抛锚车辆拖到一边以供修理，疏通拥挤路段，等等。当明亮温暖的早晨降临时，这支巨型车队终于开进了塔萨，这里是沙龙的中央指挥基地，处于运河以东几英里远；尽管磨损严重，一些车辆也掉队了，但他们仍是一支完好无损的作战部队。在车流的喧闹声中，西面大口径火炮发出的低沉的咕噜声依稀可辨，只是在阳光普照下看不见炮火的闪光。

杂乱喧闹的补给站下面就是指挥部地堡，狭窄、昏暗、安静，只有参谋们的对话和扬声器里偶尔响起的军事术语。当堂吉诃德顺着台阶往下走时，听到一个人正在说："对的，那些海报和广告牌上都写着'巴列夫防线属于我们'，对此工党会有什么反应呢？"随即是一团嘲笑声。堂吉诃德想，即使是在枪声中，党派之争还在继续啊。在下面这个洞里，只有对阿里克·沙龙的效忠，甚至是崇拜。有时候堂吉诃德觉得以色列好像不是一块严肃的地方，整个国家都在恶搞，不过赎罪日攻击之后的第二天他就再也笑不出来了。"阿里克在哪儿？"

"他躺下了。我们刚才开了个命令发布会，他站着就睡着了。"一位作战军官指指钉在墙上的一幅西奈地图，覆盖其上的透明片上画满了彩色的军事符号、箭头和代码。

那几个人继续聊天，又说起巴列夫防线的大惨败来。那些预备役男孩本来是来替换那些过赎罪日的常备军的，结果身陷重围，现在还在恳求叫嚷着要求援助。几个支撑点都不再有动静，也许已经被攻陷了。夜晚时，为了实施救援任务，几个坦克排冒险进攻，却让埃军的反坦克炮和令人恐怖的有线制导导弹"耐火箱"给击毁了；而且敌人现在正迅速将这种导弹安置在巴列夫沙墙上。这些先进的苏制火箭武器在发射时连着一根导线，凭着这根导线，从发射到击中全程，操作员通过发送指令就可以指导飞弹。它的精确度是吓人的。今早在那些烧毁和爆炸的坦克中间，沙地上有很多这种导弹用过的纵横交错的线，那些军官跟约西说，这种无意义地浪费坦克的做法气得沙龙大发雷霆。他打算在明天，集中西奈所有还能用的坦克，跨过运河实施一次迅猛有力的进攻，在战争的第三天拯救那些小伙子并扭转战局。

堂吉诃德坐在一张窄桌子前看电报时，沙龙大踏步走了进来，他的脸刚刚洗过，还是湿的，显得神采奕奕，举止也敏锐灵活。他说道："呃，约西，你终于来了。我到现在都不知道怎么说服总参谋部和戈罗迪什，让他们同意明天的跨运河作战，但这件事必须得做。埃及人现在正高兴得跳舞呢。他们之前从未打败过犹太人。现在他们的尾巴都翘到天上去了。我们有必要给他们来一次狠狠的、快速的打击。就在明天！阿丹和我就可以做到。你累吗？"

"长官，我随时听候你的安排。"

"果然是我的堂吉诃德，一级棒！你带兵迅速行进到'育空点'，或是那座滚轴桥现在所在的地方，然后看看它究竟是个什么样子。我从任何人那里都无法得到可靠的报告。"

"我现在就出发。"

"B'seder。等你回来的时候，我要做出一份跨运河的作战计划，还有详细的作战地图。到时候由你把它拿给戈罗迪什，我不去。他对你还是可以的。等你给我汇报完他的反应后，我和他的斗争就开始了。"

计划被拒

载着不断鼓捣步话机的萨拉克和西蒙两人，约西的通讯吉普到达沙漠中的一处哨站。阳光亮闪闪地照射下来，他走上那座著名的滚轴桥，自从那次夏季演习后，他还没有见过这座桥。它的身躯分裂成巨大的几截，躺在白色的沙地上，戴着钢盔的士兵们在它上面忙乱，附近一个帐篷营地中有更多的士兵走来走去，有炊烟从战地厨房上面飘起。

推土机突突突地拖拉着一截桥梁，一个戴眼镜的中尉双手插在风雪大衣里正在观看。"这他妈是怎么回事？"堂吉诃德问他。

"Balagan，长官。"

看到约翰·巴寇就在附近一段桥面上，拿着个扳手在那儿梆梆地敲打，堂吉诃德喊道："约翰！下来，到这儿来！"然后又转头问那位中尉："我们明天就要横跨运河。这座桥能准备就绪吗？"

"长官，我只是一名军需官。"

约翰爬下来向约西敬礼，脸上罩着一层油汗和沙子。"这座桥怎么了？"约西问。

约翰解释说，阿莫斯·帕斯特纳克的营去了戈兰高地，带走了训练好的拖这大家伙的坦克。上面指派另一个连来练习拖拉这座桥，结果他们第一次试就彻底拉断了它。当时上面命令那个连队不要再管这座桥了，回到运河作战去。随后有个人，他不知道是谁，派了推土机过来，推土机刚刚到。

"推土机能拖得了这座桥吗？"堂吉诃德问。

"哦，拖不了，长官。必须要通过坦克通讯网络协作进行。"

"那这些推土机干吗还要拉？"

"En lee musag。"（以色列人普遍的回答，大意是："完全不知道。"）

堂吉诃德懊丧地看着这座被肢解开来的桥。士兵们跑前跑后乱七八糟地叫喊，推土机正哐啷吭哧拖着一段桥梁往前走。"怎么回事，你没跟你的营去北部？"他问约翰。

"长官，帕斯特纳克少校留下我们一小队人守卫这座桥。"

"谁负责这里，在哪儿能找到他？"

"新来的总工程师就在附近某个地方吧，长官。或许是在厕所里。他刚到这里，拉肚子拉得很厉害。"

"该怎么办，约翰？"

"长官，其实把这座桥复原回去并没有想象中那么困难。如果今天能有十辆坦克到这儿，那这座桥明天就能派上用场。主要的问题是坦克与坦克之间要连续不断地保持联络，上一次断掉的原因就在这儿。这是个通讯网指挥问题。他们必须要同时拉动。这才是关键点。"

约拉姆·萨拉克和西蒙·西蒙两人已经在堂吉诃德的吉普车中睡死了，耳朵上还戴着耳机。"跟我来，约翰……醒醒，你们两个！"他捅了捅西蒙·西蒙，"你们两个留在这里。这位是约翰·巴寇军士长，让他跟你们说。"他又转向约翰问："听说过西蒙·西蒙吧？"

"陶艺家？"约翰做了个鬼脸，明显不喜欢西蒙，"我听说过他。"

"真的啊！"西蒙·西蒙打了个呵欠，叫道，"约拉姆，这就是那个送达佛娜劳力士的年轻人，那个傻瓜美国人。Ma nishma（最近好吗），约翰？"

堂吉诃德说："西蒙，下午会有十辆坦克过来拉这玩意儿，约翰在这儿，他懂得规定的程序。通信协调至关重要。你来负责调停他们。"

"那我什么时候再和你会合，长官？"

"这座桥横跨运河的时候。"

约拉姆·萨拉克盯着巨大的几截桥梁说："这是一座桥？看起来就像是火车残骸一样。就是这玩意儿赢得了'以色列奖'？"

堂吉诃德对约翰说："约翰，西蒙是你的士兵了。告诉你们的总工程师，就说这位大陶艺家不仅仅会做大烛台，同时还是一位电路系统和网路系统的专家。"

"低调一点儿，约拉姆。"离去时堂吉诃德听到了西蒙对约拉姆的呵斥。吉普朝塔萨方向开去。到达后，堂吉诃德又拿上沙龙的计划和地图，开上军用公路，以最快速度穿过沙漠驶往设在乌姆哈希巴（Umm Hashiba）的南部军区前敌指挥部，这个地方在靠近吉迪山口（Gidi Pass）的一处高高的悬崖上，距离运河四十英里。堂吉诃德对戈罗迪什非常了解，他原以为会看到戈罗迪什正由于某件事训斥某个人，同时参谋们都匆匆慌乱地跑来跑去。不过到了之后却发现偌大的指挥部里安详平静，直到他在戈罗迪什办公室里间看见摩西·达扬时才恍然大悟，怪不得这里这么安静，原来有达扬在。他们两人都喝着咖啡，看到堂吉诃德来了，好像都还很高兴。

戈罗迪什用近乎嘲讽的语调说："这么说，阿里克明天就要横跨运河了。好主意啊。你带地图来了吗？"约西从公文包里抽出地图，在桌子上的一张更大的地图上摊开来。戈罗迪什戴上黑框深度眼镜匆匆看了下，摇摇头，说："那个地区没有埃及的桥梁。他怎么渡河？"

"用那座滚轴桥。"

"那座桥都断成几截了，别告诉我它在明天之前就可以修好啊！塔尔那个专利品，那个获得'以色列奖'的新发明，纯粹就是废物。等我完全准备好时，我会通过占领埃及人的桥梁来渡河的。这是现在唯一可行的办法。"

"不要忘了，它们可都是浮桥。一次炮击就轰塌了。"达扬说。

"那就是用得着工兵们的地方，部长，修复它们。"

阿里克·沙龙原本是派约西来说服戈罗迪什的，沙龙知道，这位多刺的南部军区司令喜欢任何职位比他低的人，因此，他是喜欢堂吉诃德的。但是，达扬的出现从一开始就搞糟了事态。戈罗迪什粗暴地把阿里克那份地图塞回约西手中，然后继续向达扬叙说他自己那份次日的进攻计划。他的计划不是一般的不切实际，约西边听边想，就如同一次沙盘演练似的，胃口太大，也很复杂。对于达扬的询问，戈罗迪什漫不经心地回答着，一边不时看看堂吉诃德，一边把参谋们叫进来，让他们解释后勤和情报的细节问题。

达扬最后站起来，说道："好了，我只是部长，这一切都要由总参谋长来决断。"

戈罗迪什说："部长，我向您保证，我这个计划是可行的。我和达多已经谈过这份计划了，我们一直都在联络。"

"堂吉诃德，你跟我出来一下。"达扬说。他们一路没说话，一直走到直升机旁。达扬看上去脸色苍白，那只好眼鼓胀着眼白，喊叫道："真是的，我原本是想让沙伊卡·加维什（Shaika Gavish）来这个岗位的。简直一团糟！战争来临了，我们训练了一次又一次的'鸽舍'计划，却根本执行不了。那边碉堡里那些预备役军人没有坦克的支援，没有预警，还在节假日例行的——"

"阿里克那份计划怎么样，部长？"

"可以，可以，他一直纠缠着我问他这份计划。阿里克是一匹千里马，但他没有必要的资本啊。一次不成功的横跨运河就可以输掉这场战争，输掉一切。戈兰高地也许已经丢掉了。"他拍拍堂吉诃德的肩头，惨然一笑，"只管做你的工作吧。我们会渡过这一关的。你是很amitz（勇敢）的，约西。"以色列国防军中再没有比这句话更高的褒奖了。

当约西回到司令办公室时，戈罗迪什正在对一名低眉顺眼的后勤军官大声臭骂，看到约西后，他停止了训斥，粗暴一挥手，把那人打发走了。"怎么，达扬说什么了？我这是一份了不起的计划，不是吗，约西？这个计划会打赢这场战争的。这是我的计划，我的第三遍修改刚刚落实到细处。"

"嗯，很明显，他不赞成阿里克的计划，长官。"

"嘿！对不起啊，堂吉诃德，你那位上司精神错乱了。你务必告诉他，如果他要玩他那套老把戏——'调低音量'（装甲部队里对于不理会命令的委婉说法）的话，我就撤了他的职！"

沮丧的达扬

达扬的直升机呼呼地降落到斯迪·多夫机场，萨姆·帕斯特纳克站在自己的车旁等着他。"戈兰高地上的最新战况是什么？"达扬一跳出飞机便问。

"到目前为止的每一天都很艰苦。"帕斯特纳克压低声音说，因为附近有几名军人在，"叙利亚坦克击垮了设在纳菲克的师指挥部，拉斐尔不得不把他的司令部撤到野外。本·肖哈姆在一小时前阵亡了。"

"啊，天哪，不会吧！"

"很遗憾，他牺牲了。不过他阵地上的几个叙利亚纵队已经停止了前进，我们还不知道是什么原因。他们向南运动到加利利地区的路基本上已经畅通无阻。"

达扬说："眼下是空袭阻止了他们，我知道他们会停下的。我们拖得太长，而且毫无准备，萨姆。在两条战线上，又是受到突然袭击。如果果尔达和战时内阁只听我一个人的，那我们也许仍能赢得一个奇迹。我们现在要讨论的就是这个，拯救这个国家的一个奇迹。"

驱车回"坑洞"的路上，达扬描述了南部前线的战况，总体很悲观。目前的形势本来就不好，戈罗迪什的一条道走到黑，更是雪上加霜，他制订出来的计划会让他那本就薄弱的兵力损伤一半。"萨姆，让戈罗迪什占据那个位置就是历史性的大错。他是个很优秀的装甲部队战士，但他没有能力独当一面。我很明白这一点。我也跟达多谈起过。可他不听。好啦，为了从西奈撤退，我争论了很多年，不是吗？还记得我那次演说吗，《跳进谈判的冷水里》？我呼吁过单方面后撤，让埃及人控制运河地区，在和平中给予他们应得的利益。但这都是过去的事了。萨姆，第三圣殿要倒塌了。"

"部长，还没到那一地步。"帕斯特纳克说。他感觉一股强烈的寒气从心底升上来。这是摩西·达扬说出来的话吗？

"萨姆，你一直坐在'坑洞'里。而我两条战线都去过了，我看见战地医院里塞满了缺胳膊断腿、血污满身的小伙子。撤退中整营整营的官兵脸上都是震惊和惊恐的表情。我的国防军勇士们！在南部的莱斯康路（Lexicon Road）和塔普林路（Tapline Road），还有北部的'紫线'上，到处都是我们被击毁后燃烧的坦克，几乎可以用打来计算。我们没有太多时间挽救这种局势，靠类似戈罗迪什和达多那样的高级军官也做不到，而是要靠那些排长、连长以及像你们家阿莫斯这样的营长。在一九四九年，就是他们这样的人保护了以色列，他们有能力再一次保护她，但是领导层必须要给他们施展自己努力的机会。"

战争爆发后的第二天，"坑洞"里烟雾异常地多，空气特别污浊。到了总参谋长的办公室里，帕斯特纳克不得不从群集的将军背后为达扬挤开一条路。"各位，部长来了。"他们纷纷让开空间，总参谋长达多站了起来。

达扬说："达多，我马上要去向总理汇报我今天在两条战线上的所见所闻，结论我已经做出来了。我先来跟你说一声，如果你有不同意见，你可以跟我一起陈述你的观点。"

"请讲，长官！"达多很客气地用手示意墙上的地图。

面对一大群军队高官、以色列的军事精英，包括几位前总参谋长，以及总参谋部的大多数人，摩西·达扬直言不讳地讲出他的观点，就好像是召开一次命令发布会似的，他讲出一番犹如世界末日般的场景。为他的话语增添了可怕的力量的，还是以往那种机敏深刻，还是以往那种二十多年建立起来的实质性权威所营造出来的魔力光环。帕斯特纳克注意到，这群面无表情的官员，所有达扬批准过的任命者、他的老熟人、学生，甚至他的崇拜者们，全都开始惊惶起来，因为他们发现自己面临着一个不幸的抉择：要么是以色列的倒塌，要么是摩西·达扬的倒塌。

因为对于国防部部长直陈的这些判断，要么是总参谋长无奈地命令部队从西奈和戈兰高地后撤，那就等于向阿拉伯人和全世界大声宣告：在战争的第二天，以色列就败退了，要为它最后的生存背水一战了；要么就是果尔达不同意达扬的看法，随后军队也坚持自己的立场，并最终打赢了这场战争，那么这位独眼军事天才的信誉将会彻底毁灭，他的光环消失，形象随之破碎。

达扬讲完后，达多·埃拉扎尔脸色平静，操着职业化的语气说，从西奈撤退是一项紧急事务，可以考虑，他完全同意。他已经命令戈罗迪什准备此事了。底线在哪儿划定这一问题还保持着开放，是可以谈的。同时，如果阿丹和沙龙能够及时部署，坚守住前沿阵地，那么明天的各种反击方案就有了实施的可能。比如说，埃军自己也有可能尝试进攻，那样他们会在这些强大有力的坦克部队面前碰得头破血流。至于戈兰地区，最新的报告显示，形势有一些稳定并且——

这时一份电报送到达扬手中，是果尔达的急召。"你跟我去吧，达多。"他说。

"部长，我这里关于明天的作战还有很多事要做。"

"理解。"达扬走了出去。

气氛立刻改变。军官们开始七嘴八舌地向达多说着他们的反应和意见，有表示同意达扬那种世界末日论的，也有斩钉截铁地表示乐观的，声称阿拉伯人的孱弱和以色列人的力量很快就会显现出来并扭转形势。

一位老资格的前总参谋长大声说："我赞成阿里克的计划。他的做法非常正确，达多！依靠你到达运河的部队在明天横跨运河，让敌人惊慌失措，陷入混乱。他们所学的苏联作战条令一直不允许临时即兴的行动，而我们的强项正好在此！擅长运动、大胆、出其不意。"

一片赞成的嗡嗡声。

达多点点头："这个我考虑过，我通常是赞成勇敢无畏的迅疾冒险的。你也知道。但是那两个师是我在运河与特拉维夫之间仅有的两个师。这个险我不能冒。"

那位老者说："阿里克会说你在犯傻。埃及人的目标不是特拉维夫，而是一场大的政治胜利；在他们的导弹保护伞下占有有限的一大块西奈领土，然后由苏联发起停火令。"

"也许。但是，通往特拉维夫的路自从一九四九年以来就没有再敞开过，而此时一旦畅通无阻，那基本上就是在大力邀请埃军总参谋长进来。不是吗？"

一片赞成的嗡嗡声。

第二十一章　我们会打碎他们的骨头

对策

听着达扬向核心内阁所做的报告，果尔达脸上的皱纹越来越深，脸色也在发青。兹夫·巴拉克感觉到，她已接近瘫痪，由于困惑迷惘，当然也由于恐惧害怕，她的钢铁意志都抵挡不住这样的恐惧。她一直不停地看阿隆将军和加利利，这两位硬骨头是她的社会主义老同伴，也是她最为倚重的两位顾问，阿隆是因为他的军事智慧，加利利则是因为他的政治常识。她看见他们两人脸上没有半点儿慰藉，但他们也没有打断达扬。不过当达扬讲到如果阿拉伯人此刻就地提出停火，他就会答应时，加利利双手梳理了一下泛灰的头发，草草写了一张小字条，传给了巴拉克。字条上写着：

速叫达多到这儿来。

当巴拉克打完电话回来后，部长们正在猛烈诘问达扬。阿隆逼问道，还没打一仗，他怎么就能考虑撤回那些山口，放弃那些对西奈半岛来说至关重要的前进基地？那些基地可都是花了大价钱、用最精尖的技术建造起来的。加利利的态度也完全相同，他深深质疑达扬遗弃拉斯苏达尔（Ras Sudar）和阿布罗迪斯（Abu Rodeis）油田的意图，那些油田已经补偿了"六日战争"的成本，使以色列的能源得以独立，对平衡预算也有很大帮助。果尔达坐在那里使劲抽着烟，用力吸完后，把那些犹如软木塞一样的过滤嘴彻底掐灭。

达扬冷静镇定地回击。他说他现在很务实。敌人这次突袭非常成功，完全推翻了以色列的安全评价和安全理论。先发制人是以色列国防军的传统优势，而此刻这个优势已经不存在了。那条运河防线也已经不存在了。困在地堡里的士兵们不得不在夜里突围，也许有几辆坦克可以帮助他们，但还要面对有线制导导弹"耐火箱"的攻击。事实证明，那种导弹绝对可以被称为坦克杀手。阿拉伯人可以利用无穷无尽的人力资源和苏造武器，而以色列则是把士兵和武器送进类似绞肉机一样的前线战斗，而且可能很快就要用尽他们了。目前唯一的希望就是撤退，在那些山上挖起战壕构筑工事，然后立即尽最大力量从美国甚至从欧洲获取飞机、坦克等武器支援，继续进行战斗。

"摩西，什么战斗？"果尔达打破了长久的沉默，用沙哑的嗓音问道，"我们要把埃军赶回运河另一边去吗？"

"不会，总理，现在不会。"

达多走进来，粗浓的眉毛紧皱，方下巴紧咬。"总理，"他一进来就说，"我们仍处于失败中。但是我可以报告，戈兰高地上，叙军已经被赶出了纳菲克的指挥部营地。还有，空军击毁了大量的叙军导弹阵地，还击溃了南部跨过运河的几支埃及军旅。"

果尔达阴沉的脸一下子亮起来。"这么说，还是有些好消息的。喏，你听过国防部部长的提议了吗？"

"听过了。"

"你对此有何看法？"

"提议都是很切合实际、很睿智的。必须严肃考虑，同时结合一些其他选择。"

"说说那些选择。"

他开始讲述沙龙的跨越运河计划，但很快阿隆就打断了他，说道："先不要管沙龙的心血来潮，还有其他的吗？"

"戈罗迪什有一个在明天进行有限反击的计划。第一步，进攻侧翼的阵地，把那里的埃军赶回运河那一边去。"在达多讲述这个行动的一些具体细节时，果尔达的脸上有了神采，"第二步，如果他成功了，那就派一支先遣部队占领一些桥梁并跨过河，充分利用这次胜利，把埃军主力中的恐慌和混乱最大化地传播到埃及国内。"

达扬厉声说道："他在做梦，就在几个小时前，我和他大致讨论过这个计划，根本就不符合现场的军事实际。"

达多说："我同意你的观点。到现在为止，渡河也是不可能的。但是，他的那个侧翼进攻策略——由阿丹沿运河从北向南进攻，同时沙龙留守原地备用，倒有可能通过袭卷敌人来占领他们的阵地，从而为反击创造先决条件。"

果尔达又看向阿隆和加利利，但那两人都在努力思索，都不说话。兹夫·巴拉克很是钦佩达多这种处理事情的方式。在达扬灾难性的败退计划和沙龙激进的进攻建议之后，经他修改的戈罗迪什行动似乎是一项很明智的折中方案。达多·埃拉扎尔此刻所表现出来的机智阻止了达扬大撤退的请求，巴拉克以前一直没发现他有这个能耐。

"哦，我不认为这三个选择方案可行。葛农的计划，即便是缩小规模，也要冒巨大的风险，很可能出现无法容忍的损失，而以我们的实际看，阿里克那个计划也是一个精神错乱的计划。"达扬说。

达多说："总理，今晚我就要飞到南部军区司令部，和葛农一起研究解决他那份作战计划。战争的步伐在不断向前，我们必须得行动起来，无论如何，今晚必须做出一个决定。我详细调查真实情况，然后批准他们进行准备，再然后才是进攻，而且是有限的进攻。按目前的形势，早晨之前我不会下最后实施的命令。”

果尔达看向达扬，达扬勉强点了点头。她掐灭最后一根香烟的同时手一挥，说：“十五分钟后我们内阁全会上再讨论。”她说完站起来，蹒跚着走向她办公室里间的门，各位部长也站了起来。达多、阿隆和加利利都出去了。巴拉克像往常一样在会议之后跟随总理走，但达扬在他胳膊上拍了拍，拦住了他，然后自己进了果尔达的办公室，关上门。

巴拉克也正好想有片刻工夫歇一口气。尽管摩西·达扬脸色苍白，精神紧张，但他看起来又像他本来的面目了。表明部长身份的西服和领带不见了，凑合穿在身上的野战服使他彻底变身为一名超级总参谋长，名副其实的以色列安全守护神，而达多却沦为“普通总参谋长”，可以说是一类副职，被授予资格向这位老大献上副职的看法以供定夺。但是当“副职”与“老大”出现了分歧时，还有一位最终的裁决者，那就是果尔达。因此，达扬现身这里。

门开了，达扬大步走出来，那只好眼闪着亮光，还对巴拉克露出少有的温和笑容，然后又飞快地拉开门离去了。巴拉克看见果尔达·梅厄弯腰驼背趴在桌子上，双手拄着头。他只能看见关节粗大的棕褐色手指和她灰白的头发。听到关门声，她也没有抬头看。“总理？”他轻声喊。

她抬起头。巴拉克一直认为这个女人是不会哭的，她现在是没哭，但是充血的眼睛里有些朦胧，有些湿润。她用颤抖的手点着一支香烟。“他进来辞职。”

“什么！”他大吃一惊。

“是的。他说：‘没有你的信赖，我没法继续干下去。我马上递交我的辞呈。’”果尔达从椅子上坐直身体。“你能想象得到吗？”她的声音粗起来，“你能想到我们的人民是什么感受吗？世界是什么感受吗？阿拉伯人是什么感受吗？伟大的摩西·达扬在战争开始一天后就辞职了？接下来就是举白旗了！对不对，兹夫？”

"这是绝对不能想象的，总理。"

"一点儿没错。我拒绝接受。我尽我最大的力量让他振作。我向他保证说，我肯定信任他，说我非常重视他的告诫，他必须到内阁全会上讲他的看法，他是我们最伟大的将军和军事智囊，也许还是世界上最伟大的。也许再没有人能比得上他。我猜他听到他想听的了，因为他最后说了收回辞职的话。"

"总理，您取得了惊人的效果。他出去时完全变了个人。"

"你看他变了？那就这样吧。喏，现在我去参加内阁全会，我不得不耐着性子再把所有东西听一遍。"她用两只胳膊撑住桌子站起来，对他挤出一个悲哀的笑容，"你不再是我的'大惊小怪先生'了。这个头衔摘掉了。"

十月八日凌晨一点钟，战争第三天，沙龙在与戈罗迪什会面后返回，他向上看了一眼星空中划过的一道红色轨迹，低声咆哮着对堂吉诃德说："'蛙'式导弹还在发射啊？"

"他们就没有停过，长官。"

"嗯，不管怎样，现在我已经知道戈罗迪什的计划了，尽管是达多修改之后的。在阿丹从北向南扫荡的过程中，我们就坐在这里什么也不干。我可以做一个更加白痴的计划，但那要费点儿脑子才行。"

他们站在塔萨指挥部的地堡外面。就在西边远处，重炮的轰击声和闪光没完没了，就像是远方的一场雷电风暴似的。"那边地堡里那些不幸的小伙子，没有一点儿休息时间。唉，我们对此也无能为力。堂吉诃德，半个小时后召开命令发布会，营长及以上军官都要参加。"

一顶由两辆卡车从两边拉紧的帐篷，一对加以照明的吉普大灯，里面挂满地图，这就成了一间野外作战室。沙龙站在地图前，没有显出半点儿愤怒或是怀疑的神色。在整个讲解戈罗迪什的计划的过程中，他轻快、明晰，很有军人风范。那些疲惫不堪的军官认真地听着，可能几个小时后他们就要率领士兵去战斗，也许还会因此而牺牲。

"我们面对敌人的两个阵地，一个在大苦湖北，另一个在大苦湖南，"他边讲边用教鞭在地图上指点，"第二军在北部，第三军在南部。阿丹将军将由北向南进攻，朝我们这边猛冲。我们将作为他的预备队，阻止敌军在中部的一切反击。当他完成这项任务时，应该已经到早晨了，随后我们将迅速向南部运动，击垮第三军，开拓突破点。这一天有可能是战争转折的一天，是拯救我们家园的一天。如果按照这个计划进行，而且这一天我们能够取得胜利，我们也就救出了那些困在地堡里的小伙子。因此我们要坚强起来，拿出大无畏的勇气。尼灿将军，你来接着讲。"他拖着笨重的身子离去，到一辆指挥车里睡觉去了。

堂吉诃德站起来讲解阵地任务与后勤，他的眼睛通红似火，感觉地图和众人的脸庞都在旋转，他只希望自己能讲得前后连贯、逻辑清楚。一万人马外加他们的车辆，此刻正沿着沙脊和下面的炮兵路（Artillery Road）排成了长队。本着对他们负责的精神，堂吉诃德连续两天两夜高度紧张，忙于做记录、预估计算、处理混乱和危机，都没时间打过一个盹儿。撑到现在，他已经筋疲力尽了。开完会，他给他的作战军官交代了夜间执勤的任务后，便跌跌撞撞地走向他指挥用的装甲运兵车，一头倒在铺位上睡了过去。

战地危机

清晨的阳光下，大约九点钟，由一团巨大的灰尘烟柱"打头阵"，阿丹的师队滚滚而来，清晰可辨。机械组成的纵队长达几英里，气势宏伟壮观，即使与西奈高耸的沙丘和巍峨的石岭相比，也差不到哪儿去。在堂吉诃德眼中，这就是小说家沃尔特·司各特笔下的场景，大群全身铠甲的十字军战士扬尘出发，前去征服异教徒。他跟沙龙说了这个想象。

"是啊。幸好战争如此残酷，"沙龙一边说，一边拿着望远镜仔细观察，

"否则我们会爱上它的。"他的头发在风中吹得异常凌乱。他们站在一处高大的山岭上，下面倾斜的沙坡一直延伸到运河边，差不多有六英里远，那边也是尘土掀天的，显然敌军也在调动。"你知道这句话是谁说的吗？"

"拿破仑，长官？"

沙龙微笑着摇摇头表示不对。

"凯撒？巴顿将军？"

"接近了！是罗伯特·爱德华·李。你研究过他指挥的战役吗？"

"没有，长官。在装甲兵学校，我们是从第一次世界大战开始学习的，再然后是古德里安、隆美尔等。"

"错了。罗伯特·爱德华·李是一位天才。约西，兵法是不会改变的，只是工具——见鬼，阿丹这是要去哪儿？他不是来跟我们会合，朝西边去啦，在朝运河运动——"

堂吉诃德通讯吉普的扬声器里爆出短促的尖声，随后约拉姆·萨拉克朝堂吉诃德大喊："南部军区司令部发给沙龙将军的口信：'你师按计划向南边运动。'"

"向南边运动？"沙龙大声喊道，向吉普冲过去，"现在？戈罗迪什这是疯了吗？阿丹到现在达成什么目标了？在他执行进攻任务时，我们必须要把守住中部。不要挂断南部军区，我要和葛农将军讲话。"

"坑洞"中，可怕的两天两夜过后，乐观的报告终于从南北两线一点儿一点儿地进来了。因此，帕斯特纳克谢绝了达扬让他回家洗澡睡觉的建议。其实，自从开战以来，他从未脱下军服，甚至连鞋都没脱过；他的头也因为呼吸了太多"坑洞"内的不新鲜空气而出现了剧烈抽痛。但即便连达扬都有所动摇，乐观地提议实施尽可能快速的跨运河行动，那也只是对"非洲"的象征性占领而已。因为如果平衡向以色列这边倾斜的话，联合国安理会完全可能会要求接受"即刻停火"，同样，对以色列来说，它是为了换取埃军的撤退，才需要这样一个战场事实根据的。

和其他人一样，总参谋长也对这明显的转折兴奋不已。他表面上没变，还是那样冷静，但是说话不一样了，诸如说些："我们度过临界点了……敌人进攻的力度在逐渐减弱……我们正凭借动员起来的预备役，在两条战线上同时反击，这还差不多。"等等。他的情绪就如清晨的微风一般散播到整个地下大杂院。在果尔达暧昧阴郁的讲话之后，以色列公众中间谣言四起，人们变得焦虑不已，因此，"坑洞"内部这个反击的消息就有了更大的鼓舞意义。帕斯特纳克加入了一个赌局，赌战争持续的时间，尽管他总是在参赌后推诿抵赖，但他最后还是确定了自己的猜测——四天。

早晨的内阁会议上，达多的总结很乐观，让兹夫·巴拉克也高兴了起来。他对这位总参谋长又有了一层新的敬佩。从"坑洞"中打来的电话让他的报告更显乐观：北部，戈兰战线上已经突破到了"紫线"；南部，阿丹的一个营已经到达运河区并占领了一座桥梁，十六架埃军飞机被击落。果尔达虽然也为这次迅疾的逆转赞扬了达多，但表情仍然是冷冰冰的。昨天达扬的请辞让她心冷如冰，那颗心可能需要很长一段时间才能融化并重新循环起来。

在返回"坑洞"的途中，达多收到来自新闻界的请求，让他就时局发表讲话。战斗打得很混乱，敌军在大量涌入，距离也存在失真，监控指挥网的信号官传递的都是两条前线上支离破碎的信息，但一切新闻却都好得令人难以置信，而且如滚雪球般越来越大。帕斯特纳克曾经长期奋战在情报战线上，经验提醒他，他们可能是在听他们想听到的，于是他建议达多先别答应，拖到晚上再说。毕竟，战斗还在进行中。达多也同意这种谨慎的考虑，安排在晚上六点开新闻发布会，随后他便离开，前往叙利亚前线。

堂吉诃德的半履带车行驶在南行纵队的后部，约拉姆·萨拉克坐着通讯车与他并排前行，此刻，他从车里探出胡子拉碴的脸对堂吉诃德说："长官，沙龙将军要你向他报告，十万火急。"

换上吉普，堂吉诃德沿着叮当作响的纵队快速穿过团团的尾气和翻飞的尘土去见沙龙。沙龙正倚在一辆"百夫长"坦克上做着记录。"堂吉诃德，你怎么这么长时间？整个师停止前进，就地回转。阿丹的处境十分危急。我们必须去救援他，再回到我们原来所在的地方。"

约西·尼灿基本上已经习惯战场上的突变了，但是听到这个消息，他的嘴还是不由自主地张大了。前面的分队已经向南部快速前行好几个小时了，整个师顺着拉特兰路（Lateral Road）拉成了好几英里长。他看了一眼太阳，很明显，天黑之前返回去救援阿丹是绝不可能了。"难以置信吗？"沙龙吼道，"我可以确切地告诉你，让他们返回，我要派你到特拉维夫去，"他说着指了指附近沙地上停着的一架直升机，那架直升机的旋翼正在缓慢转动。"Enbrera。我们这里的境地很危急。你到了那里后再赶回来我们已到达哈马迪耶（Hamadia）了。"

堂吉诃德对着旅部通信网下达了命令，由此，这支"金属巨蛇"头变尾尾变头，整个装甲师的一千台车辆笨拙地原地转向；他断定，在行军途中是有足够时间重新部署的。坦克折转掉头，经过他们开向北边，沙龙一直在草草书写材料。

风中，纸张被吹得上下拍打，沙龙把它们递给堂吉诃德，说："好，约西。听着，路上把这个背下来，然后把纸撕掉！明白吗？你要把这一切都面对面地告诉达多。他了解你，对你的评价也高，他也知道我信任你。谁知道戈罗迪什在最高指挥部那里胡言乱语什么呢？甚至他们都有可能认为我们还在打胜仗呢。看一遍，然后看有什么问题要问。"

"是，长官。"

阿里克致达多：

戈罗迪什的错误做法已经威胁到这个国家的生存。如果再像今天这样，那我们就准备乞求阿拉伯人提条件吧，提怎样才能结束战争的条件。我不知道阿丹师队发生了什么，但我现在正出发去援救他。我怀疑他接到了混乱而自相矛盾的命令。今天上午11点钟我收到的命令，就是一道精神错乱的命令。当时阿丹还在向南边冲击，戈罗迪什就命令我放弃中部阵地，朝苏伊士城运动！我指出他正在放弃重要的高地，而且阿丹也会因此失去后备部队。他朝我吼叫说要么服从，要么自动辞职，于是我只好服从了。

到现在为止，我的师还没有发射一枪一弹。我们花了整整一晚上的时间刚刚抵达前线，现在戈罗迪什又命令花一天的时间原路北返，我们就像沙漠里一只没头的小鸡似的。这种情况不能再持续下去了。堂吉诃德能够证明我说的每一句话。我仍然相信，阿丹和我可以将兵力联合起来，在明天打赢一场横跨运河的战斗。

"没问题，不过直升机飞行员到了那边会等着再送我回来吗？"堂吉诃德问。

"他会的，我跟他说过了。走吧。"沙龙说着，突然露出一丝冷笑，也许就是这样的冷笑让那位飞行员害怕而答应的吧。

新闻发布会

帕斯特纳克和巴拉克站在贝特–索科洛夫（Beit Sokolow）新闻记者大厦的大厅里，郁闷地谈论着下午那些让"坑洞"中的情绪急转直下的报告。达多的头脑依然保持着清醒，他说："战争是起起伏伏的，先生们。重要的是，我们正在扭转形势。"

在记者们中间，一个穿军装的人穿过大厅，急匆匆向他们走来，这人是堂吉诃德，满脸胡子，蓬头垢面，灰尘满身，眼睛凹陷。巴拉克惊讶地喊住他。约西可以跟这两个人坦率直说，于是他大概描述了此行的目的以及前线的情况。他们互相交换了一下惊惧的眼神，帕斯特纳克说："哎，约西，达多十分钟后就要开始讲话。他现在正和军队发言人在一起。你得稍后才能见他了。"他们三人走进挤得满满的礼堂大厅，里面回荡着兴奋的交谈声，一片嘈杂。

"萨姆，你确定吗？也许达多应该先听听这一切。我们还是可以让堂吉诃德和他通电话的。让这些家伙再等几分钟吧。"

"别着急。达多不是傻瓜，他已经看过所有报告了，他会处理这事的。再说，现在太迟了，那个发言人就在那儿了。"

一名年轻军官走到麦克风前，宣读了最新的军队公报，当然是有所掩饰的。在英文翻译期间，噪声不断增高，但当达多大步走到讲台前时，人们又一下安静了下来。他刮了胡子，穿着干净的军装，修饰得十分整洁，显得仪表堂堂，卓尔不凡。他的气色也很好，身板笔直，举手投足间自然流露出一种权威，但并不飞扬骄横。他用希伯来语讲述这一天战场上的新事态，还拿着教鞭在地图上指着说明。让巴拉克和帕斯特纳克安心的是，他的发言谨慎稳重。不过，当他把那份书面声明放到一边后，好像把谨慎稳重也放到了一边，讲话中开始流露出一种战场上凌厉的气势，讲两条战线上的反击、空中缠斗的大胜仗以及空军与地面部队的通力协作。最后他总结道："现在是我们占了上风。这是一场重大的战役，一场可怕的战争，但是我们到了转折点上，而且是在上升中。下面我来回答问题。"

整个礼堂里手臂林立。尖锐的问题一个个提出来：为什么反击拖拖拉拉的？为什么迟迟没有动员？伤亡程度多大？阿拉伯人所声明的胜利是怎么回事？他都回答得很好，但是也变得越来越不耐烦。前排一个操希伯来语的记者固执地问一个问题："达多，战争会持续多久？"尽管达多一再避开他，但他不屈不挠、纠缠不休地要求达多回答，至少要做出一个预估。"预估？好，我预估一件事，"被纠缠的总参谋长不客气地说，"我们将继续对他们进行回击，我们会打碎他们的骨头。"

这句话一说完，礼堂里顿时爆发出一片掌声，巴拉克轻轻叹息一声，说：

"这会成为明天报纸的头条，'我们会打碎他们的骨头'。"

帕斯特纳克挤开一条路，进入休息室里，将军们和高级记者们正在那里为达多喝彩鼓掌。与此同时，巴拉克带着堂吉诃德穿过外面的暮色，走到达多那辆贴上有色旗号标志的轿车边。过了一会儿，达多来到汽车旁，他忧劳憔悴的脸上有了些许亮光。"哦，堂吉诃德来了。跟我一起走吧。"

他仰躺在后座上，听着堂吉诃德带来的沙龙口信不断点头。"嗯，约西，戈罗迪什让阿里克向南边运动的命令是我批准的。我按照我接收到的讯息来行事，我的职责就是如此。达扬和我大概在午夜会飞到那儿商讨西奈战况。告诉阿里克，我保证会让他参加这个会议。B'seder？我的车会把你带回去坐直升机。"

"谢谢你，长官。"

"我很高兴你跟着阿里克，"达多抓住约西的肩膀，"他需要你。德国著名将领隆美尔的后勤也从来都不是问题。他总是抓时机，他的参谋们也总是发疯，但后勤保障还总是能跟上。"达多低声咕哝着说，"准确来讲，通常还都是这样！因此对于隆美尔来说，他的上司们都是一群行动迟缓、不了解情况的傻瓜。告诉阿里克，我明白，如果要打赢这场战争，我们必须得横跨运河，我也知道戈罗迪什有问题。好好帮他吧。在他暴怒的时候要让他冷静下来。他是一个不肯轻易服输的人，但是形势会好转起来的。"